BASTEI
LÜBBE
TASCHENBUCH

Das vorliegende Buch beruht auf Tatsachen. Zum Schutz der Persönlichkeitsrechte wurden einige Namen geändert.

Über den Autor:

Gary L. Stewart ist Elektroingenieur und Vizepräsident von Delta Tech Service. Vor zehn Jahren begann er ein Tagebuch zu schreiben, in dem er die Suche nach seinem Vater detailliert festhielt. Es wurde zur Grundlage für dieses Buch, das er zusammen mir der preisgekrönten Schriftstellerin Susan Mustafa verfasst hat. Gary L. Stewart lebt mit seiner Frau und seinem Sohn in Louisiana.

Gary L. Stewart
mit Susan Mustafa

DER ZODIAC-KILLER

WIE ICH MEINEN VATER SUCHTE UND EINE BESTIE FAND

Aus dem Amerikanischen übersetzt
von Sabine Schilasky

BASTEI
LÜBBE
TASCHENBUCH

BASTEI LÜBBE TASCHENBUCH
Band 60847

Dieser Titel ist auch als E-Book erschienen

FSC www.fsc.org
MIX
Papier aus verantwortungsvollen Quellen
FSC® C083411

Vollständige Taschenbuchausgabe

Titel der amerikanischen Originalausgabe: »The Most Dangerous Animal of All. Searching For My Father and Finding the Zodiac Killer«
Originalverlag: Harper, an Imprint of HarperCollins Publishers, LLC, New York

Für die deutschsprachige Ausgabe:

Textredaktion: Josefine Janert, Berlin
Titelfoto: © Gary L. Stewart
Umschlaggestaltung: FAVORITBUERO, München unter Verwendung eines Entwurfs von © Jarrod Taylor
Satz: Dörlemann Satz, Lemförde
Gesetzt aus der DTL Documenta
Druck und Verarbeitung: CPI books GmbH, Leck – Germany
Printed in Germany
ISBN 978-3-404-60847-8

5 4 3 2 1

Sie finden uns im Internet unter www.luebbe.de
Bitte beachten Sie auch: www.lesejury.de

Für den Mann, der das
ausgesetzte Baby adoptierte und
als sein eigenes großzog.

INHALT

ANMERKUNGEN DES AUTORS

Der Zodiac-Killer-Fall ist seit fast fünfzig Jahren ein ungelöstes Rätsel. Als ich mit meinen Nachforschungen zu meinem leiblichen Vater begann, hätte ich mir niemals träumen lassen, dass sie mich zu einer brutalen Mordserie führen würden, die in den 1960ern und 1970ern ganz Kalifornien in Atem hielt. Die bloße Vorstellung, dass mein Vater diese Taten beging, ist abscheulich. Mir widerstrebt es zutiefst, dass es eine Verbindung zwischen mir und dem Entsetzlichen gibt, was er unschuldigen jungen Menschen antat. Nachdem mich meine leibliche Mutter gefunden hatte, wollte ich schlicht den Mann finden, dem ich meine Existenz verdanke. Ich wollte ihn kennen- und mögen lernen, ihm sogar verzeihen, dass er mich im Stich gelassen hatte. Die tiefgläubigen Adoptiveltern, bei denen ich aufwuchs, hatten mich gelehrt, dass Liebe und Vergebung Grundsätze sind, nach denen man sein Leben ausrichten sollte.

Zwei Jahre lang hatte ich Informationen über meinen Vater gesammelt, bevor mir erstmals der Verdacht kam, dass er irgendwie mit den Zodiac-Morden zu tun haben könnte. Zu der Zeit wollte ich nicht glauben, was mein Gefühl mir sagte, also machte ich mich daran, die Wahrheit zu erforschen, weil ich mir unbedingt beweisen wollte, dass mein

Vater unmöglich ein Serienmörder sein konnte. Dann tauchten immer mehr Beweise auf, bis der Tag kam, an dem ich nicht mehr leugnen konnte, dass sich meine schlimmsten Befürchtungen bewahrheiteten. Deshalb habe ich dieses Buch geschrieben. Ich hielt es für meine Pflicht, meine Entdeckungen auf eine Weise mitzuteilen, die keinerlei Zweifel an der Identität dieses Mörders und den Beweggründen für seine Taten ließ.

Dieses Buch basiert auf meiner zwölfjährigen Recherche, während der ich alles aufschrieb, was ich über das Leben meines Vaters in Erfahrung brachte. Aus den Gesprächen mit dem besten Freund meines Vaters, Angehörigen meines Vaters und mit meiner leiblichen Mutter, aus Polizeiberichten, Zeitungsartikeln, alten Briefen der Familie Best, Heirats- und Scheidungsurkunden sowie anderen offiziellen Dokumenten konnte ich eine Zeitachse der frühen Jahre meines Vaters ableiten. Auf ihr fußt der erste Teil dieses Buches. Jene Zeit in erzählender Form zu schildern, erschien mir die beste Form, seine Geschichte schlüssig wiederzugeben. Bei den Dialogen in diesem Abschnitt habe ich mir gewisse kreative Freiheiten erlaubt; allerdings gehen sie ausnahmslos auf die Erinnerungen seiner Angehörigen und Freunde zurück beziehungsweise auf Fakten, von denen mir berichtet wurde. Ebenso stützen sich die Dialoge im zweiten und dritten Teil auf zwölf Jahre Nachforschungen und die dabei entdeckten Fakten. Ich möchte außerdem anmerken, dass alle Gespräche, die ich mit anderen führte – einschließlich meiner leiblichen Mutter, dem besten Freund meines Vaters und den Detectives des *San Francisco Police Departments* –, wortgetreu wiedergegeben sind.

Ein fünfzig Jahre währendes Leben bedeutet Unmengen

ineinandergreifender Einzelheiten. Daher scheint es mir das Beste, von vorn anzufangen, um dem Leser einen Eindruck zu vermitteln, wie und warum mein Vater zu einem Serienmörder wurde.

GARY L. STEWART

Februar 1963

Das Wimmern des hungrigen Säuglings zerriss die Dunkelheit. Verärgert warf der Vater seine Bettdecke beiseite, stieg aus dem Bett und lief hinüber zur Truhe, die als Babybett fungierte. Wütend knallte er den Deckel zu.

Drinnen wurden die Babyschreie zu leisem Japsen, während das Kind nach Luft rang.

PROLOG

Mai 2002

Neununddreißig Jahre. So lange hatte ich darauf gewartet, diese Worte zu hören. Neununddreißig Jahre lang fragte ich mich, wie mein richtiger Name und der meiner Eltern lautete.

Endlich wusste ich es.

Meine Mutter hieß Judith.

An dem Tag, an dem ich die Wahrheit erfuhr, merkte ich gleich, dass etwas meine Adoptiveltern, Loyd und Leona Stewart, bedrückte. Immer wieder sah ich zu ihnen hin. Währenddessen rührte ich ein letztes Mal in den Flusskrebsen, der Wurst, dem Mais und den Kartoffeln, bevor ich den Inhalt des riesigen Topfes auf das Zeitungspapier schüttete, mit dem der Gartentisch meiner Schwester Cindy ausgelegt war. Loyd lachte nicht und riss nicht wie sonst Witze in seinem Cajun-Französisch; und Leona war sichtlich angespannt, als ginge ihr etwas sehr Ernstes durch den Kopf.

Es war heiß. Die für Louisiana typische hohe Luftfeuchtigkeit sog jetzt schon alle Frische aus der Frühlingsluft, doch immerhin machte eine leichte Brise die Hitze erträglicher. Wir setzten uns an den Tisch und begannen, das

Fleisch aus dem Krebsschwänzen zu zupfen und die scharfen Gewürze von den Köpfen der leckeren Flusskrebse zu saugen. Nachdem ich meine Portion aufgegessen hatte, begann ich, den Kochtopf auszuspülen. Dabei sah ich, wie Loyd und Leona sich zunickten, vom Tisch aufstanden und zu mir kamen.

O-oh. An der Art, wie sie sich näherten, erkannte ich, dass etwas Furchtbares los sein musste, und fragte mich, wer gestorben war.

»Hey, Geg«, sagte Dad.

Loyd nannte mich nie Geg. Das war die Kurzfassung meines Namens, die nur meine Großeltern benutzten. Dass Loyd es nun gleichfalls tat und dazu aussah, als würde er gleich losheulen, machte mich noch nervöser.

Ich warf mir das Geschirrtuch über die Schulter. »Was ist los, ihr zwei?«

»Ich weiß nicht, wie ich dir das sagen soll, also sage ich es einfach mal, wie es ist«, sagte Loyd. »Vor ein paar Wochen hat uns eine Frau aus San Francisco angerufen und gesagt, dass sie deine Mutter ist.«

Meine Mutter? Wie bitte?

Leona legte einen Arm um mich. »Als wir das Päckchen mit dem Bild von ihr bekamen, wollte ich zuerst nicht glauben, dass sie deine Mutter ist. Aber deinem Dad fiel gleich auf, wie ähnlich du der Frau auf dem Bild siehst. Ich habe es hartnäckig abgestritten, mich sogar die ersten Tage geweigert, das Foto wieder anzuschauen.« Ich musste schlucken.

»Aber dann habe ich gebetet«, fuhr Leona fort, »und der Herr sagte mir, dass sie deine Mutter ist und dein Daddy und ich ehrlich zu dir sein müssen.«

»Als ich das Foto zum ersten Mal sah, wusste ich einfach,

dass sie deine Mutter ist«, sagte Loyd. »Ich habe es auch deiner Mama gesagt, aber sie wollte mir nicht glauben.«

Leona bemerkte, dass mir die Tränen kamen, und drückte mich.

Ich konnte es nicht fassen. Nach all den Jahren würde ich endlich eine Identität haben, einen Namen, der wirklich meiner war. Schrecklich aufgeregt umarmte ich meinen Vater und meine Mutter. Ich versprach ihnen, dass ich sie immer als meine Eltern ansehen würde, egal was passierte. Noch konnte ich ja nicht ahnen, wie sehr dieser Tag mein Leben verändern würde.

Leona erklärte mir, dass sie den Anruf am Maifeiertag erhalten hatten. Cindy und sie waren im Wohnzimmer gewesen und hatten sich mit Loyds Mutter Evelyn unterhalten, als das Telefon klingelte und Leona in die Küche ging, um das Gespräch dort anzunehmen.

»Hallo?«, meldete sich Leona in ihrem melodischen Südstaaten-Singsang.

»Hallo. Spreche ich mit Leona?«, fragte die Stimme am anderen Ende unsicher.

»Ja, am Apparat. Und wer sind Sie?«

»Ich bin Judith Gilford, und ich wohne in San Francisco. Ich glaube, ich bin die leibliche Mutter von Ihrem Sohn Gary.«

Sekundenlang brachte Leona keinen Ton heraus.

Als sie wieder atmen konnte, fragte sie: »Und wie kommen Sie darauf?«

»Ich habe die Informationen aus seinen Vermittlungsunterlagen«, erklärte Judith. »Hören Sie, ich möchte mich nicht in Ihr Leben einmischen«, ergänzte sie rasch. »Ich will nur, dass Gary erfährt, woher er kommt, falls er es irgendwann wissen möchte.«

Leona hörte zu, wie die Frau ihr von ihren Lebensumständen erzählte – und warum sie ihr Baby zur Adoption freigegeben hatte.

»Ich wollte ihn nie weggeben, und später habe ich mir immer gewünscht, ihn zu finden«, sagte Judith gerade, als Loyd zur Tür hereinsah. Leona scheuchte ihn stumm weg, ging mit dem Telefon ins Schlafzimmer und schloss die Tür hinter sich. Aufmerksam hörte sie sich an, wie Judith ihr berichtete, was sie in den letzten Jahren alles durchgemacht hatte, um ihren Sohn zu finden. Leona war von jeher feinfühlig, was die Seelenlage anderer betraf, und so konnte sie auch nicht umhin, Mitleid mit dieser Frau zu empfinden.

»Darf ich Ihnen vielleicht ein Päckchen mit einem Brief und einigen Bildern für ihn schicken?«, bat Judith.

»Ich muss das mit meinem Mann besprechen«, antwortete Leona. »Und ich rede mit Gary.«

Judith unterbrach sie: »Bitte, fühlen Sie sich zu nichts verpflichtet. Ich schicke Ihnen die Informationen und vertraue darauf, dass das, was geschehen soll, geschehen wird.«

Einige Tage später, als Leona das FedEx-Päckchen von Judith bekam, trug sie es zunächst von Zimmer zu Zimmer, drehte es hin und her und fürchtete sich, es zu öffnen.

All die Geburtstagspartys, die aufgeschürften Knie, die kleinen Wehwehchen, die sie fortgeküsst hatte … alle gemeinsamen Erinnerungen gingen ihr durch den Kopf. War das hier irgendein grausamer Scherz? Wie konnte diese Frau es wagen, sich so in ihr Leben und das ihres Sohnes zu drängen?

Mit zitternden Händen öffnete Leona schließlich das Päckchen. Ein Foto, das an einen Brief geheftet war, fiel ihr sofort ins Auge. Die Frau, die sie angerufen hatte, blickte ihr von einem Bild im Brieftaschenformat entgegen. Sie versuchte, sich einzureden, dass die Frau mir überhaupt nicht ähnlich sah. Doch ganz gleich, wie hartnäckig sie sich selbst belog, die Wahrheit starrte ihr ins Gesicht.

Sie zeigte Loyd das Bild.

Er hielt ihre Hand, während er es betrachtete.

»Auf jeden Fall sieht er ihr ähnlich«, sagte er. Lieber hätte er seiner Frau gesagt, dass diese Fremde unmöglich meine Mutter sein konnte, doch er musste ehrlich sein.

In den nächsten Tagen sprachen sie von nichts anderem als der unglaublichen Lage, in der sie sich auf einmal befanden. Ich war eine Inkognito-Adoption gewesen. Dies hier hätte nicht passieren dürfen. Sollten sie es mir sagen? Sollten sie es für sich behalten? Hand in Hand beteten sie zu Gott.

Eines Abends dann sagte Loyd zu seiner Frau: »Er verdient zu wissen, wer er ist, und dann zu entscheiden, was er tun will.«

Leona sah ein, dass er recht hatte, fürchtete aber, dass mir wehgetan werden könnte. Die darauffolgende Woche beteten beide inbrünstiger denn je um die Kraft, selbstlos zu sein und den richtigen Weg zu finden, mir diese Nachricht zu überbringen.

Und nun wusste ich es.

An dem Abend fuhr ich die achtundzwanzig Meilen zurück zu meinem Haus in einer Art Schockzustand. Ich dachte an die vielen Geschichten, die ich mir schon zu meinen leiblichen Eltern ausgedacht, und wie oft ich mich gefragt hatte, von wem ich mein rötliches Haar geerbt haben mochte. Ich kannte ja weder meinen richtigen Namen, noch wusste ich, warum in meiner Adoptionsurkunde stand, dass ich in New Orleans geboren worden war. Folglich hatte ich schon lange mit einer Identitätskrise zu kämpfen gehabt. Und jetzt konnte ich es nicht abwarten, das Päckchen zu öffnen, das Leona mir gegeben hatte. Ich gab etwas mehr Gas, während ich zu dem Foto der fremden Frau schielte. Mehrmals kam ich beinahe von der Straße ab, weil ich nicht aufhören konnte, das Bild anzustarren. Und ich dachte an Zachs Reaktion.

»Mann, Dad, der sieht ja genauso aus wie du«, hatte Zach zuvor ganz naiv gesagt und auf den Mann gezeigt, der auf dem Foto neben Judith stand. Alle hatten gelacht, denn der Mann war eindeutig indianischer oder lateinamerikanischer Abstammung. Aber Zach hatte schlicht gefolgert, wenn die Frau auf dem Bild meine Mutter war, musste der Mann mein Vater sein.

Zu Hause schaltete ich die helle Deckenbeleuchtung ein, damit mir auch ja nichts entging, als ich die Briefe in dem Päckchen durchsah. Ich saß in meinem Lieblingssessel und blickte wieder und wieder auf das Bild von der Frau, die behauptete, dass sie meine Mutter sei.

Ihre Augen.

Ihre Nase.

Ihr Mund.

Sie waren wie meine.

Ich zog den Brief heraus, den Judith an alle Männer mit meinem Geburtsdatum in Louisiana geschrieben hatte, die sie ausfindig machen konnte.

Beim Lesen kamen mir wieder die Tränen.

In dem Brief erklärte sie, dass sie eine fünfzehnjährige Ausreißerin aus Kalifornien gewesen sei, als ich geboren wurde. Sie war damals mit meinem Vater verheiratet, doch ihre Mutter hatte die Ehe annullieren lassen, weil Judith noch nicht volljährig war. Judith und ihr Mann wurden verhaftet und nach Kalifornien zurückgebracht. Ihre Mutter nahm sie nur unter der Bedingung wieder bei sich auf, dass sie mich – zu der Zeit erst wenige Wochen alt – zur Adoption freigab. Wie Judith schrieb, hatte sie mit sechsundzwanzig zum zweiten Mal geheiratet und noch einen Sohn bekommen.

Ich hatte einen Bruder? Weiter schrieb sie, dass sie mich vom Moment meiner Geburt an geliebt habe und kein Tag vergehe, an dem sie nicht an mich denke. »Es wäre der schönste Tag meines Lebens, sollte das Telefon klingeln und mein Sohn zu mir sagen: ›Ich glaube, du bist meine Mutter.‹«

Ich las den Brief immer wieder, dann griff ich nach dem Telefon. Als ich anfing, die Nummer zu wählen, die sie mir geschrieben hatte, zitterte meine Hand so heftig, dass ich wieder auflegte. Was sollte ich denn sagen?

Ich dachte an Leona. Mir war klar, wie schwer es ihr gefallen war, mir dies hier mitzuteilen. Am nächsten Tag war Muttertag, und ich hatte ein schlechtes Gewissen, weil ich auch nur überlegte, Judith anzurufen, nachdem Leona mir doch so eine wunderbare Mutter gewesen war. Mein Leben lang hatte ich den Muttertag in der Kirche verbracht, um Leona zu ehren, während sie voller Stolz das Ansteckssträußchen trug, das sie als Mutter auswies. Sie hatte sich entschieden, mich zu lieben, obwohl sie nichts dazu verpflichtete. Sie hatte mich in ihr Heim aufgenommen und mich genauso liebevoll behandelt wie ihr leibliches Kind. Meine Untreue verdiente sie nicht.

Als ich am nächsten Morgen neben ihr in der Kirche saß, empfand ich nichts als Liebe für sie, und dennoch konnte ich nicht aufhören, an die andere Frau zu denken, die mich mit nur fünfzehn Jahren zur Welt gebracht hatte. Für mich war das unvorstellbar, und ich fühlte mit dem jungen Mädchen, das mit einer solchen Situation konfrontiert gewesen war.

Am Abend wusste ich, was ich zu tun hatte. Ich war schon immer überzeugt, dass alles aus einem bestimmten Grund geschieht, also auch in diesem Fall.

Als ich nach Hause kam, setzte ich mich wieder in meinen Sessel, nahm das Bild in die Hand, griff nach dem Telefon und wählte. Mein Herz klopfte wie verrückt, während ich die Zahlen eintippte. Ich hielt den Atem an und wartete.

Es klingelte ein Mal.

Zwei Mal.

Drei Mal.

Dann sprang der Anrufbeantworter an, und eine Männerstimme mit einem harten Akzent sagte: »Sie sind mit dem Anschluss von Judy Gilford und Frank Velasquez verbunden. Ihr Anruf ist uns wichtig, auch wenn wir gerade nicht ans Telefon kommen können. Bitte hinterlassen Sie Ihren Namen, Ihre Telefonnummer und Ihre Nachricht, und wir rufen so schnell wie möglich zurück.«

Was für eine Enttäuschung! Ich wollte so dringend Judiths Stimme hören. Einen Moment lang zögerte ich.

Schließlich holte ich tief Luft. »Diese Nachricht ist für Judith Gilford. Hier ist Gary Stewart, und ich glaube, dass du meine Mutter bist.« Ich schluckte. »Falls ja, möchte ich dir einen schönen Muttertag wünschen ... zum ersten Mal. Falls nicht, hoffe ich trotzdem, dass du einen schönen Tag hast. Wenn du mich zurückrufen willst, meine Nummer ist ...«

Unsicher, ob ich das Richtige getan hatte, sank ich auf den Sessel zurück. Ich war erledigt, der Anruf hatte mich einiges an Kraft gekostet.

Anschließend schaltete ich die Leselampe neben mir ein und saß noch Stunden dort, das Foto vor mir.

Später am Abend beschloss Frank Velasquez, zu Hause anzurufen und das Band abzuhören. Er war mit Judy, wie sie lieber genannt wurde, bei Verwandten in Albuquerque in New Mexico zu Besuch. Obwohl sie nicht verheiratet waren, sprach Judy oft von ihm als ihrem Mann. Sie reisten beide gerne, und diese Reise sollte ihnen einen kurzen Tapetenwechsel bescheren.

»Schatz, das musst du dir unbedingt anhören«, sagte er und reichte Judy das Telefon. Sie spielte die Nachricht mehrmals ab und weinte bitterlich, während sie meine Stimme vernahm.

»Du musst ihn sofort anrufen«, sagte Frank.

Aber Judy konnte nicht, denn sie war viel zu aufgeregt.

»Nein, jetzt nicht. Es ist schon so spät«, wich sie aus. »Außerdem glaube ich nicht, dass wir noch genug Guthaben auf der Handykarte haben.«

Zunächst starrte Judy das Handy nur an. Dann wählte sie die Nummer, die ich ihr aufs Band gesprochen hatte.

Ich saß noch im Wohnzimmer, als mich das schrille Klingeln des Telefons jäh aus meinen Gedanken riss.

»Hallo«, meldete ich mich.

»Hi«, flüsterte Judy am anderen Ende. »Hier ist Judy Gilford.«

Sie zu hören, traf mich wie ein elektrischer Schlag. Ich konnte nichts sagen.

»Ich weiß, dass du mir vielleicht nicht glaubst, aber ich liebe dich. Ich habe dich immer geliebt«, sagte Judy mit bebender Stimme. Als wäre ein Damm gebrochen, begannen wir beide auf einmal zu reden. »Du hast einen Enkel«, erzählte ich ihr. »Er ist zehn und heißt Zach.«

Es fühlte sich wie Stunden an, die wir redeten und uns dauernd gegenseitig ins Wort fielen, weil wir dringend alles über uns erzählen wollten. Und ich kam mir wie in einem Traum vor – als würde dies hier jemand anderem passieren. War es möglich, dass meine Gebete erhört worden waren? Wir vereinbarten, die Vergangenheit hinter uns zu lassen und unsere Beziehung möglichst unbefangen anzufangen. Aufgeregt machten wir Pläne, uns zu treffen. Ich legte auf, lehnte ich mich zurück und kostete diesen besonderen Muttertag noch ein wenig aus. Es war ein Tag, den ich nie vergessen würde.

In der Nacht konnte ich nicht schlafen. Deshalb versuchte ich, meine Gefühle in Worte zu fassen, indem ich ihr einen Brief schrieb:

Mom,

heute hat sich meine Welt verändert. Als ich zum ersten Mal hörte, dass du nach mir suchst, war ich total geschockt. Und heute Abend dann, als ich mit dir sprach, wusste ich sofort, dass du meine Mutter bist. Es ist unbeschreiblich, was ich jetzt empfinde. Die Liebe einer Mutter bedeutet so viel mehr, als den meisten Menschen bewusst ist. Mein Leben lang fühlte ich eine Leere in mir, die nichts füllen konnte. Was da fehlte, begriff ich nicht mal, weil ich ja keine Ahnung hatte, dass es überhaupt existierte. Doch in dem Moment, in dem du heute Abend sagtest, »Gary, ich liebe dich«, war die Leere schlagartig weg.

Am 1. Juni 2002 fuhren Zach und ich zum New Orleans International Airport und stiegen in ein Flugzeug nach Oakland in Kalifornien. Den Flug über blickte ich mit einem Knoten im Bauch zu den weißen Wattewolken unter uns. Zach unterhielt sich mit Joe Dean, dem Leiter der Sportfakultät an der *Louisiana State University*, der zufällig neben uns saß. Mein Sohn spürte, wie nervös ich war, und überließ mich meinen Gedanken. Während des Flugs wurde ich beständig ängstlicher und aufgeregter.

Zwar hatte ich in meinem Adoptiv-Elternhaus bedingungslose Liebe und Akzeptanz erfahren, doch das Wissen, dass meine leiblichen Eltern mich nicht gewollt hatten, quälte mich schon mein Leben lang. Im Geiste war ich stets ein Kaspar Hauser gewesen, das unerwünschte, ausgesetzte Kind, dem Adoptiveltern einen neuen Namen gegeben hatten. Demzufolge hatte ich schon als Kind Probleme gehabt, anderen zu vertrauen, was sich später auch auf meine Beziehungen übertrug. Ich lebte in der ständigen Angst, jederzeit abgewiesen zu werden, weil ich gar nicht so nett sein konnte, dass jemand mich um sich behalten wollte. Loyd und Leona taten alles, was sie konnten, um mir das Gefühl zu geben, geliebt und gewollt zu sein, dennoch waren meine späteren Beziehungen zum Scheitern verurteilt, solange ich für mich Kaspar Hauser blieb. Meine Angst vor Zurückweisung machte mich unfähig, richtig zu lieben, denn ich fand nicht, dass ich es verdiente, geliebt zu werden. Wie sollte mich denn irgendwer lieben können, wenn ich nicht mal selbst wusste, wer ich war?

Auch wenn ich von Zachs Mutter geschieden war, war meine Beziehung zu Zach völlig anders. Es war mir vielleicht noch nicht richtig bewusst, doch ich spürte, dass mein Sohn etwas Besseres verdiente als das, was ich von meinen leiblichen Eltern bekommen hatte. Und so schwor ich mir, dass er niemals den Horror erleben durfte, sich ungewollt zu fühlen. Er sollte immerzu gewiss sein, dass sein Vater ihn liebte.

Nachdem ich nun erfahren hatte, dass Judy noch ein Kind war, als sie mich zur Adoption freigab, empfand ich keinen Funken Zorn auf sie, während ich mich auf unsere Begegnung vorbereitete. Trotzdem wurde ich noch nervöser, als mir klar wurde, dass ich endlich Antworten auf die vielen Fragen bekommen sollte, die sich über Jahre in mir aufgestaut hatten.

Als das Flugzeug landete, wischte ich mir die verschwitzten Hände an der Hose ab. Mein ganzes Leben hatte ich diesen Moment herbeigesehnt, und jetzt, da er gekommen war, war ich unsicher.

Ich wollte weglaufen.

Ich wollte meine Mutter kennenlernen.

Minuten später sah ich sie hinten im Terminal mit dem Mann von dem Foto, und mein Herz pochte wie wild. Judy war groß – größer als der Mann neben ihr. Ihr Haar war kürzer und blonder als auf dem Bild. Und sie blickte sich ängstlich um. Selbst aus der Ferne konnte ich die gleiche Furcht und Aufregung in ihren Zügen erkennen, die ich empfand. Mir brach kalter Schweiß aus, doch ich ging schneller, sobald sich unsere Blicke erstmals begegneten. Kaum sah ich ihre Augen – dasselbe klare Blau wie meine –, waren alle Zweifel beseitigt. Diese Frau war meine Mutter. Ich stellte meinen Koffer hin, nahm sie in die Arme und drückte sie fest an mich.

»Mom«, flüsterte ich in ihr Haar.

Judy trat einen Schritt zurück, legte die Hände auf meine Schultern und betrachtete mein Gesicht. Tränen stiegen in ihre Augen, während sie mich gründlich musterte.

»Gary«, sagte sie zittrig. »Mein Sohn.«

Für mich klangen die Worte magisch.

Einen Arm noch um sie geschlungen, drehte ich mich zur Seite, um ihr Zach vorzustellen. Dann streckte Frank mir die Hand hin und stellte sich vor. Schließlich gingen wir nach draußen zu seinem Wagen.

Auf der Fahrt von Oakland nach San Francisco konnte ich nicht aufhören, immer wieder verstohlen zu meiner Mutter zu sehen. Mit ihren vierundfünfzig Jahren war sie erstaunlich schlank und jugendlich, und ihre Augen und das schöne Haar harmonierten mit der makellosen, sonnengebräunten Haut.

Bald erreichten wir das Hafenviertel Fisherman's Wharf. Zach staunte über die riesigen Dungeness-Krebse in den Aquarien vor Alioto's, dem Restaurant, in dem wir zu Abend essen wollten. Männer in weißen Schürzen – zumeist Immigranten – befeuerten die Gasflammen, während die Touristen Krebscocktails aus Pappbechern probierten.

»Können wir auch so was kaufen, Dad?«, fragte Zach begeistert. So große Krebse hatte er in Louisiana noch nie gesehen.

»Später vielleicht«, antwortete ich lachend. »Lass uns erst mal in dem Restaurant essen.«

Nachdem wir uns gesetzt hatten, sahen wir hinaus zu den bunten Fischerbooten an der Pier. Sie wippten im Rhythmus der Wellen. Die Speisekarte mit all dem Fisch und den Meeresfrüchten, die auf den Booten hereinkamen, erinnerte mich an zu Hause.

»Was spricht dich an?«, fragte Judy.

»Alles!«, sagte ich lachend. »Aber wir müssen auf jeden Fall Calamari essen. Ich wette, die sind hier viel frischer als in Louisiana.«

»Manchmal haben wir hier Schwärme von ihnen in der Bucht, aber meistens fangen sie die draußen im Pazifik«, erklärte Frank.

Beim Essen plauderten wir beiläufig. Jeder von uns wollte so vieles sagen, doch uns war klar, dass wir uns langsam kennenlernen sollten. Nach dem Dinner spazierten wir an der Wharf entlang, sahen uns die Schaufenster und die Straßenkünstler an, die für die Passanten tanzten und Kunststücke mit Hula-Hoop-Reifen vorführten. Ich genoss die kühle Meeresbrise.

»Es fühlt sich gut an, hier zu sein«, sagte ich zu Judy. »In dieser Jahreszeit kann man in Louisiana kaum atmen, so heiß ist es.«

»Hier ist es das ganze Jahr über wie jetzt. Wir mögen das Klima sehr«, sagte sie und nahm meine Hand. »Ich freue mich so, dass du hier bist. Und ich kann es gar nicht erwarten, dir San Francisco zu zeigen.«

Es war spät, als wir in Judys und Franks Wohnung ankamen. Während Frank und Zach schliefen, blieben Judy und ich bis drei Uhr morgens auf, redeten und sahen uns zwischendurch immer wieder nur schweigend an, weil keiner von uns recht glauben konnte, dass das hier tatsächlich passierte. Schließlich waren wir beide erschöpft, und zum ersten Mal in meinem Leben gab ich meiner Mutter einen Gutenachtkuss.

Am nächsten Morgen weckte mich das ungewohnte Geräusch der Stadtbusse unten auf der Straße. Zach schlief noch auf der Couch, als ich durch die Glasschiebetür nach draußen auf den Balkon meiner Mutter im zweiten Stock trat. Von hier aus überblickte man die Stadt.

Die Aussicht auf San Francisco war traumhaft. Vorn

konnte ich Noe Valley sehen, ein Arbeiterviertel voller edwardianischer Reihenhäuser, deren Fassaden in Pink-, Blau- und Grüntönen angemalt waren. Mitten im Tal ragten die Zwillingstürme der *Saint Paul's Catholic Church* hoch in den Himmel, und hinter der San Francisco Bay konnte ich die Hügel von Oakland ausmachen. Rechts grub der *Candlestick Park* ein Oval in die Landschaft, und zur Linken rauschten die Autos über die beiden Ebenen der *Bay Bridge*. Zwischen der *Golden Gate* und der *Bay Bridge* lag die unheimlich düstere Gefängnisanlage von *Alcatraz*. Ich blieb eine Weile auf dem Balkon und nahm das alles in mich auf.

Judy und ich hatten abgemacht, heute Morgen zusammen in die Kirche zu gehen. Am Nachmittag fuhren wir nach Benicia, ein ehemals winziges Fischerdorf, das zu einer Industriestadt fünfunddreißig Meilen nordöstlich von San Francisco herangewachsen war. Dort sahen wir uns die Zentrale einer Firma an, die mir kürzlich eine Stelle angeboten hatte.

In meinen siebzehn Jahren als Elektroingenieur war es auf der Karriereleiter eher unstet nach oben gegangen. Ich hatte 1985 meinen Bachelor-Abschluss an der *Louisiana State University* gemacht. Danach war ich erst in einer, dann einer anderen Firma aufgestiegen und hatte mich ins Management vorgearbeitet, bis ich stellvertretender Leiter für Industriekunden bei einem großen Unternehmen wurde. Wie so oft in der wankelmütigen Wirtschaft von Louisiana deutete sich auch bei dieser Firma an, dass sie demnächst schrumpfen würde. Deshalb hatte ich angefangen, mir Sorgen um meinen Job zu machen.

Einen Monat bevor Judy meine Mutter anrief, war ich von Delta Tech Service in Benicia kontaktiert worden. Sie suchten nach jemandem, der eine Niederlassung in Baton Rouge eröffnen könnte. Da ich das Auf und Ab in der Ölbranche leid war, lehnte ich das Angebot ab und nahm einen Job als Fabrikmanager bei einem Kunststoffhersteller an. Am Montag nach Muttertag sollte ich dort anfangen. Aber dann trat Judy in mein Leben, und alles änderte sich. Ich trat die Stelle bei Delta Tech nun doch an und freute mich auf die Aussicht, mehr oder weniger regelmäßig nach San Francisco zu reisen. Es kam mir wie eine göttliche Fügung vor, dass das Stellenangebot ausgerechnet zu einer Zeit kam, in der sich herausstellte, dass ich künftig so oft wie möglich in Kalifornien sein wollte. Ja, es war ideal. Ich könnte meine Mutter besuchen, wann immer ich in der Zentrale des Unternehmens gebraucht wurde.

Judy und ich fuhren in ihrem sportlichen roten Grand Am, und Frank, der uns ein wenig Zeit zu zweit geben wollte, folgte mit Zach in einem blauen Mercury Sable. Auf der Fahrt sah ich mich um. Alles schien so surreal: die farbenfrohen viktorianischen Häuser, die sich auf den Hügeln reihten, die unbekannten Sträucher und Bäume, das goldene Wildgras. Derweil überlegte ich, wie ich eine Lebensladung Emotionen und Erfahrungen in wenige Erzählminuten stopfen könnte. Eine Zeit lang redeten wir nicht. Judy fragte sich wohl, wann meine wirklich schwierigen Fragen kämen, und ich versuchte zu entscheiden, was ich als Erstes fragen könnte.

»Ist hier nicht beim Erdbeben 1989 die Brücke eingestürzt?«, sagte ich.

»Oh ja.« Judy zeigte durch die Windschutzscheibe nach oben zur höheren Ebene der *Bay Bridge*. »Sogar genau hier, wo die roten Markierungen sind. Da hat die Brücke nachgegeben.«

»Ich erinnere mich noch genau, wie ich es im Fernsehen sah«, sagte ich. Dann platzte ich mit jener Frage heraus, die mir auf der Seele brannte und die ich seit meiner Ankunft vermieden hatte.

»Also, Mom ... wer ist mein Vater?«

Judy umklammerte das Lenkrad mit beiden Händen, räusperte sich und setzte sich gerader hin. Ihre Nervosität war nicht zu übersehen.

»Weißt du noch, dass du mich bei unserem ersten Telefonat gebeten hast, vollkommen ehrlich zu dir zu sein?«

»Ja.«

»Tja, ich verspreche dir, dass ich dir immer die Wahrheit sagen werde. Wir müssen unsere Beziehung auf Zuneigung, Wahrheit und Offenheit stützen. Aber leider ist es so lange her, und ich muss gestehen, dass ich gezwungen war, deinen Vater zu vergessen. Jene Zeit habe ich vollkommen verdrängt.«

Obwohl sich Judy wohl bestenfalls schemenhaft erinnerte, begann sie nun zu erzählen. »Sein Name war Van. Wie er mit vollem Namen hieß, weiß ich nicht mehr«, sagte sie. Sie hatten sich kennengelernt, als Judy noch sehr jung war, und waren zusammen von zu Hause ausgerissen.

»Jedenfalls landeten wir in New Orleans, und ich wurde schwanger. Eines Tages, ich glaube, du warst ungefähr drei Monate alt, nahm dein Vater dich mit nach Baton Rouge. Ich erinnere mich, dass er mit dem Zug fuhr, weil wir kein Auto hatten. Er brachte dich zu einer Kirche. Als er ohne dich wieder zurückkam, verließ ich ihn. Er wurde wütend, weil ich ihn sitzen ließ, und meldete mich bei der Polizei.«

Mir fiel es schwer, ihre Worte zu verarbeiten. *Ich war in eine Kirche gebracht worden?*

»Mein Vater hat mich nach Baton Rouge gebracht und bei einer Kirche abgegeben, und danach hat er dich bei der Polizei gemeldet?«, fragte ich, weil ich sicher sein wollte.

Judy zögerte, dann nickte sie.

Einen Moment lang schwieg ich erschüttert. Schließlich sagte ich: »Weißt du was, Mom? Eigentlich will ich nicht mehr über meinen Vater wissen. Ich habe eine wunderbare Familie zu Hause in Baton Rouge, und mein Dad ist der beste Vater der Welt.«

Judy war ihre Erleichterung deutlich anzusehen. Offensichtlich wollte sie auch nicht, dass ich nach meinem leiblichen Vater suchte.

Ich wünschte, es wäre damit erledigt gewesen, doch in den darauffolgenden Monaten ließ es mir keine Ruhe. Je mehr ich über meinen leiblichen Vater nachdachte, umso dringender wollte ich ihn kennenlernen, seine Version der Geschichte hören, ihm vielleicht sogar verzeihen und eine Beziehung zu ihm aufbauen. Die Erinnerungen meiner Mutter waren vage. Vielleicht erinnerte er sich an mehr und konnte mir einen Grund nennen, warum er mich in Baton Rouge ließ.

Ich beschloss, doch nach ihm zu suchen, weil ich die Wahrheit über ihn erfahren wollte – was für ein Mann er war, warum er mich nicht wollte. Heute weiß ich, dass manche Dinge besser in der Vergangenheit bleiben sollten, dass Wissen nicht immer besser ist als Nicht-Wissen. Manchmal ist die Wahrheit so entsetzlich, dass sie in kleinen Portionen enthüllt werden sollte, in Fetzen hier und da, die man nach und nach aufnimmt, weil das Ganze schlicht zu entsetzlich ist, als dass man es mit einem Mal ertragen kann.

Und manchmal verändert die Wahrheit alles …

TEIL 1

DIE EISDIELENROMANZE

I

Oktober 1961

Earl Van Best Jr. saß auf einer Bank vor der Buchhandlung gegenüber von »Herbert's Sherbet Shoppe«. Er wartete. Der Inhaber rechnete derweil zusammen, was er für die antiquarischen Bücher bezahlen wollte, die Van aus Mexico City mitgebracht hatte. Während Van dort saß, beobachtete er ein hübsches junges Mädchen, das eben aus dem Schulbus an der Ninth Avenue Ecke Judah Street gestiegen war. Beim Gehen schimmerte ihr blondes Haar in der Nachmittagssonne. Van stand auf und stellte sich ihr in den Weg, bevor sie die Straße überqueren konnte.

»Hi«, sagte Van mit jenem charmanten Lächeln, das ihn zu so einem guten Verkäufer machte.

»Hi«, antwortete sie und erwiderte sein Lächeln. Dann wandte sie sich ab und ging zur Eisdiele.

Van folgte ihr.

»Ich bin Van. Wie heißt du?«

»Judy.«

Van hielt ihr die Tür auf, und sie schritten über den beigen Mosaik-Fliesenboden zum glasgerahmten Tresen. Judy betrachtete die Auswahl an Eissorten und entschied sich für eine Vanillekugel. Mein Vater bezahlte ihr Eis und fragte sie, ob sie sich gemeinsam an einen Tisch setzen könnten. Er sah nett aus, sehr gepflegt und schick, also stimmte Judy stumm zu. Sie fühlte sich geschmeichelt, dass ein solch gut gekleideter, älterer Mann sich für sie interessierte. Zusammen steuerten sie einen Ecktisch nahe der schwarz-weiß karierten Wand an.

Van setzte sich und blickte in die großen blauen Augen, die ihn so unschuldig ansahen. Er mochte hübsche Mädchen, je jünger, desto besser, und dieses war hübscher als die meisten anderen.

Mit dem britischen Akzent, den er so gerne nachahmte, fragte er sie: »Wie alt bist du?« Sie sah ungefähr wie zwanzig aus, doch eben war sie aus einem Schulbus gestiegen.

»Fast vierzehn.« Sie war viel zu reif, viel zu hübsch, um so jung zu sein.

»Unmöglich«, murmelte Van.

»Doch«, kicherte sie, leckte an ihrem Eis und sagte: »Ich habe am achten Oktober Geburtstag.«

Einen Moment lang saß er stumm da und überlegte, ob er gehen sollte. Doch ein Blick in ihre lachenden Augen überzeugte ihn, dass ihr Alter keine Rolle mehr spielte. Auch wenn er siebenundzwanzig war, war Judy für meinen Vater Liebe auf den ersten Blick, die Vollkommenheit schlechthin. Er musste sie haben, denn sie war jung, unschuldig und formbar.

Auf Judy wirkte Van wie ein Mann von Welt, erzählte er doch Geschichten von Reisen nach Mexiko und einer Kindheit in Japan. Er sprach über Musik, Kunst und Literatur – lauter Dinge, über die Erwachsene in Judys Welt nie redeten.

»Wo wohnst du?«, fragte Van.

»Am Park«, antwortete Judy, »in der Seventh Avenue.«

»Bei deinen Eltern?«

»Bei meiner Mom und meinem Stiefvater, aber den mag ich nicht. Er ist gemein.«

»Ich habe auch einen gemeinen Stiefvater«, sagte Van und ergänzte leise: »Ich wäre niemals gemein zu dir.«

Kichernd stand Judy auf. »Ich gehe lieber nach Hause, sonst kriege ich noch Ärger.«

Van folgte ihr nach draußen und blickte ihr nach, als sie den Hügel hinaufging, bis sie nicht mehr zu sehen war. Erst dann kehrte er zur Buchhandlung zurück, um sich sein Geld zu holen. Er war zufrieden mit dem, was der Buchhändler ihm für seine Bücher geben wollte, und machte sich auf den Heimweg in den Castro District, gleich beim Mount Sutro, wo er bei seiner Mutter und seinem Stiefvater wohnte.

Am nächsten Nachmittag stand Van vor der Eisdiele, wartete auf den Schulbus und hoffte, aus ihm würde wieder das hübscheste Mädchen steigen, das er je gesehen hatte. Er beobachtete einige Passanten, die aus einem Geschäft mit asiatischen Lebensmitteln kamen und in einen irischen Pub in der Nähe gingen. Andere blieben vor den Cafés stehen, angelockt vom Kaffee-Aroma, das aus den offenen Türen strömte. Der Sunset District war immer voller junger Leute, zumeist College-Studenten oder Highschool-Schüler. Unter sie mischten sich die älteren Bewohner, die das Viertel mit aufgebaut hatten in dem Glauben, dass Amerika jedem hart arbeitenden Immigranten ein besseres Leben bot.

Mein Vater wünschte sich eine Zukunft als erfolgreicher Geschäftsmann, und klug genug war er allemal. Er hatte seinen Abschluss an der *Lowell High School* gemacht, an der begabte Kinder gefördert wurden, und war aufs *City College* in San Francisco gegangen. Seine Noten aber entsprachen nicht seiner Intelligenz. In seinen Zeugnissen standen lauter

Zweien und Dreien, mit Ausnahme von Englisch und dem Ausbildungsprogramm der Army, in denen er glänzte. Das waren die einzigen Fächer, die ihn wirklich interessierten. Er las so ziemlich alles, was er in die Finger bekam, aber besonders begeisterte er sich für die Sorte Literatur, die weniger intelligente Leute langweilen dürfte.

Bald sah er den Schulbus kommen und mehrere Kinder aussteigen. Und da war sie wieder: wunderschön und süß.

Er rief nach ihr, als sie sich in Richtung Judah Street wandte. Sie drehte sich um und strahlte.

»Hey, was tust du denn hier?«, fragte sie.

»Ich warte auf dich. Darf ich dich nach Hause begleiten?«

»Oh nein! Meine Mutter würde toben, wenn sie mich mit einem Jungen sieht.«

»Tja, dann sorgen wir dafür, dass sie uns nicht sieht.« Van grinste, nahm Judys Arm und führte sie über die Straße. »Wir gehen durch den Park.«

Judy empfand ein Kribbeln, als sie an ihrer Straße vorbei- und in den *Golden Gate Park* gingen. Sie hatte bisher keine guten Erfahrungen mit Männern gemacht, aber dieser war anders. Ihre Mutter, Verda, hatte sich wenige Jahre zuvor von Judys Vater scheiden lassen, weil er übertrieben streng und brutal zu ihren Töchtern war. Er hatte Judy und ihre Schwester Carolyn so verprügelt, dass sie rote Schwielen auf ihrem Po bekommen hatten, die das Hinsetzen unerträglich machten. Die Prügel endeten mit der Scheidung, trotzdem vermisste Judy ihren Vater manchmal.

Verda war mit ihren Mädchen nach San Jose gezogen, wo sie versuchte, von vorn anzufangen, aber dort war es nicht viel besser. Als sie das erste Mal wieder mit einem Mann ausging, vergewaltigte er sie, und kurz darauf bemerkte Verda, dass sie schwanger war. Das Kind ihres Vergewaltigers, ein Junge, den sie Robert nannte, wurde am 28. Mai 1961 geboren. Verda konnte das Kind nicht behalten, würde es sie doch immerfort daran erinnern, was sie durchgemacht hatte. Außerdem hatte sie bereits zwei hungrige Mäuler zu stopfen. Sie gab ihren Sohn gleich nach der Geburt zur Adoption frei.

Danach zog Verda zurück nach San Francisco und heiratete Vic Kilitzian, einen Marine-Elektriker, der auf dem Hunters Point Naval Shipyard arbeitete. Vic war ein Armenier aus Griechenland, der nicht besonders gut Englisch sprach. Judy konnte ihn eigentlich nur verstehen, wenn er ihrer Mutter Schimpfwörter und Beleidigungen entgegenbrüllte. Zwar schlug er die Kinder nicht, sorgte jedoch dafür, dass jeder wusste, für wie blöd er Verda hielt. Irgendwie kam es Judy genauso schlimm wie die Prügel vor, denn sie hielt es nicht aus, dass ihre Mutter so behandelt wurde. Für Verda war das Leben nun härter denn je. Sie arbeitete in der Crocker Bank, um die Familie durchzubringen, und jeden Nachmittag, wenn sie heimkam, wurde sie wüst beschimpft. Es war so bedrückend und aussichtslos, dass Verda kaum noch Zuneigung für ihre Töchter aufbringen konnte.

Folglich war meine Mutter mit dreizehn Jahren ausgehungert nach Zuwendung, und Van war nur allzu bereit, diesem unschuldigen Mädchen genau die Aufmerksamkeit zu schenken, nach der es sich verzehrte. Als Van sie unterhakte, lächelte Judy glücklich, fühlte sich erwachsen und wie etwas Besonderes. Noch mehr strahlte sie, als er am Ausgang des Parks, sechs Häuser entfernt von ihrem, ihre Hand küsste.

Sie hoffte, dass er am nächsten Nachmittag wieder wartete, wenn sie aus dem Bus stieg.

Was er auch tat.

Van sah, wie Judy sich nach ihm umblickte und ihr schönes Gesicht aufleuchtete, als sich ihre Blicke begegneten. Er ging ihr entgegen und nahm sie bei der Hand.

»Wo gehen wir hin?«, fragte Judy, obwohl es ihr im Grunde gleich war. Sie hatte keine Angst, bei Van fühlte sie sich sicher.

»Es ist eine Überraschung – einer meiner Lieblingsorte«, antwortete Van und steuerte auf eine Bushaltestelle in der Nähe zu.

»Gehen wir in die Kirche?«, fragte Judy, als sie in der California Street ausstiegen und Van auf die *Grace Cathedral* wies.

»Warst du schon mal in dieser Kirche?«

Judy schüttelte den Kopf und starrte den majestätischen Bau mit den hohen kantigen Türmen und dem weit aufragenden Spitzturm an.

Drinnen zeigte Van ihr die Wandgemälde, die er am liebsten mochte, insbesondere einige von Jan Henryk de Rosen. Er beeindruckte sie mit seinem Wissen über die Geschichte mehrerer der Werke.

Judy war fasziniert, und das nicht nur von der Kunst, sondern von dem Mann, der so viel über die Kirche zu wissen schien. Kein Erwachsener hatte je so mit ihr geredet, als sei sie ihm ebenbürtig, als würde ihre Meinung etwas zählen. Van zeigte ihr stolz die Orgel der Kathedrale mit den langen Pfeifen an den Wänden. »Manchmal spiele ich hier Orgel«, erzählte er.

Sie waren bei den Bleiglasfenstern mit den Darstellungen

von Adam und Eva angekommen, als mein Vater beschloss, dass es für Judy Zeit wurde, nach Hause zu fahren. Auf dem Rückweg zum Sunset District schlug Judy vor, Van ihrer Mutter vorzustellen.

»Das halte ich für keine so gute Idee«, sagte er. »Es wäre etwas anderes, wenn du siebzehn wärst. Aber so hat sie sicher etwas gegen mich und wird sagen, ich sei zu alt für dich.«

Judy stimmte zu, dass sie ihre Freundschaft lieber noch eine Weile für sich behielten. Ihr gefiel der Gedanke, dass Van ihr großes Geheimnis war.

»Sehen wir uns morgen?«, fragte er, als sie sich zu ihrer Straße wandte.

»Ja«, antwortete Judy atemlos. »Ich kann es gar nicht erwarten.«

Sie schwang sich ihre Büchertasche über die Schulter und tänzelte förmlich den steilen Hügel hinauf. Nie war sie so glücklich gewesen. Jung wie sie war, fragte sie sich überhaupt nicht, warum sich ein Mann in Vans Alter für sie interessierte. Sie kam auch nicht auf die Idee, ihn nach seiner Vergangenheit zu fragen. In ihrer Fantasie war ihre Beziehung vollkommen normal. Ihr wurde schwindlig, wenn er sie berührte oder sie anlächelte. Nur darauf kam es an.

Bald würde sie entdecken, dass Van unter seinem charmanten Äußeren einen dunklen Kern besaß, eine Vergangenheit voller Schmerz, die er sorgsam verbarg.

2

Vans Vater, Earl Van Best Sr., wurde am 16. Oktober 1904 geboren. Die Best-Familie galt seinerzeit längst als Musterbeispiel für Frömmigkeit und Patriotismus. Earls Vorfahren, angefangen mit seinem Großvater John James (J. J.) Best, hatten für ihre Überzeugungen von Gut und Böse gekämpft. J. J. war Captain der Konföderierten gewesen und hatte im 9. Infanteriebataillon von South Carolina gedient, bekannt als die »Pee Dee Rifles«. Am 1. April 1865 wurde J. J. bei der Schlacht um *Dinwiddie Court House* angeschossen und als Gefangener nach *Johnson's Island* in Ohio gebracht. Am 18. Juni 1865, zwei Tage bevor der letzte Schuss fiel, unterzeichnete der Captain einen Treueeid gegenüber der Union und wurde freigelassen.

Vor dem Krieg war J. J. Tabakfarmer und eingetragener Sklavenhalter gewesen. Nach dem Krieg kehrte er zu seiner Farm in Galivants Ferry, South Carolina, zurück, zu seiner Frau Winnifred und seinen beiden Kindern. Wegen der Wunden, die er im Krieg erlitt, blieben einige seiner Sklaven auf der Farm, um ihm zu helfen, obgleich sie befreit waren.

Ein Jahr nach Kriegsende wurde J. J.s drittes Kind geboren. Er benannte es nach Major General Earl Van Dorn – Earl Van Dorn Best. Dorn war J. J.s Held gewesen, hatte im Krieg tapfer gekämpft, jedoch bei der Schlacht von Pea Ridge in Arkansas eine Niederlage einstecken müssen. Jene Schlacht markierte einen Wendepunkt, denn dort verlor der Süden die Kontrolle über den Mississippi an die Unionssoldaten.

1880 spendete J. J. einen Teil des Best-Landes für den Bau

einer neuen Methodistenkirche und danach noch mehr gegenüber dem Gebäude für einen Kirchhof. Dieser Friedhof ist als *Old Zion Cemetery* bekannt, auch wenn er damals zunächst der Best-Friedhof genannt wurde.

Nach seinem Vater führte Earl die Südstaatentradition des Tabakanbaus fort, hatte er doch schon seine Kindheit mit der Landarbeit verbracht. Als Erwachsener brachte er es mit seinem Wissen und seiner Geschäftstüchtigkeit zum wohlhabendsten Einwohner von Galivants Ferry. Am Ende des 19. Jahrhunderts avancierte er zur rechten Hand und zum engsten Vertrauten des Pfarrers. 1902 wurde er zum Oberschulrat von Horry County gewählt.

Earl heiratete Anna Jordan, und das Paar bekam elf Kinder, unter ihnen mein Großvater Earl Van Best.

Dann kam es zu einer Tragödie.

Earl Van Dorn Best wurde 1907 von einem früheren Sklaven erschossen, als mein Großvater zwei Jahre alt war. Plötzlich war Anna als Witwe mit einer großen Kinderschar auf sich allein gestellt, die sie ernähren musste.

Die Geschichten, die mein Großvater über seinen Vater hörte, motivierten ihn, Geistlicher zu werden, und er blieb sein Leben lang ein Mann Gottes. Als Teenager, lange bevor er zum Geistlichen ausgebildet war, wurde Earl zu einem von Bischof Francis Asburys berittenen Seelsorgern. Sie ritten von Stadt zu Stadt und predigten zu allen im Horry County, South Carolina, die ihre Heilsverkündung hören wollten. Später verließ Earl sein Zuhause, um an die *University of South Carolina* zu gehen, wo er sich das Studium mit einem mageren Predigergehalt finanzierte. Er lernte die hübsche Miss Gertrude McCormac aus Mullins, South Carolina, kennen und verliebte sich in das begabte Mädchen;

Gertrude spielte so außergewöhnlich gut Klavier, dass Earl überzeugt war, die Engel im Himmel würden mitsingen. Allerdings war sie auch schwierig. Sie beteuerte, dass sie Earl liebte, doch konnte er gerade nicht für sie da sein, hatte sie keinerlei Bedenken, ihn durch einen anderen zu ersetzen. Diese Lektion erteilte sie ihm während ihrer gemeinsamen Jahre wieder und wieder.

Am 9. November 1929 schrieb sie meinem Großvater einen Brief, in dem sie sich bedankte, dass er sie kürzlich besucht hatte. Sie erwähnte, dass sie bald zu einem Austern-Grillfest gehen wolle und wünsche, er könne dabei sein; doch sie würde verstehen, wie umständlich es für ihn sei, die weite Reise täglich zu machen, um sie zu sehen. »Du sollst wissen, dass meine Absicht ohne Zweifel die einer Vertiefung unserer innigen Freundschaft ist und bleibt, nicht, sie zu beenden«, schrieb sie, ehe sie als PS vom 10. November anfügte: »Beim Austern-Grillfest war es nett. Nick war sehr freundlich und brachte mich heim. Ich wünsche nur, du wärst es an seiner statt gewesen.«

Ihre List wirkte.

Earl eilte zurück nach Mullins und hielt bei Gertrudes Vater, Duncan, um ihre Hand an. Und Duncan gab dem ernsten jungen Mann seinen Segen.

»Willst du mich heiraten?«, fragte Earl. Er kniete galant vor Gertrude, während sie auf dem Sofa im Salon lag.

Einen Moment lang schmollte sie und dachte nach. »Ich würde sehr gerne«, sagte sie schließlich und lächelte ihren Verlobten an.

Gertrude war beeindruckt von der Klugheit des jungen Geistlichen. Er war der eifrigste und gebildetste Mann, den sie kannte, nur leider auch ein bisschen langweilig. Der jungen Frau war jedoch bewusst, dass sie als Gattin eines Geistlichen zur Respektsperson aufstieg, und diese Aussicht fand sie durchaus verlockend.

Einige Jahre lief in der Ehe alles harmonisch. Doch 1931 starb Earls Bruder, Austin Haygood Best, und seine Frau, Betty Wilmoth Best, zwei Jahre später. Beide hatten sich in dem Sanatorium, in dem Betty arbeitete, mit der Schwindsucht angesteckt. Das Paar hinterließ vier Kinder – Louise, Mildred, Aileen und Geraldine, genannt Bits. Mildred wurde zu Earls Schwester Nan gegeben. Aileen und die Jüngste, Bits, zogen zu Earls Schwester Estelle. Auf Earls Drängen hin nahm Gertrude sehr widerwillig die damals vierzehnjährige Louise auf.

Mein Großvater verdiente nicht viel, und meine Großmutter drehte jeden Nickel dreimal um, da sie nun noch eine Person mehr ernähren mussten. Das Umherziehen von einer College-Stadt zur anderen war aufregend gewesen; umso weniger passte das Leben mit einem Kind und ohne Geld zu Gertrudes Plänen. »Warum kann Nan sie nicht aufziehen?«, jammerte sie.

Earl, der das College in Charleston besuchte, blickte von dem Aufsatz auf, an dem er gerade schrieb. Er seufzte. »Weil sie sich nur leisten kann, ein Kind aufzunehmen«, erklärte er zum wiederholten Male.

»Aber das ist nicht recht. Mildred sagt auch immerzu, dass die Best-Familie die Kinder verteilt hat wie einen Wurf kleiner Katzen. Schwestern müssen zusammenbleiben.«

»Nun, dann sollten wir Mildred vielleicht herholen«, sagte Earl und wartete schmunzelnd Gertrudes Reaktion ab.

Sie sprang auf und stürmte aus dem Zimmer.

Lachend wandte Earl sich wieder seiner Arbeit zu. Manchmal bettelte seine verwöhnte Braut geradezu darum, in ihre Schranken gewiesen zu werden.

Das darauffolgende Jahr litt Gertrude mehr oder minder stumm. Sie fürchtete, Earl könnte auf die Idee kommen, dass es besser wäre, alle Mädchen in einem Haushalt großzuziehen. Allerdings war sie nicht freundlich zu ihrer Nichte. Earl, der ohne Vater aufgewachsen war, war Louise gegenüber sehr streng, denn er hielt es für die richtige Art, ein Kind auf den rechten Pfad zu führen. Es dauerte nicht lange, bis Louise ihre Tante hasste und ihrem Onkel verübelte, dass er seiner Frau gestattete, Louise fortwährend daran zu erinnern, dass sie eine mittellose, lästige Waise war.

Ende 1933 blieb Gertrudes Regel aus, und sie fürchtete, dass sie schwanger sein könnte. Earl und sie lebten in Wilmore, Kentucky, solange Earl das *Asbury Theological Seminary* besuchte, um noch einen Abschluss zu erwerben, der ein besseres Einkommen für die Familie versprach.

»Wie sollen wir zwei Kinder ernähren?«, klagte Gertrude, nachdem sie Earl die Neuigkeit mitgeteilt hatte. Sie hoffte, ihn so zu zwingen, das Mädchen wegzuschicken.

»Wir werden es genauso schaffen wie mit einem«, versicherte Earl.

Gertrude wünschte sich ein Mädchen – ihr eigenes Mädchen. Hielt Earl erst seine eigene Tochter in den Armen, würde er sicher erkennen, dass das andere Mädchen nicht zu ihnen gehörte. Gertrude begann, Babykleidung aus reichlich Spitze und Tuch zu nähen, wobei sie keine Sekunde daran dachte, dass das Baby auch ein Junge sein könnte. Das kam für sie gar nicht infrage.

Am 14. Juli 1934 gebar Gertrude einen Sohn, Earl Van Best Jr., für den Earl als Rufnamen Van festlegte.

Als die Hebamme ihr den Säugling in die Arme legen wollte, röteten sich Gertrudes Wangen, und Tränen strömten ihr übers Gesicht.

»Sieh nur, Liebes. Er ist ein hübscher gesunder Junge«, schwärmte Earl und wollte Gertrude bewegen, ihren Sohn zu halten. Doch sie wollte das Baby nicht einmal ansehen. »Bring ihn weg«, sagte sie und drehte sich in ihrem Bett zur Wand. Earl verstand das nicht. Mütter sollten ihre Kinder doch lieben!

Einige Tage später lag Gertrude noch immer im Bett, als ihr Mann ihr den Säugling brachte.

»Mir geht es nicht gut«, sagte sie.

»Sieh ihn dir doch nur an«, bat Earl. »Halt ihn bloß eine Minute. Er ist so ein niedlicher Bursche.«

»Nein, lass mich in Ruhe. Ich will das nicht.«

Wochenlang brachte Earl ihr jeden Tag das Baby, und jeden Tag weigerte sie sich, den Kleinen zu halten. Schließlich ertrug Earl es nicht mehr. Er war es leid, Windeln zu waschen, seinen Sohn alle vier Stunden zu füttern, sich anzuhören, wie das Kind nach mütterlicher Geborgenheit schrie, und er, Earl, all die Dinge tun musste, die Gertrude tun sollte. Es reichte.

»Steh auf«, befahl er seiner Frau nach einer weiteren schlaflosen Nacht. »Steig aus dem Bett, und kümmere dich um dein Kind, wie es sich für eine gute Christenmutter gehört. Ich dulde nicht, dass du dich so benimmst. Steh auf!«

Gertrude begriff, dass sie ihn bis an seine Grenzen gebracht hatte. Sie stand auf und schlüpfte notgedrungen in die Rolle der Mutter. Sie fütterte den Jungen, wickelte ihn, wusch seine Windeln und badete ihn. Doch sie bemutterte ihn nur gerade so viel, wie absolut notwendig war.

Unterdessen war Earl froh, dass es seiner Frau besser

ging, und überließ sie ihren Pflichten. In einem Brief an seine Mutter erklärte er, dass Gertrude und er sehr klare Vorstellungen davon hatten, wie ein Kind aufzuziehen sei. »Wenn er schreit, lassen wir ihn alles herausschreien«, schrieb er. »Ist er still, versuchen wir, ihn zu vergessen, und lassen ihn in Ruhe. Ich halte es für das Schlimmste, was man tun kann, Kinder umherzutragen und zu unterhalten, wenn sie blau vom Schreien sind. Er wird zu einem guten Jungen heranwachsen, solange wir ihn nicht fortwährend herzen und drücken. Das würde ihn nur zu einem Weichling formen.«

1935 wurde mein Großvater zum Methodisten-Priester geweiht und nahm eine Missionarsstelle in Japan an. Seine Frau und der damals einjährige Sohn kamen mit ihm, während Louise mit Freuden zu Estelle und ihren Schwestern zog. Earls Auftrag lautete, beim Aufbau einer universalen Kirche in Japan zu helfen, in der sich alle christlichen Glaubensrichtungen vereinen sollten. Als Repräsentant der Methodisten wurde mein Großvater zusammen mit denen anderer christlicher Kirchen zu Kaiser Hirohito eingeladen, um zu besprechen, ob Japan noch mehr amerikanische Missionare holen solle. Mikado – das war der Titel des Kaisers. Earl schrieb später in seiner Masterarbeit über seine Tätigkeit in Japan. Sie dauerte fünf Jahre. 1941 war schließlich die Kirchenunion in Japan vollendet.

Earl war sehr stolz auf seinen Anteil an diesem Erfolg. Doch der Höhepunkt seiner Zeit in Tokio war die Begegnung mit dem Mikado, und er genoss es, Van immer wieder mit den Geschichten davon zu beeindrucken. Er ging sogar mit seinem Sohn in eine Aufführung von Gilbert und Sullivans Oper »Der Mikado« und schickte die Karten hinterher nach Hause zu seinen Nichten.

1940, mit sechs Jahren, zeigte Van bereits Anlagen eines Universalgelehrten, was meinen Großvater entzückte. Van hatte mühelos Japanisch gelernt, genauso wie er die deutsche Sprache förmlich aufsog, in der Earl oft mit ihm sprach. Während andere amerikanische Kinder übten, von links nach rechts zu schreiben, lernte Van die drei japanischen Arten von Schriftzeichen – Kanji, Hiragana und Katakana –, die in Spalten von rechts nach links verliefen. Earl bestand darauf, dass Van die einzigartigen Möglichkeiten nutzte, welche sich ihm mit dem Leben im Ausland eröffneten. Gertrude förderte derweil seine künstlerischen Interessen, brachte ihm Klavier- und Orgelspielen bei, lehrte ihn Zeichnen; allerdings geschah es eher zu ihrer eigenen Zerstreuung als aus Zuneigung zu dem Jungen. Wangenküsse oder Umarmungen kamen nicht vor, und Mitleid, wenn Van sich verletzte, ebenso wenig. »Klopf dir den Schmutz ab, du bist ein Mann und musst stark sein«, hieß es von Earl. Zugleich verzierte Gertrude Vans Kleidung mit Spitzenkragen und Rüschen und gab ihr Bestes, ihn in einen »Weichling« zu verwandeln.

Van bemühte sich, zäh und stark zu sein. Er strengte sich an, die Anerkennung seines Vaters zu gewinnen, und dennoch führte Earls Devise »Schone die Rute, kommt's dem Kind nicht zugute« zu Hieben für kleinste Vergehen. Und weinte Van, wurden die Rutenschläge noch übler.

Van begriff frühzeitig, dass Lernen entscheidend für sein Wohlergehen war, also paukte er, um keine Schwierigkeiten zu bekommen. Er lernte, und er machte seinen Vater stolz.

Earl hatte ähnlich hohe Erwartungen an Gertrude, doch die brauchte konstante Zuwendung und wehrte sich gegen die Enge in ihrer Ehe. Mein Großvater hatte seine Bedenken, was ihre Aktivitäten betraf, wenn er nicht bei ihr war, und äußerte sie auch gelegentlich, doch Gertrude versicherte ihm ein ums andere Mal, dass er albern sei. Da Earl ihr lieber glauben wollte, beließ er es jeweils dabei. Wenige Männer konnten Gertrude widerstehen, wenn sie ihren Charme einsetzte, und ihr Ehemann bildete keine Ausnahme.

Angesichts seiner immerfort mit anderen Männern flirtenden Frau und der zunehmenden Unruhen in der Region wurde meinem Großvater klar, dass er Gertrude und Van bald heimschicken sollte. Japan hatte sich mit Italien und Deutschland verbündet, und Earl wusste, dass das wenig Hoffnung auf eine friedliche Lösung der weltweit anwachsenden Spannungen machte. Meine Großmutter konnte es nicht erwarten, nach Hause zu kommen, war ihr der strenge Lebensstil einer Missionarsfrau in Japan doch zuwider. Seit fünf Jahren lebte sie mit Earl auf dem Campus der *Aoyama Gakuin*, jener Universität, die 1874 von der Methodistisch-Episkopalen Kirche gegründet worden war. Das Klima dort hätte für Gertrude erträglich sein können, aber sie war eben eine Künstlerin und Musikerin, ein Freigeist, und Earl und seine christlichen Ideale engten ihren kreativen Geist viel zu sehr ein. Gertrude hatte gerne Spaß, Earl hatte seine Pflichten, die er sehr ernst nahm: die heidnischen Seelen vorm Hollenfeuer bewahren.

Am 28. Oktober 1940 winkte Earl seiner Frau und seinem Sohn von einer Pier in Kobe nach, als sie an Bord des Ozeanriesen »Tatuta Maru« gingen, um in die Vereinigten Staaten zu reisen. Im Januar 1941 waren sie wieder in Japan, und zwar auf Betreiben von Earls Familie, die keine Hemmungen hatte, ihm zu sagen, dass er seine Frau im Auge behalten musste.

3

Am 7. Dezember 1941 bombardierte die japanische Reichsmarine Pearl Harbor. Mehr als zweitausendvierhundert Amerikaner verloren bei dem Angriff ihr Leben, und über zwölfhundert wurden verwundet. Die Vereinigten Staaten reagierten mit einer Kriegserklärung am folgenden Tag. Mein Großvater schickte meinen Vater und meine Großmutter mit dem ersten Schiff erneut fort aus Japan. Gertrude und Van warteten bang, dass Earl ihnen nach San Francisco nachkam, und waren froh, als er wenige Wochen später endlich eintraf.

In Earls Augen spielte es schlagartig keine Rolle mehr, dass er gerade sechs Jahre in Japan verbracht hatte. Sein Land war hinterrücks von den Japanern angegriffen worden, und er wollte, dass diese für den Verrat bezahlten. »Ich habe beschlossen, zur *U.S. Army Chaplain School* zu gehen«, sagte er Gertrude. »Du kannst mit Van zurück nach South Carolina ziehen und bei Estelle wohnen, bis ich wieder da bin. Jetzt gehe ich zum Militär.«

Gertrude flehte ihn an, sie und Van in Kalifornien bleiben zu lassen, doch er weigerte sich. »Nein. Wir wissen nicht, was geschehen wird. Sie könnten wieder angreifen. Ich will, dass ihr bei meiner Familie seid. Dort seid ihr sicher.«

Am nächsten Tag nahmen sie sich einen Mietwagen und verließen Kalifornien in Richtung Conway, South Carolina, wo Estelle wohnte. Earl unterhielt sich die ganze Fahrt über mit Van, der wiederum die Aufmerksamkeit über die Maßen genoss, während Gertrude schmollte. Ihre Stimmung verschlechterte sich weiter, bis sie in Estelles Einfahrt einbogen und Gertrude Bits und Aileen draußen spielen sah. Ihr ging auf, dass sie nun ihrer Schwägerin helfen musste, die beiden Mädchen zu betreuen.

»Mit diesen Gören will ich nichts zu tun haben«, sagte sie zu ihrem Mann.

»Beruhige dich, Gertrude«, entgegnete Earl. »Estelle kann sich nicht ganz allein um drei Kinder kümmern. Es war schon freundlich genug von ihr, dass sie Louise aufgenommen hat, solange wir fort waren. Wir sind Christen, und diese Mädchen gehören zu unserer Familie. Deshalb sollten wir uns auch entsprechend benehmen und Estelle helfen.«

»Von wegen Christen!«, schrie Gertrude, stürmte aus dem Wagen ins Haus und knallte die Tür hinter sich zu.

Nachdem Earl die Taschen aus dem Auto geholt hatte, legte er einen Arm um seine Schwester.

»Achte nicht weiter auf Gertrude«, sagte er. »Sie wird schon.«

Estelle war sich da nicht so sicher. Sie liebte ihren Bruder und half gerne, aber ihr war auch bewusst, wie verwöhnt und launisch Gertrude war. Louise hatte sich oft beklagt, wie schlecht Gertrude sie behandelte, während sie bei ihr wohnte.

Sobald seine Familie sich eingerichtet hatte, reichte Earl seine Bewerbung beim Corps ein und wartete gespannt auf seine Einberufung. Bis dahin machte er sich mit seiner neuen Gemeinde bekannt, wo sich viele um Rat oder zum gemeinsamen Gebet an ihn wandten, während sie stolz und ängstlich zugleich ihre Söhne in den Krieg ziehen sahen.

Bald erhielt Earl seinen Bescheid und machte sich auf nach Williamsburg in Virginia, wo er seine Ausbildung zum U.S. Army Chaplain absolvieren sollte. Anschließend ging er als Kaplan zur Navy, fest entschlossen, den jungen Soldaten geistliche Anleitung und Unterstützung zu bieten; immerhin setzten sie alle für Amerika ihr Leben aufs Spiel. Earl stieg schnell zum Lieutenant auf und wurde der »USS Altamaha« zugeteilt, einem Geleitflugzeugträger unter dem Kommando von Admiral »Bull« Halsey. Earls Aufgabe bestand vornehmlich darin, die Mannschaft mit hoffnungsvollen Heilsbotschaften aufzubauen.

Wenn er gerade nicht als Seelsorger tätig war, arbeitete Earl als Nachrichtenoffizier am Aufspüren und Decodieren feindlicher Botschaften. Da er Japanisch und Deutsch lesen konnte, wurde er rasch unentbehrlich für seine Einheit. Im Zweiten Weltkrieg nutzten die U.S. Navy und die Army eine komplizierte Verschlüsselungsmaschine namens SIGABA, um amerikanischen Code zu schreiben. Diese Maschine war überaus nützlich, denn SIGABA-Codes waren nicht zu knacken, wohingegen die japanische Codierung PURPLE und die deutsche von einer Maschine namens ENIGMA leicht entziffert werden konnten. Das U.S. Militär hatte noch einen Vorteil, wenn es Geheiminformationen übertrug, nämlich die indianischen Codierungen, die unter anderem die uralten Sprachen der Navajo-, Cherokee-, Choctaw- und Comanche-Indianer zu ausgeklügelten Codes kombinierten. Bei diesen Sprachen gab es so viele Dialekte, dass keine der Achsenmächte die Codes entschlüsseln konnte.

Earl liebte es, seinem Land zu dienen, während Gertrude daheim schmollte, weil ihr Mann sie bei seiner Schwester und den Kindern zurückgelassen hatte. Wie Louise schon Jahre zuvor lernten Aileen und Bits schnell, einen großen Bogen um Gertrude zu machen. Genauso wie Van. Er versteckte sich in seinem kleinen Zimmer hinten im Haus und wünschte, sein Vater werde bald wieder zurückkommen.

Seine Cousinen mochte er nicht, denn sie lachten über seine Bücher und seine Musik.

Meine Großmutter wollte sich so verzweifelt ein bisschen amüsieren, dass sie ständig neue Gründe erfand, nachmittags das Haus zu verlassen. Estelle machte sie natürlich nichts vor, wenn sie ihr Haar elegant aufsteckte und sich hübsche Kleider anzog. Bald drang zu Earl durch, dass ihn seine Frau mit Mitgliedern seiner Gemeinde betrog, doch er hatte Gottes Werk zu verrichten. Um Gertrude würde er sich kümmern, nachdem er seine Pflicht beim Militär erfüllt hatte.

Einige Monate später reiste Earl schließlich nach South Carolina, um seine abtrünnige Frau zu maßregeln.

»Sieh es dir an, Gertrude«, brüllte Earl und knallte ihr seine aufgeschlagene Bibel hin, »gleich hier, Hebräer dreizehn, Vers vier, steht, ›Die Ehe soll von allen in Ehren gehalten werden, und das Ehebett bleibe unbefleckt; denn Unzüchtige und Ehebrecher wird Gott richten‹. Willst du als Ehebrecherin gerichtet werden?«

Unter Tränen schüttelte Gertrude den Kopf. »Ich weiß nicht, was über mich gekommen ist«, schluchzte sie.

Earl wusste es auch nicht.

»Ich bin ein Geistlicher, Herrgott noch mal! Meine Frau sollte eine Stütze der Gemeinde sein.«

Er flehte seine Frau an, treu zu sein, und als das nichts fruchtete, schrie er sie erneut an. Nichts wirkte. Gertrude sehnte sich schlicht nach mehr Aufmerksamkeit, als ihr Mann ihr geben konnte.

Der Konflikt eskalierte derart, dass Gertrude in Tränen ausbrach, sobald Earls Wagen vor dem Haus hielt. Ein befremdlicher Widerspruch: An Sonntagen stand Earl auf der Kanzel, und Gertrude saß am Klavier, spielte die Kirchenlieder und lächelte, während sie Gott lobte. Nach außen spielten sie eine glückliche Familie, doch davon ließ sich niemand täuschen. Earl musste nicht einmal fragen, welche der Männer, die dort vor ihm in den Kirchenbänken saßen, mit seiner Frau geschlafen hatten. Er erkannte es an der Art, wie sie den Blick abwandten, wenn er sie ansah und von Sünde sprach. Und egal wie sehr er sich bemühte, Gertrude ihre Fehltritte zu verzeihen, war sie ihm nur wieder und wieder untreu.

Um sich von seinen Problemen abzulenken, konzentrierte Earl sich auf meinen Vater. Damals hatten die Kinder noch keinen Fernseher, der sie beschäftigte, also spielten sie entweder draußen Ball oder drinnen Brettspiele, Wortspiele, Käsekästchen oder Dame. Wenn mein Großvater auf Heimaturlaub war, brachte er Van das Schreiben und Lösen einfacher Codes mit Zahlen, japanischen Schriftzeichen und deutschen oder englischen Buchstabenkombinationen bei. Van war ein guter Schüler und konnte die verschlüsselten Botschaften seines Vaters oft schnell entziffern. Earl war beeindruckt und gestaltete den Code jedes Mal etwas schwieriger als den vorherigen. Bald entwarf Van seine eigenen Codes und bat seinen Vater, sie zu knacken. Van beobachtete dann von der Zimmerecke aus, wie Earl sich durch die Buchstaben, Zahlen und Zeichen arbeitete. Was als Lernspiel angefangen hatte, wurde zu einem Wettkampf, bei dem sich Vater und Sohn gegenseitig auszustechen versuchten. Van mochte die Herausforderung und die Beachtung, die ihm sein Vater zukommen ließ.

Earl wiederum konnte nicht ahnen, dass Van eines Tages »ihr« Spiel auf teuflische Weise nutzen würde, um noch weit mehr Aufmerksamkeit zu bekommen.

4

Nach Kriegsende ertrug Earl die beschämende Situation nicht mehr und zog mit Gertrude und Van nach San Francisco. Er hoffte, dass seine Frau dort glücklicher wäre und wieder zur Vernunft käme. Doch in San Francisco boten sich Gertrude scharenweise neue Männer, mit denen sie flirten konnte, und Earl, nach dessen Religion eine Scheidung eigentlich undenkbar war, bat seine Frau dennoch darum.

»Ich möchte, dass du die Scheidung einreichst, denn mein Sohn soll nicht denken, dass ich ihn im Stich gelassen habe. Er wird allerdings bei dir bleiben, weil ein Junge seine Mutter braucht. Du kannst ihn über die Sommermonate zu mir schicken.«

Bei aller Unzufriedenheit mit ihrer Ehe behagte Gertrude der Gedanke, eine geschiedene Frau zu sein, überhaupt nicht. Sie wollte beides: alle Männer, die sie kriegen konnte, und die Sicherheit und Anerkennung, welche ihr als Pfarrfrau zustanden.

»Ich werde mich bessern, Earl, das verspreche ich«, schluchzte sie wie schon so oft zuvor. »Bitte, Earl, denk doch nur, wie beschämend es wäre!« Sie warf die Arme um ihn.

»Ich denke immerzu daran«, erwiderte Earl und löste ihre Arme von sich. »Ich habe versucht, zu verzeihen und zu vergessen, doch es passiert immer wieder. Gott möge mir vergeben, aber so kann ich nicht leben.«

Als mein Großvater unerbittlich blieb, reichte meine Großmutter die Scheidung ein.

Van bettelte, dass er bei seinem Vater bleiben dürfe, doch Earl bekräftigte, dass es besser für ihn sei, bei seiner Mutter zu leben. »Alles wird gut«, sagte er zu seinem Sohn.

Van wusste, dass es nicht gut würde, genauso wie Earl, der schweren Herzens in den Zug nach South Carolina stieg. Er reiste über zweitausend Meilen weit weg von seinem neunjährigen Sohn.

Gertrude und Van zogen in die Nummer 514 Noe Street auf einem steilen Hügel mitten im Castro District. Das zweigeschossige viktorianische Haus war in zwei separate Wohnungen aufgeteilt, und Gertrude und Van lebten oben. Es war eines der wenigen Häuser, die beim Erdbeben 1906 nicht zerstört worden waren, denn anders als viele andere Straßen in San Francisco verlief die Noe Street nicht auf einer Sanddüne, sondern auf festem Fels. Deshalb waren die Bauten hier größtenteils verschont geblieben.

Vans Zimmer wurde rasch zu seiner Zuflucht und seinem Gefängnis. Er las viel, und wenn er nicht in der Schule war, versteckte er sich in dem Zimmer, während seine Mutter den Nachbarskindern Klavierstunden gab. Dabei konnte er sie mit den Kindern lachen hören.

Für ihren Sohn tat Gertrude nur das, was sie unbedingt musste: Sie sorgte dafür, dass er aß und zur Schule ging. Ansonsten ignorierte sie ihn und kostete ihre neu gewonnene Freiheit aus. Es dauerte nicht lange, bis immer neue Männer bei ihnen ein und aus gingen.

Manchmal hörte Van das Ruckeln des Betts, das Stöhnen und Keuchen durch die Wände. Dann drehte er die Lautstärke seines Phonographen auf, damit die Flöten, Violinen und Klarinetten es übertönten. »Der Mikado«, das Märchen von Lust und Täuschung, war wie eine ironische Überzeichnung dessen, was Van erlebte, und er hörte die Oper, bis sich ihm jedes einzelne Wort eingeprägt hatte.

Er schrieb auch weiter Codes und wünschte sich, sein

Vater würde ihm gegenübersitzen und versuchen, sie zu entschlüsseln. Van vermisste seinen Vater. Auch wenn Earl streng war, beachtete er ihn, förderte ihn und gab ihm das Gefühl, wichtig zu sein. In San Francisco kam Van sich eher unsichtbar bis lästig vor.

Wie ein Niemand.

Earl sollte seine Entscheidung, den Sohn bei seiner Exfrau zu lassen, für den Rest seines Lebens bereuen, doch damals war er überzeugt, dass ein Kind lieber von seiner Mutter aufgezogen werden sollte.

5

Am Tag, an dem die Scheidung von Gertrude rechtskräftig wurde, vermählte sich Earl mit Eleanor »Ellie« Bycraft Auble, einer zwölf Jahre jüngeren Witwe. Er hatte Ellie zwei Jahre zuvor kennengelernt, als er ihr mitteilen musste, dass ihr Mann, George Coleman Auble, am 10. März 1943 bei einer Explosion getötet wurde, als er Wasserbomben auf die »USS Serpens« verlud. Ellie war dankbar für den Trost des Kaplans gewesen, und als Earl nach San Francisco zurückkehrte, fühlten sich die beiden auf ihrer Suche nach Geborgenheit in einer ungerechten Welt sofort zueinander hingezogen. Keiner von ihnen hatte sein Schicksal verdient, doch zusammen konnten sie von ihren Wunden genesen. Earl verliebte sich in Ellies sanftes Wesen und ihre Verlässlichkeit. Bei ihr konnte er sicher sein, dass sie ihm treu und ein Vorbild für Van sein würde.

Nach der Heirat zog das Paar nach Indianapolis, wo mein Großvater an der *U.S. Army Finance School* in Fort

Benjamin Harrison Unterricht in geheimdienstlicher Nachrichtenübermittlung geben sollte. Die Methodistenkirche hatte ihn wegen der Scheidung exkommuniziert, trotzdem wurde er als Prediger in der Kirche *Disciples of Christ* willkommen geheißen.

Im Jahr darauf ließ Earl seinen Sohn über die Sommerferien von San Francisco nach Chicago einfliegen. Am Flughafen stürzte sich Van in Earls Arme. Er war begeistert, seinen Vater nach so langer Zeit wiederzusehen.

»Van, dies ist Ellie, deine neue Mutter«, sagte Earl und löste die Umarmung seines Sohnes. »Sie ist jetzt meine Frau, und du musst auf sie hören und sie mit demselben Respekt behandeln wie mich.«

Van drehte sich langsam um und betrachtete die hübsche junge Frau neben seinem Vater. Sein Strahlen wich einem unsicheren Stirnrunzeln.

Ellie streckte ihm ihre Hand hin, doch erst auf Drängen seines Vaters schüttelte Van sie.

»Hi, Van. Es freut mich sehr, dich kennenzulernen. Dein Vater hat mir schon so viel von dir erzählt.«

Van reagierte nicht.

»Bist du bereit für den Strand?«, fragte sie.

Van nickte und ging mit ihnen zum Wagen.

Jedes Jahr fand sich die gesamte Best-Familie in ihrem eigenen Strandhaus am Ocean Boulevard 302 in Myrtle Beach, South Carolina, ein, um dort die Sommerferien zu verbringen. Van freute sich seit Monaten darauf, und jetzt machte diese Frau alles kaputt. Er sank auf die Rückbank des Wagens und starrte aus dem Fenster. Nur hin und wieder blickte er verstohlen zu der Frau, der nun die gesamte Aufmerksamkeit seines Vaters galt.

»Wie gefällt dir San Francisco?«, fragte Ellie.

»Gar nicht.«

»Hüte deine Zunge, junger Mann«, warnte Earl ihn.

»Na, sie hat doch gefragt. Und ich mag es nicht.«

»Warum nicht?«, hakte Ellie nach.

»Mutter hat so viele Freunde«, sagte Van in der Hoffnung, sie zu schockieren, damit sie ihn in Ruhe ließen.

Es funktionierte.

Ellie gab es auf und ignorierte Van während der übrigen vierzehn Stunden Fahrt. Und Van sprach mit seinem Vater Japanisch, sodass Ellie sie nicht verstehen konnte. Als Earl darauf bestand, dass sie Englisch redeten, verstummte Van.

Bei der Ankunft in Myrtle Beach hatte die Feindseligkeit meines Vaters gegenüber seiner neuen Stiefmutter ihren Höhepunkt erreicht. Er schnappte sich seine Tasche, rannte die Stufen hinauf ins Haus und wortlos an Louise, Aileen und Bits vorbei in sein angestammtes Zimmer. Dort knallte er die Tür hinter sich zu, warf sich aufs Bett und weinte. Er weinte noch, als Earl hereinkam.

»Ich hatte gehofft, dass du ein bisschen erwachsener geworden bist und gelernt hast, dich zu benehmen. Aber anscheinend hat deine Mutter dich nicht diszipliniert«, sagte Earl und nahm seinen Gürtel ab. »Du wirst meine Frau respektvoll behandeln. Jetzt beug dich vor!«

Aileen und Bits lauschten kichernd am Ende des Flurs. »Er ist gerade erst angekommen. Was hat er wohl gemacht?«, flüsterte Bits.

»Weiß ich nicht, aber es muss schlimm sein. Onkel Earl klingt richtig wütend«, antwortete Aileen.

Am nächsten Morgen passte Aileen Van im Flur ab. »Wie

geht's deinem Hintern?«, fragte sie lachend. Van boxte ihr feste gegen den Arm.

Es dauerte nicht lange, bis Vans Cousinen sich wieder wie früher benahmen. Beim Frühstück machten sie sich über ihn lustig, weil er am Tisch las. Als Aileen versehentlich Milch auf sein Buch kleckerte, explodierte Van vor Wut.

»Jetzt mach nicht so ein Theater wegen ein bisschen Milch«, spotteten seine Cousinen.

»Ihr habt ja keine Ahnung! Das ist eine Erstausgabe«, schrie Van, nahm sein Buch und lief in die Küche, um sorgfältig jede Seite zu trocknen.

Die Mädchen triezten ihn gnadenlos. Eines Nachmittags, als Van allein auf der Balkonbrüstung im ersten Stock hockte und las, bat Ellie ihn, ihre Sonnenbrille aus dem Wagen zu holen. Als sie ihn ansprach, erschrak er so sehr, dass er rückwärts von der Brüstung fiel und vor der ganzen Familie kopfüber unten aufschlug. Ellie schrie auf, als er mit einem dumpfen Knall im Sand landete. Für einen Moment glaubten alle, er sei tot. Beschämt blieb mein Vater zunächst liegen. Schließlich stand er auf, klopfte sich den Sand ab und verschwand in seinem Zimmer, um zu weinen. Ihm war klar, dass er seinen Cousinen damit neue Munition geliefert hatte. Er war anders, passte nicht in ihren Alltag hinein und war nicht interessiert daran, sich einzufügen. Lieber wühlte er in einer alten Truhe, die er auf dem Dachboden entdeckt hatte, sah sich die zerknickten Papiere und vergilbten Taufkleider an, die jemand vor Jahren weggepackt hatte, statt alberne Spielchen zu veranstalten. Er wollte nicht mit den anderen über den Strand laufen oder in Withers Swash schwimmen. Sie sollten ihn in Frieden lassen, wenn er vor der Familie zu seinen Büchern floh.

Seine Cousine Mildred war bereits entkommen.

Sie hatte Schande über die Best-Familie gebracht, als sie im Vorjahr eine uneheliche Tochter geboren hatte, Joyce. Mildred floh mit einem kubanischen Möchtegern-Schauspieler nach Hollywood. Ihr Kind hatte sie bei Tante Estelle zurückgelassen. Dort sollte Joyce in dem Glauben aufwachsen, dass ihre Tanten – Bits, Louise und Aileen – ihre Schwestern seien und ihre Großtante Estelle ihre Mutter.

Der Sommer zog sich hin, und bald sehnte sich Van nach San Francisco. Sein dunkles, einsames Zimmer dort war erträglicher als dies hier.

Earl begriff beizeiten, dass es sinnlos war, eine harmonische Beziehung zwischen Van und Ellie erzwingen zu wollen. Van machte keinen Hehl aus seinem Hass auf die Stiefmutter und versuchte unablässig, Earl begreiflich zu machen, dass sie gemein zu ihm war – in der Hoffnung, dass sein Vater sie fortjagen würde.

Auf der Heimfahrt vom Strand eskalierte die Situation schließlich. Ellie unterhielt sich mit Earl, und Van unterbrach sie lächelnd, weil er wusste, dass es sie rasend machte.

»Van, hat dich irgendjemand gebeten, dich an dieser Unterhaltung zu beteiligen?«, fragte Ellie.

»Bevor du kamst, brauchte ich keine Einladung, um reden zu dürfen«, konterte Van spitz.

Earl trat auf die Bremse und fuhr an den Straßenrand. Dann stieg er aus, zerrte Van aus dem Auto und verdrosch ihn vor seinen Cousinen und allen, die vorbeifuhren. Hinterher quetschte Van sich verschämt ganz in die Ecke der Rückbank, ignorierte seine lachenden Cousinen und starrte bitterböse auf Ellies Hinterkopf. Ihm graute vor den kommenden Wochen, die er noch mit seiner Stiefmutter und den Cousinen verbringen musste, denn Earl hatte beschlossen, dass sie ihre restlichen Sommerferien bei ihm in Indiana verbringen sollten.

Zurück auf der Straße hielt mein Großvater in jedem Staat, den sie passierten – North Carolina, Tennessee, Kentucky, Indiana –, und ließ jedes der Kinder ein Stück den Wagen lenken, damit sie später ihren Freunden erzählen konnten, dass sie in verschiedenen Staaten gefahren waren. Van wollte nicht mitmachen, doch ein Blick von Earl genügte, dass er sich fügte. Er fuhr langsam, saß auf dem Fahrersitz neben Ellie und umklammerte das Lenkrad.

Von der Rückbank aus beobachtete Bits ihn und hatte beinahe Mitleid mit ihm. Aber nur beinahe.

6

Nach diesem ersten elenden Sommer mit Ellie war Van fast froh, seine Mutter wiederzusehen, als er nach San Francisco zurückkehrte. Er lief in sein Zimmer, in dem seine wertvollsten Besitztümer waren, und zum ersten Mal seit Monaten wurde ihm leichter ums Herz. Hier war er sicher vor der Welt, sicher vor den Hänseleien anderer Kinder. Doch sein Glück war von kurzer Dauer.

Gertrude hatte einen neuen Verehrer kennengelernt, als Van weg war. Nach wenigen Monaten heiratete sie John Harlan Plummer, der wenig Geduld für Van aufbrachte und eifersüchtig wurde, sowie Gertrude ihrem Sohn auch bloß ein Minimum an Aufmerksamkeit schenkte. Van lernte schnell, sich möglichst von Harlan fernzuhalten. Seine Mutter sah er nur noch beim Abendessen oder wenn er Klavier spielte. Dann setzte sie sich manchmal zu ihm und gab ihm Tipps. In diesen Momenten fühlte sich Van ihr nahe, aber dann rief Harlan nach ihr, sie verschwand, und Van hämmerte sein Unglück in die Klaviertasten.

Bis er William Vsevolod Lohmus von Bellinghausen begegnete und alles anders wurde.

Van hatte furchtbare Angst, als er im September 1949 erstmals durch die Eingangstüren der *Lowell High School* trat. Er sah die hübschen Mädchen mit Jungen scherzen und lachen, die sich von der riesigen Schule kein bisschen ängstigen ließen, und wusste, dass es nicht lange dauern würde, bis sie seine Geheimnisse entdeckten und ihr Getuschel zwischen den Stunden durch die Flure hallen würde. *Seine Mutter ist eine Hure. Habt ihr seine Brille gesehen? Was stimmt eigentlich nicht mit dem? Er hält sich ja für so klug!*

»Guten Tag«, sagte Van auf Deutsch, als sich am ersten Tag ein Junge in der Cafeteria zu ihm setzte. Es war seine Art, jedem gleich seine intellektuelle Überlegenheit zu demonstrieren.

»*Guten Tag*«, entgegnete der Junge, gleichfalls auf Deutsch. »*Wie heißt du?*«

»Van. Sprichst du Deutsch?«, fragte er verblüfft. Wie konnte es sein, dass ihn dieser unscheinbare Junge bei seinem Spiel schlug?

»Ich heiße Vsevolod von Bellinghausen und bin Deutscher. Und Chinese. Halb und halb. Aber hier in Amerika nenne ich mich William Lohmus. Das ist einfacher«, erklärte der Junge lächelnd.

William und mein Vater wurden schnell Freunde und begannen, ihre Kurse aufeinander abzustimmen. Im Zusatzprogramm der Army freundeten sie sich mit Bill Bixby an, der später mit Fernsehserien wie »Eddies Vater« und »Der unglaubliche Hulk« berühmt wurde. Die drei Jungen gingen dreimal die Woche zum Training und belegten montags und freitags Militärgeschichte, Taktik und Theorie. Bei den Sommermanövern waren sie Kompanie C und übernahmen die Rolle des Feindes. Sie versteckten sich im Gebüsch, bis ein einzelner Wachposten vorbeikam, fielen wie der Blitz über ihn her und überwältigten ihn. Ab und zu rief Van bei Earl an und erzählte ihm, was er lernte, war er doch sicher, dass er seinen Vater mit dem beeindrucken konnte, was er sich an militärischem Wissen aneignete.

Nach der Schule arbeitete Van ehrenamtlich im *De Young Museum* im *Golden Gate Park*. Im »Ancient Arms«-Saal verfeinerte er seine Fertigkeiten im Reinigen und Instandhalten mittelalterlicher Waffen. Und in diesem Museum voller Relikte aus der Vergangenheit wurde Vans Begeisterung für Waffen und die Kunst des Tötens geweckt.

William und Bill erkannten, dass Van anders war, aber auch sehr intelligent, und sie hörten ihm gerne zu, wenn er über dieses oder jenes Thema dozierte. Fast zu allem wusste er etwas zu sagen. Noch dazu staunten sie über sein musikalisches Talent.

»Wo hast du so spielen gelernt?«, fragte William eines Nachmittags, als Van ihm in seinem Wohnzimmer etwas auf dem Klavier vorspielte.

»Meine Mutter hat es mir beigebracht«, antwortete Van. »Und ich höre viel klassische Musik und Opern. Ich zeige sie dir.«

Van machte William mit Puccinis »Tosca« bekannt, noch einer Geschichte von Lust und Mord, die Van besonders gefiel. »Puccini hat das ›Miya Sama, Miya Sama‹ aus dem zweiten Akt von Gilbert und Sullivans ›Mikado‹ adaptiert«, erklärte Van. Bald war auch William opernbegeistert, und die beiden Jungen verbrachten ganze Abende damit, das Libretto von »Der Mikado« zu rezitieren, bis William es genauso auswendig kannte wie Van.

In der Schule sprachen sie meistens Deutsch, was die anderen Schüler ärgerte. Doch als Van der English-Speaking Union beitrat, einer Organisation, die sich die Wahrung der Sprache und Kultur Englands auf die Fahne geschrieben hatte, begann er, sich einen englischen Akzent zuzulegen und jeden mit dem Familiennamen anzureden – was seine Mitschüler nicht minder nervte.

»Übrigens, Bellinghausen, mein Stammbaum reicht zurück bis ins britische Königshaus«, prahlte Van. »Mein Vater hat gesagt, dass ich ein entfernter Verwandter von Königin Elizabeth bin.«

William wusste nicht recht, ob er ihm glauben sollte, widersprach aber nicht, weil man bei Van nie sicher sein konnte. Und wenn sein Freund mit diesem Akzent wie jemand klang, der mitten in einem Gespräch zwischen Sherlock Holmes und Dr. Watson ertappt wurde, grinste William nur. Auch das ließ er ihm durchgehen.

Lenkte Van hingegen das Gespräch auf die asiatische Sklavenkiste – einen schwarzen Holzwürfel von ungefähr fünfzehn Zentimetern Seitenlänge, den Van ihm einmal gezeigt hatte –, wurde William ein bisschen nervös. Van glaubte, dass in einigen Kulturen die Seelen der Sklaven in solchen Kästen für das Jenseits verwahrt wurden, und ihn faszinierte die Vorstellung, jemanden zu töten und dessen Seele in dem kleinen Kasten gefangen zu halten. Wenn sie zwischen den Kursen den Flur hinuntergingen, zeigte Van immer mal wieder auf irgendein hübsches Mädchen. »Die wäre gut, oder nicht?«, fragte er und lachte.

William wusste, was er meinte, und sorgte sich manchmal, dass Van nicht scherzte.

7

Nach dem Abschluss im Jahr 1953 verließ William San Francisco auf einem über zwanzig Meter langen Segelboot, um einige Monate in Mexiko zu verbringen. Van hatte andere Pläne. Er hatte sich bei einem Treffen der English-Speaking Union mit Alexander Victor Edward Paulet Montagu angefreundet, einem britischen Parlamentsmitglied. Montagu, allgemein bekannt als Viscount of Hinchingbrooke, war beeindruckt von Vans Wissen über England und fand seine steife britische Korrektheit amüsant. Er lud den jungen Amerikaner nach England ins Haus seines Vaters, *Hinching brooke House*, ein und versprach ihm, dass er die Königin kennenlernen würde. Diese Aussicht verzückte Van so sehr, dass er meinen Großvater überredete, ihm die Überfahrt nach England zum Schulabschluss zu schenken.

Am 4. Mai 1953 erreichte die RMS »Ascania« den Hafen von Liverpool, und Van begann sein Abenteuer.

Der Viscount hatte einen Wagen geschickt, der Van zum Familiensitz nahe Huntingdon, Cambridgeshire, bringen sollte, gut drei Stunden südöstlich von Liverpool. Zwar hatte Victor auch einen Wohnsitz in London, wollte Van jedoch mit dem englischen Landleben der feinen Kreise bekannt machen. Ursprünglich war *Hinchingbrooke House* um 1100 als Kirche erbaut worden. Später wurde es ein

Kloster, bevor es 1536 in den Besitz von Richard Williams überging (auch bekannt als Richard Cromwell). Cromwell und seine Söhne bauten zahlreiche Räume, einen mittelalterlichen Eingang und das große Bogenfenster an, das *Hinchingbrooke House* seinen einmaligen Charakter verlieh. Schulden zwangen die Cromwells 1627, ihren wertvollsten Besitz an die Montagu-Familie zu veräußern. Die Montagus nahmen weitere Verbesserungen vor. Unter dem vierten Earl of Sandwich, John Montagu, wurde *Hinchingbrooke House* berühmt für die ausschweifenden Feste, die der Earl mit seiner Mätresse gab, während seine Ehefrau in einem Sanatorium weggesperrt war.

Als sie auf das Anwesen einbogen, bemerkte Van das Familienwappen mit dem Motto »Post tot naufragia portum« (»Ein sicherer Hafen nach so vielen Schiffbrüchen«).

In dem majestätischen Haus war mein Vater zunächst überwältigt von dem Geruch – einer Moder-Note, die sich über Jahrhunderte in jeden Winkel und jede Nische gelegt hatte. Riesige Porträts reihten sich an den Wänden, elegante Vorhänge, exquisite Möbel und duftende Kerzenleuchter … doch nichts konnte diesen ersten Eindruck überbieten. Van schnupperte und hielt sich die Nase zu.

»Mein amerikanischer Freund«, begrüßte Victor Montagu ihn, der aus einem dunklen Korridor trat. »Wie war die Reise?«

»Sehr gut, Sir Montagu«, sagte Van und blickte zu dem Mann auf.

Mit seinen vierundsechzig Jahren war der Viscount eine beachtliche Erscheinung: groß, schlank und breitschultrig. »Willkommen auf dem Familiensitz«, sagte er und wies den Diener an, Van sein Zimmer zu zeigen.

In den darauffolgenden Wochen erhielt Van umfassenden Unterricht in englischer Geschichte und Politik, während er mit dem Viscount abwechselnd in *Hinchingbrooke House* und London wohnte. Victor Montagu war schon seit seinen jungen Jahren der Politik verpflichtet und verfügte über einen enormen Fundus an Wissen. Er hatte als Privatsekretär für Stanley Baldwin gearbeitet, einem angesehenen Lord President of the Council (Ratsvorsitzenden), und hatte bereits mehrere Bücher geschrieben, als Van ihn kennenlernte. Außerdem hatte er im Zweiten Weltkrieg gedient, bevor er ins Parlament gewählt wurde. Van verschlang jedes Wort des Viscounts, prägte sich jeden Schnipsel an Information ein, um später William alles erzählen zu können – vor allem, dass Königin Elizabeth und König James I. in denselben Mauern genächtigt hatten wie er.

Leider hatte Van hier Probleme mit dem Schlafen. Nacht für Nacht lauschte er aufmerksam dem Knarzen und Knacken der alten Dielen, was sich anhörte, als würde jemand oder etwas durch die Fluren wandern. Die Geräusche kamen näher und näher, wurden immer lauter, bis Van sich mit seiner Decke in eine Zimmerecke kauerte und auf die Tür starrte.

Und wartete.

Stundenlang.

Erst wenn der Morgen dämmerte und die Sonne beruhigendes Licht in den Raum warf, schloss Van endlich die Augen und schlief, bis das Frühstück serviert war. Gewöhnlich aß er nur ein oder zwei Scheiben Bacon zu seinem Tee.

»Haben Sie keinen Hunger?«, fragte Victor, der Baked Beans, Würste, Bacon, Eier und geröstetes Brot hinunterschlang.

»Meine Mutter macht selten Frühstück, daher bin ich es nicht gewohnt, morgens viel zu essen.«

»Amerikaner!«, sagte Victor lachend. »Ihr wisst gar nicht, was euch entgeht. Na, wenigstens wird Sie der Tee munter machen.«

Van nickte. Er mochte englischen Tee schon deshalb, weil er Teil einer Kultur war, die er so unbedingt verinnerlichen wollte.

»Ich habe etwas Besonderes für Sie geplant«, verkündete Victor. »Wir reisen zur Krönung nach London.«

Van war begeistert. Die Montagu-Familie mit ihren Verbindungen zum Königshaus steigerte seinen Hang zum Anglophilen und ermutigte ihn, die Haltung, den Sprach- und Kleiderstil seiner blaublütigen Gastgeber zu imitieren. Und am 2. Juni 1953 stand mein Vater auf dem Trafalgar Square, inmitten der Menschenscharen, um Elizabeth II. in der prächtigen Kutsche vorbeifahren zu sehen, die sie zur *Westminster Abbey* brachte. Dort würde sie auf demselben Stuhl gekrönt, auf dem die Könige schon seit Edward im Jahr 1274 ihre Krone bekamen. Für Van war es das Aufregendste, was er je erlebt hatte, auch wenn er sich später bei William beschweren sollte, dass er draußen beim gemeinen Volk stehen musste, anstatt bei der Familie des Viscounts zu sitzen. Schließlich gehorte er doch zur Verwandtschaft!

Als sie im Monat darauf nach *Hinchingbrooke House* zurückkehrten, setzte Montagu die Ausbildung seines amerikanischen Freundes fort.

»Ich muss einige alte Briefe und Dokumente von meinem Vater durchsehen. Haben Sie Lust, mir zu helfen?«

»Mit Freuden, Sir«, antwortete Van.

Er folgte dem Viscount in ein Büro mit massigen Holzschreibtischen und Bücherregalen an den Wänden. Ehrfürchtig betrachtete er die Titel, angezogen von den Ledereinbänden und dem alten Pergament.

»Sie dürfen die ruhig anfassen«, sagte Victor, dem Vans Faszination nicht entging.

Van zog einen Band aus dem Regal, öffnete ihn vorsichtig und glitt mit den Fingern über die Seiten. Alles nahm er wahr: den Druck, die Bindung, den Grad der Vergilbung. Victor ließ ihn sich eine Weile umsehen, während er Briefstapel auf den Schreibtisch legte und anfing, sie durchzugehen. »Schauen Sie sich das an«, sagte er.

Van ging hinüber und nahm den Brief, den Victor ihm reichte. Er war von Captain James Cook an John Montagu.

»John war der vierte Earl of Sandwich. Sie wissen schon, der, nach dem das Sandwich benannt wurde«, ergänzte Victor lachend. »Er war ein ruchloser Charakter, aber dass er Captain Cooks Entdeckungsreisen finanzierte, machte ihn berühmt. Wussten Sie, dass es Inseln vor der australischen Küste gibt, die nach diesem Haus und John Montagu benannt sind?«

Van nickte. Er hatte alles über die Familie gelesen, was er finden konnte, bevor er herkam.

»War er tatsächlich ein Mitglied im Hellfire Club?«, schnitt er behutsam das Thema an, das ihn am meisten interessierte. Hierüber war er bei seiner Lektüre gestolpert.

Victor bemerkte Vans glühendes Interesse, und da er sein fasziniertes Publikum genoss, stand er auf und schloss die Tür. Dann unterhielten sie sich stundenlang über die Geschichte des Clubs und die Gerüchte, die seine Mitglieder umwaberten. »Niemand weiß genau, was wahr ist und was nicht«, sagte Victor.

Während der folgenden zwei Monate lernte Van alles, was er konnte, über den Club, und er freute sich schon darauf, sein neues Wissen mit William zu teilen, wenn er wieder zu Hause war. Er fragte den Viscount unablässig aus, merkte sich jede Einzelheit, um sie später auszukosten. Der amüsierte Viscount fütterte Vans Fantasie, ohne zu ahnen, dass er damit bei seinem jungen Freund eine Begeisterung fürs Okkulte wachrief. Angeblich gehörten dem Club im achtzehnten Jahrhundert englische Adlige an, die Venus und Bacchus opferten – zumeist Tiere, gelegentlich aber auch schöne junge Mädchen. Van liebte die Gerüchte über Orgien, Ausschweifungen und Opferrituale von Leuten wie Sir Francis Dashwood und dem vierten Earl of Sandwich. Ihr Motto »Fais ce que tu voudras« (»Tu was du willst«) bedeutete, dass nichts tabu war. Was Van hier hörte, war die Antithese zu den Lehren seines Vaters, und Van wusste, dass Earl entsetzt wäre, sollte er hören, wie sein Sohn die Zeit in England genutzt hatte.

Die Tage vergingen schnell, und Van graute davor, in die Vereinigten Staaten zurückzureisen.

Dann aber, als er eines Nachts mal wieder wach im Bett lag, lauschte er dem Wispern der Vergangenheit, das durch sein Zimmer hallte. Fröstelnd in der feuchten Luft, die das ganze Haus erfüllte, und aus Angst vor den Geistern, die zweifellos in der Nähe lauerten, wickelte er die Bettdecke fester um sich. Als er erneut das Knarren der Dielen draußen hörte, erstarrte er. Diesmal klang es lauter, eindeutiger. Van sprang aus dem Bett und rannte in die Zimmerecke. Mit der Decke als Schutzschild sank er auf den Boden und hoffte, das Geräusch würde verstummen.

Was es auch tat. Direkt vor seiner Tür.

Voller Furcht beobachtete er, wie sich die Tür langsam öffnete. Der unheimliche orangene Schein einer Wandleuchte auf dem Flur fiel ins Zimmer und erhellte eine schemenhafte Gestalt.

Am nächsten Morgen beschloss Van abrupt, seine Reise zu verkürzen und nach Hause zu fahren.

Bevor er abreiste, zeigte Victor ihm die Waffensammlung der Familie. Aus ihr schenkte er Van eine Bronzekeule, die wie ein Stierkopf geformt war, dessen Maul zu einer bedrohlichen Grimasse aufklaffte. Van nahm einen beißenden Geruch wahr, als er versuchte, in das Maul hineinzusehen. Höflich bedankte er sich bei dem Viscount für das ungewöhnliche Geschenk und seine großzügige Gastfreundschaft; trotzdem konnte er es nicht erwarten, *Hinchingbrooke House* und dessen dunklen Geheimnissen zu entkommen.

Anfang September ging mein Vater an Bord der RMS »Franconia« mit Zielhafen Quebec. Er war einerseits traurig, einen königlichen Lebensstil hinter sich zu lassen, andererseits froh, den Geistern zu entfliehen, die ihn nachts heimsuchten.

1962, nach dem Tod seines Vaters, verkaufte Victor Montagu das Anwesen an den Huntingdon and Peterborough County Council, womit fünfhundert Jahre im Familienbesitz endeten, und 1964 gab er nach nur zwei Jahren seinen Titel als zehnter Earl of Sandwich ab. In den Jahren darauf schwand Victors Beliebtheit bei der Regierung rapide, und bald hatte er sich den Ruf erworben, exzentrisch zu sein.

Derweil stellte William in San Francisco fest, dass Van sich merklich verändert hatte. Sein Freund war neuerdings wie besessen von Geistern. Ununterbrochen redete Van vom vierten Earl of Sandwich und dem Hellfire Club. »Jede Menge

Teufelsanbetung und satanische Rituale gab es bei diesen Treffen. Ich habe gehört, dass sie auch Sklaven opferten. Hätte ich doch nur bei einem dieser Treffen dabei sein, nur einen einzigen Sklaven haben können!«

»Dein Vater würde einen Herzanfall kriegen, wenn er dich so reden hörte«, sagte William.

Van lachte. »Ja, würde er. Und er hat die Reise bezahlt.«

»Hast du von Montagu gehört, seit du zurück bist?«

»Nein, und ich glaube auch nicht, dass ich noch mal von ihm hören werde.«

»Warum nicht?«

Van wirkte verlegen und zögerte. »Er hat mir seltsame Avancen gemacht, als ich dort war«, gestand er.

»Wie das denn?«, fragte William.

»Darüber möchte ich nicht sprechen.«

William fragte nicht wieder nach, glaubte seinem Freund aber auch nicht. Van hatte häufiger den Hang, seine Einbildungen als real darzustellen.

»Was ist mit deinem Kopf passiert?«, fragte William, dem erst jetzt die große Beule an Vans Stirn auffiel.

»Diese verfluchte Keule«, sagte Van und verlagerte beschämt sein Gewicht von einem Fuß auf den anderen. Er hatte William bereits die Keule gezeigt, die schräg über Vans Bett hing, gestützt von einem Metallbügel. »Letzte Nacht hat mich im Schlaf etwas auf den Kopf getroffen. Es tat höllisch weh, und als ich mich aufsetzte, lag die Keule im Bett. Das ist nicht zum ersten Mal passiert. Ich sage dir, William, an dieser Keule ist etwas Böses. Sie ist von einem Geist aus dem Mittelalter besessen, das weiß ich. Hier, sieh sie dir an und sag mir, was du davon hältst.« Er drängte seinem Freund die Waffe förmlich auf.

William betrachtete sie eingehend, hielt das Bullenmaul vor sein Gesicht, schnupperte und verzog das Gesicht. »Riecht nach altem Blut«, sagte er.

»Ich muss das Ding loswerden. Es bringt mich noch um.« Van stand die Furcht ins Gesicht geschrieben. »Willst du die Keule haben?«

»Nein danke!«, lehnte William sofort ab.

Die nächsten Monate suchte Van nach jemandem, irgendwem, der ihm die Keule abnahm. Schließlich trieb er einen Sammler auf und entledigte sich des bösen Geistes, der ihn nachts anfiel.

8

In der Highschool-Zeit meines Vaters war der Korea-Krieg eine stete, verstörende Bedrohung gewesen. Obwohl William, Van und Bill Spaß daran hatten, im militärischen Zusatzkurs Krieg zu spielen, hatte keiner der Jungen vor, nach dem Schulabschluss nach Übersee zu gehen und in einem richtigen Krieg zu kämpfen. Sie hatten lange zuvor entschieden, sich gemeinsam am *City College* von San Francisco für ein zweijähriges Einführungsstudium einzuschreiben, bei dem keine militärischen Übungskurse angeboten wurden, sodass sie nicht Gefahr liefen, eingezogen zu werden. Zu ihrem Glück endete der Krieg 1953, doch sie schrieben sich trotzdem ein. Van und William belegten Kriminologie, Bill wählte Theaterwissenschaften – er plante bereits, Schauspieler zu werden, und dieses Ziel verfolgte er ehrgeizig. William wollte Privatdetektiv werden, und Van gefiel schlicht die Vorstellung, Kriminaltechnik zu studieren. Sein wahres Interesse galt der Musik, doch auf dem Gebiet war er schon so weit über das hinaus, was ihm das College beibringen könnte, dass er die Kurse langweilig fand. Dafür hatte Gertrude gesorgt.

Mittlerweile war Van ein hervorragender Organist und Klassik-Kenner mit einer Vorliebe für Bach. Manchmal verbrachte er seine freie Zeit an der Orgel der *Grace Cathedral*, einer französisch-gotischen, episkopalen Kirche in der California Street. Sechsunddreißig Jahre hatte der Bau dieser Kirche gedauert, doch als sie fertig war, erwartete die Sünder ein architektonisches Meisterwerk, wenn sie die Kathedrale betraten.

Buntglasfenster mit Darstellungen von Jesus und seinen Jüngern, der Jungfrau Maria und anderen biblischen Gestalten warfen ein helles Farbenspiel auf das Deckengewölbe über Vans Kopf, wenn er an der Orgel saß und die Tasten streichelte. Links von ihm war ein Kreis mit einem Kreuz in der Mitte in den Marmorboden eingelassen.

Oft blieben Passanten stehen, wenn sie Van spielen hörten. Sie wurden von den magischen Klängen in die schöne Kirche gelockt. Die 1934 erbaute Orgel hatte an die 7500 Pfeifen, die sie zu einem klanggewaltigen, fantastischen Instrument machten. Sogar Van empfand Ehrfurcht, wenn er hörte, welche Musik seine Finger hervorbrachten.

Obwohl er häufig fragte, weigerte Gertrude sich, in die Kirche mitzukommen und ihn spielen zu hören. Sie erlaubte ihm auch nicht mehr, das Klavier im Wohnzimmer zu spielen, denn Harlan wollte den Jungen dringend aus dem Haus haben. Zu diesem Zweck tat er alles, was er irgend konnte, um Van das Leben bei ihnen zu vergällen.

Auf der Suche nach einer anderen Zuflucht als der Kirche

entdeckte Van 1940 das Lokal Lost Weekend in Taraval. Es war an sich ziemlich gewöhnlich, lang und zylinderförmig geschnitten, mit Tischen und Stühlen entlang der rechten Wand. Eine verspiegelte, von dunklem Mahagoni umrahmte Bar erstreckte sich über die linke Wand. Der beige-schwarze Mosaik-Fliesenboden, der so typisch für 1930er-Jahre-Bauten in San Francisco war, verlieh der Bar einen vertrauten Reiz. Was Van jedoch am meisten ansprach, war die Wurlitzer-Orgel in der Mitte. Das Instrument stand auf einem kleinen Podest, und die Orgelpfeifen ragten bis zu einem kreisrunden Holzrahmen in der Decke auf.

»Brauchen Sie einen Orgelspieler?«, fragte er eines Nachmittags den Barkeeper und sah bewundernd zur massiven Orgel.

»Haben wir schon«, antwortete der Mann. »Ein Bursche namens LaVey. Sie sollten mal freitags abends vorbeikommen und ihn hören. Dann ist es hier völlig anders.«

Am nächsten Freitag saßen Van und William am Ende der Bar bei einem Drink und warteten darauf, wie die Wurlitzer klingen würde. Van juckte es in den Fingern, die Elfenbeintasten zu berühren. Neugierig beobachtete er, wie sich die Gäste im Kreis um die Orgel aufzustellen begannen, während die Tische und Stühle leer blieben. Freudige Erwartung herrschte im Lokal.

Und dann kam er herein.

Der Organist verbeugte sich leicht, bevor er sich auf seinen Platz hinter der Wurlitzer setzte.

»Willkommen. Ich bin Anton Szandor LaVey«, sagte er. Das Mikrofon ließ seine Stimme durch den Raum hallen. »Und vergessen Sie nie, dass sich ›Evil‹ für das Böse rückwärts ›Live‹ buchstabiert!«

Seine dicht gedrängt stehenden Anhänger klatschten begeistert.

Van horchte aufmerksam, als die ersten Töne den Orgelpfeifen entströmten. Moderne Klassik. Das war nicht, was er erwartet hatte. Und LaVey war gut, auch wenn Van besser war.

Er hoffte, den Musiker in der Pause ansprechen zu können, doch dazu kam es nicht. Als die Musik aufhörte, begann der Organist zu reden, und Van bemerkte, dass es totenstill im Raum wurde. LaVeys Publikum war gebannt von seinen Worten.

Und Van war beeindruckt. Dieser ungewöhnliche Mann, der ganz in Schwarz gekleidet war, hatte die Menge vollständig in der Hand, als er erklärte, dass seine Zuhörer alles immer mit Hingabe tun sollten.

Es kam Van wie Stunden vor, die er nur lauschte und zuschaute. Niemand verließ die Bar.

Schließlich stand LaVey auf. Die Spiegel hinter der Bar vervielfachten sein Bild, als er sich verneigte und von seinem Thron stieg.

Van winkte den Barkeeper zu sich.

»Darf ich vielleicht mal eine Minute spielen?«, fragte er und gab dem Mann einen Fünf-Dollar-Schein.

Der Barkeeper zuckte mit der Schulter. »Nur zu, aber ich glaube nicht, dass Ihnen jemand zuhört. Die kommen alle seinetwegen her.«

Van wartete, bis sich die Menge vor ihm etwas ausgedünnt hatte, bevor er zur Orgel ging. LaVey saß an einem Tisch an der Wand, umringt von den restlichen seiner Bewunderer, die alle möglichst dicht an ihn heranwollten. Keiner achtete auf Van, der an der Orgel Platz nahm. Die Leute drehten sich nicht einmal um, als er Bachs »Toccata und Fuge in d-Moll« zu spielen begann.

LaVey hingegen schon.

Van konnte seinen fragenden Blick deutlich spüren. Als die letzte Note verklang, stand Van auf und kehrte zu seinem Barhocker zurück.

LaVey erhob sich, schob die Leute zur Seite und ging zu Van und William.

»Wer bist du?«, fragte er Van.

»Van.«

»Wo hast du so zu spielen gelernt?«

Van lächelte. »Bei meiner Mutter.«

LaVey lachte, sodass sich die Winkel seiner dunklen Augen unter den spitz zulaufenden Brauen kräuselten. »Ich bin Anton LaVey.«

»Habe ich gehört«, sagte Van.

LaVey reichte ihm eine Karte. »Komm mich gelegentlich mal besuchen. Aber ruf vorher an.«

Van blickte erst auf die Karte, nachdem LaVey wieder weggegangen war. Als Adresse stand dort »6114 California Street«. Bald darauf klopfte Van an die Tür des unscheinbaren Hauses. Später würde die Fassade schwarz angestrichen, die Fenster würden mit Läden verhängt und das Hausinnere makaber verwandelt sein, aber so weit war LaVey zu dem Zeitpunkt noch nicht.

Die Tür ging auf, und eine junge Frau führte Van einen Korridor hinunter in ein Wohnzimmer. Vans Blick wanderte sofort zu den Bücherregalen an den tiefroten Wänden. Er ging auf die Regale zu, blieb aber stehen, als er ein Schild bemerkte, das mit Amputation drohte, sollten die Bücher berührt werden. Van lachte.

Das verstand er sehr gut.

Er überflog die Titel auf den Borden.

»Nicht schlecht«, sagte er laut.

»Freut mich, dass sie dir zusagen«, sagte LaVey, der gerade ins Zimmer trat.

Van drehte sich um und stellte fest, dass der Organist wieder ganz in Schwarz war.

»Ich habe deinen Auftritt genossen«, sagte er.

»Wenn du magst, kannst du dich dort gerne mal zu mir setzen«, bot LaVey an.

»Sicher«, antwortete Van erfreut.

An dem Nachmittag sprachen sie über Musik, Literatur und sogar über kriminelles Verhalten, als LaVey erfuhr, dass Van Kriminologie studierte. Zu jener Zeit war LaVeys Philosophie noch im Entstehen, aber Van schätzte bereits seine rebellische Haltung gegenüber gesellschaftlichen und religiösen Normen. LaVey wiederum gefiel besonders, dass Vans Vater ein Prediger war, und Van fand es herrlich, dass alles an diesem charismatischen Mann im krassen Gegensatz zu den Überzeugungen seines Vaters stand. Beide fühlten sich vom Denken und Talent des anderen angezogen. Und obwohl Van nie ein richtiges Mitglied des *Magic Circle* wurde – einer Gruppe von LaVeys glühendsten Anhängern, aus der später die *Church of Satan*, die Kirche des Satans, hervorgehen sollte –, verstand er die Lehren des Mannes doch besser als die meisten anderen und trat häufig zusammen mit ihm im Lost Weekend auf. Van berichtete William später von diesen Gesprächen, und William warnte meinen Vater ein ums andere Mal vor solch unorthodoxer Denkweise.

9

Noch am College beschloss Van, sich einem neuen Interessengebiet zu widmen. Seine Lektüre in der Bibliothek von *Hinchingbrooke House* hatten seine Begeisterung für alte Bücher befeuert, und er fuhr nach Mexiko, um zu sehen, ob er bei den dortigen Buchhändlern etwas von historischem Wert fand. Tatsächlich quollen die Buchläden und Marktstände vor präkolonialen Dokumenten und Büchern über, die Jahrhunderte zurückdatierten, und bewundernd strich Van über die dicken, vergilbten Seiten. Er wählte so viele aus, wie er sich leisten konnte, und kehrte mit ihnen nach San Francisco zurück, um herauszufinden, wie viel Gewinn er mit seinen Käufen machen konnte.

Von San Francisco aus kontaktierte er Henry von Morpurgo, einen Alumnus der *Lowell High School*, der ihm versprochen hatte, ihm beim Verkauf der Bücher zu helfen.

Van rief William an, um ihm von Morpurgo zu erzählen.

»Der Kerl versteckt sich vor der Polizei«, sagte er zu William. »Er wird gesucht, weil er Gelder der Sister Kenny Foundation veruntreut hat, und wird wegen Betrugs unter Nutzung des Bundespostdienstes gesucht. Er hat mir gesagt, dass er einige meiner Bücher verkaufen kann, und will mich in Los Angeles treffen. Möchtest du mitkommen?«

»Ja, sicher«, sagte William. »Mir ist nicht wohl dabei, wenn du allein mit ihm verhandelst. Er klingt nach einem Schlitzohr.«

Einige Tage später fuhren Van und William nach Los Angeles und checkten im Roosevelt Hotel ein, wo Morpurgo ihnen ein Zimmer reserviert hatte. In dem Hotel stiegen auch viele Berühmtheiten jener Zeit ab. Als sie Morpurgo am selben Abend trafen, eröffnete er Van, dass er keine Interessenten für seine Bücher gefunden hatte.

»Lass mich das wiedergutmachen«, sagte Morpurgo und reichte Van einen Zettel. »Sie kümmert sich um dich.«

William kehrte in sein Zimmer zurück, und Van ging zu einem anderen Zimmer im Roosevelt, dessen Nummer Morpurgo aufgeschrieben hatte. Dort erwartete Van ein hochpreisiges Callgirl, für das Morpurgo bezahlt hatte.

Am nächsten Morgen fiel William der ramponierte Aufzug seines Freundes auf, und er fragte ihn, was passiert sei.

»Ich will nicht darüber reden«, erwiderte Van merklich aufgebracht.

William war so erschrocken, dass er sich nicht traute, das Thema noch einmal anzusprechen.

Im darauffolgenden Jahr, 1956, beschloss Gertrude in ihrem verzweifelten Wunsch, den Sohn loszuwerden, dass Van heiraten solle. Sie bat ihre beste Freundin, Ruth Williamson, um Hilfe. Ruths Tochter, Mary Annette Player, war ein hübsches, scheues und leicht beeinflussbares Ding. Ruth stimmte Gertrude zu, dass Van und Annette das ideale Paar seien.

Ruth und ihr Mann hatten sich scheiden lassen, als Annette noch ein Kleinkind war, und Annette war ihr Leben lang zwischen ihrer Mutter in San Francisco und ihrem Vater in Stockton gependelt. Ihre Eltern bekriegten sich ohne Unterlass, und oft war es ein Gezerre und Gezanke, bei dem Annette in der Mitte festhing. Sie wünschte sich nichts sehnlicher, als bei ihrem Vater zu wohnen, doch Ruth war eine sehr herrschsüchtige Frau, die sich weigerte, die Kontrolle über ihre Tochter an ihren Exmann abzutreten. Folglich litt die siebzehnjährige Annette an Schüben von Melancholie, herbeigeführt durch die allgegenwärtige Disharmonie in ihrem Leben. Als Ruth und Gertrude beschlossen, sie Van vorzustellen, war Annette mehr als reif für eine Veränderung ihrer Lebensumstände.

Gertrude und Ruth arrangierten das erste Treffen mit größter Sorgfalt. Gertrude wusste, wenn sie Van erzählte, dass sie ihm ein Mädchen vorstellen wolle, würde er sich weigern und verschwinden. Stattdessen wartete sie auf den richtigen Moment und beschloss letztlich, Ruth und Annette an einem Abend einzuladen, an dem er im Lost Weekend spielen sollte. Er sollte ja bestens aussehen, und für seine Auftritte kleidete Van sich stets sehr gut.

Die beiden Frauen einigten sich auf ein Datum, und Ruth erschien prompt mit ihrer Tochter, die keine Ahnung hatte, dass sie verkuppelt werden sollte. Gertrude und Ruth plauderten mit Annette im Wohnzimmer und warteten, dass Van aus seinem Zimmer kam. Irgendwann hörten sie seine Tür.

Van blieb erschrocken in der Wohnzimmertür stehen. Auf dem Sofa saß das hübscheste Mädchen, das er je gesehen hatte. Einen Moment lang starrte er ihre dunklen Augenbrauen an, die sich hoch über den braunen Augen wölbten. Ihm fiel ein Hauch von Rot in dem welligen braunen Haar auf, das ihre feinen Züge umrahmte. Sie sah aus wie Audrey Hepburn.

Annette wurde nervös, weil Van sie so unverhohlen musterte, lächelte aber schüchtern, als Gertrude sie einander vorstellte.

Am 19. August 1957 heirateten Earl Van Best Jr. und Mary Annette Player. Der Plan ihrer Mütter war aufgegangen.

Ruth hatte darauf bestanden, dass Annettes Vater nichts

von der Hochzeit erfuhr. Er war außer sich, als er hörte, dass seine minderjährige Tochter ohne seine Zustimmung geheiratet hatte, hielt aber den Mund, weil Annette glücklich schien.

Die ersten Monate umwarb Van seine junge Braut. Sie mieteten eine kleine Zweizimmerwohnung in Nummer 415 Jones Street in Nob Hill und möblierten sie von Annettes Ersparnissen. Van verdiente ein wenig Geld mit Orgelspielen, doch es reichte nicht, um die laufenden Kosten zu decken. Deshalb überredete er Annette, den Rest ihres Ersparten – tausendneunzig Dollar – in eine Fahrt nach Mexiko zu investieren.

»Als ich in England war, gab es da all diese alten Bücher auf *Hinchingbrooke*, die ein Vermögen wert gewesen sein müssen«, erzählte er ihr. »Ich weiß, dass ich nach Mexiko fahren, alte Bücher und Dokumente billig kaufen und sie hier mit viel Gewinn verkaufen kann. Das habe ich schon gemacht. Ich brauche nur Kapital, um einzukaufen.«

Anfangs sträubte Annette sich, doch mein Vater redete so lange auf sie ein, bis sie nachgab.

Er fuhr nach Mexico City und fand einen alten Buchhändler, der ihm präkoloniale Dokumente pfundweise überließ. Van sortierte sie, wählte das eine oder andere aus und kaufte so viele wie er konnte. Als er wieder in San Francisco war, ging er zur Holmes Book Company an der Ecke Third und Market Street und verkaufte einige seiner Bücher mit beträchtlichem Gewinn. Zufrieden eilte er nach Hause, um es Annette zu erzählen.

Bald schon fuhr Van immer häufiger nach Mexiko, weil seine Liebe zu alter Literatur auf einmal zu einem erfolgreichen Geschäft wurde. Er kaufte alles, von dem er sich einen

Gewinn versprach – britische Erstausgaben, seltene Comics, alte Schriftrollen. Ihm machte es nicht nur Spaß, nach Raritäten zu jagen, sondern auch, die besten Preise auszuhandeln. Seine Ehe indes verlief nicht ganz so erfreulich.

Betrübt ob der Spannungen, die ihre Heirat zwischen ihr und ihrem Vater ausgelöst hatte, wurde Annette melancholischer denn je, und Van hatte wenig Verständnis für ihre emotionale Verfassung. Sie ignorierte ihn genauso, wie seine Mutter ihn sein Leben lang ignoriert hatte, und für ihn kam das einem Verrat gleich. Anstatt seine Frau zu trösten, machte er sie klein, schrie sie an und wurde schließlich gewalttätig.

Im Laufe des nächsten Jahres quittierte Van jede noch so kleine Widerrede mit einer Ohrfeige oder einem Boxhieb, bis die junge Frau über Wochen von seiner Prügel gezeichnet war. Da sie schließlich um ihr Leben fürchtete, vertraute sich Annette Ruth und Gertrude an, doch die waren ohne jedes Mitgefühl und bestanden darauf, dass sie sich mehr um die Ehe bemühen müsse.

Annette versuchte, tapfer zu sein. Sie versuchte, Van glücklich zu machen. Nichts funktionierte. Van hatte reichlich Zorn in sich aufgestaut, und Annette war ein allzeit verfügbares Ventil.

Sie hielt so lange durch, wie sie irgend konnte, aber nach einem besonders heftigen Streit am Silvesterabend 1959 war die Angst um ihr Leben größer als die, ihre Mutter zu enttäuschen. Als Van weggegangen war, um in einem seiner üblichen Lokale Musik zu machen, rief Annette ihren Vater an.

H. S. Player war außer sich, als er die Schwellungen und Platzwunden im Gesicht seiner Tochter sah. Er half ihr, ihre

Sachen zu packen und schnellstens aus der Wohnung zu verschwinden. Am nächsten Tag rief er die Anwaltskanzlei von Felix Lauricella an und vereinbarte ein Treffen.

Am 4. Januar reichte Mary Annette Best die Scheidung aufgrund extremer Grausamkeit und unmenschlicher Behandlung ein. Ihre Ehe mit meinem Vater hatte ein Jahr, vier Monate und sechzehn Tage gehalten, und Annette war knapp mit dem Leben davongekommen.

Van war unsagbar wütend, dass seine Frau fort war, konnte allerdings nichts tun.

Die Scheidung wurde am 8. April 1960 rechtskräftig, und Annette wurden das Mobiliar und das Geld zugesprochen, das sie in Vans Geschäft investiert hatte. Das Gericht ordnete an, dass Van fünfundsiebzig Dollar monatlich zu zahlen hätte, bis die Schuld beglichen war.

Annette heiratete 1961 wieder.

Van zog zurück in sein kleines Zimmer in der Noe Street.

10

Van nippte an einem Zombie-Cocktail, während er im Tonga Room des Fairmont Hotels auf William wartete. Die Bar war berühmt für ihre exotischen Cocktails wie für die ungewöhnliche Einrichtung, weshalb sie zu einem von Vans bevorzugten Lokalen geworden war.

Das Orchester stellte die Instrumente auf einem flachen Kahn auf, der sich auf dem dreiundzwanzig Meter langen Pool in der Mitte der Bar vor- und zurückbewegte. Van blickte auf die Dokumente, die er mitgebracht hatte.

»Entschuldige, dass ich zu spät bin«, sagte William und zog einen Stuhl unter dem Tisch hervor. »Wo ist LaVey?«

»Er kann nicht kommen«, antwortete Van und winkte einen Kellner herbei. »Anscheinend kann er dieser Tage kaum noch seine Herde abwimmeln.«

»Und, wie ist es dir so ergangen?«, fragte William, der sich fragte, was Van ihm zeigen wollte. Am Telefon hatte er so aufgeregt geklungen und unbedingt gewollt, dass sie sich heute trafen.

»Warte, bis du das hier gesehen hast.« Er hielt das Dokument in die Höhe. »Sieh mal, dass ist das spanische Wappen. Und hier«, er tippte auf die Signatur, »König Philipp II.«

»Wo hast du das her?«

»Aus Mexico City. Da gibt es einen abgehalfterten Buchladen beim La Lagunilla Markt, nahe der alten Kirche *Santa Catarina*. Der Besitzer ist ein alter Mann, der den ganzen Tag draußen hockt und Kunden reinwinkt. Ich bin da zufällig vorbeigekommen, und wir fingen an zu reden. Dann brachte er mich in das Hinterzimmer seines Ladens und ließ mich alles durchsehen, was er hatte. Das hier habe ich für ein Butterbrot gekriegt.«

»Und was ist so bedeutend daran?«, fragte William.

Van stellte seinen Drink auf einen Wandabsatz neben sich und wischte mit seiner Serviette den Tisch ab, bevor er das Dokument darauf ausbreitete. »Das ist eine Vollmacht für einen jungen Lieutenant, nach Neuspanien zu reisen und bei den eingeborenen mexikanischen Indianern Soldaten zu rekrutieren, und zwar im sechzehnten Jahrhundert. Wie es aussieht, war dieser Lieutenant adliger Herkunft, denn der Name wie der Befehl sind sehr sorgfältig geschrieben. Und sieh mal hier: das königliche Wappen zusätzlich zum spanischen. Solche Dokumente findet man heute nicht mehr jeden Tag. Dies hier kann ich für eine hübsche Summe verkaufen.«

William war beeindruckt. Er hatte meinen Vater für verrückt gehalten, als er anfing, in Mexiko auf Schatzsuche zu gehen. »So kann man keine Familie ernähren«, hatte er zu Van gesagt. »Es ist kein verlässliches Einkommen.« William hatte ein lukratives Unternehmen als Privatdetektiv aufgebaut und gehofft, dass Van zu ihm stoßen würde. Doch Van hatte sich geweigert, weil er seine Schatzsuchen in Mexiko vorzog.

»Freut mich für dich«, sagte William nun.

»Danke. Das kann ich gerade jetzt gut gebrauchen.«

William spürte, dass etwas nicht stimmte. »Wie geht es Annette?«, fragte er.

»Die ist weg.«

»Weg?«

»Ja. Sie ist vor Monaten mit ihrem Vater weg und hat die Scheidung eingereicht. Hat behauptet, ich sei grausam zu ihr. Kannst du dir das vorstellen?«

Konnte William, schüttelte aber trotzdem den Kopf. »Sie war sowieso ein bisschen zu jung für dich.«

Van lächelte. »So mag ich sie am liebsten.«

Die beiden Männer bestellten ihr Abendessen, während das Orchester die ersten Noten spielte. Der Abend schritt dahin, Regen strömte in den künstlichen Teich, und Donner und Blitz begleiteten die Musik. Das gehörte alles zur Show, die die Gäste in die Südsee versetzen sollte. Furchteinflößende Totems ragten auf. Sie sollten eine geheimnisvolle und aufregende Atmosphäre schaffen, während die Paare im orangenen Schein von Laternen und unter blitzenden Glitzerkugeln tanzten.

Van mochte den Tonga Room wegen seiner asiatischen Küche, weil sie ihn an die köstlichen Gerichte erinnerte, die er als Kind in Japan gegessen hatte. William und er unterhielten sich beim Essen darüber, was während Vans Mexiko-Aufenthalts hier geschehen war.

»Ist dir aufgefallen, was in North Beach vor sich geht?«, fragte William.

»Nein, was?«

»Da füllt sich der gesamte Strand mit Beatniks. Die sind überall. Wie ich gehört habe, kommen sie aus dem ganzen Land dahin.«

»Ach ja, ich erinnere mich, dass Herb Caen vor einigen Jahren einen Artikel über sie im ›Chronicle‹ schrieb. Er machte sich aber eher über die lustig.«

»Ich finde das ganz interessant«, sagte William. »Diese jungen Leute sprudeln über vor Poesie und zitieren Kerouac, als wüssten sie, worüber sie reden. Mir ist bewusst, worauf das hinausläuft, aber wenigstens lesen sie. Und die Musik wird besser. In den Bars wird schon viel mehr Jazz gespielt.«

»Das müssen wir uns mal ansehen«, sagte Van.

William nickte, als Van den Kellner wieder herbeiwinkte.

»Der Abend geht auf mich«, sagte Van, als der Kellner die Rechnung brachte.

»Das ganz große Geld«, scherzte William.

»Ich lasse dich wissen, wie es gelaufen ist.«

Van konnte tatsächlich eine ordentliche Summe für sein Dokument einstreichen. So viel Glück hatte er bei seinen anderen Reisen allerdings nicht, und bald geriet er in echte Geldnot, während sein Zimmer voller alter Papiere und Bücher war, die keinerlei Wert auf San Franciscos Antiquitätenmärkten hatten.

Van kam zu dem Schluss, dass er seinen Radius vergrößern müsste, und begann, die kalifornische Küste rauf- und runterzufahren und unterwegs bei Bibliotheken zu halten, die sich für seine Bücher interessieren könnten. Es gelang ihm, so zu überleben, aber letztlich reichte es nie.

Auf der Suche nach einer Alternative, Geld zu verdienen, kaufte er sich Tinte und eine Schreibfeder und machte sich daran, die Handschrift eines der Dokumente in seiner Sammlung auf ein altes Pergament zu kopieren, das er ohnehin noch herumliegen hatte. Er datierte sie auf 1629. Als er die Signatur hinbekommen hatte, zog er ein altes Buch aus seiner privaten Sammlung hervor und blätterte es durch, bis er gefunden hatte, was er suchte. Er übte einige Minuten lang, dann unterzeichnete er das Dokument: *Rey Felipe IV.* Er war im 17. Jahrhundert König von Spanien.

Am nächsten Tag verkaufte er die Handschrift, und mein Vater war wieder im Geschäft.

Er reiste weiterhin nach Mexiko, um echte Dokumente aufzuspüren, doch als er nichts von Wert fand, wurde er immer geschickter im Fälschen. Die Buchhändler vertrauten ihm, denn seine Funde waren bisher immer gut gewesen; also prüften sie nicht mehr ganz so sorgfältig, was er ihnen brachte.

Im Herbst 1961 sah es richtig gut aus für Van. Er hatte einen Job als Bürokraft bei IBM angenommen, verkaufte nebenher aber nach wie vor einige echte Antiquitäten und ein paar Fälschungen. Ende September traf er sich mit William in Schroeder's Restaurant in der Front Street. Das Restaurant war 1893 eröffnet worden und bot bis zu diesem Tag traditionelle bayrische Küche wie Schnitzel, Bratwurst, Sauerbraten und Kartoffelpuffer, weshalb es William, der zur

Hälfte deutsch war, dort gefiel. Van mochte es, weil über die Mittagszeit keine Frauen zugelassen waren. Es war ein Herrenrestaurant, in dem Männer ungezwungen lachen und reden konnten. Geschäftsleute in Anzügen saßen an der Bar und rauchten dicke Zigarren. Van kam sich wichtig vor, wenn er das Schroeder's betrat, als gehöre er zu diesen Herren an der Bar. Oft blickte er über den Rand seines Bierkrugs hinweg zu den Hermann-Richter-Wandgemälden und bewunderte deren Farbgebung. Auf einem Bild saß ein hübsches blondes Mädchen mit großen Brüsten auf dem Schoß eines Mannes, der Shorts, ein Hemd mit weißem Kragen und eine rote Weste trug. Ein anderes Gemälde stellte eine Herrenrunde an einem Tisch dar, die ausladend gestikulierend über die Tagespolitik sprach.

Van bestellte sich ein exotisches deutsches Bier vom Fass und beobachtete, wie der Barkeeper sich bemühte, die Schaumkrone perfekt hinzubekommen. Van reichte William eine Zigarre.

Als er sie vorsichtig auswickelte, bemerkte William das kubanische Siegel. »Die werde ich genießen«, sagte er. Van brachte ihm oft Zigarren oder andere Geschenke aus Mexiko mit.

Lächelnd zündete Van sich seine Zigarre an. »Das ist ein Leben, was?«, sagte er auf Deutsch. Normalerweise waren William und er die Einzigen in dem Lokal, die Deutsch sprachen, und ihnen gefiel es, sich auf diese Weise überlegen zu fühlen.

»Ja, ist es«, bestätigte William. »Hast du auf deiner letzten Reise etwas Wertvolles gefunden?«

»Einige Sachen. Ein paar Briefe aus dem siebzehnten Jahrhundert, die interessant sein könnten«, antwortete Van, erwähnte allerdings nicht, dass er die in seinem Schlafzimmer gefertigt hatte. William war ein Privatdetektiv, ein Mann von Moral, und würde es nicht verstehen.

»Wann fährst du wieder hin?«, fragte William.

»Weiß ich noch nicht. Vielleicht nächsten Monat. Hier wird es mir zu langweilig. Ich brauche ein bisschen Abenteuer.« Und dann begegnete mein Vater Judy Chandler.

11

Van wartete ungeduldig hinter einem Baum an Rand des *Golden Gate Parks*, den Blick auf die Hugo Street gerichtet. Judy wohnte etwa sechs Häuser die Seventh Avenue hinunter, wo die Sackgasse endete, und von seiner Warte oben auf dem Hügel aus konnte Van sehen, wie sie aus dem Haus kam. Er hoffte, dass ihre Mutter ihr nicht folgte. Judy hatte Verda von ihrer Beziehung erzählt, und ihre Mutter hatte alles getan, was sie konnte, um ihre Tochter von Van fernzuhalten. Derweil fand Judy es aufregend, sich fortzuschleichen und Van zu treffen, wann immer sie konnte – meistens auf einen Hamburger nach der Schule oder hin oder wieder zu einem Kinobesuch.

Van sah, wie die Haustür aufging und seine Freundin herauskam. Judy mochte es, wenn er sie als seine Freundin bezeichnete. Dann fühlte sie sich so erwachsen. Als er den Koffer in ihrer Hand sah, atmete er auf. Er war nicht sicher gewesen, ob sie es tatsächlich wagte. Am liebsten wollte er nach unten rennen und ihr den Koffer abnehmen, doch er durfte nicht riskieren, dass Verda ihn sah, deshalb blieb er, wo er war.

»Schnell, wir müssen uns beeilen«, sagte er, küsste sie rasch und nahm ihren Koffer.

Das Paar lief halb am Rand des Parks entlang zu einer Straße in der Nähe, wo William in seinem Wagen wartete, um sie zum Flughafen zu fahren.

»Steig ein«, sagte Van und warf Judys Koffer auf die Rückbank.

»Sie sieht ziemlich jung aus, Van. Nicht wie die andere, oder?«, fragte William. Er meinte Vans Exfrau.

»Oh nein, sie ist neunzehn«, log Van.

»Ich bin so aufgeregt«, sagte Judy und wippte auf ihrem Sitz auf und ab. Dass William sie misstrauisch beäugte, merkte sie nicht. »Ich kann gar nicht glauben, dass wir das wirklich machen.«

Sie hatten es einige Tage zuvor geplant. Van begleitete Judy nach Hause und zog sie plötzlich hinter einen Baum. »Ich möchte nicht, dass du heimgehst«, sagte er. »Mir ist jede Minute zuwider, die du nicht bei mir bist.«

»Mir auch«, sagte Judy, »aber ich will keinen Ärger bekommen.«

Van legte die Arme um sie und zog sie dicht an sich. »Küss mich«, befahl er.

Judy schmiegte sich an ihn und tat, was er ihr sagte.

»Brenn mit mir durch«, sagte Van. »Lass uns heiraten.«

Judy war verblüfft zurückgewichen.

»Meinst du das ernst?«

»Todernst. Ich liebe dich. Wir gehören zusammen, und wenn wir erst verheiratet sind, kann uns keiner mehr davon abhalten. Willst du mich heiraten, Judy?«

»Aber wann denn? Wie?«

»Keine Sorge, ich kümmere mich um alles. Triff mich am

Freitagmorgen um sieben. Ich warte im Park. Pack einen Koffer mit einem hübschen Kleid und so vielen Sachen, wie du kannst. Es wird ein Abenteuer. Bist du dabei?«

Judy dachte einen Moment nach, dann schlang sie die Arme um ihn. »Bin ich. Ich bin dabei«, sagte sie lachend. »Oh, meine Mutter wird furchtbar wütend sein! Sie mag dich nicht.«

»Mach dir um sie keine Gedanken. Dann bis Freitag?«

Judy nickte.

Van küsste sie noch einmal und blickte ihr nach, als sie den Hügel hinunterhüpfte.

Früh am Morgen des 5. Januar 1962 stopfte Judy nervös, aber noch aufgeregter ihr Lieblingskleid in einen Koffer und brach in ihr Abenteuer auf. Sie kannte Van erst seit drei Monaten, war sich aber sicher, dass er sie liebte. Ob sie ihn liebte, wusste sie nicht so genau, doch sie genoss es, in seinen starken Armen zu liegen, beschützt zu werden. Er war netter zu ihr, als es jemals irgendein Mann gewesen war, und sie hegte keinen Zweifel, dass sie ihre Familie verließ, um ein besseres Leben zu beginnen. Judy hatte vor lauter Aufregung und Vorfreude Schmetterlinge im Bauch, als Van sie die Gangway ins Flugzeug hinaufführte. Nach dem Abheben blickte sie fasziniert zu den Wattebauschwolken, die erst über ihr, dann unter ihr waren. Sie war noch nie geflogen und konnte kaum still sitzen, weil sie nichts verpassen wollte. Van lachte und genoss ihre Aufregung. Als sie in Reno, Nevada, landeten, verfrachtete Van sie geradewegs in die Kirche. Er konnte nicht erwarten, mit diesem entzückenden Mädchen, das so viel Schönheit und Licht in sein Leben gebracht hatte, in den heiligen Stand der Ehe zu treten. Bei ihrer Ankunft entschuldigte Judy sich und ging in die Damentoilette, um sich ihr leuchtend rosa Kleid anzuziehen und sich das Haar zu bürsten, während Van die Papiere ausfüllte. Wie besprochen gab er ein falsches Alter für Judy an.

»Wie alt sind Sie, junge Dame?«, fragte der Pfarrer.

»Neunzehn«, antwortete die Vierzehnjährige, wie Van es ihr gesagt hatte.

Reverend Edward Fliger fragte nicht noch einmal nach. Sie sah alt genug aus, und er hatte keinen Grund, misstrauisch zu sein.

Die Trauzeugen, die Van angeheuert hatte – Birdie M. Nilsson und A. S. Belford –, standen schweigend dabei, als mein Vater und meine Mutter am 5. Januar 1962 in der *St. Paul's United Methodist Church* ihre Treueschwüre ablegten.

»Nimmst du diese Frau zu deiner rechtmäßigen Ehefrau, sie jetzt und in Zukunft zu ehren und zu lieben, in guten wie in schlechten Zeiten, bis dass der Tod euch scheidet?«, fragte der Reverend.

»Ja«, sagte Van und umklammerte Judys Hand.

»Nimmst du diesen Mann zu deinem rechtmäßigen Ehemann, ihn jetzt und in Zukunft zu ehren und zu lieben, in guten wie in schlechten Zeiten, bis dass der Tod euch scheidet?«

»Ja«, sagte Judy, holte tief Luft und lächelte zu Van auf.

»Kraft des mir vom Staat Nevada verliehenen Amtes erkläre ich euch hiermit zu Mann und Frau. Sie dürfen die Braut jetzt küssen.«

Van nahm Judy in seine Arme.

Eng umschlungen verließen sie die Kirche, und die Vorfreude wuchs, als Van ein Taxi herbeiwinkte.

Van und Judy verbrachten die ganze Nacht damit, die Ehe zu vollziehen – der siebenundzwanzigjährige Mann, der seine unschuldige junge Braut in die Kunst des Liebesaktes einführte.

Den nächsten Tag blieben sie in Reno. Judy genoss ihre neu gewonnene Freiheit, Van genoss Judy, bevor sie zurück nach San Francisco flogen, um sich der Realität zu stellen. Judy war sehr froh, als sie ihre Mutter anrief, um ihr zu sagen, dass sie verheiratet war, denn aus irgendeinem Grund schien Verda auf einmal ungewöhnlich verständnisvoll.

Das Paar zog in eine Wohnung in der Clay Street und freute sich auf das gemeinsame Leben. Dann jedoch, am 9. Januar, wachte Judy mit heftigen Bauchschmerzen auf. Da sie nicht wusste, was sie tun sollte, rief sie ihre Mutter an.

»Ruf einen Krankenwagen!«, sagte Verda wütend und notierte sich hastig die Adresse. Sobald sie aufgelegt hatte, wählte Verda die Nummer der Polizei, um Anzeige gegen den Mann zu erstatten, der ihre minderjährige Tochter geheiratet hatte.

»Sie können eine Menge Ärger bekommen, weil Sie mit einer Minderjährigen zusammenleben«, warnte ein Officer Van, nachdem Judy in einen Krankenwagen geschoben worden war. »Die Mutter der jungen Frau hat Anzeige gegen Sie erstattet.«

»Wir sind verheiratet«, erwiderte Van, bevor er hinten zu Judy in den Krankenwagen stieg. »Und wir müssen los. Sehen Sie nicht, wie schlecht es ihr geht?«

Der Officer ließ ihn mitfahren.

Während Judy der Blinddarm entfernt wurde, zog Van in die Haight Street um, Nummer 765, wo Verda ihn hoffentlich nicht finden würde. Verda wachte über Judy, solange sie

Von links: Anna Jordan Best und ihr Ehemann Earl Van Dorn Best mit ihren Kindern. Earl Van Best Sr. sitzt auf dem Schoß seines Vaters. 1905.

Von links: Eine Visitenkarte, die meinen Großvater Earl Van Best Sr., meinen Vater Earl Van Best Jr. (genannt »Van«) und meine Großmutter Gertrude Best während ihrer Missionszeit in Japan zeigt.

Mein Vater Van als Junge in Japan.

Von links: Carolyn Best, Katherine Broadway, Geraldine »Bits« Best, Bob Best und Van während der Sommerferien 1948 in Myrtle Beach.

Van und seine Freunde William Lohmus und Bill Bixby auf einem Jahrbuchfoto von ihrem militärischen Ausbildungsprogramm an der High School.

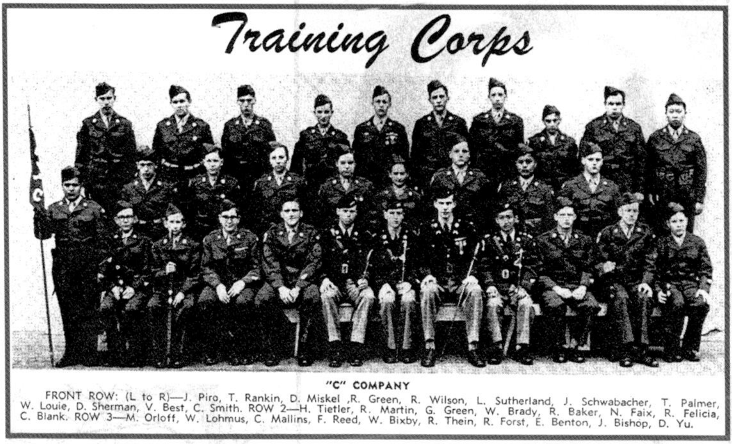

Das Haus Nummer 514 in der Noe Street in San Francisco, in dem mein Vater aufwuchs.

Judy Chandler als Teenager, ungefähr zu der Zeit, als sie Van kennenlernte.

Vans und Judys Wohnung in New Orleans, als ich geboren wurde.

EARL VAN BEST
"Love at first sight"

JUDY CHANDLER
"Beautiful and sweet"

He Found Love in Ice Cream Parlor

An accidental meeting at Herbert's Sherbert Shoppe on an Indian summer afternoon was the way in which Earl Van Best found love.

There was only one roadblock to the romance: his love was 14 years old.

"I can't help the difference in our ages," said the balding, 28-year-old Best. "I love Judy and she loves me."

At the moment several sets of steel bars and more than a mile in distance separate Earl Van Best and his one-time wife, Judy Chandler.

Best, who says he supports himself by selling rare books and documents he brings

See Page 20, Col. 1

Der erste in einer ganzen Reihe von Artikeln des »San Francisco Chronicle«-Reporters Paul Avery, der sich über meinen Vater lustig macht.

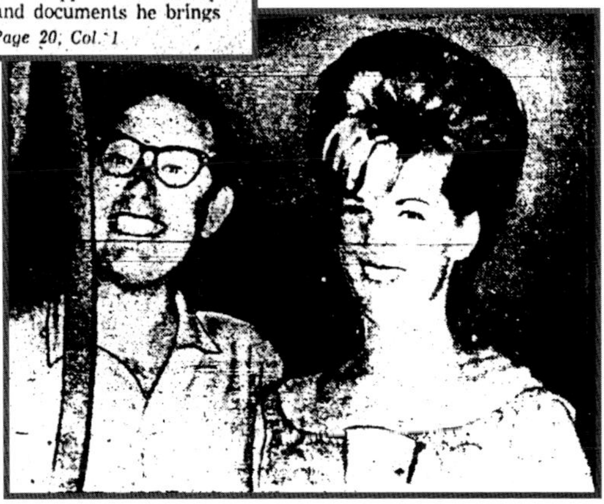

Auf diesem Foto aus einem anderen »Chronicle«-Artikel hält Van eines seiner Schwerter hoch.

PAGE 2 SAN FRANCISCO CHRONICLE, Saturday, April 20, 1963 FHE ★

Love on the Run

Ice Cream Romance's Bitter End

EARL VAN BEST
Minister's son

JUDY CHANDLER
Married at 14

New Orleans police yesterday picked up the pieces of the shattered, fugitive romance of Earl Van Best and his 15-year-old former wife, Judy Chandler.

The couple's reckless love, that began in a San Francisco ice cream parlor, ended bitterly in New Orleans' French Quarter.

Blonde Judy has been taken to Baton Rouge to talk with welfare authorities there about the future of the baby she abandoned two months ago.

Van Best, 28, a minister's son, waited in the New Orleans jail for the return trip to San Francisco, where he faces charges on a Grand Jury indictment of child stealing, statutory rape and conspiracy.

To be together, Van Best jumped $5000 bail last August and Judy slipped away from San Francisco General Hospital where she was being treated for infectious hepatitis.

On Thursday, after eight months living as fugitives, Van Best telephoned San Francisco police to say Judy "has cleaned me out of money and clothes."

New Orleans juvenile division officers picked up Judy with another man outside a French Quarter apartment.

Van Best was arrested yesterday morning as he talked with a priest in the rectory of St. Louis Cathedral in New Orleans.

He told police that Judy had his baby in February. He took the infant to Baton Rouge and abandoned it in an apartment there.

Van Best, a book salesman, met Judy in an ice cream parlor in the Sunset district in October, 1961. She was 14, but Van Best said she looked 20.

They married in Reno the following January, but the marriage was annulled a month later.

Two months later they left San Francisco on a long trip that took them to Chicago, El Paso, Mexico and Los Angeles. When they returned to this city, Judy was found to be pregnant.

Paul Avery berichtet vom Ende der »Eisdielenromanze«.

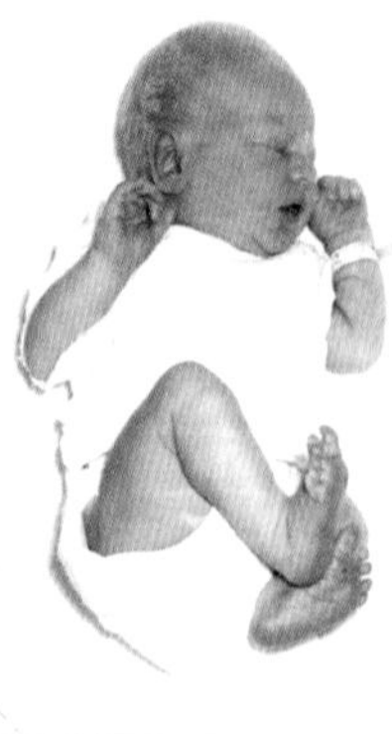

Mein Babyfoto, aufgenommen im Southern Baptist Hospital am 12. Februar 1963.

Das Mehrfamilienhaus am North Boulevard 736 in Baton Rouge, wo mein Vater mich aussetzte.

Das Treppenhaus, in dem ich gefunden wurde.

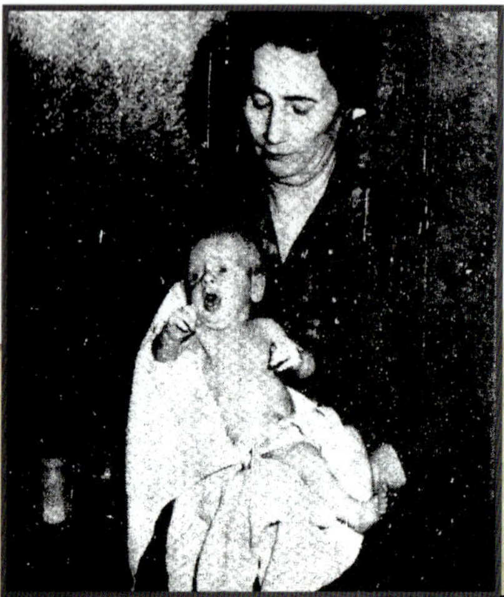

Das Foto, das von mir als Baby im »Morning Advocate« erschien.

WEATHER

OPELOUSAS VICINITY (UPI) — Occasional rain and a few thundershowers becoming partly cloudy today. Lowest 48 to 52. Highest 55 to 60.

DAILY

Vol. XXII Opelousas, Louisiana, Sunday,

TWO PERSONS WERE KILLED in the headon collision Saturday morning of these two cars, which smashed together 1 1/2 miles east of Port Barre. The victims were Sheryl Lynn Stewart, 13-months-old daughter of Mr. and Mrs. Harry L. Stewart of Baton Rouge, a passenger in the car at left, and James K. Reasonover, 52-year-old New sole occupant of car at right. The ba adopted grandchild of Mr. and Mrs. A of Krotz Springs. The crash happen Hwy. 190 during a drizzling rain. — Capt. Lonnie Rogers of state police)

Ein Bericht in der Lokalzeitung über den Unfall, bei dem Sheryl Lynn Stewart umkam.

Sheryl Lynn Stewart.

Leona und Loyd Stewart auf dem Weg, ihren neuen Sohn abzuholen. *(Mit freundlicher Genehmigung von Boone Stewart)*

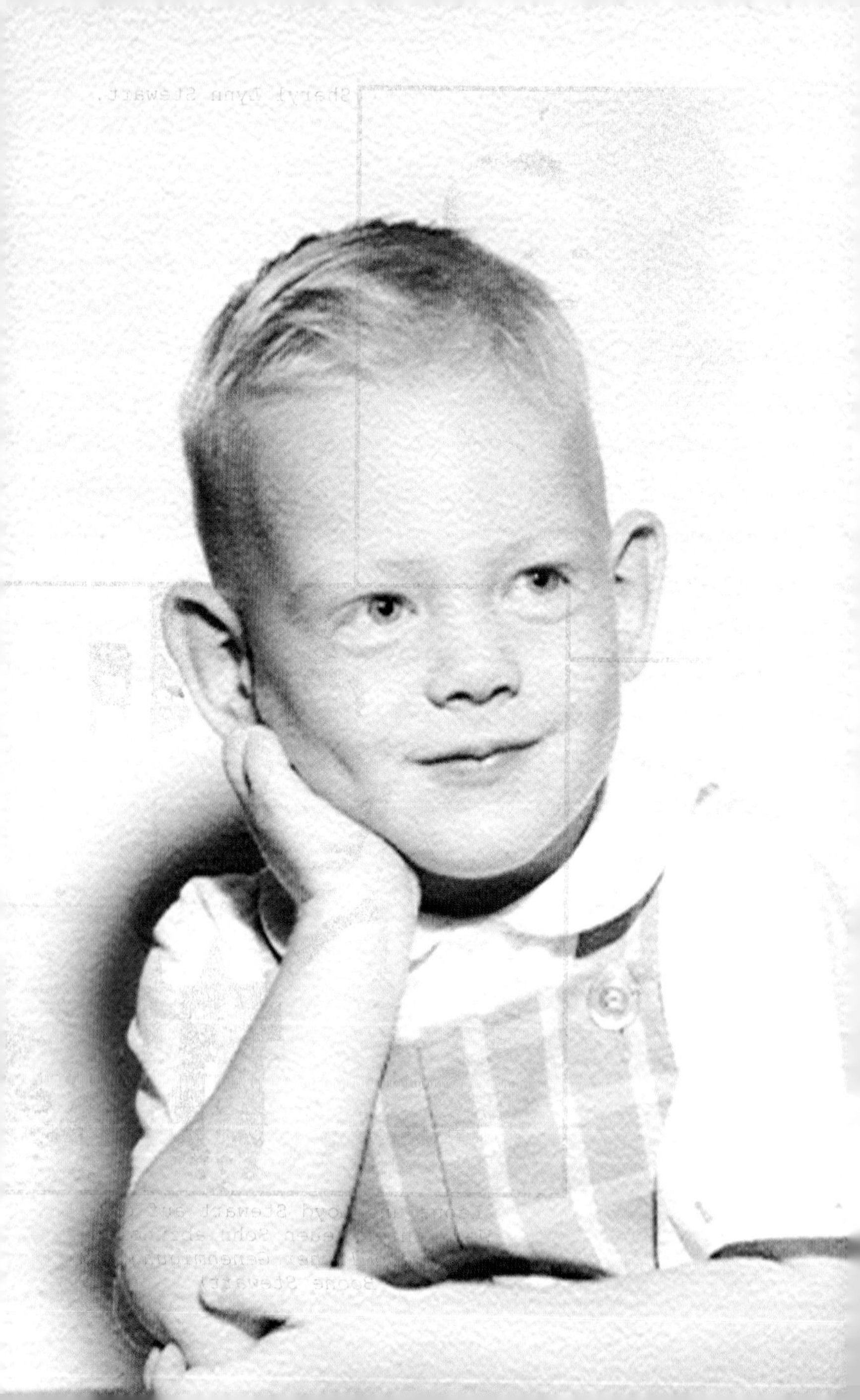

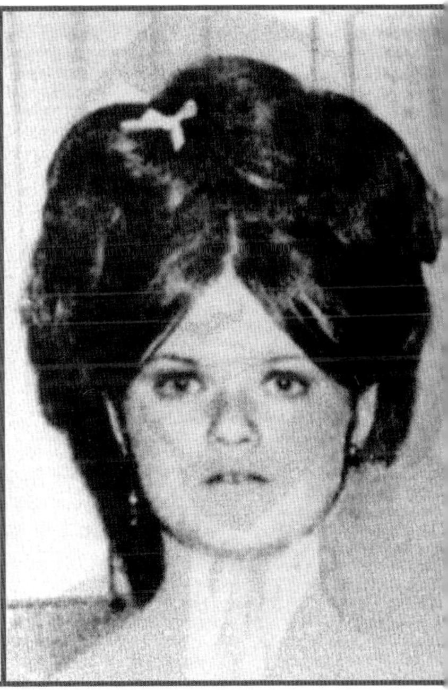

Oben links: Zodiac-Opfer Cheri Jo Bates.

Oben rechts: Zodiac-Opfer Betty Lou Jensen.

Links: Mein zweiter Geburtstag.

Oben links: Zodiac-Opfer David Faraday.

Oben rechts: Zodiac-Opfer Cecelia Shepard.

Oben links: Zodiac-Opfer Bryan Hartnell, der den Angriff überlebte.

Oben rechts: Zodiac-Opfer Darlene Ferrin.

Oben links: Zodiac-Opfer Michael Mageau, der ebenfalls überlebte.

Oben rechts: Zodiac-Opfer Paul Stine.

Judy Chandlers und Rotea Gilfords Heiratsanzeige.

Meine Mutter Judy Chandler und ich umarmen uns zum ersten Mal. *(Mit freundlicher Genehmigung von Frank Velasquez)*

Von links: Mein Dad Loyd, mein Sohn Zach, ich und meine Mom Leona bei Zachs Schulabschluss.
(Mit freundlicher Genehmigung von Francesca Pandolfi)

Meine Eltern, Leona und Loyd Stewart.

im Krankenhaus lag, und als es ihr besser ging, brachte sie ihre Tochter in das *Youth Guidance Center* – eine Abteilung der Jugendstrafanstalt in der Woodside Avenue. Sie hoffte, ihr damit eine Lektion zu erteilen.

»Mutter, das kannst du nicht machen. Ich liebe ihn!«, jammerte Judy, als ihr endlich ein Anruf erlaubt wurde. »Er ist mein Mann.«

»Er ist nicht dein Ehemann. Er ist ein Kinderschänder«, konterte ihre Mutter.

Am Valentinstag ließ Verda die Ehe annullieren.

Van tobte, doch Verda hatte das Gesetz auf ihrer Seite.

Judy war verzweifelt. Sie rollte sich auf ihrem Bett zusammen und weinte so hysterisch, wie es nur liebeskranke Teenager können.

Eine Woche später wurde der ahnungslose Van wegen Vergewaltigung einer Minderjährigen verhaftet.

Kurz darauf stellte er eine Kaution, packte eine Tasche und verschwand nach Mexico City, wo er unbedingt rasch etwas Geld machen wollte. Diesmal war er erfolgreich, und als er wieder in San Francisco war, schlich er sich ins *Youth Guidance Center*, um Judy zu besuchen. Er erklärte ihr seinen Plan, und Judy kicherte.

»Das schaffe ich«, versicherte sie ihm.

Am Abend des 28. April 1962 knotete Judy ihre Bettlaken zu einem Behelfsseil zusammen, stieg aus dem Fenster ihres Zimmers und hangelte sich hinunter auf den Mauervorsprung. Van wartete unten, um sie aufzufangen, als sie das letzte Stück sprang. Zusammen flohen sie unbemerkt in die Dunkelheit.

»Wo wollen wir hin?«, fragte Judy, sowie sie in Vans Wagen saßen.

»Zum Flughafen und von da aus nach Chicago«, sagte Van und nahm ihre Hand. »Mein Vater ist Pfarrer in Indiana. Ich bitte ihn, uns dort zu treffen und zu verheiraten.«

Judy kicherte. »Meine Mutter wird ja so wütend sein!«

»Darum sorgen wir uns nicht. Du bist mein, und ich lasse nicht zu, dass sie dich mir wegnimmt.«

Meine Mutter schmiegte sich enger an den Mann, den sie bald zum zweiten Mal heiraten würde.

Nach ihrer Ankunft in Chicago rief Van seinen Vater an. Allerdings war Gertrude ihm zuvorgekommen und hatte Earl informiert, dass Van wegen der Heirat mit einer Vierzehnjährigen verhaftet worden und wieder mit ihr durchgebrannt war.

»Bring sie zu ihren Eltern zurück!«, herrschte Earl ihn an.

»Aber, Vater, du musst uns verheiraten. Wir sind in Chicago.«

»Kommt nicht infrage. Sie ist vierzehn! Hast du den Verstand verloren?«, brüllte Earl.

Earl hatte sich in zwanzig Jahren einen Ruf und eine Karriere aufgebaut, auf die jeder Mann stolz wäre, und er würde sicher nicht zulassen, dass sein missratener Sohn ihm das kaputt machte, weil er sich in ein junges Mädchen verguckt hatte. Als Kaplan der amerikanischen Veteranen war Earl der Regierung wie der Öffentlichkeit Rechenschaft schuldig, und ihm war nur allzu bewusst, wie schädlich sich Vans Verhalten auf ihn auswirken könnte.

»Bitte, Vater. Ich will nicht in Sünde leben«, sagte Van in der Hoffnung, dass die Erwähnung von Sünde den Reverend umstimmen würde.

»Bring sie nach Hause, Van. Jetzt, bevor es zu spät ist«, drängte Earl.

»Nein, das werde ich nicht. Ich liebe sie, und ich werde sie heiraten, mit oder ohne deine Hilfe«, entgegnete Van.

»Was ist los mit dir?«, fragte Earl ruhiger. »Du weißt doch, dass das falsch ist.«

»Ich liebe sie. Was soll daran falsch sein?«

»Sie ist vierzehn!« Earl wurde wieder lauter. »Das ist daran falsch.«

»Wie immer kann ich auf dich zählen«, bemerkte Van ironisch, wohl wissend, welche Wirkung seine Worte auf seinen Vater hatten.

»Bring sie zurück«, flehte Earl, »bevor du dir noch mehr Schwierigkeiten einhandelst.«

»Nein.«

»Bitte, Junge. Das kann nicht gut enden.«

Van legte auf.

»Gehen wir etwas essen«, sagte Van zu Judy. »Ich kenne ein gutes Lokal.« Er bugsierte sie aus dem Flughafen und in ein Taxi.

»Was ist passiert?«, fragte Judy.

Doch Van schüttelte den Kopf. »Darüber möchte ich nicht sprechen.«

Als er sah, dass ihr die Tränen kamen, tätschelte er Judys Bein. »Alles wird gut. Uns fällt schon noch etwas ein.«

Nachdem sie bei Gene & Georgetti, einem der besten Steakhäuser Chicagos, zu einem Tisch geführt worden waren, fragte Judy erneut nach, was Vans Vater gesagt hatte. Er ignorierte es.

»Nimm diese Gabel für deinen Salat, und diese für deine Vorspeise«, erklärte er und breitete die Serviette auf ihrem Schoß aus. »Ich bestelle für dich. Du musst das Rindfleisch essen. Es gibt nur drei Orte auf der Welt, wo man so gutes Rind bekommt – Chicago, Kansas City und Kobe in Japan.«

Während des Essens war Van still und überlegte sich seinen nächsten Schritt.

»Wir gehen nicht zurück«, sagte er. »Sie dürfen dich mir nicht wegnehmen.«

»Wo wollen wir denn hin?«, fragte Judy nervös.

Van lächelte.

»Nach Mexiko. Da können wir heiraten.«

12

Mexico City war genauso, wie Van es versprochen hatte. Judy folgte ihm glücklich, als er sie auf der Suche nach Büchern und Dokumenten von einem Markt zum nächsten schleppte, und nahm die Bilder, Geräusche und Gerüche einer ihr vollends fremden Welt in sich auf. Van schien sich hier auszukennen, so wie er die Stapel von Papier durchsah. Auch die Hieroglyphen aus der präkolonialen Zeit der spanischen Besetzung dieser Großstadt auf der Insel im See verstand er offenbar.

Wenn er nicht arbeitete, nahm Van sie mit zur *Catedral Metropolitana* am Zócalo, einem großen Platz in Mexico City. In der Kirche lauschte Judy ehrfürchtig einem Knabenchor, der schöner sang, als sie es jemals gehört hatte. Und als Van ihr die Teotihuacán-Pyramiden zeigte, die 300 vor Christus nördlich von Mexico City erbaut worden waren, glaubte meine Mutter, noch nie etwas so Fantastisches gesehen zu haben.

»Sieh nur, wie sie angelegt sind«, sagte Van und wies von

einer Pyramide zur anderen. »Die Azteken, die später herkamen, dachten, dass hier die Götter geboren wurden. Das ist die Sonnen- und das da drüben die Mondpyramide. Die Teotihuacáno-Krieger jagten Menschen und opferten sie den Göttern, weil sie glaubten, dass das Ende der Welt nahte. Sie hofften, dass ihre Opfer sie vor den Erdbeben schützten, vor denen sie Todesangst hatten.«

»Was ist mit ihnen passiert?«, fragte Judy.

»Eines Tages sind sie einfach verschwunden. Die Bewohner der ganzen Stadt, und keiner weiß recht, warum.«

»Woher hast du das?«

»Ich weiß sehr vieles«, antwortete Van lächelnd.

Am nächsten Morgen beschloss er, dass es Zeit zum Heiraten war. »Pack deine Sachen«, sagte er zu Judy. »Wir fahren nach Acapulco. Da gibt es eine Ferienanlage, Las Brisas, wo sie einen in rosa Jeeps abholen und durch die Stadt fahren. Das wird dir gefallen. Und ich kenne eine kleine Kirche in der Nähe, in der wir heiraten können.«

Judy fand alles sehr abenteuerlich, packte schnell die wenigen Sachen, die Van ihr gekauft hatte, und war bald bereit zum Aufbruch.

Bei der Ankunft in Acapulco brachte Van sie sofort zur Kirche, wo er jedoch erfuhr, dass er Judy ohne Zustimmung ihrer Eltern nicht heiraten konnte.

»Was machen wir jetzt?«, fragte Judy.

»Wir machen Flitterwochen«, sagte Van unbeirrt.

Weil Las Brisas vollständig ausgebucht war, mussten sie in ein weniger schönes Hotel, einen hohen Klotz nahe der Acapulco Bay, gehen. Die nächsten Tage benahmen sie sich, als wären sie wirklich in den Flitterwochen – lagen den Tag über am Strand und liebten sich in der Nacht.

Am 11. Mai 1962 weckte ein leichtes Rütteln sie aus dem Schlaf. Es war kaum mehr als das übliche Rumpeln von morgendlichen Stadtbussen, an das sie schon aus San Francisco gewöhnt waren. Als Van nach seiner Brille auf dem Nachtschrank griff, geschah es. Ein Erdbeben der Stärke 7,1 brachte Van aus dem Gleichgewicht. Judy schrie, als er auf den Boden fiel und das Bett sich zu bewegen begann. Bilder fielen von den Wänden, und Judy versuchte, zu Van zu kommen. Das Gebäude schwankte für eine halbe Ewigkeit, die letztlich weniger als eine Minute dauerte.

Dann war es vorbei, und sie gingen auf den Balkon, um den Schaden zu sehen. Einige Balkone über ihnen schwankten bedenklich, hingen teils nur noch an einem Armierungseisen. Van scheuchte Judy rasch zurück ins Zimmer und zündete eine Kerze an, damit sie etwas sehen konnten. Während Van wieder nach draußen ging, kehrte Judy drinnen die Scherben zusammen.

Die nächsten Tage mussten sie im Hotel bleiben, weil Schutt und Trümmer die Straßen der Stadt versperrten. Während Van die Dokumente durchsah, die er in Mexico City gekauft hatte, saß Judy am Strand und bestaunte die schönen, bronzebraunen jungen Männer beim Surfen und Volleyballspielen. Sonst gab es ja nichts zu tun. Van beobachtete es eifersüchtig von einem Fenster im oberen Stockwerk aus.

Am 19. Mai traf ein Nachbeben der Stärke 7 die Stadt. Mein Vater beschloss, dass sie in die Vereinigten Staaten zurücksollten. Noch mehr Zeichen der Götter brauchte er nicht. Judy und er packten und stiegen in ein Flugzeug. Sie ahnten nicht, dass ihnen diese Mexiko-Reise noch zum Verhängnis werden sollte.

13

Kurz nach ihrer Ankunft in Los Angeles wurde Van krank und ging in eine Klinik, um sich behandeln zu lassen. Dort diagnostizierte der Arzt eine infektiöse Gelbsucht bei ihm. Sie war in Mexiko durch kontaminiertes Essen oder Wasser übertragen worden.

»Ich werde schon wieder«, versicherte er Judy, die neben seinem Bett saß und sich weigerte, von seiner Seite zu weichen.

»Soll ich deine Eltern anrufen?«, fragte sie besorgt.

»Oh nein, auf keinen Fall. Der Arzt sagt, dass ich nicht lange hierbleiben muss.«

Als Van sich erholt hatte, reisten sie nach San Francisco zurück und mieteten eine Wohnung in einem fünfstöckigen Haus in der Geary Street, Nummer 585, an den Südhängen von Nob Hill. Von einem Erkerfenster der kleinen Wohnung aus blickten sie auf das Hotel California gegenüber. Vorn am Haus verlief eine Feuertreppe, und zu beiden Seiten des Eingangs hingen runde weiße Lichter mit schwarzen Rahmen, die in der Mitte eine Kreuzform darstellten.

Van erwähnte nicht, dass er mit seiner letzten Frau nur eine Straße weiter gewohnt hatte, als er seine Geliebte durch das Foyer und die Treppe hinauf zu ihrem neuen Heim führte.

Den nächsten Monat taten sie, als wären sie verheiratet, und hofften, dass Verda sie nicht fand. Im Juli wurde auch Judy krank. Sie hatte sich bei Van mit der Hepatitis angesteckt, und er brachte sie am 30. Juli ins *San Francisco General Hospital.*

Bei Judy wurde nicht nur Gelbsucht diagnostiziert, sondern der Arzt stellte außerdem fest, dass die Vierzehnjährige schwanger war.

Nach ihrer Entlassung aus dem Krankenhaus rief Judy ängstlich ihre Mutter an.

»Mutter, ich muss dir etwas sagen.«

»Was ist jetzt?«, fragte Verda spitz. Sie war wütend, weil Judy sich nicht gemeldet hatte, seit sie weggelaufen war. »Wo warst du? Ich war krank vor Sorge.«

»Wir waren in Mexiko, aber da war ein Erdbeben, und wir mussten zurückkommen«, antwortete Judy nervös. »Und ich bin schwanger, im dritten Monat. Ich habe Angst, Mutter.«

Verda schlug einen beruhigenden Ton an, als sie Judy bat, nach Hause zu kommen, damit sie alles besprechen konnten. »Bring ein paar Sachen mit, und bleib über Nacht. Wir müssen überlegen, was wir tun sollten.«

»Okay«, sagte Judy. »Ich bitte Van, mich zu fahren.«

Als Judy und Van vor Nummer 1245 in der Seventh Avenue hielten, wartete Verda bereits. Obwohl Van sich gründlich umgesehen hatte, war ihm der Streifenwagen an der Ecke nicht aufgefallen. Die Officers warteten, bis er ausgestiegen war, ehe sie ihn stellten.

»Earl Van Best, wir nehmen Sie fest wegen Kindesentführung«, sagte der eine Officer, packte Van und zog ihm die Arme auf den Rücken. Judy fiel den Polizisten an, als er meinem Vater Handschellen anlegte.

Weinend blickte sie dem Streifenwagen nach, der Van wegbrachte.

»Wie konntest du das tun?«, schrie sie ihre Mutter an, die sie ins Haus zerrte.

»Wie konntest *du?*«, erwiderte Verda.

Meine Mutter wurde wieder ins *Youth Guidance Center* gebracht.

Mein Vater wurde in eine Zelle im fünften Stock der *Hall of Justice* gesteckt. Dort hockte er auf seiner Pritsche und dachte nach, als ein gut aussehender junger Mann hereinkam.

»Mr Best, dürfte ich Sie kurz sprechen?«

Van sah verwundert zu ihm auf und fragte sich, ob er ein Anwalt sei.

»Ich bin Paul Avery vom ›San Francisco Chronicle‹«, stellte der Mann sich vor. »Darf ich Ihnen ein paar Fragen stellen?«

Van nickte.

Avery holte seinen Notizblock hervor. »Wo haben Sie Judy kennengelernt?«

»Bei ›Herbert's Sherbet Shoppe‹. Sie war dort ... wunderschön und süß«, sollte Avery später Van zitieren.

»Aber sie war erst vierzehn«, sagte Avery.

»Das war unwichtig.«

In der nächsten halben Stunde erzählte Van ihm die ganze Geschichte.

»Er fand sie in einer Eisdiele«, lautete die Schlagzeile im »San Francisco Chronicle« vom 1. August 1962. Fotos von Van und Judy waren auf der Seite verteilt, begleitet von einem Artikel über ihre Liebesgeschichte. »Zurzeit trennen Van mehrere Gitter und über eine halbe Meile von seiner einstigen Ehefrau, Judy Chandler«, schrieb Avery, bevor er ausführlich schilderte, wie sich der inzwischen Achtundzwanzigjährige in einen Teenager verliebt hatte.

Als Van den Artikel sah, tobte er. Ihm gefiel ganz und gar nicht, dass Avery ihn wie einen alten, glatzköpfigen Kinderschänder dastehen ließ. Später taufte Avery ihre Geschichte auch noch »Die Eisdielenromanze«.

Und die anderen Zeitungen machten es ihm nach.

Der »San Francisco Examiner« schrieb, »der wohlerzogene Sohn eines Pfarrers aus dem Mittelwesten saß gestern in seiner Zelle im städtischen Gefängnis und weinte um seine Braut – blond, 14 Jahre jung und schwanger«.

Am 7. August 1962 wurde Van wegen Kindesentführung, Vergewaltigung und Verführung einer Minderjährigen angeklagt – in den Augen des Richters natürlich strafbare Handlungen.

Als Erste sagte Verda vor Gericht aus und erzählte den Geschworenen, wie Van ihre Tochter nach Reno verschleppt und geheiratet hatte. Sie gab an, dass sie die Ehe annullieren ließ, worauf Van Judy aus dem *Youth Guidance Center* entführte.

William Lohmus wurde als Zeuge geladen, um auszusagen, wie er Van und Judy bei ihrem ersten Durchbrennen zum Flughafen brachte.

Auch Judy musste aussagen, aber als sie wieder aus dem Gerichtssaal kam, lächelte sie strahlend.

Alle fragten sich zunächst, warum, doch bald sollte es das ganze Land erfahren.

Auf dem Korridor vor dem Gerichtssaal saß mein Großvater, der auf Gertrudes Anruf hin sofort nach San Francisco geflogen war. Er hatte den Kopf gesenkt. Er hatte immer wieder für seinen Sohn gebetet, seit er von der Anklage wusste.

Van war inzwischen auf Kaution entlassen worden und gänzlich unbesorgt.

Am nächsten Tag floh Judy wieder aus dem *Youth Guidance Center.*

Van wartete draußen auf sie.

Am 9. August griff die Polizei von San Francisco sie auf, und Judy wurde in den besonders gesicherten Trakt des *Centers* gebracht. Van führte man in Handschellen in den fünften Stock der *Hall of Justice* – zum dritten Mal. Nun wurde die Anklage verschärft: Verschwörung zu einer Straftat sowie Entführung und Vergewaltigung einer Minderjährigen.

Zwei Tage später zahlte Earl die Kaution für seinen Sohn.

Am 24. August kam Judy wieder ins Krankenhaus, weil die Gelbsucht, mit der sie sich bei Van angesteckt hatte, erneut ausgebrochen war. Sie wurde auf einer Isolierstation des *San Francisco General Hospital* untergebracht.

Am 31. August war Vans Anhörung. Wie später aus Videoaufzeichnungen hervorging, trat Van selbstsicher vor den Richter und zeigte keinerlei Reaktion, als der Prozesstermin festgelegt wurde. Van trug ein weißes Hemd, dessen Ärmel bis knapp unter den Ellbogen aufgekrempelt waren, einen beigen Pullunder und eine gebügelte hellbraune Hose.

Nach der Anhörung verließ er das Gericht, ging zur Crocker Bank und hob sein gesamtes Geld ab. Danach stattete er William einen unangekündigten Besuch ab.

»Was hast du vor?«, fragte William, dem Vans entschlossene Miene nicht behagte.

»Kann ich dir nicht sagen«, antwortete Van und gab William fünfhundert Dollar. »Bewahr das für mich auf, falls ich je zurückkomme oder eilig Geld brauche.«

»Van, du musst damit aufhören!«, flehte William ihn an. »Sie ist es nicht wert.«

»Doch, ist sie. Sag bitte keinem, dass ich hier war. Ich will dich da nicht mit reinziehen.«

Am selben Abend, gegen Mitternacht, ging mein Vater als Arzt verkleidet ins *San Francisco General Hospital* und suchte nach meiner Mutter. Er nahm nicht hin, dass irgendwer sie von ihm fernhielt. Minuten später verließen Arzt und Patientin unauffällig das Krankenhaus. Draußen liefen sie zu dem Mietwagen, den Van besorgt hatte.

Um 3:40 Uhr bemerkte die Stationsschwester, dass Judys Bett leer war, löste Alarm aus und informierte Dr. L. N. Swanson. Der Arzt rief bei der Polizei an, die das Paar umgehend zur Fahndung ausschrieb.

»Eisdielenbraut auf der Flucht!«, titelte das »San Francisco News-Call Bulletin« am nächsten Morgen. »Die Posten an der Grenze nach Mexiko sind angewiesen, nach der vierzehnjährigen Eisdielenbraut Ausschau zu halten, um ihre dritte Flucht, sofern irgend möglich, zu vereiteln.«

Die Zeitungen im ganzen Land schnappten die Geschichte auf und schlachteten die illegale Romanze nach Kräften aus. Eine landesweite Jagd folgte, doch Judy und Van waren längst weg.

Vom Krankenhaus aus waren sie auf dem Highway 101 nach Süden in Richtung Mexiko gefahren, aber Van nickte am Steuer ein, und sie kamen von der Straße ab.

Judy schrie, als der Wagen in einen Graben krachte.

Van schrak auf und sprang aus dem Auto. »Weg hier!«, brüllte er und ignorierte Judys Sorge wegen der blutigen Stelle an seinem Kopf, wo er auf das Lenkrad geschlagen war. »Wir müssen hier weg, ehe die Cops kommen!«

Judy folgte ihm auf die Straße. »Was machen wir jetzt?«

Van streckte seinen Daumen raus, als sich ein Wagen näherte.

Sie brauchten nur zwei Mitfahrgelegenheiten bis Sacramento. Am Abend teilten sie sich einen Schoko-Milchshake an einem Getränkestand in Williams, nördlich von Sacramento. Die Nacht verbrachten sie in einem Motel und schmiedeten Pläne. Van wusste, dass die Polizei sie auf dem Weg nach Mexiko vermutete, daher beschloss er, nach Kanada zu fliehen.

Am nächsten Tag erschien ein weiterer Artikel im »Examiner«: »Judy Chandler, die gesuchte fünfzehnjährige Exbraut, wurde gesehen, wie sie sich am Freitagabend in Williams, einer Stadt im Sacramento Valley, einen Schokoladen-Milchshake mit ihrem früheren Ehemann teilte.« Die Zeitung irrte, denn Judy war immer noch vierzehn.

Weiter hieß es in dem Artikel: »Als der Besitzer und die beiden Mitarbeiter des Getränkestands am Highway 99 ein Bild des verschwundenen Paars auf der gestrigen Titelseite des *Examiner* sahen, riefen sie bei der Zeitung an. Die Polizei befragte alle drei noch letzte Nacht und gab an, dass sie das Paar zweifelsfrei identifiziert habe.«

Am Sonntagmorgen gingen meine Eltern in ein Restaurant zum Frühstücken. Dort blickte Van sein Foto von den Titelseiten am Zeitungsstand entgegen. Hastig schob er Judy wieder nach draußen. Ihm war klar, dass sie es nicht unerkannt bis zur Grenze schaffen würden.

»Ich habe Hunger. Warum können wir nichts essen?«, fragte Judy.

Van antwortete nicht, sondern zog sie mit zu einem Drogeriemarkt hinter dem Restaurant. Dort befahl er ihr, draußen zu warten.

Van lief in die Kosmetikabteilung, sah sich einen Moment um und ließ eine Packung Haarfärbemittel unter seinem Pullover verschwinden. Dann ging er zur Kasse und kaufte eine Schachtel Lucky Strikes. Judy wartete unruhig vor dem Laden.

Als sie wieder im Motel waren, bestand er darauf, dass Judy sich das Haar färbte.

»Ich will das nicht, Van«, weinte Judy.

»Unsere Fotos sind überall. Du musst das machen! Willst du ins Gefängnis kommen? Jemand wird dich erkennen.«

Unter Tränen sah Judy zu, wie ihr wunderschönes blondes Haar schwarz wurde. Die Person, die ihr aus dem Spiegel entgegenstarrte, war eine Fremde – eine schwangere, schwarzhaarige Fremde. Bei allem Unglück entging ihr Vans anerkennendes Grinsen nicht, und zum ersten Mal begriff sie, dass sie beide in gewaltigen Schwierigkeiten steckten. Vor Angst hatte sie einen Kloß im Hals und musste schlucken.

Van entschied umzukehren, da er nun sicher war, dass niemand Judy erkannte. Zwar machte er sich auch um sein Aussehen Gedanken, glaubte allerdings, dass seine Brille als Tarnung ausreichte, zeigten ihn die meisten Zeitungsfotos doch ohne.

Und er behielt recht: Als sie per Anhalter nach Los Angeles fuhren, blieben sie unerkannt. Und er hoffte, dass sie in der Großstadt untertauchen konnten.

Van mietete eine Wohnung in einem Gewerbegebiet nahe Torrance und bestand darauf, dass Judy sich einen Job suchte, weil er nicht riskieren durfte, doch noch erkannt zu werden. Sie versteckte ihren Bauch so gut sie konnte und bekam eine Stelle in einem hübschen Restaurant auf der Nordseite von Los Angeles, unweit von Hollywood. Dann merkte der Manager gleich in der ersten Woche, dass sie nicht mal eine Bloody Mary mixen konnte, und feuerte sie.

Ende September machten sich Van und Judy auf den Weg nach San Diego. Mittlerweile ließ sich Judys wachsender Babybauch nicht mehr verbergen, und ihre Chancen, einen Job zu finden, wurden beständig geringer. Vans Geld ging zur Neige, doch er überredete eine gutgläubige Frau, ihm einen ungedeckten Scheck über dreihundert Dollar einzulösen. Und für ihn stand fest, dass sie aus Kalifornien verschwinden mussten. In einer Bar konnte er einen betrunkenen Gast beschwatzen, dass er sie nach Tucson, Arizona, mitnahm. Nach wie vor glaubte Van, dass sie in Mexiko sicher wären, könnten sie irgendwie dorthin gelangen. Van hatte die Grenze oft überquert – bei Tijuana, Tecate, Mexicali und El Paso. Letzteres hielt er für die unbedenklichste Route. Von El Paso aus konnten sie nach Ciudad Juárez und wären frei.

Mitfühlende Trinkkumpane boten ihnen die Mitfahrgelegenheiten bis dahin, und die Rescue Mission of El Paso gewährte ihnen Unterkunft.

Judy war elend zumute. Jeden Morgen mussten sie für ihr Gratisfrühstück erst einmal in die Kirche und zu den Gebetsstunden. Ihr tägliches Frühstück bestand aus Eiern mit sichtbarem Blut im Eigelb, von dem Judy noch schlechter wurde. Eines Morgens, als sie sich wieder zum Essen zwang, bekam sie Rückenschmerzen und hatte auf einmal Probleme mit dem Wasserlassen. Als sie sich auf dem Boden krümmte, rief Van einen Krankenwagen.

Es wurde eine Nierenentzündung bei Judy festgestellt, und Van, der unmöglich für die Krankenhausrechnung aufkommen konnte, freundete sich mit einer Frau namens Belle an und bat sie, ihm einen Scheck über hundert Dollar einzulösen. Belle gab ihm ihr Geld und er ihr einen wertlosen Scheck, den er mit einem seiner inzwischen recht zahlreichen

Alias-Namen unterschrieb: John Register. Bevor Judy entlassen war, holte Van sie aus dem Krankenhaus, ohne die Rechnung zu bezahlen.

In Sorge um seine Liebe verbrachte Van den Abend damit, ein Essen zuzubereiten, das Judy niemals vergessen sollte: Rinderhack mit gebackenen Kartoffeln. Das Mahl selbst war nichts Besonderes, sehr wohl aber die liebevolle Art, wie er sie umsorgte und für sie kochte. Seit ihrer Flucht war Van nicht so nett zu ihr wie früher, als sie gemeinsam von der Eisdiele nach Hause gingen oder als sie in Mexico City Touristen spielten. Vielmehr war er zunehmend reizbar geworden.

Gemein sogar.

Jener Abend aber erneuerte ihr Vertrauen in den Mann, der sie so verzaubert hatte.

Da sie noch in ihrem benommenen Zustand und von Schmerzen geplagt war, wurde Judy erst später klar, was Van die ganze Zeit gewusst hatte.

Es war der 8. Oktober, ihr fünfzehnter Geburtstag.

14

Der Plan meines Vaters, bei El Paso die Grenze zu überqueren, platzte, als jemand im Krankenhaus die Puzzleteile zusammenfügte, nachdem das Paar ohne zu zahlen verschwunden war. Er identifizierte die beiden als die Eisdielenbraut und ihren flüchtigen Ehemann. In den Abendnachrichten wurde gemeldet, dass das gesuchte Paar vorhatte, über El Paso nach Mexiko zu fliehen. Die Grenzposten wurden verstärkt, und die *U.S. Border Patrol* sowie die örtliche Polizei machten sich bereit, das Paar zu fangen.

Vans Vater war wild entschlossen, es nicht dazu kommen zu lassen. Earl war in San Francisco gewesen, als Van wieder mit Judy verschwand, und danach schweren Herzens nach Indiana zurückgekehrt.

Als zwei Männer in Anzügen bei ihm zu Hause erschienen und ihre Dienstmarken vorzeigten, überraschte es ihn nicht.

»Wir würden gerne Ihr Telefon überwachen«, sagte einer der Männer zu Earl, dem nichts anderes übrig blieb, als zuzustimmen.

Der Prediger hörte höflich zu, während sie erklärten, wie die Wanze funktionierte. Nachdem sie endlich gegangen waren, stieg Vans Vater unter Tränen in seinen Wagen und fuhr zum Haus seines Pfarrers. Der Seelsorger brauchte dringend selbst ein wenig Seelsorge.

Nach seiner Beichte erlaubte der Pfarrer Earl, sein Telefon zu benutzen. Earl rief seine Familie in South Carolina an und informierte sie, dass Van in großen Schwierigkeiten steckte und auf der Flucht war. »Sagt es weiter«, bat er. »Falls Van und das Mädchen auftauchen, bezahle ich für jede Hilfe, die andere ihnen zukommen lassen.«

Da seine Möglichkeiten in Texas erschöpft waren, bot mein Vater jedem einen Scheck an, der ihn und seine schwangere Frau (wie er sie nannte) nach Mississippi mitnahm. Das war nicht weiter schwierig, denn Judys Zustand erregte Mitgefühl bei den Leuten.

Earls Bruder Rufus, der Earls Nachricht ebenfalls erhalten hatte, wunderte sich nicht, als Van und Judy hungrig und zerzaust vor seiner Tür in Meridian, Mississippi, standen. Er willigte ein, dem Paar vorübergehend zu helfen.

Rufus' heruntergekommenes Farmhaus stand auf wenigen Morgen Land im Wald außerhalb der Stadt. Mitte November fielen die Temperaturen auf unter zehn Grad, doch im Haus gab es nur einen Holzofen aus Gusseisen und einige wenige Heizgeräte. Als Bad diente ein Häuschen im Garten, und Judy, die im sechsten Monat war, musste die stinkende, klapprige Bude sehr oft aufsuchen.

»Ich will nach Hause«, sagte Judy gleich in der ersten Nacht zu Van, als sie versuchte, eine halbwegs bequeme Liegeposition auf der Schlafcouch zu finden, die Rufus ihnen ausgeklappt hatte.

»Hör auf zu jaulen!«, sagte Van. »Wir können froh sein, hier unterzukommen. Wenigstens sind wir sicher.«

Das Gefühl hatte Judy nicht.

Auch wenn Rufus ihnen erlaubte, sich bei ihm zu verstecken, war ihm nicht wohl dabei. Er befürchtete, irgendwer könnte mitbekommen, dass er Leute beherbergte, nach denen gefahndet wurde. Und er ließ das Paar immerzu spüren, welche Schwierigkeiten er seinetwegen riskierte. Er hatte Earl versprochen, Van und Judy aufzunehmen, doch er hatte nichts davon gesagt, dass er den beiden ihren Aufenthalt angenehm machen würde.

»Wenn ihr essen wollt, musst du euer Essen selbst jagen«, erklärte er Van. »Ich kann schließlich nicht die ganze verdammte Familie durchfüttern.«

»Du kannst mit mir kommen«, sagte Van zu Judy. »Ich bringe dir das Jagen bei.«

»Nein!«, schrie Judy. »Ich will nicht, dass du irgendwas tötest!«

»Willst du essen? Dann gehen wir.« Van griff sich eines der Gewehre neben der Tür, vergewisserte sich, dass es geladen war, und ging mit Judy im Schlepptau nach draußen.

»Du musst nur zielen und schießen«, sagte er und legte ihr das Gewehr an die Schulter.

»Das will ich nicht!«, bettelte Judy mit Tränen in den Augen.

»Schieß einfach, verdammt! Ziel und drück den Abzug«, sagte Van.

Sie feuerte einen Schuss ab und reichte ihm das Gewehr. Dabei bemühte sie sich, ihre zitternden Hände zu verbergen, indem sie sich die Schulter rieb, wo sie der Rückstoß des Gewehrs getroffen hatte.

Entsetzt sah sie, wie ein Eichhörnchen aus dem Gebüsch auftauchte und Van es abknallte.

»Siehst du?«, sagte er und hielt das blutige Tier triumphierend in die Höhe. »Ein Schuss, und dabei ist das Viech geflitzt.«

Judy wollte nicht hinsehen, aber Van hielt ihr das tote Eichhörnchen direkt vor die Nase und lachte, als sie würgen musste.

Beim Abendessen wollte sie das Tier auf keinen Fall verspeisen und flehte um Vans Verständnis. Doch er bestand darauf, und sein Tonfall duldete keinen Widerspruch. Judy schob sich ein wenig von dem Fleisch in den Mund und strengte sich an, sich nicht zu übergeben.

Während Judys Bauch merklich schwerer wurde, folgte sie Van täglich zögernder hinaus in den Wald und betete, dass er nicht noch ein Tier erschoss. Aber Van traf immer.

Rufus gab ihnen etwas Geld und eine alte Familientruhe, in der sie ihre Sachen lagern konnten. Van erkannte sie aus seiner Kindheit wieder. »Wo hast du die her?«, fragte er.

»Dein Vater hat sie mir vor Jahren gegeben«, antwortete Rufus.

Van öffnete sie voller Ehrfurcht, aber die Taufgewänder und Familienpapiere waren nicht mehr da. Dennoch atmete er genüsslich den vertrauten Zederngeruch ein, während er einige Sachen hineinpackte, die Judy und er mitgebracht hatten.

Insgeheim war Rufus heilfroh, als meine Eltern nach Jackson in Mississippi weiterzogen, wo Van ein billiges Zimmer in einem von Prostituierten bevorzugten Motel mietete. Es war nicht annähernd vergleichbar mit dem Zimmer in Acapulco, wo der Balkon zum Pazifik ging und der Zimmerservice täglich frisches Obst brachte.

Als sie pleite waren, verzweifelte Van.

»Übrigens könnten wir hier leicht schnelles Geld machen«, sagte er zu Judy. »Alle jungen Mädchen machen das. Es ist schnell verdient, und ich bin sicher, dass es nichts macht, dass du schwanger bist. Manche Männer mögen das sogar.«

Judy wollte ihren Ohren nicht trauen. »Du willst, dass ich für Geld mit Männern schlafe?«

»Doch nur, bis wir genug Geld haben, um hier rauszukommen«, beteuerte Van.

»Nein!«, brüllte Judy. »Das mache ich nicht. Wie kannst du so etwas von mir verlangen? Ich bin schwanger!«

»Weiß ich«, konterte Van. »Das hat uns ja erst in diesen Schlamassel gebracht.« Damit stürmte er aus dem Zimmer und knallte die Tür hinter sich zu.

Judy warf sich weinend aufs Bett. Nichts hiervon hatte sie gewollt. Van hatte ihr Abenteuer versprochen, hatte ihr gesagt, dass er für sie sorgen würde. Sie überlegte, ihre Mutter anzurufen, aber sie wollte nicht wieder in dieses Erziehungsheim, und sie hatte Angst vor dem, was Van tun könnte.

Als er zurückkam, war Van besser gelaunt. Er hatte einen Mann erwischt, der ihm einen ungedeckten Scheck über fünfundvierzig Dollar eingelöst hatte.

»Pack ein«, sagte er zu Judy. »Wir fahren nach New Orleans.«

15

Amerikas meistgesuchtes Paar kam wenige Tage nach Weihnachten 1962 in New Orleans an, in der finstersten Zeit, die diese Stadt zu bieten hatte. Van, der sich nun als Harry Lee ausgab, stellte einen ungedeckten Scheck an einen freundlichen Morris Stark aus und erschwindelte sich so genug Geld, um eine schäbige Wohnung in Nummer 1215 Josephine Street zu mieten, zweieinhalb Blocks von der St. Charles Avenue im Garden District entfernt. Diese Gegend war einst berühmt dafür, dass die Reichen und die Stars von New Orleans hier wohnten, und hatte während der Wirtschaftskrise einen gigantischen Verfall erlebt, als wohlhabende Grundbesitzer ihr Land verkaufen mussten, um halbwegs ihre Stellung in der Gesellschaft zu halten. Daraufhin schossen billige Wohnungen und schlechte, billige Neubauten wie Pilze aus dem Boden, deren Gestaltung im krassen Widerspruch zu dem stand, was ursprünglich hier gebaut worden war. Arbeiterfamilien und Landstreicher hielten Einzug, angelockt von den günstigen Mieten und der nicht minder günstigen Verkehrsanbindung.

Indem sie tagsüber möglichst in der Wohnung blieben und nur abends vor die Tür gingen, schafften es Van und Judy, in diesem belebten Teil von New Orleans so wenig

Aufmerksamkeit wie möglich zu erregen. Hin und wieder sagte jemand etwas über Judys runden Babybauch oder erkundigte sich, wann es so weit sei; doch Van wies die Leute schroff ab. Er wollte mit niemandem plaudern, ausgenommen jene, die er zu betrügen versuchte.

Judy hätte sich gerne über ihre Schwangerschaft gefreut, nur machte Van es unmöglich. Er hätte kaum gleichgültiger sein können, was die bevorstehende Geburt seines Kindes betraf. Trotzdem strengte Judy sich an, ihm zu gefallen, kochte, putzte und stellte nicht allzu viele Fragen, wenn er abends allein ausging, den Hut tief in die Stirn gezogen. Nichts fruchtete. Obwohl er ihr wiederholt beteuerte, dass er sie liebte, störte Van sich merklich an ihrem Bauch, als wäre er eine persönliche Beleidigung.

Die beiden waren noch keine zwei Monate in New Orleans, als ich am 12. Februar 1963 geboren wurde, Earl Van Dorne Best. (Ich weiß nicht, warum mein Vater das *e* an Dorn anfügte – oder ob es sich um einen Schreibfehler im Krankenhaus handelte.)

Van rief William an.

»Ich brauche das Geld, das ich dir gegeben habe«, sagte er. »Judy hat das verfluchte Baby bekommen, und ich muss die Klinikrechnung bezahlen, sonst lassen die sie nicht raus. Kannst du es mir telegrafieren?«

»Sicher«, antwortete William, »aber du musst dringend wieder herkommen, Van.«

»Warum? Was ist los?«

»Ich wurde verhaftet. Sie klagen mich wegen Beihilfe an, weil ich dich und Judy zum Flughafen gefahren habe. Du musst herkommen und beim Prozess aussagen, dass ich nicht wusste, wie alt sie war.«

»Dir ist doch klar, dass das nicht geht! Die nehmen mich fest, sowie ich mich in San Francisco blicken lasse.«

»Van, bitte. Ich bin ruiniert, sollte ich schuldig gesprochen werden!«

»Tut mir leid, Mann. Ich kann nicht.«

William legte auf. Er telegrafierte Van das Geld, war jedoch wütend, dass sein Freund ihm nicht helfen wollte.

Van bezahlte die Krankenhausrechnung.

Die Schwestern im *Southern Baptist Hospital* in der Napoleon Avenue wussten nicht, wie jung meine Mutter war, sonst hätten sie ihr wohl mehr über Säuglingspflege erzählt. Doch sie hielten sie für neunzehn, und so verabschiedeten sie Judy nach einigen grundlegenden Hinweise mit den Worten: »Passen Sie gut auf den kleinen Earl auf.« Das war's.

Zwei Wochen später überredete mein Vater, dem das Geld ausgegangen war, meine Mutter, einen Job als Cocktailkellnerin in einer Bar anzunehmen. Van hatte sich mit dem Inhaber des Ship Ahoy Saloon im French Quarter angefreundet. Die Bar befand sich an der Ecke Decatur und Toulouse Street, gegenüber der Jackson Brewery. Natürlich hatte Van wieder mal bei Judys Alter geschwindelt, um ihr den Job zu beschaffen. Die Bar war beliebt bei Seeleuten, die einen Block entfernt im Hafen von New Orleans am Mississippi anlegten.

Außer dem Lokal im Erdgeschoss, dessen sieben Glasflügeltüren ständig offen waren, betrieb der Besitzer noch ein Hotel in den drei Etagen darüber. So konnten sich die Matrosen bequem mit einem Mädchen ihrer Wahl in eines der Zimmer oben zurückziehen, hatten sie unten genug getrunken. Die laute Musik lockte Passanten an, und der Bar mangelte es nie an Kundschaft. Allerdings war sie auch berüchtigt für ihre gewalttätige Klientel, und jede ausgelassene Nacht endete mit blutigen Nasen.

Eines Abends nach der Arbeit stieg Judy wenige Blocks von ihrem Zuhause entfernt aus der St.-Charles-Straßenbahn und fröstelte im Wind, der vom Mississippi herbeiwehte. Es war Anfang März und noch kalt – keine zehn Grad und regnerisch. Zudem schützte sie die spärliche Kleidung unter ihrem Mantel nicht gegen die Kälte; doch im Ship Ahoy musste sie so angezogen sein. In der Bar verbarg Judy ihre Angst vor den Matrosen, lächelte, flirtete und wies zu forsche Hände freundlich ab, um genug Geld zu verdienen, damit sie mir Babymilch kaufen und Van mit Gin für seine Tom-Collins-Cocktails versorgen konnte, die er neuerdings so gerne trank.

Dies hier war Überleben, und übers Überleben hatte meine Mutter mittlerweile eine Menge von Van gelernt.

Wie immer hielt Judy beim Gehen den Kopf gesenkt. Die Polizei suchte nach wie vor nach ihnen, und Judy hatte Angst, dass man sie von den Fotos in den Zeitungen wiedererkannte. Entsprechend war sie erleichtert, als sie in die Josephine Street einbog. Ihr Nachbar Charlie war draußen und wartete im Regen auf sie, ob sie auch sicher nach Hause kam. Seine gebrechliche Gestalt wurde vom Schein der Verandabeleuchtung umrahmt. Van käme nie auf die Idee, denn seiner Ansicht nach konnte Judy auf sich selbst aufpassen. Der alte Mann, dessen Gesicht von jahrzehntelanger Arbeit im Hafen gegerbt war, nahm Judy lächelnd in die Arme und begleitete sie in den kleinen Innenhof des Hauses.

»Wie ist es dir heute Abend ergangen, Mädchen?«, fragte er, bevor sie sich zur Treppe umwenden konnte.

»Ich habe genug verdient, um Babynahrung zu kaufen, aber die Seeleute sind sehr grob«, antwortete Judy. »Ich glaube, ich habe einige blaue Flecken auf meinem Hintern.«

»Du solltest nicht dort arbeiten, Kind«, sagte der alte Mann. Er machte sich Sorgen um Judy, und das schon, seit sie mit dem Mann hier eingezogen war, der behauptete, ihr Ehemann zu sein. Charlie mochte Van nicht und misstraute ihm. Er sah den Teufel in Vans Augen. Charlie hatte sein ganzes Leben in New Orleans verbracht und war mit den Voodoo-Traditionen aufgewachsen, die in seiner Familie von Generation zu Generation weitergegeben wurden. Er erkannte das Böse, wenn er es sah. Van machte ihm Angst, und das passierte dem alten Mann wahrlich nicht leicht. Von dem Moment an, als er die beiden kennenlernte, hatte Charlie ein Auge auf meine Mutter.

»Das Baby braucht seine Milch«, erwiderte Judy und umarmte Charlie, bevor sie sich umdrehte und die Treppe hinaufging.

Oben öffnete sie behutsam die Tür, damit das Quietschen meinen Vater nicht weckte. Drinnen eilte sie zu Vans alter Familientruhe, die nun als mein Bett diente, und hob hastig den schweren Deckel. Drinnen lag ich mit blau verfärbten Lippen.

Und atmete kaum noch.

Das war fast jeden Abend so.

Judy hob mich heraus und wiegte mich in den Armen, damit ich still blieb, während ich nach Luft rang und vermutlich froh war, noch eine Nacht zu überstehen.

Vom Geräusch des Truhendeckels wachte Van auf und beobachtete alles eifersüchtig.

Einige Tage zuvor hatte Judy ihn zu fragen gewagt, warum er mich abends in die Truhe einsperrte. »Ich konnte sein Geplärre nicht mehr hören«, antwortete Van. Nun hielt Judy den Mund. Sie war nicht so dumm, ihm zu widersprechen, denn Van wurde zusehends gereizter, seit sie in New Orleans waren, und Judy hatte mehr als einmal gesehen, wie grausam er sein konnte. Selbst zu einem Baby.

Blut an meiner Nase.

Eine Platzwunde an meinem Kopf.

Sie hatte entsetzliche Angst, dass er mich umbringen könnte, doch er bestand darauf, dass sie arbeiten ging. Wenn sie wollte, dass ich Babymilch bekam, sollte sie gefälligst das Geld dafür verdienen.

»Wir müssen das Kind loswerden«, verkündete Van plötzlich vom Bett aus. »Morgen bringe ich ihn weg.«

»Das kannst du nicht machen! Wo willst du ihn denn hinbringen?«, schrie Judy.

»Weiß ich noch nicht, aber ich halte sein dauerndes Geschrei nicht mehr aus. Es macht mich wahnsinnig!«

Judy rannte mit mir auf dem Arm auf den Flur, weil sie sich vor dem fürchtete, was Van tun könnte. Ihr war klar, dass sie sich überlegen musste, wie sie mich von meinem Vater fernhielt. Wäre doch alles anders, so wie früher. Sie versuchte ja, eine gute Mutter zu sein, aber sie wusste schlicht nicht, wie man richtig für einen Säugling sorgte. Nichts wusste sie von Bäuerchen oder Koliken, von Salben gegen Windelwundheit oder wie man die verträglichste Milchnahrung auswählte. Und ohne Geld wurde es schon zum Problem, überhaupt Babymilch zu kaufen. Weil ich hungrig war, schrie ich noch mehr, und sobald meine Mutter mich aufnahm, um mich zu trösten, wurde Van wütend. Er konnte es nicht leiden, dass sie mir Aufmerksamkeit schenkte statt ihm.

Langsam ging Judy nach unten und hoffte, dass Charlie noch beim Springbrunnen im Innenhof war.

»Alles okay?«, fragte der alte Mann, als er sie sah.

Judy wischte sich die Tränen ab.

»Ja, alles okay.«

»Das ist ein hübscher kleiner Bursche, den du da hast.«

Judy lächelte, während ihr mehr Tränen über die Wangen liefen. »Ja, er ist wunderschön, nicht?«

Charlie nickte und streckte mir einen Finger hin. »Du hast ein ganz schönes Päckchen zu tragen, was, *Chère?*«

»Manchmal weiß ich einfach nicht, was ich tun soll«, gestand Judy.

»Tja, wie meine Mama immer sagte: ›Tu, was dein Herz will!‹ Mehr kann man nicht machen.«

Der alte Mann drehte sich weg und ging die Treppe hinauf, so dass Judy mit ihren Gedanken allein war. Sie setzte sich auf einen Stuhl an der Tür und blickte blind die Straße hinunter, wobei sie mich weiter wiegte. Im Nieselregen glänzten die Blumen und Blätter an den beleuchteten Balkonen der Josephine Street.

Anfangs hatte ihr New Orleans gefallen, und Judy hatte sich sicher gefühlt, weil sie sich inmitten der vielen Menschen verstecken konnte. Die Stadt erinnerte sie sehr an San Francisco: Sie war aufregend und schön, zugleich aber auch hässlich. Das Vieux Carré oder French Quarter bot reizvolle Kontraste mit seiner eleganten französischen, kreolischen und spanischen Architektur, mit Balkonen aus fein gearbeitetem Schmiedeeisen und dunklen Seitengassen, in denen die Trinker ihren Kummer mit Schnaps aus Flaschen ertränkten, die in braunem Papier eingewickelt waren. Spärlich gekleidete Prostituierte schlenderten die engen Straßen auf und ab und strichen magere Löhne für ihre Talente ein, während wohlhabende Damen in der neuesten Mode durch die Antiquitätenläden streiften. Der Uringestank aus den Seitengassen vermengte sich mit dem würzigen Aroma von Meeresfrüchten aus den offenen Restauranttüren im Quarter. Schönheit und Verfall verwoben sich zu einer glorreichen Kakofonie in einem Quadrat von dreizehn Blocks Länge und sechs Blocks Breite.

Die Häuser in der St. Charles Avenue hingegen, nur wenige Blocks entfernt, waren Überbleibsel einer anderen, vornehmeren Vergangenheit, in der riesige Herrenhäuser teils im majestätischen griechischen, italienischen oder Kolonialstil mit massiven Säulen und ausladenden Veranden den Reichtum der Baumwollbarone, Politiker und Industriemagnaten ausstellten. Die St. Charles Avenue war ein Paradies am Rande der Hölle, ähnlich wie Haight-Ashbury in San Francisco. Doch mit diesen Kontrasten konnte Judy umgehen, selbst in ihrem jungen Alter. Womit sie nicht umgehen konnte, war die Hölle in ihrer Wohnung. Sie wagte nicht, mich vor Vans Wutausbrüchen zu schützen, weil sie fürchtete, dass er sonst auf sie losging oder, schlimmer noch, sie sitzen ließ.

Als ich mich regte, lief Judy in die Wohnung zurück, um Wasser für mein Fläschchen abzukochen. Van trat hinter sie und legte die Arme um ihre Taille. »Du bist doch nicht sauer, oder, Baby? Du weißt ja, wie sehr ich dich liebe.«

Judy drückte seine Hand. »Natürlich bin ich nicht sauer. Ich kann dir nie böse sein.«

Sie prüfte, ob meine Babymilch nicht zu heiß war. »Lass mich nur Earl füttern und schlafen legen. Dann gehöre ich ganz dir.«

»Braves Mädchen«, sagte Van und gab ihr einen Klaps auf den Hintern.

Judy verzog das Gesicht, weil die Blutergüsse vom Abend noch frisch waren. Sie fütterte mich so schnell sie konnte und legte mich in die Truhe, wo sie mich mit den Decken aus dem Krankenhaus zudeckte. Den Deckel ließ sie offen.

»Komm ins Bett«, befahl Van. »Ich habe morgen viel vor, und ich kann nicht ohne dich schlafen.«

Judy entkleidete sich hastig und stieg ins Bett. Dort zog Van sie in seine Arme und schmiegte sein Gesicht in ihr Haar. »Ich sorge dafür, dass bald alles besser wird«, flüsterte er.

Am nächsten Morgen stand Van auf und zog sich an, während Judy noch schlief. Dann wühlte er in ihrer Handtasche und rüttelte sie schließlich wütend wach. »Wo ist das Geld, das du gestern Abend verdient hast?«, fragte er streng.

Judy sah ihn verständnislos an.

»Ich brauche Geld für den Zug. Ich bringe das Baby nach Baton Rouge. Das ist die nächste größte Stadt und die Hauptstadt von Louisiana«, erklärte er ihr, als wäre das von Belang.

Meine Mutter blickte sich ängstlich um und entdeckte mich in meine Decke gewickelt auf dem Fußboden neben dem Bett.

»Da findet er ein schönes Zuhause«, versprach Van, als er den entsetzten Gesichtsausdruck meiner Mutter sah.

Judy sprang aus dem Bett und griff nach mir. »Können wir ihn nicht behalten, bitte? Ich pass auch auf, dass er ruhig ist, versprochen!«

»Nein, ich habe ihn satt. Er macht nichts außer zu schreien«, sagte Van, hob mich hoch und hielt mich außer Judys Reichweite. »Ich will mein Leben zurück.«

Meine Mutter hatte keine Chance gegen ihn. Sie wusste, dass sie diesen Kampf nicht gewinnen konnte. Seit dem Tag meiner Geburt ahnte sie, dass etwas Schlimmes geschehen würde. Van hasste mich, und sie war eine Flüchtige, die auf meinen Vater angewiesen war. So konnte sie nichts anderes tun, als mich von ihm wegbringen zu lassen.

Judy wandte das Gesicht ab, um ihre Tränen zu verbergen, und gab ihm mein Fläschchen. Van weigerte sich, es zu nehmen. »Er braucht nicht jetzt gleich etwas«, sagte er und ging zur Tür.

Meine Mutter schnappte sich meinen Schnuller und steckte ihn mir in den Mund. Sie hoffte inständig, dass er mich vom Weinen abhielt. Als sie versuchte, mich zum Abschied zu küssen, stieß Van sie weg.

Das Knallen der Tür hallte durchs Zimmer, während Judy schluchzend zu Boden sank.

16

»Alles einsteigen!«, rief der Schaffner der Southern Bell. Die Leute eilten von überall her zum Zug nach Baton Rouge. Dieser Zug mit seiner leuchtend gelb und rot lackierten Lok gehörte zur Kansas City Southern Railway und fuhr von den 1940ern bis 1960ern von New Orleans nach Kansas City in Missouri. Unterwegs hielt er unter anderem in Baton Rouge und in Shreveport, Louisiana.

Van lief mit den anderen Leuten mit, um rechtzeitig zum Bahnhof zu kommen. Es war nicht weit von der Wohnung, nur circa zehn Minuten Fußweg. Das *Charity Hospital*, bei den Einheimischen als »Big Charity« bekannt, lag wenige

Gehminuten hinter dem Bahnhof von New Orleans, doch in den frühen 1960ern gab es noch kein Safe-Haven-Gesetz, das Eltern erlaubte, ihre unerwünschten Kinder in Krankenhäusern, bei der Polizei oder bei der Feuerwehr abzugeben. Wollte man damals ein Kind loswerden, musste man sich schon etwas einfallen lassen. Also musste Van die Eisenbahnfahrt auf sich nehmen.

»Das macht neun Dollar glatt, vier fünfzig pro Strecke«, sagte der Mann am Fahrkartenschalter. »Der kleine Mann fährt umsonst.«

Van bezahlte das Ticket nach Baton Rouge und stieg in den Zug, wo er durch den breiten Mittelgang zu seinem Platz lief. Die anderen Passagiere hatten keine Ahnung, dass der nett aussehende Mann mit dem Baby Abscheuliches vorhatte. Nach wenigen Minuten fuhr der Zug los, und das rhythmische Ruckeln und Rattern wiegte mich in den Schlaf. Van hielt mich, während ich schlief, sodass er ganz wie ein liebevoller Vater wirkte.

Die Gleise verliefen neben dem Highway 61, parallel zum Bonnet Carré Spillway, der 1937 nach der großen Mississippi-Flut von 1927 angelegt wurde. Er leitete das Hochwasser aus dem Fluss in den Lake Pontchartrain ab. Auf die Weise sollte verhindert werden, dass der Mississippi über die Ufer trat und rasch die Suppenschüssel New Orleans füllte. In der Ferne spie die Norco Refinery fluffige Rauchwolken in den Himmel und verlieh dem nebeltrüben Horizont einen unheimlichen Schimmer.

Sobald wir an dem Sumpf vorbei waren, der an den Lake Pontchartrain grenzte, zogen sich Zuckerrüben-, Reis- und Baumwollfelder zu beiden Seiten der Gleise hin. Der Southern Belle näherte sich Gramercy, und der Lokführer betätigte sein Horn, um die Autofahrer zu warnen. Bald passierte der Zug die schlichten kleinen Holzhäuser mit ihren windschiefen Veranden, auf denen sich abends Familien und Freunde versammelten, um Bier zu trinken und Gumbo oder Jambalaya aus riesigen Schmortöpfen zu essen.

Unsere Reise war fast zu Ende, als der Zug durch Orte wie Gonzales und Prairieville rauschte, wo Marschland mit riesigen Lebenseichen einsetzte, deren Äste vor lauter Moosbewuchs tief nach unten hingen.

Ungefähr zwanzig Minuten später verkündete eine Stimme über die Lautsprecher »Baton Rouge Depot«, und der Zug kam kreischend zum Stehen.

Van stand auf, drückte mich fest an sich und stieg an der Westseite des Bahnhofs aus dem Zug. Er ging über die Gleise zur South River Road. Unweigerlich fiel ihm das *Old State Capitol* auf, ein neogotischer Bau auf einem Hügel über dem Mississippi, über den Mark Twain einst schrieb: »Wie erbärmlich, dass solch ein weiß gekalktes Schloss mit Türmchen und allem, das zu sein vorgab, was es nicht war, an diesem sonst so ehrwürdigen Ort erbaut wurde.«

Ein leichter Wind hob an, als Van nach rechts auf den North Boulevard bog. Meine dünne Decke schützte mich kaum vor der kalten Luft. Auf der Suche nach einem geeigneten Platz lief mein Vater an der *State Library of Louisiana*, der Polizei und dem Sheriffbüro vorbei; die beiden letzten waren in einem Gebäude untergebracht. Laub und Eicheln in Hülle und Fülle knirschten unter seinen Füßen. Oben auf den Hügeln konnte Van ein nadelähnliches Bauwerk sehen, das dem Raumschiff ähnelte, welches die NASA eines Tages zum Mond schicken wollte. Das von Huey P. Long erbaute *Louisiana State Capitol* erstreckte sich mit vierunddreißig

Stockwerken knapp 140 Meter in die Höhe, womit es das höchste Gebäude einer bundesstaatlichen Verwaltung in ganz Amerika war. Rechts von Van stand die *Old Governor's Mansion*, das Heim des singenden Gouverneurs Jimmie Davis, der mit seinem Lied »You Are My Sunshine« berühmt geworden war; es ähnelte auffallend dem Weißen Haus.

Von einer alten anglikanischen Kirche erklang das klassische *Westminster*-Geläut. Es war elf Uhr.

Ein wenig oberhalb vom North Boulevard befand sich ein Wohnblock, der an die St. Joseph und die Napoleon Street grenzte. Der Rotklinkerbau im georgischen Kolonialstil beherbergte acht einzelne Wohnungen. Die weiß gefliesten Stufen mit der in Blau eingelassenen Nummer 736 führten zur Haustür hinauf, und Kräuselmyrten und Azaleen sprenkelten den Vorgarten mit leuchtenden Farben.

Es war ideal. Hier gab es keine Parkplätze vor dem Haus, daher wusste Van, dass noch ein Eingang auf der Rückseite sein musste. Er trug mich um die Ecke zur St. Joseph Street und suchte nach einer Pforte in dem Zaun. Die fand er auch, öffnete sie und betrat den Garten hinter dem Gebäude, in dem schöne Eichen sowie ein flacher Pflanzbottich mit einem integrierten Springbrunnen standen. Er vergewisserte sich, dass niemand auf dem Parkplatz links von ihm war.

Dann ging Van zwei Stufen hinauf, öffnete die Hintertür und betrat ungesehen das Gebäude.

Vom Erdgeschoss gingen zwei Wohnungstüren ab, wie er feststellte, als er in der schwarz-weiß gefliesten Eingangshalle stand. Eine Treppe lockte ihn nach oben. Er stieg drei Treppen hinauf und blieb auf dem Absatz stehen. Oben waren noch mehr Wohnungen. Nachdem er hinaufgeeilt war und die Wohnungsnummern angesehen hatte, lief er wieder zurück auf den Treppenabsatz und entschied, dass dies der beste Platz sei.

Van wickelte mich fest in die schmutzige blaue Decke und legte mich auf den Fußboden. Dabei achtete er darauf, dass ich meinen Schnuller im Mund hatte, sodass ich nicht zu schreien anfangen würde, bevor er weg war.

Mein Vater ließ mich in dem Treppenhaus zurück, wo ich unter der Decke nur ein weißes Handtuch trug, das als meine Windel diente.

Jahrzehnte später wurde mir bewusst, dass der Tag, an dem mein Vater mich aussetzte, der glücklichste meines Lebens war.

Andere, die Earl Van Best Jr. begegneten, hatten weniger Glück.

17

Mary Bonnette war nicht besonders in Eile, als sie am 15. März 1963 auf dem Heimweg von ihrer Arbeit bei der Ethyl Corporation den North Boulevard entlangging. Für das Wochenende hatte sie keine anderen Pläne, außer sich die St. Patricks's Day Parade anzusehen, die am Sonntag vor ihrer Wohnung vorbeiziehen würde. Mary wohnte gerne in der Innenstadt von Baton Rouge, wo sich die Politiker, Anwälte und Richter so zwanglos unter das gemeine Volk mischten, das in den Restaurants hier aß oder auf dem Uferdamm saß und den Booten zusah, die den Mississippi überquerten. Das Gewimmel in dieser Hauptstadt wirkte weniger hektisch als in anderen, größeren Bundeshauptstädten, was wohl teils an der schönen Landschaft drumherum lag. Obwohl die Senatoren und Repräsentanten auch hier die Stufen zum *Capitol* hinaufeilten, hatten sie stets genug Zeit, um mit Passanten zu reden, die sie erkannten. Nicht mal Gouverneur Jimmie Davis war jemals zu beschäftigt, um einem Fan ein Autogramm zu geben.

Mary war die Tochter von jüdischen Immigranten aus Polen und frisch geschieden. Als sie gegen halb fünf am Nachmittag an Nummer 736 North Boulevard vorbei zum Seiteneingang ging, lächelte sie vor sich hin und freute sich auf das Wochenende zu Hause. Sie mochte ihre Arbeit bei Ethyl, aber sie freute sich auch immer auf die Wochenenden. Nachdem sie die Steinstufen des hinteren Eingangs hinaufgestiegen war, griff sie in ihren Briefkasten und holte einen einzelnen Umschlag heraus, bevor sie die Tür aufschloss.

Danach machte sie nur wenige Schritte über den Fliesenboden des Eingangsbereichs, ehe sie ein Baby weinen hörte. Als sie oben auf dem Absatz war, blieb ihr für einen Moment das Herz stehen.

Dort auf dem kalten Marmorboden lag ein Säugling! Sie wusste, dass keiner der Bewohner Kinder hatte, und fragte sich, ob jemand mich dort kurz abgelegt haben könnte. Nur sah sie niemanden. Und gerade da schrie ich auf, was Mary in Bewegung setzte. Sie rannte um mich herum nach oben zur Wohnung Nummer 8.

Drinnen wählte sie die Nummer von Judge C. Lenton Sartain. Nach ihrer Scheidung hatte sie sich mit dem Richter angefreundet und war sicher, dass er wusste, was zu tun sei.

»Lenton, hier liegt ein Baby in meinem Treppenhaus«, erzählte sie ihm. »Ich habe es gefunden, als ich von der Arbeit kam. Wie es aussieht, hat irgendwer es einfach hiergelassen.«

»Ich hole Hilfe«, sagte der Richter beruhigend. »Sieh du bitte nach dem Baby, aber lass deine Tür offen, damit du das Telefon hörst. Ich rufe dich gleich wieder an.«

Als er aufgelegt hatte, drückte der Richter seine Telefongabel zweimal und war sofort mit seiner Vermittlung verbunden.

»Holen Sie sofort Chief Wingate White vom *Baton Rouge Police Department* ans Telefon!«

»Ich schicke Captain Weiner hin«, sagte White, nachdem der Richter ihm erklärt hatte, worum es ging.

Robert Weiner war der Captain der neu ins Leben gerufenen Jugendabteilung. Er beorderte die Officers Essie Bruce und J. Laper zu der Adresse am North Boulevard, die der Richter ihm gegeben hatte.

Richter Sartain rief Mary an und erzählte ihr, dass Hilfe unterwegs sei. »Achte doch bitte solange auf den Säugling.«

»Ah, jetzt höre ich schon Sirenen«, antwortete Mary erleichtert. Sie ging nach unten, um auf mich zu achten, hob mich aber nicht hoch, weil sie Angst hatte, irgendwelche Beweise zu verfälschen.

Während Laper Mary befragte, nahm Officer Bruce mich hoch. Sowie ich die tröstliche Wärme eines menschlichen Wesens fühlte, hörte ich auf zu schreien. Die beiden Officers legten mich in ihren Streifenwagen und fuhren mich mit heulenden Sirenen ins *Baton Rouge General Hospital.*

Nachdem Laper mich zur Untersuchung Dr. Charles Bombet übergeben hatte, dem Leiter der Notaufnahme, fuhr er wieder zu dem Haus und befragte die Bewohner, ob jemand gesehen hatte, wer mich dort ablegte. Keiner hatte irgendwas mitbekommen.

Dr. Bombet war sicher, dass ich drei bis vier Wochen alt

und in einer Klinik geboren sein musste, weil ich beschnitten war. Er verständigte Captain Weiner, dass ich in einem guten Zustand sei, aber zur Beobachtung über Nacht im Krankenhaus bleiben solle.

Richter Sartain versicherte Weiner, dass er persönlich Catherine Braun in der Wohlfahrtsabteilung kontaktieren wolle, damit gleich am nächsten Morgen meine Unterbringung im *Infant Center* geregelt würde, wo man sich um Kinder kümmerte.

Laper kehrte zum Revier gleich die Straße runter zurück und sah sich die Decke, das Handtuch und den Schnuller an, die bei mir gefunden worden waren. Auf dem Handtuch sah er einen Eindruck – 815 LA oder 818 LA, das konnte er nicht richtig erkennen. Er fand aber das Wort NATIONAL an den Rand gestickt, und den Namen des Herstellers, CANNON, hinten auf dem Handtuch. Diese Beweise wurden eingetütet und zur weiteren Untersuchung ans *Louisiana State Police Crime Lab* geschickt, also ans Labor der Polizei.

Am nächsten Tag brachte der »Morning Advocate«, eine Zeitung in Baton Rouge, die Geschichte auf der Titelseite. In dem Artikel bat Captain Weiner die Eltern des Kindes, sich zu melden. »Wir wissen nicht, ob der Säugling eine besondere Nahrung braucht oder sein Zustand besonderer Behandlung bedarf. Uns ist bewusst, dass diejenigen, die das Kind aussetzten, wohl keine andere Möglichkeit mehr sahen, aber es gibt Wege, diesen Menschen zu helfen, ohne dass sie ihre Kinder aussetzen müssen.«

Ganz Baton Rouge sprach von Baby Kaspar Hauser, denn so etwas hatte es hier noch nicht gegeben.

Mary Bonnette saß allein in ihrer Wohnung und freute

sich nicht mehr auf die Parade. Die Nacht hatte sie schlecht geschlafen, weil sie sich um mich sorgte. Mary war siebenunddreißig, hatte keine eigenen Kinder, und irgendwie fing sie schon an, mich als ihres zu sehen. Schließlich hatte sie mich ja gefunden. Deshalb musste sie unbedingt wissen, wie es mir ging. Sie griff zum Telefon.

»Wie geht es meinem Baby?«, fragte sie Judge Sartain, während sie noch ihren ersten Kaffee in der Hand hielt.

»Dein Baby ist in guten Händen«, antwortete der Richter. »Er wird ein schönes Zuhause bekommen, wo es ihm gut gehen wird.«

Wenige Minuten später klingelte ihr Telefon.

»Sind Sie die Dame, die das Baby gefunden hat?«, fragte eine Männerstimme.

»Ja, bin ich. Wer sind Sie?«

»Die Mutter des Babys ist bettelarm und konnte sich nicht um es kümmern«, war alles, was der Mann sagte.

»Sind Sie der Vater?«

»Ja.«

»Von wo rufen Sie an?«

Er antwortete nicht.

»Hören Sie, die Mutter will das Kind zurück. Sie wird irgendwann heute Morgen bei der Polizei auftauchen, um es zu holen«, sagte der Mann schließlich.

Die Vermittlung unterbrach und forderte ihn auf, Geld nachzuwerfen.

Dann war die Leitung tot.

Es war erst kurz nach acht, als Mary bei der Polizei anrief. Sie erzählte Officer Reily von dem Gespräch. »Ich glaube, dass es ein Ferngespräch war, denn die Vermittlung sagte, dass die Zeit um ist«, erklärte sie. »Der Mann wollte mir nicht sagen, wie er heißt, aber er hat zugegeben, dass er der Vater ist.«

Officer Reily machte sich einige Notizen und fuhr mit Officer Reine aus dem Polizeiarchiv zum *Baton Rouge General Hospital*, um die Geburtsunterlagen aller männlichen Weißen durchzusehen, die zwischen dem 1. Februar und dem 4. März geboren worden waren. Keine passte zu den Fußabdrücken des Babys Kaspar Hauser. Auch im *Our Lady of the Lake Hospital* fanden sie nichts.

Captain Weiner wies Officer Gourner an, das Wäschezeichen an dem Handtuch zu untersuchen, das bei dem Baby gefunden worden war. Gourner fuhr als Erstes zur Wäscherei Kean's Laundry. Wilber Amiss Kean, der Besitzer, sah sich das Handtuch an und sagte: »Das ist von der National Linen Company in New Orleans.«

Gourner fuhr zum Revier zurück und teilte es Weiner mit, der Major Edward Reuther anrief, den Leiter der Jugendkammer in New Orleans. Er erklärte ihm, dass sie ein ausgesetztes Kind gefunden hätten.

»Bei dem Baby lag ein Handtuch, das von National Linen stammt. Können Sie uns helfen herauszufinden, an wen das Handtuch geliefert wurde?«

»Sicher. Wir tun, was wir können«, versprach der Major.

Andere Officers in Baton Rouge gingen Hinweisen auf verdächtige Personen nach, ledige Mütter und schwangere Frauen, die entbunden haben müssten, aber nicht mit Baby gesehen wurden. Die Presse machte die Story groß auf, und die viele Publicity behinderte die Ermittlungen.

Bis zum 20. März hatte die Polizei die meisten Hinweise aus der Bevölkerung verfolgt, aber ohne Ergebnis. Meine Eltern waren unauffindbar. Sergeant Ballard vom *Baton Rouge*

Police Department rief bei dem Handtuchhersteller an und fragte, ob die Nummern und Zeichen auf dem Handtuch zum Käufer führen könnten. Die Antwort war Nein.

Meine Mutter erschien nicht bei der Polizei, um mich abzuholen.

Einen Monat lang war ich bei einer staatlich anerkannten Pflegefamilie untergebracht, während die Polizei von Baton Rouge weiter nach meinen Eltern suchte. Doch sie konnten nichts Neues über die Identität von Baby Kaspar Hauser in Erfahrung bringen.

18

Als mein Vater ohne mich nach New Orleans zurückkehrte, flehte Judy ihn an, ihr zu sagen, wo ich war.

»Was hast du getan, Van? Wo ist mein Sohn?«

»Ihm geht es gut, Judy. Ich habe ihn in einem Wohnhaus gelassen, wo ihn jemand findet. Mit ihm ist alles okay. Er wird in eine gute Familie kommen, die sich ein Kind leisten kann. Und jetzt hör auf zu heulen. Das ist lächerlich!«

Judy weinte noch bitterlicher.

Als ihm klar wurde, dass er sie nicht beruhigen konnte, versprach Van, mich zurückzuholen.

Judy glaubte ihm nicht. Sie wusste ja, dass er mich hasste. Also begann sie, ihre Flucht zu planen.

Im Ship Ahoy hatte sie einen Mann kennengelernt, Jerry. Er flirtete mit ihr und versicherte ihr, dass er ihr ein besseres Leben bieten könne. Da alles besser wäre als ihr gegenwärtiges Leben, fing Judy bald an, auf seine Annäherungsversuche einzugehen.

Am 18. April wartete meine Mutter, bis Van morgens die Wohnung verlassen hatte, packte ihre wenigen Sachen und fuhr mit einem Taxi zur Nummer 642 Dauphine Street, wo Jerry wohnte. Seine Wohnung war klein – Wohnzimmer, Küche, Bad und ein ausgebauter Dachboden darüber –, aber hübscher als die Wohnungen, in denen sie bisher mit Van gelebt hatte. Und Jerry empfing sie mit offenen Armen.

Van wurde zornig, als er nach Hause kam und feststellte, dass Judy mitsamt all ihrer Sachen verschwunden war. Er ging zum Ship Ahoy und fragte den Besitzer aus, mit dem er sich angefreundet hatte, als er Judy den Job dort besorgt hatte. Der Mann erzählte ihm, dass Judy mit einem Kunden namens Jerry geflirtet hatte. »Wo wohnt der?«, fragte Van.

»Weiß ich nicht, aber das kriege ich für dich raus.«

Wenige Stunden später gab er Van die Adresse.

Van wollte sich rächen und rief bei der Polizei an.

»Ich möchte Anzeige erstatten«, sagte er zu Desk Sergeant Charles Barrett vom *New Orleans Police Department*, nachdem er seinen Namen genannt hatte. »Ich bin letztes Jahr im August mit Judith Chandler aus San Francisco geflohen, und im Januar kamen wir nach New Orleans. Sie hat mich heute Morgen verlassen, einfach ein Taxi gerufen und ist weg. Nach ihr wird gefahndet, das können Sie überprüfen. Sie ist in der Dauphine Street, und sie hat mein ganzes Geld und meine Sachen mitgenommen. Ich will, dass sie verhaftet wird.«

Barrett reichte die Anzeige an die Streifenpolizisten Roland Fournier und Charles Jonau weiter. Sie fragten bei den Taxiunternehmen nach und fanden heraus, dass eine Judy Chandler mit einem Taxi der Firma United Cab von der Nummer 1215 Josephine zur 642 Dauphine gefahren war.

»Holt sie her«, sagte Barrett zu den Officers.

Fournier und Jonau observierten das Haus von der Ecke Orleans Avenue und St. Peter Street aus. Von hier mussten sie die Verdächtige sehen, wenn sie die Toulouse hinaufkam und in die Dauphine bog.

Es war nach Mitternacht, als sie Judy Arm in Arm mit einem Mann kommen sahen. Bevor die beiden ins Haus gehen konnten, legten die Polizisten sie in Handschellen.

Jerry war ein verheirateter Geschäftsmann aus Seattle, der den Teenager zum Sex überredet hatte, indem er Judy Hilfe bei der Suche nach ihrem Kind versprach. Nach seiner Befragung durfte er wieder gehen. Judy wurde wegen Landstreicherei verhaftet und nach ihrer Aussage bei der Polizei ins Jugendgefängnis gebracht, diesmal über zweitausend Meilen weit weg von zu Hause.

Sie schien keine Angst zu haben, als sie in Gewahrsam genommen wurde. Vielmehr scherzte sie mit den Officers und benahm sich, als wäre nichts. Fournier beobachtete sie aufmerksam und beschrieb sie später als »gerissen«. Ihre Verhaftung schien ihr überhaupt nichts auszumachen.

Da ihr klar war, dass Van sie verraten haben musste, packte sie aus.

»Ich bin fünfzehn«, sagte sie stolz. »Ich weiß nicht, warum Sie mich verhaften, denn Sie sollten den Mann festnehmen, der Sie angerufen hat. Er hat mir mein Baby weggenommen und es nach Baton Rouge gebracht.«

Fournier und Jonau merkten auf.

»Welches Baby?«

Jonau verließ den Raum und rief Captain Weiner in Baton Rouge an, der ihm bestätigte, dass sie einen ausgesetzten Säugling gefunden hatten. Als Jonau wieder ins Verhörzimmer kam, nickte er Fournier zu, der Judy weiter befragte.

»Wir sind letztes Jahr aus San Francisco geflohen«, erzählte sie laut Polizeibericht. »Wir haben in vielen Städten gewohnt, und ich wollte nicht hierher. Aber Van bestand darauf, dass ich das Baby hier bekommen sollte. Wir sind seit dem 30. Dezember hier, und am 12. Februar habe ich im *Southern Baptist Hospital* entbunden. Ich habe den Kleinen nach Van genannt, aber er war grausam zu dem Baby und sperrte es immer in eine Truhe. Jede Nacht, wenn ich von der Arbeit kam, atmete der Kleine kaum noch. Und dann hat Van ihn nach Baton Rouge gebracht und ihn in einem Treppenhaus abgelegt. Van hat überall ungedeckte Schecks ausgestellt«, ergänzte sie sicherheitshalber.

Die Polizisten brachten sie ins *Youth Study Center*, der örtlichen Jugendstrafanstalt, und machten sich daran, ihre Angaben zu überprüfen.

Fournier rief in San Francisco an und erfuhr, dass Van wegen Kindesentführung, Vergewaltigung und Verschwörung zu einer Straftat gesucht wurde. Als bestätigt war, dass nach Van gefahndet wurde, stellte der Richter einen Haftbefehl aus. Mit dem Dokument fuhren Fournier und Jonau zu Vans Adresse in der Josephine Street. Dort informierte die Vermieterin sie, dass ihr Verdächtiger »unbekannt verzogen« sei, und versprach, sie sofort anzurufen, falls sie von ihm hörte.

Am nächsten Tag traf Captain Weiner mit einem anderen Officer aus Baton Rouge in New Orleans ein, um meine Mutter zu treffen. Er fragte sich, was für ein Mensch einfach so ein Kind aussetzte. Der Captain war überrascht, einen Teenager vor sich zu haben. Als er ihr Fotos von mir zeigte, bestätigte sie unter Tränen, dass ich ihr Baby sei. Weiner befragte sie, wie er alle Kriminellen befragt, bis er sich vergewissert hatte, dass ihre Geschichte stimmte. Dann brachte er sie nach Baton Rouge zur Anhörung. Dort sollte beschlossen werden, was mit mir geschehen würde.

An dem Nachmittag, als Judy unterwegs von New Orleans nach Baton Rouge war, rief ihre frühere Vermieterin bei der Polizei an und sagte, dass Van angerufen habe. »Er hat mir erzählt, dass er in der *St. Louis Cathedral* ist.«

Jonau und Fournier fuhren in die Pirate's Alley – eine sehr passende Gegend für ihren Verdächtigen. Die Legende besagt, dass diese Gasse zwischen der heutigen Chartres Street und der Royal Street einst Piraten als sicherer Unterschlupf diente, obwohl die Lage zwischen der historischen *St. Louis Cathedral* rechts und dem *Cabildo*, in dem 1803 der Verkauf von Louisiana besiegelt wurde, der Geschichte widerspricht. Das Faulkner-Haus, in dem William Faulkner seinen ersten Roman schrieb, steht nahe der Royal Street in der Pirate's Alley und lockt jedes Jahr Tausende von Touristen an. Tagsüber wirkt die Gasse einladend, wenn es dort von Straßenkünstlern wimmelt, doch in den frühen Morgenstunden bekommt sie inmitten des sündigen Viertels etwas Unheimliches und Finsteres. Wobei die einzige Rettung vielleicht die riesige Kathedrale ist, die den Sündenpfuhl überragt und alle erinnert, dass es noch einen Gott gibt.

Van hatte womöglich nach einem sicheren Rückzugsort gesucht, als er beschloss, zur Kathedrale zu gehen, eventuell Vergebung seiner Sünden, bevor er gezwungen wäre, Buße zu tun. Oder er wollte die Orgel und die Kunst des italienischen Malers Francisco Zapari bewundern. Dieser Maler ahmte Michelangelo nach, indem er das Deckengewölbe mit den leuchtenden Farben der Renaissance ausmalte, bevor er seine eigene barocke Handschrift hinzufügte.

Van ging nach vorn zum Altar und durch eine Seitentür nach draußen in eine Gasse. Direkt vor ihm war das Pfarrhaus, und er trat ein.

Als Fournier und Jonau zum Pfarrhaus kamen, erfuhren sie von der Empfangsdame, dass Van noch dort war. Er sträubte sich nicht gegen seine Festnahme.

Van gab zu, mich misshandelt, in seine Truhe gesperrt und ausgesetzt zu haben, weil er und Judy entschieden hätten, dass sie mich nicht wollten. »Wir hatten kein Geld, es zu füttern«, sagte er den Officers, die notierten, dass dieser Vater von seinem Sohn als einem »Es« sprach. Sie brachten ihn zum *First District Revier* und inhaftierten ihn als Flüchtigen.

Am nächsten Tag, dem 20. April, lautete die Schlagzeile im »San Francisco Chronicle«: »Liebe auf der Flucht: Das bittere Ende der Eisdielenromanze«, und Paul Avery beschrieb die Festnahme des flüchtigen Paars. Eine andere Schlagzeile verkündete: »Eisdielenromanze endet in der Bourbon St.« Im ganzen Land wiederholten die Zeitungen die Geschichte der beiden Turteltauben, die zu Gesetzesflüchtigen wurden, um zusammen zu sein, nur um durch das Produkt ihrer Liebe auseinandergerissen zu werden.

In Baton Rouge saß Judy allein in einem kleinen kalten Zimmer an einem Fenster mit Blick auf den Mississippi. Ihr Herz raste, und ihre Nerven lagen blank. Sie hatte die Hände gefaltet und bemühte sich, nicht an die Handschellen zu denken. Ihre Sicht war von Tränen getrübt.

Nach einer stundenlangen Befragung hatte Judy der Polizei endlich die Telefonnummer ihrer Mutter verraten. Der Leiter des Sozialdienstes hatte Verda angerufen und ihr mitgeteilt, dass Judy einen Sohn geboren hatte und das Kind später ausgesetzt wurde.

»Ihre Tochter ist in Haft«, sagte er zu Verda.

Da sie sich an ihre eigene Erfahrung mit dem Kind ihres Vergewaltigers erinnerte, entschied Verda, dass Judy wieder in ihre Obhut übergeben werden könne, sofern sie vorher einwilligte, das Sorgerecht für mich an den Staat Louisiana abzutreten. Verda wusste, dass es das Richtige war, denn Judy konnte sich in ihrem Alter unmöglich mit einer permanenten Erinnerung an den Mann belasten, der sie entführt und vergewaltigt hatte. Meine Mutter unterschrieb die Adoptionspapiere, die man ihr gab. Sie hatte keine andere Wahl. Ihr wurde erlaubt, mich noch für wenige Minuten zu sehen, bevor man sie nach San Francisco zurückbrachte.

Judy konnte nichts gegen die Tränen tun, die ihr über die Wangen liefen, während sie wartete, dass jemand mich zu ihr brachte. Als sie bereits glaubte, die Stille in dem Zimmer keine Sekunde länger ertragen zu können, öffnete Margie Stewart die Tür, eine hübsche junge Sozialarbeiterin. Margie, die bald meine Adoptivtante werden sollte, legte mich meiner Mutter in die Arme.

Eine andere Sozialarbeiterin und ein Polizist waren Margie ins Zimmer gefolgt. »Ma'am, Sie haben zehn Minuten«, sagte die Sozialarbeiterin ernst. Judy nahm es kaum wahr, als sie mich hochhob und auf die Stirn küsste. Aufmerksam betrachtete sie mein Gesicht und bemerkte zum ersten Mal, dass ich riesige Grübchen hatte. Sie küsste mich auf die Nase, die Wangen, die Hände. Ich griff in ihr Haar, zog aber nicht daran, sondern hielt es einfach nur in meiner winzigen Hand.

»Mommy hat dich ganz doll lieb«, sagte Judy immer wieder. »Mommy hat dich so sehr lieb.«

Die Stahltür ging auf, was das Zeichen für Judy war, dass

ihre Zeit mit mir vorbei war. Meine Mutter stieß einen Schrei aus, worauf ich zu schreien begann. Sie drückte mich fest an ihre Brust, als wollte sie mich vor dem beschützen, was kommen würde.

»Ma'am, wir müssen jetzt gehen«, sagte Margie.

»Nein!«, schluchzte Judy.

Margie wollte mich nehmen, doch Judy hielt mich fest.

»Nein! Sie dürfen mir mein Baby nicht wegnehmen! Ich verlasse ihn nicht. Ich werde eine gute Mutter sein. Er braucht mich. Sehen Sie doch, er weint. Er braucht seine Mommy!«

Der Officer hielt sie bei den Schultern, während Margie mich ihr entwand.

»Mommy liebt dich!«, rief Judy. »Es tut mir leid, Baby. Ich komme zu dir zurück.«

Mit einem letzten Ziehen hatte Margie mich vollständig von Judy gelöst. In meiner Hand hielt ich noch einige von ihren Haaren.

Judy hörte auf, sich zu wehren, und lauschte meinem Schreien, als sie mich wegbrachten, bis sie es nicht mehr hören konnte.

Dann senkte sie weinend den Kopf auf den Tisch.

19

Judy und Van wurden nach Kalifornien überführt. Judy wurde zu zwei Jahren Jugendhaft in Camarillo verurteilt, mit der Option, bei guter Führung nach sechs Monaten auf Bewährung entlassen zu werden. Van wurde wieder in eine Zelle in der *Hall of Justice* gesteckt.

Das erfuhr Earl von Gertrude.

»Sie haben Van in New Orleans geschnappt«, erzählte sie Earl am Telefon. »Und sie haben ihn hierher zurückgeschickt. Er sitzt im Gefängnis. Ich glaube nicht, dass du ihn da wieder rausholen kannst.«

»Ich mache mich gleich auf den Weg«, sagte Earl.

Er buchte den nächsten Flug nach San Francisco und begab sich auf das inzwischen vertraute Revier in der Bryant Street.

»Ich bin hier, um meinen Sohn zu sehen, Earl Van Best Jr.«, erklärte er einem Officer, der hinter einer Glastrennscheibe saß.

»Tragen Sie sich hier ein«, sagte der Officer.

Er prüfte Earls Papiere und bat ihn zu warten.

»Sie können jetzt durchgehen«, sagte er einige Minuten später und wies den Kaplan in einen kleinen Raum.

»Ist mit meinem Sohn alles okay?«, fragte Earl, während er sich setzte.

»Sir, Ihr Sohn ist durch und durch böse«, antwortete der Officer.

Earl schwieg. Er konnte im Moment nichts erwidern, doch später würde er seiner Familie von dieser Bemerkung erzählen.

Wartend betete er zu Gott, er möge ihm den richtigen Weg weisen.

Schließlich ging die Tür auf, und Van wurde von einem anderen Officer hereingebracht.

Earl versuchte, Van eine Erklärung zu entlocken, warum er mich ausgesetzt hatte, doch sein Sohn weigerte sich. Ebenso wenig wollte er hören, was Earl ihm über die Folgen sündhaften Verhaltens predigte. Earl versicherte ihm, dass er sich bemühen würde, das Baby zurückzuholen, aber das interessierte Van nicht.

Angewidert ging Earl aus dem Zimmer.

Am nächsten Tag flog Earl nach Hause, holte Ellie ab und stieg mit ihr in ein Flugzeug zum New Orleans International Airport.

»Ich kann nicht zulassen, dass das Kind in einem Waisenhaus aufwächst«, erklärte er seiner Frau unterwegs. »Das verstehst du hoffentlich. Er ist mein Enkel und wahrscheinlich zu Tode verängstigt. Du weißt ja, dass sie in diesen Heimen nicht anständig für Säuglinge sorgen.«

»Nein, das weiß ich eigentlich nicht, aber ich verstehe dich. Und sicher wird alles gut. Wir finden ihn, Liebling«, sagte Ellie. »Und wir nehmen ihn mit zu uns nach Hause.« Sie verstand sogar mehr, als Earl glaubte. Ihr war bewusst, dass es Earls Abbitte für seine Sünde sein sollte, als Vater versagt zu haben.

In New Orleans mietete mein Großvater einen Wagen, mit dem sie nach Baton Rouge fuhren. Als Erstes gingen sie zur Polizei und von dort zum Amt für Kinder- und Jugendschutz.

»Ich bin auf der Suche nach einem Baby«, sagte Earl zu der Frau am Empfang. »Die Zeitungen nannten ihn Baby Kaspar Hauser. Seine Mutter ist Judy Chandler, sein Vater Earl Van Best Junior, und ich bin sein Großvater. Ich würde das Kind gerne adoptieren.«

»Oh, das tut mir leid, Sir«, sagte die Empfangsdame. »Baby Kaspar Hauser wurde bereits adoptiert.«

»Von wem?«, fragte Earl.

»Das ist vertraulich. Ich darf Ihnen keine Informationen darüber geben.«

Mein Großvater kam zu spät.

Einige Tage später reiste Earl auf Einladung des Präsidenten nach *Battery Park* in New York City, wo ihm für seine Dienste als Commander in der *U.S. Naval Reserve* und als Kaplan für die Veteranen eine besondere Ehre zuteilwerden sollte. Earl sprach das Bittgebet, bevor John F. Kennedy das *East Coast Memorial* für die Vermissten auf See einweihte. Zu Beginn seiner Rede bezog sich Kennedy direkt auf meinen Großvater, den er mit »Reverend« ansprach.

Was einer der größten Momente in Earls Leben hätte sein sollen, war überschattet von der Schande, mit der Van seinen Namen befleckt hatte.

20

Am 17. Mai 1963 erhielt Leona Stewart einen Anruf vom Amt für Kinder- und Jugendschutz.

»Wir haben einen drei Monate alten Jungen für Sie«, sagte die Sozialarbeiterin. »Können wir uns auf dem Parkplatz bei der Piccadilly Cafeteria in der Government Street treffen?«

Leona humpelte nach draußen, um Loyd die freudige Nachricht mitzuteilen. Ihr Mann blickte vom Rasenmäher auf und bemerkte sogleich, dass sie viel schneller als gewöhnlich lief.

»Wir haben einen Sohn!«, rief sie. »Sie haben ein Baby für uns. Und wir müssen los! Sie warten auf uns.«

Loyd ließ den Rasenmäher einfach stehen und half Leona zurück ins Haus. Dabei sprach er kein Wort, weil er nicht konnte, denn er hatte einen Kloß im Hals. All die Zweifel, all der Schmerz wallten in ihm auf.

Und all die Wut auf sich.

Und Gott.

Leona Ortis und Loyd Stewart waren beide in dem kleinen Ort Krotz Springs in Louisiana geboren worden, kurz nach der Wirtschaftskrise. Obwohl Loyd im nahen Baton Rouge aufwuchs, lebten noch die meisten seiner Verwandten in dem Dorf von Fischern und Farmern, und er besuchte sie oft. Krotz Springs hatte sehr wenige Einwohner, und Loyd und Leona wohnten auf entgegengesetzten Seiten der Gleise.

Leonas Vater betrieb einen Fischmarkt und einen Krämerladen, in dem Leona nach der Schule und an den Wochenenden an der Kasse stand. Schnell hatte Loyd ein Auge auf die schöne Brünette geworfen. Er kam auf seinem alten Pferd zum Laden geritten, um sie zu besuchen oder, wie Loyd zu sagen pflegte, »ihr Interesse zu wecken«. Dass Loyds Familie arm war, störte Leona nicht. Jeden Nachmittag wartete sie ungeduldig auf den jungen Cajun*, der stolz angeritten kam, um sie zu umwerben. Das Paar begann in der Highschool regelmäßig auszugehen, und sie heirateten, als beide zwanzig waren. Kurz darauf bekam Loyd einen Job in der Poststelle der Ethyl Corporation in Baton Rouge, und Leona fand Arbeit als Sekretärin und Buchhalterin bei Webre Steel.

Sie fanden sich mühelos in ihr neues Leben ein, und so stark wie ihre Liebe war, dachten beide bald über Kinder nach. Was anfangs eine hübsche Idee war, entwickelte sich zu eiserner Entschlossenheit, als ein Monat nach dem anderen, dann ein Jahr nach dem anderen verstrich, ohne dass Leona schwanger wurde.

* Die Cajuns sind eine französischsprachige Bevölkerungsgruppe in Louisiana.

»Ich begreife das nicht«, sagte Leona, als wieder ein Jahr vergangen war. »Dr. Miller sagt, ich kann Kinder bekommen, nur will er mir nicht sagen, wann.«

Loyd sorgte sich schon, dass es an ihm lag, und die fortwährende Enttäuschung forderte ihren Zoll. Sogar Leona, die überzeugt war, dass Gott ihre Gebete schließlich erhören würde, wurde mit jedem Jahr weniger zuversichtlich.

Schließlich sprach sie Loyd auf Adoption an. Er wollte jedoch davon nichts hören, weil es für ihn einem Versagen gleichkam.

»Versuchen wir es weiter«, sagte er beharrlich.

Nach neun Jahren gaben sie auf und beantragten eine Adoption.

Loyd hielt Leonas Hand, als sie das Amt zu ihrem ersten Gespräch mit einem Sozialarbeiter betraten. »Sag nichts. Der Raum ist verwanzt«, scherzte er, um Leona zu entkrampfen. Loyd scherzte viel. Es war seine Art, mit Stress umzugehen.

Es dauerte nicht lange, bis ihnen der Staat Louisiana die Pflege für ein wunderschönes neugeborenes Mädchen übertrug. Leona nannte sie Sheryl Lynn nach ihrer Chefin, Lynn Webre.

»Sieh sie nur an, Loyd. Ist sie nicht wunderschön?«, flüsterte Leona, als sie das Baby in den Armen hielt.

»Ja, ist sie«, stimmte Loyd zu, der schon in die Kleine verliebt war.

Zehn Monate später geschah das Undenkbare.

Am 7. Januar 1961 fuhren Loyd und Leona den Highway 190 in Richtung Opelousas, Louisiana, zur Hochzeit von L. J. Ortis, Leonas jüngerem Bruder, und Mary Ann Fontenot. Leonas Schwestern, Evelyna Ortis Parker und Loretta Ortis Courville, saßen auf der Rückbank und redeten über die Hochzeit. Loretta liebte Hochzeiten! Sie hatte als Letztes der Ortis-Mädchen geheiratet, und zwar Lawrence Courville, und war quasi noch in der Flitterwochenphase. Leona bekam nur hin und wieder etwas von der Unterhaltung mit, weil sie mit ihrer Adoptivtochter spielte, die vorn neben ihr saß.

Ihr Wagen war der vorletzte in der Familienkolonne zur Hochzeit.

Loyd fuhr schweigend. Er hörte mit halbem Ohr dem Geplapper der Frauen zu und achtete darauf, nicht zu dicht auf den Wagen seines Schwagers aufzufahren. Er war von jeher ein vorsichtiger Mann. So hatte ihn sein Vater, Boone, erzogen.

»Backe, backe Kuchen, der Bäcker hat gerufen«, sang Leona der kleinen Sheryl vor, die beim Lächeln zwei kleine, eben erst durchgebrochene Zähne entblößte. »Wer will schönen Kuchen backen, der muss haben sieben Sachen«, sang Leona weiter, und Sheryl quiekte vor Freude. Das Baby trug ein hellgrünes Kleidchen mit weißem Kragen und ein Goldarmband an dem dünnen Handgelenk, das ihr Onkel Snook und Tante Dorothy zehn Monate zuvor geschenkt hatten. Bevor sie an dem Tag Baton Rouge verließen, hatte Onkel Snook der kleinen Sheryl heimlich kleine Bröckchen Schokolade gefüttert, bis Leona ihn ertappte.

»Hör auf damit!«, schalt sie ihn. »Mein Baby wird nicht mit lauter Schokoladenflecken auf dem Kleid zur Hochzeit fahren!«

Loyd lächelte bei der Erinnerung an den Zwischenfall vor sich hin. Da kam wie aus dem Nichts ein 1960er Chrysler auf seine Spur geprescht und rammte seinen 1959er Chevrolet frontal. Der Aufprall schleuderte Leona erst gegen und dann unter das Armaturenbrett.

Loyd versuchte, seine Tochter mit dem rechten Arm abzufangen, doch da krachte er selbst bereits gegen das Lenkrad. Sein Gesicht knallte gegen die Windschutzscheibe, dass es ihm die Nase brach.

Das Baby hatte keine Chance. Sheryls Vorwärtsflug wurde zu abrupt vom Armaturenbrett gestoppt. Ihr Genick brach, und die kleine Sheryl war auf der Stelle tot.

Snook wich aus, um nicht hinten auf Loyds Chevrolet aufzufahren. Entsetzt sah er zu, wie Loyds Wagen durch die Luft flog und im Seitengraben landete. Mit einiger Kraft gelang es ihm, eine Tür aufzubiegen, und er war sprachlos von dem, was er sah.

Sheryl lag leblos da, obwohl kein Tropfen Blut an ihrem winzigen Körper zu sehen war. Leonas zertrümmerte Beine waren unter dem Armaturenbrett eingeklemmt, und Loyd blutete wie verrückt. Evelyna und Loretta auf der Rückbank hatten keinerlei ernste Verletzungen erlitten.

Onkel Snook und Tante Dorothy rasten mit Sheryl ins nächste Krankenhaus und beteten, es möge ein Wunder geschehen. Loyd, in dessen Gesicht sich Blut mit Tränen vermischten, hielt die Hand seiner Frau, während er auf die Sanitäter wartete, die sie aus dem Wrack holen würden.

Die nächsten Tage lag Leona im Koma, und als sie wieder zu sich kam, fragte sie nach Sheryl.

»Es tut mir so leid, Liebes«, sagte ihre Mutter. »Dein Baby ist bei dem Unfall gestorben.«

»Und Loyd? Wo ist Loyd?«, schrie Leona und versuchte, sich aufzusetzen.

»Loyd geht es gut. Er ist im Krankenhaus, aber er wird wieder«, sagte ihre Mutter. »Jetzt beruhige dich. Die Ärzte sagen, du sollst dich nicht bewegen.«

Leona legte sich zurück, war indes außerstande, ihr Schluchzen zu unterdrücken. Es schüttelte sie regelrecht durch. So lange hatte sie sich ein Baby gewünscht, und jetzt war das kleine Mädchen, das so viel Liebe und Licht in ihr Leben gebracht hatte, tot.

Bei dem Unfall waren Leonas Hüfte, Knie und Becken zertrümmert worden. Als Moss Bannerman, der Orthopäde, sie untersuchte, war er entsetzt. Er teilte ihrer Familie mit, dass sie den Transport von Opelousas nach Baton Rouge eventuell nicht überleben würde, aber direkt ins *Baton Rouge General Hospital* müsse. Niedergeschmettert vom Tod seiner Tochter unterschrieb Loyd das Formular, dass seine Frau verlegt würde, voller Angst, dass er sie auch noch verlieren könnte.

Loyd und Leona waren beide noch im Krankenhaus, als ihre Familie zusammenkam, um ihr Baby zu beerdigen. Für sie beide war der Schmerz unerträglich, nicht bei Sheryls Beerdigung dabei sein zu können.

Tag für Tag lag Leona im Krankenhaus und fragte sich, warum Gott ihr das Baby genommen hatte. »Er muss entschieden haben, dass ich mich nicht zur Mutter eigne«, sagte sie zu Loyd.

»Unsinn. So etwas darfst du nicht denken. Du bist eine wunderbare Mutter«, versicherte Loyd ihr, obwohl er sich um nichts besser fühlte. Vielmehr gab er sich die Schuld, weil er so sehr gegen eine Adoption gewesen war, und fragte sich, ob er nun dafür bestraft wurde. Diese Gedanken behielt er aber für sich, während er die Hand seiner Frau hielt.

Wohl wissend, welche Auswirkungen diese Tragödie auf seinen Sohn und seine Schwiegertochter haben würde, besuchte Boone Stewart das Amt für Kinder- und Jugendschutz, in dem seine andere Schwiegertochter, Margie Stewart, arbeitete. Er flehte sie und jeden anderen, der ihm zuhören wollte, an, dass sie Loyd und Leona wieder auf die Liste der potenziellen Adoptiveltern setzen mussten, auch wenn beide noch im Krankenhaus lagen.

Im Laufe der nächsten Wochen wurde Leona vom Orthopäden wieder zusammengeflickt. Dr. Bannermann erklärte Loyd, der inzwischen entlassen war, dass er ein Zugsystem am Bett bräuchte, damit sich die Liegefläche beweglich in verschiedene Winkel neigen ließ. Wichtig war, dass ihr gebrochener Körper auf gleiche Längen gezogen wurde, falls sie jemals wieder laufen können sollte.

Boone ging zur Goudeau-Huey Hardware & Paint Company in der Plank Road und kaufte das Holz und die Zwölf-Penny-Nägel, die er für das Bett brauchte. »Wir nehmen Leona zu uns nach Hause«, erklärte er Loyd. »Dort haben wir mehr Platz und können ihr helfen, diese Geschichte durchzustehen.«

Loyd half seinen Eltern, das Bett zu bauen, und erschrak, als sein Vater die Nägel in ein Kantholz und geradewegs in den schönen Dielenboden seines Wohnzimmers trieb.

»Daddy, was machst du denn?«, fragte er entsetzt. »Du ruinierst euren schönen Fußboden!«

Boone blickte zu seinem Sohn auf. »Es ist bloß Holz, Junge. Bloß Holz.«

Nach der Entlassung aus dem Krankenhaus zog Leona in das Wohnzimmer ihres Schwiegervaters. Jeden Tag drehten und streckten Boone und Loyd sie in dem Bett, und jeden Tag waren ihre Schmerzensschreie durchs ganze Haus zu hören. Manchmal fürchteten Loyd und Boone, sie würden sie umbringen, dennoch befolgten sie die ärztlichen Anweisungen. Und jeden Tag, nachdem sie Leona wieder beruhigt hatten, gingen sie nach draußen, um zu weinen. Sie durften sie nicht merken lassen, wie sehr ihr Schmerz ihnen zusetzte. Doch ihre Strapazen zahlten sich aus.

Leona begann gerade wieder zu gehen, als neun Monate später, am 21. August 1961, ein Anruf kam. »Loyd, komm her!«, rief sie, sobald sie aufgelegt hatte. »Wir haben ein Baby! Wir haben ein kleines Mädchen!«, schluchzte sie an seiner Schulter, während er sie fest umarmte.

Gemeinsam nahmen sie das Kind, das sie Cindy Kaye nannten, in ihr neues Heim in Baton Rouge auf und waren überglücklich, eine zweite Chance zu bekommen. Loyd und Leona überschütteten Cindy mit Liebe. Sie ließen zu, dass ihr wunderschönes Baby die klaffende Lücke füllte, die Sheryls Tod hinterlassen hatte – auch wenn noch so viel Liebe den Schmerz über ihren Verlust nicht heilen konnte.

Fast zwei Jahre später kam wieder ein Anruf.

Als seine Frau ihm die Neuigkeit mitteilte, eilte Loyd unter die Dusche. Sein Herz klopfte, als er sich den Schweiß vom Leib wusch. So lange schon trug er die Last von Sheryls Tod mit sich herum, fragte sich immer wieder, ob seine Tochter noch leben könnte, hätte er besser aufgepasst oder wäre etwas langsamer gefahren. Er hatte mit Gott gehadert, warum er das geschehen ließ. Ganz Krotz Springs war bei Sheryls Trauerfeier in der *First Baptist Church* gewesen. Jeder außer Loyd und Leona hatte sich von ihrem kleinen Mädchen verabschiedet, das dem Kind auf der Babynahrung der Marke Gerber so sehr ähnelte. Loyd verstand einfach nicht, warum Gott ihnen das antat.

Und dann, als er ins *Opelousas General Hospital* kam und seine bewusstlose Frau an all den Schläuchen und Drähten und mit den vielen Verbänden an ihrem blutigen Körper sah, gab er wieder Gott die Schuld.

Dann aber hatte Gott aus Leonas Augen zu ihm gesprochen, die sich öffneten, aus ihrer Hand, die seine drückte, aus ihren ersten Schritten nach dem Unfall. Gott hatte ihnen Cindy geschenkt, und nun beschenkte er sie wieder.

Mit einem Sohn.

Leona hatte Loyds Eltern angerufen, und die beiden Paare fuhren gemeinsam zu dem Restaurant. Boone parkte neben einem weißen Van mit einem runden Aufkleber an der Seite, der den Wagen als Behördenfahrzeug auswies.

Loyd öffnete die Hintertür, nahm Cindy aus Leonas Armen und gab sie ihrer Großmutter, damit seine Frau beide Hände frei hatte. Dann schob er seinen linken Arm unter Leonas Beine und zog sie aus dem Wagen, sodass ihre Füße auf dem Pflaster standen. Als Nächstes bückte er sich, legte den rechten Arm um Leona und hob sie behutsam auf die Beine. Als sie sicher stand, gingen sie zusammen zu dem Van.

Eine Frau stieg mit einem in eine Decke gewickelten Bündel aus dem Wagen. Loyd sah mich als Erster, dann Boone und schließlich Leona.

»Schau nur, diese blauen Augen«, sagte Loyd. »Und das rotblonde Haar.«

»Er lächelt. Guck dir seine Grübchen an, Loyd«, sagte Leona.

»Er ist entzückend«, schwärmte Evelyn.

Boone konnte nichts sagen. Er starrte mich stumm an und kämpfte mit den Tränen.

»Wir wissen nicht viel über ihn, außer dass ein Elternteil von ihm Musik liebt«, sagte die Sozialarbeiterin, als sie mich Leona gab. »Wir haben ihn Philip genannt, solange er bei der Pflegefamilie war, aber Sie werden ihm sicher einen besonderen neuen Namen geben wollen. Er neigt ein wenig zu Koliken, deshalb haben wir ihn auf Ziegenmilch eingestellt. Die scheint ihm am besten zu bekommen. In seinem früheren Zuhause muss viel Musik erklungen sein, denn manchmal, wenn er nicht aufhören will zu schreien, beruhigt er sich sofort, wird ihm etwas vorgesummt oder vorgesungen. Wir melden uns in ein oder zwei Tagen bei Ihnen. Falls Sie noch Fragen haben oder etwas brauchen, wissen Sie ja, wie Sie uns erreichen. Bis dahin, Glückwunsch.«

Was hinter Baby Kaspar Hauser lag, erwähnte die Sozialarbeiterin mit keinem Wort, genauso wie sie meine Eltern und meine Zugfahrt verschwieg. Auch vom Treppenhaus sagte sie nichts. Loyds Schwägerin, Margie, die maßgeblich dafür gesorgt hatte, dass Loyd und Leona mich bekamen, erzählte ihnen nicht, dass sie mich den Armen meiner jungen Mutter entwunden hatte. Sie konnte es nicht. Es war eine anonyme Adoption, und das Gesetz von Louisiana verbot ihr, auch nur ein Wort über meine Herkunft zu sagen. Loyd und Leona konnten nicht wissen, wie die ersten drei Monate meines Lebens ausgesehen hatten. Sie wussten lediglich, dass Gott ihnen noch ein Geschenk machte und sie es ehren wollten.

Meine neue Familie ging in die Piccadilly Cafeteria, um bei einem Essen meine Ankunft zu feiern. Leona küsste mich auf die Stirn und drückte mich an ihre Brust.

Meine neuen Eltern nannten mich Gary Loyd Stewart.

In San Francisco wurde mein richtiger Name nie wieder erwähnt. Judys Mutter hatte es verboten: Ihre Tochter solle nach vorn sehen und die Vergangenheit vergessen.

Drei Jahre später, am 3. Oktober 1966, gebar Leona wie

durch ein Wunder ein Mädchen, Christy Lee Stewart, obwohl die Ärzte gesagt hatten, dass sie mit ihrem zertrümmerten Unterleib niemals ein Kind bekommen könne. Doctor Miller hatte ihr zwar früher mal gesagt, sie könne durchaus Kindern das Leben schenken, aber diesen Traum hatten Leona und Loyd längst aufgegeben. Gott hatte sie schon wieder beschenkt.

21

Vans Probleme in San Francisco türmten sich auf, doch Earl kämpfte um ihn. Er war überzeugt, dass sein Sohn irgendeine Geistesstörung haben musste, und entschied, Van gehöre nicht in ein Gefängnis, sondern in eine psychiatrische Einrichtung, wo er die Hilfe bekam, die er brauchte. Er schlug vor, dass Van an den Senator Strom Thurmond von South Carolina schrieb und ihn bat, sich für ihn einzusetzen. Thurmond erklärte sich bereit, mit dem Richter Norman Elkington zu sprechen, weil Van der Sohn eines Commanders war. Der Richter sagte später dem »San Francisco Chronicle«, er habe sich »nicht im Geringsten von Thurmonds Brief beeinflussen lassen, den Fall genauer zu prüfen«.

»Thurmond, ehemaliger Richter und ein früherer Gouverneur, ignorierte eine Vielzahl von Aspekten des Falls, einschließlich der Tatsache, dass die Mündigkeit nach kalifornischem Gesetz mit 18, nicht mit 16 eintritt«, stand in dem Artikel. »Bei diesen Fällen handelt es sich gewöhnlich nur um junge Liebe«, versuchte Thurmonds Berater Ed Kenney abzuwiegeln.

Auch andere machten sich für Van stark – Reverend Hubert Doran, der vor Gericht aussagte, dass Van einen recht guten Charakter habe, und Vans Highschool-Lehrer Norval Fast, der angab, dass ihm Van nie wie ein gemeiner Krimineller erschienen sei.

William Lohmus, der Van nach wie vor übel nahm, dass er ihm nicht bei seiner Anhörung geholfen hatte, weigerte sich, für seinen alten Freund auszusagen. William erklärte sich letztlich eines minderen Vergehens für schuldig, weil er Van und Judy bei ihrer ersten Flucht zum Flughafen gefahren hatte. Er wurde zu einer Bewährungsstrafe verurteilt – ein Stigma, das ihn seine gesamte Berufslaufbahn hindurch verfolgen sollte.

Auf eine Vereinbarung hin, die Vans Anwalt und Earl arrangiert hatten, wurde mein Vater zu einem Jahr Haft wegen Vergewaltigung einer Minderjährigen verurteilt. Das Gericht sah das Jahr als bereits abgesessen an, sodass nur noch eine vierjährige Bewährung blieb.

Zwei Anklagen wegen Scheckbetrugs wurden beim *U.S. District Court* in New Orleans zur selben Zeit erwirkt, als Van wegen Vergewaltigung in San Francisco vor Gericht stand. Das *U.S. Marshal Office* begann kurz darauf, der Spur geplatzter Schecks und gefälschter Papiere zu folgen, die Van auf der Flucht quer durchs Land hinterlassen hatte. Die Marshals entdeckten auch, dass Van unter falscher Identität Dokumente gekauft und wieder verkauft hatte, um sein Abenteuer mit Judy zu finanzieren. Schließlich wurde er in San Francisco wegen Dokumentenfälschung und Scheckbetrugs angeklagt und zu drei Jahren im *San Quentin State Prison* verurteilt. Und wenig später wurde er in Lompoc, California, gleichfalls wegen Scheckbetrugs angeklagt.

Der Richter kam Earl Seniors Bitte nach und schickte Van

zunächst für neunzig Tage ins *Atascadero State Hospital*, damit er von seiner Besessenheit von Judy geheilt werde.

Atascadero ist eine Hochsicherheitseinrichtung für geistesgestörte Kriminelle mit abweichendem Sexualverhalten. Die psychiatrische Klinik, die 1954 eröffnet wurde, liegt zwischen San Francisco und Los Angeles, umgeben von einem hohen Sicherheitszaun, um die Außenwelt vor den potenziell gefährlichen Patienten zu schützen. Der Gedanke, als »verrückt« wahrgenommen zu werden, behagte Van überhaupt nicht, hielt er sich doch gerne für intellektuell überlegen.

Im *Atascadero State Hospital* entwickelten die Ärzte einen strikten Behandlungsplan mit intensiver Elektroschocktherapie und Psychopharmaka, um Van sein pathologisches Verlangen nach Judy auszutreiben. Obwohl Van mit jedem Tag ein bisschen abgestumpfter wurde, sträubte er sich gegen die Therapie und klammerte sich lieber an seine Gedanken an die schöne Blondine, die ihn am Ende verraten habe.

Hinter dem halbherzigen Lächeln, das er seinen Ärzten zeigte, brodelte eine beängstigende Wut in ihm. William sollte später sagen: »Falls Van nicht wahnsinnig war, als er ins *Atascadero State Hospital* kam, haben die Elektroden auf jeden Fall lange genug sein Hirn gegrillt, sodass er es bei seiner Entlassung garantiert war.«

Während Van »von seiner Obsession kuriert« wurde, erhob die Staatsanwaltschaft von San Pedro, California, noch eine Anklage wegen Scheckbetrugs gegen ihn.

Nach seiner Entlassung aus dem *Atascadero State Hospital* wurde Van ins *San Quentin State Prison* überstellt.

Das älteste Gefängnis des Bundesstaates, in den 1850ern von Insassen erbaut, war an drei Seiten von der San Francisco Bay umgeben und das einzige mit einer Hinrichtungskammer. Zum Tode Verurteilte waren in der *Condemned Row* untergebracht – dem Trakt der Verdammten; andere Häftlinge, wie Van, saßen in einem anderen Trakt in engen Zellen mit unbequemen Betten aus Metall und einer Toilette an der Wand. Mörder, Diebe und Vergewaltiger blickten durch vertikale Gitterstäbe zu den Wachen, die sie vor der anständigen Gesellschaft wegsperrten. Wurden die Gefangenen zum Hofgang geführt, konnten sie die Hügel von San Francisco sehen – die Freiheit, die beinahe zum Greifen nahe und doch so weit weg war. Für Van war die Aussicht eine Qual. Er wusste, dass Judy dort draußen war, irgendwo zwischen den Hügeln, und ohne ihn weiterlebte.

Während der nächsten anderthalb Jahre saß er seine Zeit ab und plante, wie er Judy zurückgewinnen könnte. Bis dahin musste er sich selbst bestmöglich schützen. Als Pädophiler verurteilt, kann Van es im Gefängnis nicht leicht gehabt haben, denn bei vielen Insassen gelten Kinderschänder als bevorzugtes Ventil für ihre Aggressionen.

Am 12. Juli 1965, zwei Tage vor seinem einunddreißigsten Geburtstag, wurde er auf Bewährung entlassen.

Etwas über zwei Jahre waren vergangen, seit er Judy zum letzten Mal gesehen hatte, und endlich war er ein freier Mann.

22

1964, während Van noch in *Quentin* einsaß, hockte Rotea Gilford, ein großer schlanker Afroamerikaner und einer der wenigen Farbigen im *San Francisco Police Department*, an seinem Schreibtisch in der *Hall of Justice*. Er wollte nicht recht glauben, was er gerade gehört hatte. Er war soeben befördert worden. Noch nie zuvor in der Geschichte des *Departments* war ein Schwarzer zum Inspector ins Raubdezernat aufgestiegen.

Die Bürgerrechtsbewegung war auf ihrem Höhepunkt und hatte schließlich erreicht, dass ein Gesetz über Bürgerrechte, der Civil Rights Act, erlassen wurde. Doch selbst nach dessen Unterzeichnung mussten Afroamerikaner hart um jeden noch so kleinen Aufstieg auf der Karriereleiter kämpfen. Rotea hatte seit seiner Einstellung gewusst, dass ein Aufstieg für ihn schwierig werden würde, dennoch träumte er davon, Mordermittler zu werden, Teil eines Teams zu sein, das die zahlreichen Morde in der Stadt aufklärte.

Rotea war in den 1930ern mit seiner Familie aus Texas in den Fillmore District von San Francisco gezogen. Damals war es gang und gäbe, dass Schwarze in dieses Viertel zogen, wo es von Immigranten aus aller Welt wimmelte und sich ein farbiges Kind mühelos einfügen konnte. In anderen Vierteln war das ungleich problematischer, doch Fillmore war nicht wie die anderen Viertel. Hier herrschte von Anfang an eine ganz eigene Atmosphäre, wie ein eigener Puls. Man konnte diesen Geist abends spüren, ging man in die Jazzclubs, Theater und Kinos, die überall aus dem Boden schossen.

In jenen Straßen wuchs Rotea in den 1940ern und 1950ern auf. Er wusste, wo er hingehen konnte und wo nicht. Seine Eltern hatten ihm erzählt, wie ihnen der Zutritt zu Clubs oder Restaurants in ihrem Viertel verwehrt wurde, weil sie Farbige waren. Daraufhin hatten die Afroamerikaner ihre eigenen Clubs eröffnet, deren Musik schon bald Aufmerksamkeit erregte. Leute strömten aus anderen Vierteln nach Fillmore, angelockt von schwarzen Künstlern wie Billie Holiday, Louis Armstrong und Ella Fitzgerald, die sich Respekt erarbeitet hatten.

Auch wenn das Leben im Fillmore District zu jener Zeit für Afroamerikaner kein Vergleich zu dem in den Südstaaten war, widersprach es Roteas Sinn für Richtig und Falsch, dass Menschen aufgrund ihrer Hautfarbe diskriminiert wurden. Bereits in jungen Jahren bemühte er sich, die Einstellung der Weißen in San Francisco zu ändern, indem er alles, was er tat, so gut wie möglich machte. Da er groß und fit war, bewies er zunächst im Sport, dass er nicht schlechter war als andere. Er wurde zum Star der *Polytechnic High School*, bevor er zum *San Francisco State Footballteam* kam. Und weil er nicht nur auf dem Spielfeld glänzte, interessierten sich bald die *Chicago Cardinals* für ihn – bis eine Schulterverletzung jede Hoffnung auf die *National Football League* zunichtemachte.

Rotea war gezwungen, sich neu zu orientieren. Am College freundete er sich mit einem jungen Bürgerrechtler namens Willie Brown an. Willie, der ebenfalls aus Texas stammte, hatte Diskriminierung und sogar gewalttätige Mobs am eigenen Leib erlebt. Er zog mit siebzehn nach San Francisco und war entschlossen, etwas zu bewegen. Er arbeitete als Hausmeister, um sich das College zu finanzieren, was Rotea beachtlich fand. Und ihm gefiel Willies natürliche Lebenstüchtigkeit.

Nach dem College bewarb Rotea sich um Jobs, die bislang nur Weiße innegehabt hatten. Er arbeitete als Mautkassierer an der *Bay Bridge* sowie als Bus- und Straßenbahnfahrer, aber die Anstellungen bei der Stadt waren nur der Anfang. Seine wahre Berufung war, einmal Polizist zu sein.

Nachdem er zwei Jahre lang im *Alameda County Sheriff's Office* gearbeitet hatte, wechselte er 1960 voller Elan zum *San Francisco Police Department*.

Bald hieß er bei den Leuten auf seinem Revier »Mr Smiley«. Rotea arbeitete in seiner Gegend, dem Fillmore District, wo man ihn kannte und ihm vertraute. Im »Harlem des Westens« war Rotea hauptsächlich damit beschäftigt, Streitereien in den Westside Courts, den Sozialsiedlungen, zu schlichten und den Kindern dort klarzumachen, dass es noch eine andere Welt als die voller Armut und Aussichtslosigkeit gab.

Als unermüdlicher Geschichtenerzähler übertrieb Rotea gegenüber den Kollegen gerne mal, was er alles in Fillmore erlebt habe. Selbst wenn sie ihm nicht glaubten, hörten sie sich seine Geschichte gerne an. Was zur Folge hatte, dass Rotea sie immer weiter ausschmückte.

Die Beförderung zum Inspector 1964 stellte einen Durchbruch dar. Unterdessen hatte auch Willie Brown Enormes erreicht. Er war gerade in die *California Assembly* gewählt worden, den Landtag von Kalifornien. Beide Männer waren entschlossen, sich noch mehr Respekt zu verdienen und weitere Durchbrüche zu schaffen.

Doch einzig Roteas Leben sollte eines Tages unauflösbar mit dem eines Serienmörders verknüpft werden.

23

Als Van 1965 aus dem Gefängnis entlassen wurde, hatte sich in San Francisco vieles verändert. Im Jahr zuvor hatten die Beatles für eine besondere Form britischer Invasion gesorgt und die Musik revolutioniert. Die Beatniks in North Beach waren nach Haight gezogen, gefolgt von einer Gegenkulturbewegung, die aus dem Umland herbeiströmte: Junge Leute rebellierten in Massen gegen die konservativen Überzeugungen ihrer Eltern und den eskalierenden Krieg in Vietnam. 1965 verdreifachten die Vereinigten Staaten ihre Streitkräfte im Kampf gegen den Kommunismus. Anders als der Großteil ihrer Eltern, deren Patriotismus nach dem Zweiten Weltkrieg, der Weltwirtschaftskrise und dem Koreakrieg gefestigter denn je war, wollte diese junge Generation Frieden statt Krieg. Die Menschen kamen zu Tausenden und skandierten Antikriegsslogans inmitten eines drogenbefeuerten Liebesfests. Die älteren Bewohner von Haight sahen hilflos zu, wie die schönen alten viktorianischen Häuser, die vom Feuer 1906 verschont geblieben waren, in billige Wohnungen aufgeteilt wurden und sich mit Hippies füllten.

Als er durch Haight wanderte, fielen Van die zotteligen jungen Leute auf, die seine alte Gegend erobert hatten. Viele der Mädchen hatten langes, glattes Haar und trugen fließende Kleider, und die Männer waren in zerrissenen Jeans und bunten T-Shirts unterwegs. Sie wirkten bekifft, sangen Lieder und redeten davon, dass alle Brüder seien und sie jeden liebten. Zuerst betrachtete Van sie voller Abscheu. Die Beatniks hatten sich wenigstens gut gekleidet und versucht, gebildet zu wirken.

»Was ist denn hier bloß los?«, fragte er Anton LaVey eines Nachmittags. Van war kurz nach seiner Entlassung unangemeldet bei LaVey zu Hause aufgekreuzt, und LaVey, der gewöhnlich nie Besucher ohne Termin empfing, machte in diesem Fall eine Ausnahme.

»Was hast du mit deinem Haus angestellt?«, fragte Van.

LaVey lachte. Sein Zuhause hatte eine ähnliche Verwandlung durchgemacht wie er selbst. Während ihn seine philosophischen Exkurse immer weiter auf die dunkle Seite führten, gestaltete er sein Haus zunehmend okkultistisch. Schädel, sich windende Dämonen und Skelette waren so platziert, dass sie den größtmöglichen Effekt erzeugten. Vor allem aber die Orgel in dem Hauptritualzimmer hatte es Van angetan.

Er blieb nur wenige Minuten. Van hörte sich an, was LaVey zu den Geschehnissen in Haight zu sagen hatte, und erfuhr, dass LaVey an einem Buch, einer Art Bibel schrieb. Van konnte es nicht erwarten, William davon zu erzählen, doch der schien völlig desinteressiert, als mein Vater zu ihm kam. Er hatte Van nach wie vor nicht verziehen, dass dieser nicht für ihn aussagen wollte.

Verärgert über die rüde Abfuhr ging Van zum Avenue Theatre. Er hoffte auf einen Job. LaVey hatte ihm das Kino und die Pfeifenorgel dort beschrieben, und Van wollte sie sich ansehen. In dem Moment, in dem er das Kino betrat, war er hell begeistert.

Wie die Markise des 1927 in der San Bruno Avenue erbauten Kinos bereits verkündete, war das Avenue *die* Adresse schlechthin. Und vor dem gläsernen Kassenhäuschen vorn standen die Leute Schlange nach Karten. Dienstags und mittwochs abends wurden Stummfilme gezeigt, begleitet von einer Wurlitzer im Hintergrund. Dann spielte oft der Organist Robert Vaughn, der in ganz San Francisco berühmt für den Klang war, den er dem Instrument entlockte. Während die meisten Leute herkamen, um die Filme zu sehen, war Van nur dort, um Vaughn zu hören, und hoffte, eines Tages selbst an die Orgel zu dürfen.

Letztlich schloss er Bekanntschaft mit Rick Marshall, dem Manager. Marshall war ein eigenartiger Kerl, der sich billig kleidete und dessen Sachen stets zu klein wirkten. Auch er las viel und liebte Antiquitäten sowie alte Filme und Theaterstücke. Und er zitierte gerne Keats und Shakespeare. Außerdem liebte er die zehn Tonnen schwere Wurlitzer des Kinos, und nachdem er Van spielen gehört hatte, ließ er meinen Vater hin und wieder einspringen, wenn Vaughn nicht konnte.

Nun war zwar die Musik in Vans Leben zurückgekehrt, nicht jedoch Judy, und mein Vater war wild entschlossen, das zu ändern. Judy war allerdings nicht mehr dieselbe wie früher. Ihr Ungestüm hatte sie zu viel gekostet, und aus dieser Erfahrung hatte sie gelernt. Nach neun Monaten in einer Besserungsanstalt war sie wieder in Verdas Obhut entlassen worden. Inzwischen war sie sechzehn und besuchte seit dem 3. Februar 1964 die Highschool, womit wieder ein wenig Normalität einkehrte. Im darauffolgenden Jahr ließen sich Verda und ihr Mann scheiden, und Judy zog mit ihrer Mutter nach Daly City, einem Vorort von San Francisco.

Dort spürte Van sie auf.

Er hatte die Nummer ihrer Mutter im Telefonbuch gefunden und rief von einer Telefonzelle im nahen Einkaufszentrum an.

»Hi, ich bin's«, sagte Van, als Judy den Hörer abnahm.

Beim Klang seiner Stimme erstarrte meine Mutter.

»Bitte, komm her und rede mit mir«, sagte Van. »Ich vermisse dich. Mir tut leid, was passiert ist. Ich hole das Baby zurück, versprochen. Ich liebe dich, Judy. Bitte, ich bin gleich gegenüber.«

Judy fing sich wieder und holte tief Luft. »Ich würde

nicht mal die Straße überqueren, um dich zu sehen«, sagte sie. »Und ich will nie wieder deine Stimme hören. Dich treffen will ich schon gar nicht!«

»Judy, bitte, ich liebe dich!«

Sie legte auf, und zum ersten Mal in ihrem Leben fühlte sie sich stark. Sie empfand eine neue Kraft und Furchtlosigkeit.

Endlich war sie frei.

Van war unglücklich. Und wütend. Doch er konnte nichts tun. Also kehrte er in sein Zimmer in der Noe Street zurück und grübelte.

Als er es nicht mehr aushielt, auf die Wände zu starren, tauchte er ganz in die Musik und die Psychopharmaka ein, die in Haight-Ashbury jederzeit verfügbar waren. So entfloh er für eine Weile seinem Kummer.

Mitte der 1960er eroberte die Musik San Francisco. Gruppen wie die Warlocks (später Grateful Dead) und Jefferson Airplane, deren psychedelischer Klang die Hippie-Bewegung verkörperte, zogen nach Haight-Ashbury, wo sie ihr Talent in denselben Clubs verfeinerten, in denen mein Vater seines zehn Jahre zuvor unter Beweis gestellt hatte. Van hörte interessiert zu, wie der Doo-Wop-Sound der Fünfziger kerniger, dreckiger und instrumentenfokussierter wurde. Laute Gitarren ersetzten Harmonien, und Texte über Sex und Drogen forderten Teenager geradezu auf, das alles auszuprobieren. Parallel gewannen Gruppen wie The Mamas and the Papas und die Youngbloods dasselbe Publikum mit Liedern von Liebe und Frieden. Sogar John Lennon und Yoko Ono besuchten Haight, um sich für die Revolution gegen das Establishment inspirieren zu lassen.

Da er älter war und sich konservativ kleidete, passte Van nicht zu den jungen Leuten in Haight, wurde aber wegen seines Talents in der Musikszene akzeptiert. Bald nahm er seinen Antiquitätenhandel wieder auf, obwohl er wegen Betrugs verurteilt worden war, und wenn er von seinen Kurzreisen zurückkam, jammte er mit den örtlichen Musikern, einschließlich LaVey.

Am 30. April 1966 verkündete LaVey den offiziellen Beginn des »Satanischen Zeitalters«. Über die Jahre war seine Anhängerschaft gewachsen, und zu seinem *Magic Circle* zählten mittlerweile auch Berühmtheiten wie der Underground-Filmemacher Kenneth Anger. Seine Fans aus dem Lost Weekend bildeten einen Großteil von LaVeys neuer *Church of Satan*. Die Gruppe traf sich nun in seinem Haus in der California Street, das von außen schwarz gestrichen war und drinnen eine Ritualkammer aufwies, in der die Zusammenkünfte stattfanden. Schauspieler, der er war, führte LaVey seiner faszinierten Gemeinde regelmäßig schwarze Magie vor. Und LaVeys Lehren gingen weit über die Rebellion gegen die Regierung hinaus.

Auf den Straßen wurde gegen traditionelle Überzeugungen und gesellschaftliche Regeln rebelliert, in LaVeys Kirche gegen Gott.

LaVey hatte sich in eine imposante Erscheinung verwandelt: kahl rasierter Kopf, Priesterkragen, schwarze Kleidung. Und manchmal trug er Hörner um des Effekts willen. Van war beeindruckt, hatte LaVey doch die Theorien, über die sie seit Jahren redeten, in eine Show umgesetzt, für die Leute von überallher kamen und die Christen in Rage versetzte. Mein Großvater wäre entsetzt gewesen, hätte er geahnt, dass Van hin und wieder in jenem Wohnzimmer saß und mit den anderen LaVeys dröhnender Stimme hinter dem Altar lauschte.

Aber es gab vieles, was mein Großvater nicht wusste.

TEIL 2

DIE ZEICHEN DES ZODIAC

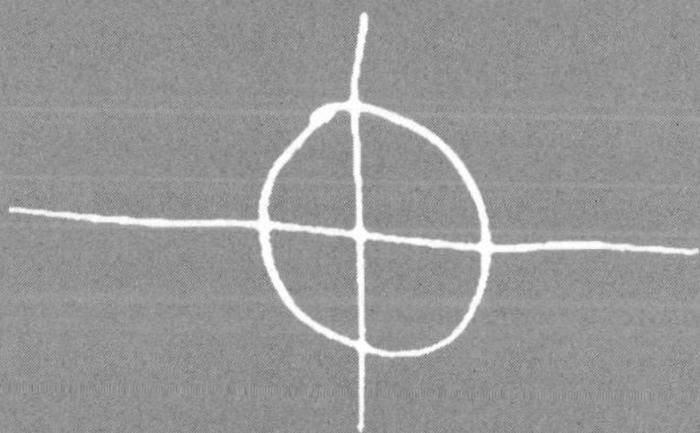

24

Als Van Astrid Carin Maria Popp kennenlernte, erinnerte sie ihn an Judy, nur dass sie älter war, schon sechsundzwanzig. Astrid war ohne Vater der oberösterreichischen Stadt Linz aufgewachsen, und hatte wenig Erfahrung mit Männern. Sie hatte sich einem Leben als Krankenschwester verschrieben, weil sie anderen helfen wollte. Vielleicht sah sie etwas Kaputtes in meinem Vater und hoffte, es wieder reparieren zu können. Oder sie konnte schlicht seinem Charme nicht widerstehen. Es mochte allerdings auch einfach an der Tatsache liegen, dass er ihre Sprache beherrschte. Was auch immer der Grund war, Van hatte sie rasch für sich eingenommen und hoffte seinerseits, sie könne die Erinnerungen an Judy auslöschen.

Am 6. Juni 1966 – 6/6/66 – heiratete er Astrid; das Datum hatte er als Hommage an LaVey gewählt, im Jahr eins des »Satanischen Zeitalters«.

Wie schon bei seinen beiden vorherigen Ehen hatte sich auch in dieser wenige Monate nach der Hochzeit Vans Charme aufgebraucht. Er war mit seiner Braut in die Bush Street gezogen, Nummer 797 an der Ecke der Mason in Lower Nob Hill. Zuerst war er von Astrid fasziniert gewesen, weil sie Österreicherin war. Sie war wunderschön, jedoch nicht so süß und unschuldig wie Judy. Astrid war älter, reifer, nicht so formbar. Seine neue Frau war oft fort von zu Hause, rettete diesen oder jenen, und Van blieb sich selbst überlassen.

Zudem hegte er den Verdacht, dass Astrid schwanger war. Das wollte er ganz sicher nicht noch einmal durchmachen!

Die meiste Zeit hielt er seine Gefühle unter Verschluss. Astrid hatte keine Ahnung, was für einen Mann sie geheiratet hatte, auch wenn sie wusste, dass er bisweilen grausam sein konnte.

Ihr war nur nicht bewusst, wie grausam.

Das ahnte keiner.

Doch bald sollte es jemand erfahren.

Nach dem, was ich herausfand und im Folgenden noch darlegen werde, gibt es nur einen einzigen Ort, an dem Van sich am Tag vor Halloween 1966 aufgehalten haben kann – fünf Monate nach seiner Heirat mit Astrid. Die von mir gesammelten Beweise besagen, dass er an jenem Morgen zu seiner üblichen Fahrt von San Francisco nach Mexiko aufbrach, um nach seltenen Dokumenten zu suchen. Als er die Küste hinunter in Richtung Tijuana fuhr, legte er nach etwas über vierhundert Meilen einen Stopp in Riverside ein. Sein Wagen war mit Büchern beladen, von denen er hoffte, einige an Bibliotheken unterwegs verkaufen zu können. Er bog in die Magnolia Avenue zum *Riverside City College* ab und fuhr über den Campus, bis er bei der Bibliothek war.

Mein Vater war gerade mit den Armen voller Bücher aus dem Wagen gestiegen, als er sie sah.

Er blieb stehen, starrte sie an, und sein Herz klopfte wie wild.

Das Mädchen sah genauso aus wie Judy: die gleichen großen Augen, die gleichen gebogenen Augenbrauen, die gleichen wunderschönen Wangenknochen. Ihr Haar wellte sich an den Spitzen nach oben. Vans Blick folgte ihr aufmerksam. Sie ging in die Bibliothek.

Dann musste sie eingesetzt haben, die Wut in ihm. All die Zurückweisungen, die er im Leben von seiner Mutter und Judy erfahren hatte, stürzten auf ihn ein. Er packte die Bücher zurück in den Wagen und blickte sich um, ob ihn auch niemand beobachtete, bevor er eilig zu dem Volkswagen ging. Er öffnete die Motorhaube und zog die Verteilerkappe und den Kühlerschlauch ab. Anschließend löste er noch ein Kabel, um sicherzugehen, dass der Wagen nicht anspringen würde, und ging in die Bibliothek, um das Mädchen zu beobachten.

Cheri Jo Bates, eine achtzehnjährige Studentin am *Riverside City College*, streifte durch die Gänge mit den Büchern und setzte sich hin, um eine Weile zu lesen. Sie bemerkte nicht, dass jemand sie beobachtete und ungeduldig wartete, dass sie wieder nach draußen ging. Cheri Jo war an der Highschool Cheerleader gewesen und hatte sich einer Beliebtheit erfreut, die nur sehr wenige Mädchen erreichen. Ihr Traum war, nach dem College-Abschluss Stewardess zu werden, und sie strengte sich an, ihn wahrzumachen. Sie lebte allein mit ihrem Vater Joseph, einem Mechaniker, der sich rührend um seine hübsche Tochter kümmerte. Cheris Mutter war in einem Pflegeheim untergebracht.

Van setzte sich an einen der Tische, seine Beute fest im Blick. Er hob die Klappe des Tisches hoch und begann, eine Warnung in die Unterseite zu ritzen:

Genug vom Leben/nicht willens zu sterben
Schnitt.
Sauber.
Falls rot/
Rein.
Spritzendes Blut,

tropfend,
kleckernd;
überall auf ihrem neuen
Kleid.
Ach,
das war sowieso
rot.
Leben entleert sich
In unseren Tod.
Sie will nicht
Sterben.
Diesmal
Wird sie jemand finden.
Wartet nur bis
Zum nächsten Mal.

Dann unterzeichnete Van das Gedicht mit den Kleinbuchstaben *r* und *h*, den Anfangsinitialen seiner Alias-Namen Richard Lee und Harry Lee.

Als er fertig war, wartete er, bis Cheri Jo ging. Er folgte ihr nach draußen, sah zu, wie sie in ihren Wagen stieg, den Schlüssel aus ihrer Handtasche wühlte und ihn in die Zündung steckte.

Der Wagen sprang nicht an. Sie versuchte es immer wieder, und die Batterie wurde immer schwächer.

Es wurde Zeit.

Van trat aus dem Schatten und fragte sie, ob sie Hilfe brauche.

Er sah ganz nett aus, wie ein gut gekleideter Geschäftsmann, daher glaubte Cheri Jo wohl, dass sie ihm trauen könne.

Van öffnete die Motorhaube, bewegte einige Kabel und sagte ihr, sie solle es noch mal versuchen.

Er unterhielt sich mit ihr, während er sich an ihrem Motor zu schaffen machte, und sein charmantes Auftreten zerstreute alle Bedenken, die Cheri Jo gehabt haben mochte.

Es war kurz nach zehn, als er das Spiel leid wurde.

»Mein Wagen steht gleich hinten an der Straße«, sagte Van. »Ich nehme Sie gerne mit, wenn Sie wollen.«

Cheri Jo ließ sich von seiner charmanten Art blenden und nahm das Angebot an.

Als sie auf die Stelle zugingen, auf die Van gezeigt hatte, bewegten sie sich im Schatten, sodass die Dunkelheit sie unsichtbar machte. Sie kamen zu einem verlassenen Bereich zwischen zwei Häusern, als Van sich zu Cheri Jo wandte und sagte: »Wurde aber auch Zeit.«

»Zeit wofür?«, fragte Cheri Jo, der immer noch nicht klar war, dass sie sich in Gefahr befand.

»Zeit für dich zu sterben«, sagte Van.

Cheri Jo hatte keine Gelegenheit mehr zu reagieren, bevor mein gestörter Vater begann, auf sie einzustechen, seine neun Zentimeter lange Klinge wieder und wieder in ihren Leib zu rammen.

Es war Rache für einen Verrat, von dem das Mädchen nichts wusste.

Cheri Jo weigerte sich, leicht zu sterben. Sie zerkratzte Van das Gesicht, dass er blutete, versuchte, die Hand abzuwehren, die sie verwundete. Sie umklammerte sein Handgelenk so fest, dass sie ihm beim Ausholen zum nächsten Stich die Timex-Uhr vom Arm riss.

Nichts half. Er war zu stark und wild entschlossen, weiter zuzustechen, bis sie tot war.

Nachdem zweiundvierzig Stichwunden ihren Körper übersäten und ihr Blut den Boden tränkte, war Van zufrieden. Cheri Jo atmete nicht mehr. Er warf einen letzten Blick auf ihr blutiges Gesicht, ehe er sich umdrehte und wegging.

Für einen Moment hatte er seinen Dämon ausgetrieben.

Nachbarn im 3600-Block des Terracina Drive hörten den ersten Schrei gegen Viertel nach zehn abends und zwei weitere um halb elf.

Cheri Jo hatte mit aller Kraft um ihr Leben gekämpft.

Van stieg ruhig in seinen Wagen und fuhr nach Mexiko. Er war unbesorgt, was die Hinweise betraf, die er zurückgelassen hatte – seine Uhr, den Fersenabdruck seines Schuhs und die öligen Fingerabdrücke auf der Fahrertür von Cheri Jos Wagen.

Die spielten alle keine Rolle. Die Polizei war ratlos, denn dies war kein typischer Mord. Es schien kein Motiv zu geben, das Mädchen war nicht ausgeraubt worden, im Wagen steckte noch der Zündschlüssel, und die Bücher aus der Bibliothek lagen auf dem Beifahrersitz. Zudem war das Opfer vollständig bekleidet und nicht missbraucht worden.

Es musste etwas Persönliches gewesen sein. Zweiundvierzig Stichwunden waren ein Overkill.

Zu den Handabdrücken ließen sich keine Übereinstimmungen finden. Die Polizei konnte keine der Spuren, die Van hinterlassen hatte, mit einem Verdächtigen in Verbindung bringen.

Das Gedicht in der Tischklappe wurde erst im Dezember entdeckt, und dann diskutierte man hitzig, ob es von dem Mörder verfasst worden war oder von einer Studentin mit Selbstmordgedanken.

Auf dem Weg nach Mexiko kaufte Van einige Zeitungen

aus Riverside und las über die Ermittlungen. Da die Polizei offensichtlich weit davon entfernt war, den Mord aufzuklären, entschied Van in seiner Arroganz, ihr auf die Sprünge zu helfen.

Am 29. November erhielten das *Riverside Police Department* und die in Riverside erscheinende Tageszeitung »Press-Enterprise« parallel einen Bekennerbrief. Er war auf Fernschreiberpapier getippt, wie es bei der Eisenbahn benutzt wurde – auf demselben Papier, das Vans Stiefvater Harlan häufig aus seinem Büro bei der Southern Pacific Railroad mit nach Hause gebracht hatte.

DAS GESTÄNDNIS

VON ____________________

SIE WAR JUNG UND SCHÖN ABER JETZT IST SIE ZERSCHUNDEN UND TOT. SIE IST NICHT DIE ERSTE UND WIRD NICHT DIE LETZTE SEIN AN DIE ICH IN SCHLAFLOSEN NÄCHTEN DENKE WENN ICH MIR ÜBERLEGE WER MEIN NÄCHSTES OPFER WIRD. VIELLEICHT WIRD ES DIE SCHÖNE BLONDINE DIE NEBEN DEM KLEINEN LADEN BABYSITTET UND JEDEN ABEND GEGEN SIEBEN DIE DUNKLE SEITENSTRASSE HINUNTERGEHT. ODER DIE KURVENREICHE BRÜNNETTE DIE NEIN SAGTE ALS ICH SIE IN DER HIGHSCHOOL UM EIN DATE BAT. ABER VIELLEICHT AUCH KEINE VON IHNEN. DOCH ICH WERDE IHRE WEIBLICHEN TEILE ABSCHNEIDEN UND IN DER GANZEN STADT VERSTREUEN. ALSO MACHT ES MIR NICHT ZU LEICHT. HALTET EURE SCHWESTERN, TÖCHTER UND FRAUEN VON DEN STRASSEN UND GASSEN FERN. MISS BATES WAR BLÖD. SIE GING ZUR SCHLACHTBANK WIE EIN DÄMLICHES SCHAF. SIE HAT NICHT GEKÄMPFT. ICH SCHON. ES WAR EIN FEST. ZUERST SCHNITT ICH DAS

MITTELKABEL VON IHREM VERTEILER DURCH. DANN HABE ICH IN DER BIBLIOTHEK AUF SIE GEWARTET UND BIN IHR ZWEI MINUTEN SPÄTER GEFOLGT. BIS DAHIN WAR DIE BATTERIE SO GUT WIE LEER. UND ICH BOT IHR HILFE AN. ICH SAGTE IHR DASS MEIN WAGEN UNTEN AN DER STRASSE STÜNDE UND ICH SIE NACH HAUSE FAHREN WÜRDE. ALS WIR VON DER BIBLIOTHEK WEG WAREN, SAGTE ICH IHR ES WÄRE ZEIT. SIE FRAGTE MICH, »ZEIT WOFÜR?« ICH SAGTE IHR, ES WÄRE ZEIT FÜR SIE ZU STERBEN: ICH PACKTE SIE MIT EINER HAND AM HALS, HIELT IHR DEN MUND ZU, UND MIT DER ANDEREN HIELT ICH IHR EIN KLEINES MESSER AN DIE KEHLE. SIE IST SEHR WILLIG GEGANGEN. IHRE BRUST FÜHLTE SICH WARM UND SEHR FEST AN, DOCH ICH HATTE NUR EINES IM SINN. SIE SOLLTE FÜR ALL DIE ABFUHREN BEZAHLEN, DIE SIE MIR IN DEN JAHREN ZUVOR ERTEILT HATTE. SIE STARB SCHWER. SIE WAND SICH UND ZITTERTE, ALS ICH SIE ERSTICHTE, UND IHRE LIPPEN ZUKTEN: EINMAL SCHRIE SIE UND ICH TRAT IHR GEGEN DEN KOPF, DAMIT SIE STILL IST. ICH RAMMTE DAS MESSER IN SIE, UND ES BRACH AB. DANN BEENDETE ICH DIE SACHE, INDEM ICH IHR DIE KEHLE DURCHSCHNITT. ICH BIN NICHT KRANK. ICH BIN WAHNSINNIG. ABER DAS WIRD DAS SPIEL NICHT AUFHALTEN. DIESER BRIEF SOLLTE VERÖFFENTLICHT WERDEN, SO DASS ALLE IHN LESEN. ES KÖNNTE DAS MÄDCHEN IN DER GASSE RETTEN. DOCH DAS IST IHNEN ÜBERLASSEN. WAS SONST GESCHIEHT, LASTET AUF IHREM GEWISSEN. NICHT MEINEM. JA, ICH HATTE AUCH BEI IHNEN ANGERUFEN. ES WAR NUR EINE WARNUNG. SEIEN SIE AUF DER HUT … ICH STELLE JETZT EUREN MÄDCHEN NACH.

CC: CHIEF OF POLICE
ENTERPRISE

Mittels der Methoden, die er in seinen Kriminaltechnikkursen gelernt hatte, wischte Van die Briefe und Umschläge sauber, bevor er sie in die Post steckte.

Im Jahr darauf, am 30. April, dem ersten Jahrestag des »Satanischen Zeitalters«, war Van so wütend, dass die Medien das Interesse an dem Mord verloren hatten, dass er beschloss, ein bisschen nachzuhelfen. Er verschickte zwei Briefe – wieder an den »Press Enterprise« in Riverside und an das *Riverside Police Department*. In dem interpunktionsfreien Schreiben stand: »Bates musste sterben Es werden mehr folgen«. Beide Briefe unterzeichnete er mit einem umgekehrten *E* und einem auf die Seite gekippten *V* – eine nur vage Entstellung der Initialen für »Earl Van«. Allerdings wurde dieses Kryptogramm später als *Z* gedeutet.

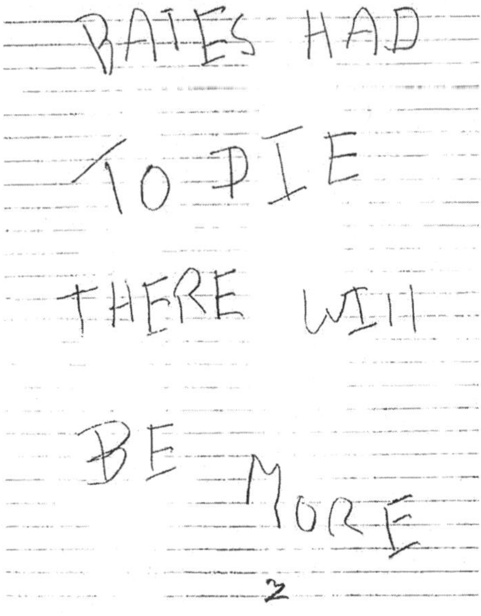
BATES HAD
TO DIE
THERE WILL
BE MORE

Einen dritten Brief schickte er an Cheri Jos Vater. Darin hieß es: »Sie musste sterben Es werden mehr folgen«. Diesen Brief unterzeichnete er nicht.

Die in Riverside abgestempelten Umschläge waren alle doppelt so hoch wie nötig frankiert. Da die Polizei über Jahre nutzlose Hinweise und Spuren verfolgte, wurde Cheri Jos Fall, Nummer 382481, letztlich ungelöst beiseitegepackt.

25

Als Van sich durch die Mengen junger Leute auf der Page Street drängte, einen Block entfernt von Haight, hörte er eine Gruppe Hippies einen Song von Grace Slick aus dem Radio mitsingen. Jefferson Airplane, die in den Bars von Haight-Ashbury begannen, hatten den Hippie-Zeitgeist in einer Hymne über Drogen eingefangen, »White Rabbit«, die im Sommer der Liebe rasant in den Charts aufstieg.

Van verstand die Botschaft.

Jeder begriff sie.

Es hatte beim Monterey Pop Festival am 16. Juni 1967 angefangen, einem dreitägigen Konzert, das Lou Adler und John Phillips auf den Monterey County Fairgrounds veranstalteten. Über fünfzigtausend Leute kamen (manche Historiker geben sogar neunzigtausend an), um Gruppen wie The Who und The Mamas and the Papas zu sehen. Das größte Aufsehen jedoch erregten die bis dahin noch unbekannten Künstler: Jimi Hendrix, Janis Joplin, Jefferson Airplane und Otis Reading zusammen mit Booker T. und den M. G.s. Viele Festivalbesucher zogen hinterher nach Haight weiter, um die tollen Vibes zu spüren, und blieben.

Während Van die subtileren Nuancen der Hippie-Bewegung – das hedonistische Vergnügungsstreben, die Musik und die engagierte Antikriegshaltung – durchaus ansprachen, fand er die Idee, jeder solle jeden lieben, lächerlich.

Van erreichte sein Ziel und betrat ein Lagerhaus, in dem sich seine Augen zunächst an die dämmrige Beleuchtung gewöhnen mussten. Er atmete tief durch, blickte sich um und entdeckte Robert Kenneth (Bobby) Beausoleil, wie immer umgeben von hübschen jungen Mädchen. Beausoleil gehörte lose zur Anhängerschaft von LaVey, war aber im Grunde nur eine von vielen verlorenen Seelen, die auf den Straßen von San Francisco nach der Wahrheit suchten. Vor allem jedoch war er ein begabter Musiker.

Und sehr gut aussehend.

Er hatte sich den Spitznamen Cupid verdient, der von dem römischen Liebesgott Cupido herrührte, weil er die Frauen magisch anzog. Unter ihnen waren Susan Atkins und Mary Brunner, die auf dem Boden hockten und seinem Gitarrenspiel lauschten.

Beausoleil kannte Vans Ruf als Organist, und da er unbedingt von den angesehenen Musikern in der Bay Area anerkannt werden wollte, hatte er Van zu einer Jam-Session mit seiner Band eingeladen. Mithilfe guter Freunde wie LaVey und dem Filmemacher Kenneth Anger erarbeitete Beausoleil sich den Zutritt zur Musikszene. Anger hatte ihn kürzlich für die Rolle des Teufels in seinem nächsten Film, »Lucifer Rising«, engagiert und ihn Mitgliedern von Grateful Dead, Big Brother und Holding Company vorgestellt, die mit der vielversprechenden Sängerin Janis Joplin auftraten. Manchmal war Van mit LaVey in Angers übertrieben protzigem Zuhause, das bei den Einheimischen »Russische Botschaft«

hieß. Van mochte das spontane Musizieren mit den Bands, die Drogen und die jungen Mädchen, die dauernd dabei waren.

»Dieser Typ spielt richtig irre Hammond-Orgel«, sagte Beausoleil zu seinen Bandkollegen.

Und die nächste Stunde lang bewies Van, dass er recht hatte.

In Beausoleil glaubte er einen Bruder im Geiste zu erkennen. Wie so viele andere, die LaVey bewunderten, wandelte Beausoleil ebenfalls gerne auf der dunklen Seite, um so die Leere in sich zu verbergen.

»Komm gerne jederzeit vorbei«, sagte Beausoleil zu Van, als er ging.

In den nächsten Monaten schaute mein Vater hin und wieder vorbei, um mit der Band zu spielen. Zu jener Zeit brauchte er etwas, irgendwas, das ihn von zu Hause fernhielt.

Astrid war schwanger und stellte Forderungen, denen Van auf keinen Fall entsprechen wollte. Sie war nicht wie Annette oder Judy, er konnte sie nicht kontrollieren. Eher war Astrid bestimmend wie Gertrude. Sie erwartete von ihm, dass er die Familie mit einem verlässlichen Gehalt unterstützte und zu Hause war, wenn er nicht arbeitete. Schon vor der Heirat hatte sie darauf bestanden, dass er sich eine richtige Arbeit suchte, damit er nicht mehr so oft nach Mexiko fahren musste. Van war in die Gewerkschaft für Kraftfahrer eingetreten und hatte einen Job als Taxifahrer bekommen. Für einen Ex-Sträfling boten sich nicht direkt Jobs in Hülle und Fülle an, und vor allem war diese Arbeit für Van intellektuell weit unter seiner Würde, was ihn erst recht wütend machte. Er zog es vor, in Mexico City zu sein, in der Bar des Hotel Corinto zu sitzen und die anderen Gäste mit seinem literarischen Wissen zu beeindrucken. Das war wahrlich besser, als eine Frau mit einem anschwellenden Bauch zu umhegen, der ihn abstieß.

Doch genauso wie bei Gertrude gehorchte er, während er innerlich kochte.

Der Sommer zog dahin und mit ihm immer mehr von Amerikas Jugend in die Stadt, angelockt von Songs wie Scott McKenzies »San Francisco (Be Sure to Wear Flowers in Your Hair)« und übertriebenen Geschichten über die Freiheit, die man im Kommunenleben mit bewusstseinsverändernden Drogen erleben konnte. Jene jungen Leute waren verzückt von Sex, Drogen und Rock 'n' Roll; sie merkten nichts von den unterschwelligen Strömungen in der Musikszene in Haight, nichts von der Dunkelheit, dem Bösen, das sich über den Bundesstaat legte.

Und als der Schrecken endlich ausbrach, waren sie ja auch längst weg.

Inspector Rotea Gilford machte sich Sorgen. Ihm gefiel nicht, was in der Stadt passierte. Der besondere Reiz wurde vom Müll auf den Straßen erstickt, von den übervölkerten Parks, die zu Schlafquartieren von Jugendlichen wurden. Die gläsernen Augen, die ihm entgegenstarrten, wenn er durch Haight ging, verhießen nichts Gutes. Und die Polizei hatte weder genug Leute noch die Ausrüstung, um mit diesem Zustrom fertig zu werden. Rotea und seine Kollegen im Raubdezernat arbeiteten immer längere Schichten, um die sprunghaft angestiegene Zahl von Diebstählen und Einbrüchen zu bewältigen. Die entsprach natürlich dem angestiegenen Drogenkonsum.

Für Rotea war es ein echtes Problem, was diese jungen Leute sich selbst und seiner Stadt antaten. Er war ein Familienmensch, ein Vater, der Zeit mit seinen Kindern und den Kindern in seinem Viertel verbrachte. Er trainierte sie in Baseball, Football und Basketball. Er förderte sie, bewies ihnen mit seinem eigenen Leben, dass sie über ihre Lage hinauswachsen und etwas ändern konnten. Umso mehr verstörte ihn, was er in Haight sah: Amerikas Kinder, die ihrer Eltern Werte verwarfen. Und der Inspector tat alles, was er konnte, um sie in die richtige Richtung zu lenken.

Selbst wenn er sie festnahm.

Bis zum Herbst waren viele der Sommerbewohner von Haight nach Hause zurückgekehrt, um ans College zu gehen und die Friedensbotschaft in ihren Heimatstädten zu verbreiten. Am 6. Oktober füllte sich die Haight Street dennoch mit besonders Hartnäckigen, die geblieben waren, um einem leeren grauen Sarg in einer Demonstration zu folgen, die das Begräbnis der Hippie-Bewegung darstellen sollte. All jene, die nach San Francisco gekommen waren, um Frieden und Liebe zu erleben, waren desillusioniert worden.

Bald waren auch sie weg, und zurück blieb eine veränderte Stadt.

26

Cheri Jo Bates zu töten, hatte Vans Besessenheit von Judy nicht gemindert. Wenn überhaupt, hatte sich sein Hass auf sie durch die Drogen und den Alkohol nur gesteigert. Und Astrids Schwangerschaft machte alles noch schlimmer. Sie gebar einen Jungen, den sie Martin nannte. Mein Vater ignorierte seinen neuen Sohn. Wenn das Baby gefüttert oder gewickelt werden musste, kümmerte sich Astrid darum. Wenn

Martin zu schreien anfing, verließ Van die Wohnung. Astrid verstand nicht, warum ihr Mann nichts mit dem Kind zu tun haben wollte, aber sie wusste ja auch nicht, dass er schon einen Sohn weggeworfen hatte. Mein Vater war nicht so dumm, dieses Kind vor seiner Frau zu misshandeln, deshalb blieb er möglichst lange fern von zu Hause.

Wieder einmal empfand Van keine Bindung, keine Liebe zu dem Kind, das er gezeugt hatte. Diesmal allerdings war ihm egal, wie viel Aufmerksamkeit seine Frau dem Baby zukommen ließ. Astrid war ja nicht Judy.

Astrid gewöhnte sich bald daran, dass er stundenlang weg war. Er erzählte ihr immer, er würde arbeiten – entweder als Schaffner oder als Einkäufer in Mexiko, um alte Dokumente zu suchen. Astrid glaubte ihm und kam nicht auf die Idee, dass etwas in ihrer Ehe nicht stimmte.

Van war launenhaft, ja, und manchmal bekam er Wutausbrüche, aber sie versuchte, es zu verstehen.

Ende 1968 muss Vans Frustration eskaliert sein. Er hatte es satt, verheiratet zu sein, war sein schreiendes Kind leid und hatte vor allem genug davon, sich zu fragen, wo Judy war und was sie tat.

Als Astrid anfing, die Wohnung weihnachtlich zu schmücken, begann Van, seine eigenen Pläne für Weihnachten zu machen.

Am 20. Dezember bereitete sich die sechzehnjährige Betty Lou Jensen, eine Spitzenschülerin der *Hogan High School* in Vallejo, ungefähr eine Stunde Fahrt von San Francisco entfernt, aufgeregt auf ihr erstes Date mit David Arthur Faraday vor. Die beiden hatten sich erst eine Woche zuvor kennengelernt, und für beide war es Liebe auf den ersten Blick gewesen.

David war siebzehn, wohnte seit dreieinhalb Jahren in Vallejo und besuchte die *Vallejo High*, wo er zum Ringerteam gehörte und mit im Schulbeirat saß. Außerdem war er in der Presbyterianischen Kirche aktiv, in die seine Familie regelmäßig ging.

Betty Lou hatte ihren Eltern erzählt, dass sie mit David zum Weihnachtskonzert in der *Hogan High* wolle. Ihre Eltern waren einverstanden, solange David sich ihnen vorstellte.

An dem Abend probierte Betty Lou diverse Kleider an, weil sie nach genau dem richtigen suchte, um ihren neuen Verehrer zu beeindrucken. Schließlich entschied sie sich für ein violettes mit weißem Kragen und weißen Manschetten und wählte dazu schwarze Schuhe. Dann steckte sie sich sorgfältig das dunkle Haar auf.

David war nicht minder nervös. Er bat seine Mutter Jean, ihm etwas Geld zu leihen, und sie gab ihm einen Dollar und ein bisschen Kleingeld. Bevor er um halb acht losfuhr, um sein Date abzuholen, steckte er noch Pfefferminz in die Tasche seiner braunen Cordhose.

Danach küsste er seine Mutter zum Abschied.

David war gegen acht Uhr bei Betty Lou. Ihren Eltern gefiel der höfliche, gut aussehende junge Mann. »Sie muss spätestens um elf zu Hause sein«, sagte Betty Lous Mutter.

»In Ordnung«, versicherte David.

Sie gingen nicht zum Konzert, weil an dem Abend keines war. Stattdessen besuchten sie Betty Lous beste Freundin, Sharon, und blieben bis neun Uhr bei ihr, bevor sie die Lake Herman Road nach Südosten in Richtung Benicia fuhren.

Die Lake Herman Road war bei allen Teenagern als prima Ort zum heimlichen Knutschen bekannt. Die Einfahrt zur

Wasserpumpanlage von Benicia eignete sich bestens, war sie doch abgelegen und von Hügeln umgeben. Ein abgeriegeltes Tor verhinderte, dass die Jugendlichen in das Pumpwerk konnten, doch die kleine Bucht seitlich beim Eingang lud sie ein, dort zu parken. Von hier aus konnten sie rechtzeitig kommende Wagen sehen, und normalerweise unterbrachen sie dann ihr ungeschicktes Fummeln, bis die Autos vorbei waren.

David und Betty Lou achteten nicht auf die anderen Wagen. Es war dunkel, neblig und kalt draußen – keine zehn Grad warm. Ein idealer Abend also, um sich aneinanderzudrängen und den aufregenden ersten Kuss zu erleben. Betty Lou saß vorn in Davids braunem 1960er Rambler-Kombi und hatte den Kopf an Davids Schulter gelehnt, während sie redeten. Sie waren so auf sich konzentriert, dass sie nicht reagierten, als ein Auto neben ihnen anhielt.

Vielleicht hatte mein Vater Betty Lou beobachtet. Ihre Mutter sagte jedenfalls später zur Polizei, dass sie mehrmals beim Heimkommen das Tor zu ihrem Haus offen vorgefunden hatte, obwohl sie es vorher zugemacht hatte. Das junge Mädchen ähnelte Judy, nachdem Van diese gezwungen hatte, sich das Haar schwarz zu färben, um nicht erkannt zu werden. Betty Lou konnte unmöglich ahnen, dass mein Vater diesen Umstand als Verrat wertete.

Van hatte sich sorgsam vorbereitet. Da er nicht richtig zielen könnte, sollte seine Beute fliehen wollen, hatte er eine kleine Taschenlampe an den Lauf seiner 22er Automatik geklebt.

David und Betty Lou bemerkten den nur wenige Schritte entfernten Mann erst, als die Kugeln in ihren Wagen krachten – durch das hintere Seitenfenster, durch das Dach. Auf einmal war der Angreifer auf der Fahrerseite und zielte durchs

Fenster. Er streckte David nieder, der nicht so schnell hinter Betty her zur anderen Seite hatte fliehen können, mit einem gezielten Schuss hinters linke Ohr. David fiel zur Seite und kippte aus der Beifahrertür.

In seiner linken Hand hielt er den Klassenring, den er an diesem Abend Betty Lou hatte schenken wollen.

Betty Lou rannte um ihr Leben, schaffte es aber lediglich etwas über acht Meter weit, ehe sie die letzte der fünf Kugeln in ihrem Rücken zu Fall brachte.

Dort starb sie, am Seitenrand der dunklen Straße. Sie wurde von einem Mann ermordet, weil er einmal ein Mädchen geliebt hatte, das ihr ähnlich sah.

Van stand einen Moment vor Betty Lou, starrte ihr ins Gesicht. Dann drehte er sich um und ging zu seinem Wagen zurück.

Er hatte erledigt, weshalb er gekommen war, und fuhr weg.

Gegen Viertel nach elf kam Stella Borges, die auf einer Ranch in der Nähe wohnte, an dem Pumpwerk vorbei und sah jemanden am Straßenrand liegen. Sie drosselte ihr Tempo und entdeckte noch jemanden am Boden, neben einem Kombi. Sofort gab sie Gas und fuhr in Richtung Benicia, wo sie Minuten später zwei Polizisten in einem Streifenwagen anhielt.

Captain Dan Pitta und Officer William Warner rasten zu der Stelle. Dass die junge Frau tot war, erkannten sie sofort. Sie folgten der Blutspur zum Wagen, wo sie den lebensgefährlich verletzten David entdeckten.

Pitta rief einen Krankenwagen, während Warner mit Kreide Davids Umrisse auf dem Asphalt nachmalte.

David starb um 00:05 Uhr im *Vallejo General Hospital.*

Betty Lous Leiche war mit einer grauen Wolldecke abgedeckt.

Die Spurensicherer fanden zehn Patronenhülsen, bei denen es sich um Winchester-Western-Super-X-Kupfermantel-Gewehrmunition handelte.

Sie entdeckten auch Fußabdrücke, doch waren diese so schwach, dass sich nicht erkennen ließ, von was für einem Schuh sie stammten.

Die Deputies von Solano County standen vor einem Rätsel. Es war nichts gestohlen worden; Betty Lous Handtasche lag unangetastet auf der Rückbank, zusammen mit ihrem modischen weißen Pelzmantel. Es hatte keinen sexuellen Missbrauch gegeben, wie Ermittler ihn häufig vermuten, wenn das Opfer ein hübsches junges Mädchen ist. Auf David war nur einmal geschossen worden, auf Betty Lou fünfmal, wobei die Wunden an ihrem Rücken in einem engen Kreis dicht beieinanderlagen. Folglich musste der Täter ein erfahrener Schütze sein. Vor allem aber ergaben die Morde überhaupt keinen Sinn.

Abgesehen von den Aussagen einiger Zeugen, die einen weißen Impala neben dem Kombi in der Lake Herman Road gesehen hatten, gab es keine richtigen Hinweise. Keiner hatte die Tat gesehen.

Wieder einmal blieb ein Fall ungelöst.

27

Ich lebte in Louisiana und ahnte selbstverständlich nichts von meinem kleinen Halbbruder Martin.

Dass ich adoptiert war, wusste ich. Leona hatte mir ein

Kinderbuch über Adoption vorgelesen, als ich drei war, auch wenn ich nicht richtig verstand, was es bedeutete. Sie erzählte mir, dass sie mich aus allen kleinen Jungen auf der Welt ausgewählt hatten, ihr Sohn zu sein, weil ich etwas Besonderes sei.

Was sie meinte, wurde mir erst klar, als ich eines Nachmittags mit meinen Freunden Jeff und Tommy spielte.

»Deine richtige Mama mochte dich nicht«, sagte Jeff. Er hatte gehört, wie seine Eltern darüber sprachen, dass ich adoptiert worden war. In den Südstaaten ist der Tratsch unter Nachbarn von jeher ein angenehmer Zeitvertreib für schwüle Nachmittage.

»Ja, deine Mama hat dich weggegeben«, ergänzte Tommy.

»Das stimmt nicht!«, schrie ich.

»Wohl stimmt das«, erwiderten beide im Chor.

»Stimmt nicht!«, konterte ich, bevor ich so schnell ich konnte weglief. Zu Hause rannte ich in mein Zimmer und überlegte, ob doch wahr sein könnte, was sie sagten.

Beim Abendessen merkte Leona, dass mit mir etwas nicht stimmte, weil ich mit gesenktem Kopf in meinem Essen herumstocherte.

»Was ist mit dir, Schatz?«, fragte sie.

»Jeff und Todd haben gesagt, meine richtige Mama mochte mich nicht, und deshalb hat sie mich weggegeben. Mama, warum hat meine richtige Mama mich weggegeben?«

Loyd tippte Leona unter dem Tisch mit dem Fuß an, um sie zur Vorsicht zu ermahnen.

Dabei war ihr bewusst, welche Wirkung ihre Worte haben könnten. »Ach, Schatz, das ist nicht wahr. Deine Mama hat dich so sehr geliebt, dass sie dich zu uns gegeben hat, weil sie wusste, dass sie keine gute Mutter für dich sein und sich nicht so um dich kümmern konnte, wie wir es können. Sie wünschte sich ein schönes Zuhause für dich und Eltern, die für dich sorgen, wie sie es nicht konnte.«

Loyd und Leona warteten mit angehaltenem Atem, wie ich reagieren würde.

Einen Moment lang saß ich da und dachte über das nach, was Leona gesagt hatte. Dann lächelte ich zufrieden. »Ich bin froh, dass meine Mama mich zu dir und Daddy gegeben hat. Und ich glaube auch, dass sie mich lieb hatte.«

Warum meine Mutter mich später nicht zurückhaben wollte, fragte ich mich nie. Doch nach diesem Gespräch hatte ich das Gefühl, meine Tanten und Onkel würden mich häufiger als nötig ansehen, als wollten sie ergründen, wer ich bin und warum meine Mutter mich fortgab. Sie sagten nie etwas über meine Herkunft und waren nett zu mir, aber mein rotes Haar und die Sommersprossen warfen Fragen auf. Stammten sie von meiner leiblichen Mutter oder von meinem Vater? Anscheinend sollte ich die Antwort niemals erfahren; doch ich fühlte mich bei den Stewarts so geliebt, dass es mir nichts ausmachte.

Selbst nachdem Loyds und Leonas leibliches Kind geboren war, Christy, änderte sich nichts. Meine Eltern liebten uns alle gleich und gaben Cindy und mir stets zu verstehen, dass wir ihnen genauso wichtig seien wie Christy.

Dennoch reichte alle Liebe der Welt nicht, um zu verhindern, dass ich eine undefinierbare Angst empfand. Es fing an einem Samstag an, als ich sechs Jahre alt war. Loyd und Leona waren mit uns zu Besuch bei unseren Verwandten in Krotz Springs. Mein Cousin Ken und ich kletterten den Tag über auf Bäume und legten Pennys auf die Eisenbahngleise, die um den Ort herum verliefen. Als Ken fragte, ob ich nicht über Nacht bei ihnen bleiben wolle, lief ich zu meinen Eltern, um zu fragen. Loyd und Leona erlaubten es und versprachen, mich am nächsten Tag nach der Kirche abzuholen. Ich küsste die beiden zum Abschied und blickte ihnen nach, als sie wegfuhren.

Plötzlich hatte ich einen Kloß im Hals und schreckliches Herzklopfen. Ich bekam panische Angst, begriff meinen Fehler und betete, dass der Wagen anhalten, meine Eltern umkehren und mich holen würden. Was nicht geschah.

Ich stand immer noch dort, als Ken kam. »Jetzt lass uns spielen«, sagte er.

Widerwillig folgte ich ihm ins Haus. Durch den Zelttunnel in seinem Zimmer zu krabbeln und mit seinen Miniatursoldaten zu spielen, lenkte mich eine Weile ab, doch als Tante Loretta später »Licht aus« sagte und Onkel Bob das Licht löschte, wurde ich wieder panisch.

Ich bekam keine Luft und konnte vor lauter Herzklopfen nicht schlafen.

Mir blieb nichts anderes übrig, als hellwach im Dunkeln zu liegen und inständig zu hoffen, dass meine Eltern mich wieder abholen kamen.

Natürlich hatte ich keinerlei bewusste Erinnerung an das Treppenhaus, in dem ich ausgesetzt worden war, oder an den Mann, der mich dort zurückließ; trotzdem hatte ich diese Verlustängste.

28

Astrid hingegen waren solche Ängste fremd.

1969 hatte sie noch einen Sohn bekommen, Helmut, und sie war erneut schwanger. Während sie sich auf das dritte Baby vorbereitete, ahnte sie nicht, dass ihr Mann immer tiefer in die Finsternis abglitt und bereits nach seinem nächsten Opfer suchte. Überhaupt gab es vieles, was sie von ihrem Mann nicht wusste, einschließlich der Tatsache, dass er mit dem Hohepriester der *Church auf Satan* befreundet war.

LaVey hatte unlängst »Die Satanische Bibel« veröffentlicht und genoss die Kontroverse, die das Buch auslöste.

Rick Marshall, der Manager des Avenue Theatre, fand die Bibel witzig. Er kämpfte seit Jahren darum, sein Geschäft über Wasser zu halten, und war erst im Vorjahr im »San Francisco Chronicle« mit den Worten zitiert worden: »Das Klügste wäre wohl, auf Anton LaVey zu machen. Er konnte es als Barorganist nicht schaffen, also sah er eines Tages in den Spiegel und sagte sich, ›Ich bin ein Unikum‹, heuerte einen Presseagenten an und wurde Satan.«

Und nun hatte Satan eine Bibel geschrieben. Van konnte es nicht erwarten, sie zu lesen. Er überflog die »Neun Satanischen Gebote« im Prolog:

Satan steht für Genuss statt Abstinenz!
Satan steht für lebendige Existenz statt spiritueller Luftschlösser!
Satan steht für reine Weisheit statt heuchlerischer Selbsttäuschung!
Satan steht für Freundlichkeit gegenüber jenen, die sie verdienen, statt Liebesverschwendung an Undankbare!

Satan steht für Rache, statt die andere Wange hinzuhalten!
Satan steht für Verantwortung gegenüber den Verantwortungsvollen statt für Sorge um Gefühlsvampire!
Satan steht für den Menschen als ein Tier von vielen, manchmal besser, häufiger schlechter als die auf vier Beinen, weil er wegen seiner »göttlich-spirituellen und intellektuellen Entwicklung« zum bösesten Tier von allen wurde!
Satan steht für alle sogenannten Sünden, da sie physische, mentale und emotionale Befriedigung bringen!
Satan ist der beste Freund, den die Kirche je hatte, weil er all die Jahre ihr Geschäft am Laufen hielt!

Van und LaVey hatten jahrelang diese Prinzipien in der einen oder anderen Form diskutiert. Sie waren den Zehn Geboten, mit denen Van aufwuchs, diametral entgegengesetzt; dennoch ist nicht bekannt, ob Van diese Grundsätze aus Überzeugung heraus annahm oder um sich gegen seinen Vater zu behaupten.

»Vielleicht sollte ich meinem Vater ein Exemplar schicken«, sagte Van einmal zu William.

Earl wäre entsetzt gewesen. Mein Großvater wusste nicht, wie weit es mit seinem Sohn abwärtsgegangen war. Und es sollte noch übler werden.

Van könnte sie im Avenue Theatre entdeckt haben: eine hübsche Blondine, die ihm vielleicht zulächelte, als sie hereinkam. Ihre Ähnlichkeit mit Judy, die unschuldigen Augen und das strahlende Lächeln, dürfte er sofort erkannt haben. Genauso wie den Ehering an ihrem Finger.

Darlene Ferrin war eine freundliche junge Frau, die gerne feierte und Männer mochte. Ihren ersten Mann, James Phillips, hatte sie in Haight kennengelernt und am Neujahrstag

1966 geheiratet. Die Ehe hielt nicht lange, und Darlene heiratete 1967, kurz nach ihrer Scheidung, zum zweiten Mal, Arthur Dean Ferrin.

Anfangs dachte Darlene wahrscheinlich dasselbe wie alle anderen Frauen, die Van zum ersten Mal sahen, nämlich dass er charmant, klug und interessant war.

Kurz nach ihrer ersten Begegnung fand sie ungewöhnliche Geschenke aus Mexiko vor ihrer Haustür, Nummer 1300 Virginia Street in Vallejo. Obwohl sie verheiratet war, fühlte Darlene sich geschmeichelt, so viel Aufmerksamkeit von diesem älteren Mann zu bekommen. So wie Gertrude viele Jahre zuvor hielten auch Darlene die Treueschwüre vor dem Altar nicht vom Flirten ab. Sie mochte es schlicht, von Männern beachtet zu werden.

Für Van war sie quasi Gertrude und Judy in hübscher Personalunion.

Bald begann er, uneingeladen bei ihr zu Hause aufzukreuzen, und Darlene wurde misstrauisch, äußerte sich gegenüber ihren Schwestern Pam und Linda besorgt.

Sie hatte allen Grund zur Sorge.

Am 4. Juli 1969 folgte Van ihr von ihrem Haus zu Caesar's Palace, einem italienischen Restaurant, und wartete davor. Währenddessen plauderte sie mit ihrem Mann Dean, der dort als Koch arbeitete. Als Darlene zusammen mit ihrer Schwester Christina wieder ging und zu Terry's Restaurant fuhr, wo sie kellnerte, muss Van ihr ebenfalls hinterhergefahren sein.

Und sie beobachtet haben.

Später an dem Abend setzte Darlene ihre Schwester zu Hause ab und fuhr ihren Freund Michael Mageau abholen. Darlene und Michael fuhren die Springs Road hinunter, um etwas zu essen. Es war kurz nach halb zwölf nachts.

»Was hältst du davon, in den *Blue Rock Springs Park* zu fahren?«, schlug Michael vor.

»Gute Idee.« Darlene wendete den Wagen. Sie hörten Radio, während Darlene aus Vallejo heraus auf den Columbus Parkway in Richtung Park fuhr. Keiner von ihnen merkte, dass Van ihnen in sicherem Abstand folgte.

Am Ziel bog Darlene auf den verlassenen Parkplatz und fuhr zur letzten Parklücke rechts, nahe dem von hohen Eukalyptusbäumen gesäumten Weg. Obwohl der Highway nur ein paar Hundert Meter entfernt war, schirmten die Bäume und Sträucher ihn vollständig ab.

Darlene stellte den Motor aus und ließ das Radio laufen.

Es war kurz vor Mitternacht, als ein Wagen, vielleicht ein Corvair, ein kleines Stück neben ihnen hielt.

Darlene schien den Fahrer zu erkennen, und Michael fragte: »Wer ist das?«

»Ach, egal«, antwortete Darlene, denn der Wagen fuhr plötzlich wieder weg.

Einige andere Autos kamen, und eine Gruppe von Teenagern stieg aus, um ein bisschen Feuerwerk zu machen.

Nachdem sie wieder weg waren, kehrte der andere Wagen zurück.

Mit einer Taschenlampe in der Hand stieg Van aus und ging auf die Beifahrerseite zu, wo Michael saß. Er leuchtete Michael in die Augen.

Dann hob Van seine Neun-Millimeter-Halbautomatik und feuerte los.

Die erste Kugel traf Michael in den Hals. Beim Versuch, sich auf die Rückbank zu stürzen, wurde er nochmals getroffen, diesmal ins Knie. Da Michael nun außer Gefecht war, lief Van zur Fahrerseite und schoss auf Darlene.

Peng. Peng. Peng.

Drei Kugeln in ihre Arme und ihre linke Seite.

Zufrieden drehte Van sich weg und ging. Doch dann hörte er einen Schrei. Es war Michaels Schmerzensschrei.

Van kehrte um. Er schoss noch zweimal auf Michael, bevor er seine Waffe abermals auf Darlene richtete und zwei Schüsse abgab.

Michael versuchte, die Tür zu öffnen, aber der Hebel war kaputt. Durchs Fenster machte er die Tür von außen auf und fiel auf den Asphalt. Gekrümmt vor Schmerzen sah er Van in Richtung Vallejo davonrasen.

Einige Minuten später kam ein anderes Auto. Michael, der heftig blutete, schrie um Hilfe. Darlene in dem Wagen konnte nur stöhnen. Ein junges Mädchen kam zu ihnen und sagte Michael, er solle ruhig liegen bleiben und sie und ihre Freunde würden die Polizei rufen.

Streifenwagen fuhren mit Blaulicht und Sirene vor. Bis Hilfe da war, rang Darlene bereits um jeden Atemzug. Bevor sie das Bewusstsein verlor, versuchte sie noch etwas zu sagen. Der Officer bei ihr konnte nur »I« oder »my« verstehen, sonst nichts mehr. Bei ihrer Ankunft im Krankenhaus wurde Darlene für tot erklärt.

Michael wurden in einer Notoperation vier Kugeln entfernt, und er überlebte. Später beschrieb er der Polizei den Täter: Ende zwanzig bis Anfang dreißig, braunes Haar, rundes Gesicht, untersetzt. Er deutete außerdem an, dass er glaube, jemand sei ihnen zum Park gefolgt.

Vierzig Minuten nach den Schüssen hielt Van bei einer Tankstelle an der Ecke Tuolome Street und Springs Road, vier Blocks vom Sheriffbüro entfernt, und rief das *Vallejo Police Department* von einem Münzsprecher aus an.

Als die Diensthabende abnahm, erklärte er ruhig: »Ich will einen Doppelmord melden. Wenn Sie eine Meile östlich vom Columbus Parkway zum öffentlichen Park fahren, finden Sie Leute in einem braunen Wagen. Sie wurden mit einer Neun-Millimeter Luger erschossen. Ich habe auch die beiden letztes Jahr getötet. Wiederhören.«

Die Diensthabende, Nancy Slover, beschrieb die Stimme später als »ziemlich sanft, aber entschieden«. Sie sagte aus: »Die einzige Veränderung war bei seinem ›Wiederhören‹ zu hören.« Da habe die Stimme »tiefer und provozierender« geklungen.

Van hatte sich getäuscht, was den Doppelmord betraf. Michael lebte noch.

Darlenes Mann Dean und ihr früherer Ehemann James schieden schnell als Verdächtige aus. Wieder einmal entdeckte die Polizei kein Motiv, obwohl in einem Polizeibericht stand, dass es möglicherweise eine Tat aus Eifersucht oder Rache war. Darüber hinaus merkten die Polizisten die Nähe und Ähnlichkeit zu den Morden in der Lake Herman Road im Dezember des Vorjahrs an.

In Darlenes Adressbuch entdeckten sie Vaughn, den Organisten im Avenue Theatre, und schlossen daraus, dass es eine Verbindung zwischen ihr und dem Kino gab, konnten die Puzzleteile jedoch nicht zusammenfügen. Niemand erinnerte sich, wie der Mann geheißen hatte, der bei Darlene zu Hause gewesen war, obwohl ihre Schwester Pam später aussagte, dass es ein kurzer Name gewesen sei, wie Lee. Oder Stan. Den Polizeiberichten zufolge gab Darlenes Schwester Linda ebenfalls an, dass Darlene einen Freund namens Lee hatte, der ihr Geschenke aus Mexiko mitbrachte. Einer von Vans Alias-Namen in seiner FBI-Akte war Harry Lee.

In jener furchtbaren Nacht war Darlenes Mann in Sorge, weil seine Frau noch nicht mit dem Feuerwerk zurück war, das sie für ihn besorgen sollte. Er wartete ungeduldig, aber Darlene kam nicht.

Dean musste ihre Tochter Deena allein großziehen.

29

Van hatte sich inzwischen angewöhnt, die Zeitungsartikel über seine Morde im »Vallejo Times-Herald«, dem »San Francisco Chronicle« und dem »San Francisco Examiner« mit nachgerade religiöser Inbrunst zu studieren. Ihm war klar, dass die Polizei keinen Schimmer hatte, wer er war, und mit jedem Mord nahm seine Arroganz zu. Wieder einmal beschloss er, den Polizisten unter die Arme zu greifen.

Mit den simplen Techniken, die er als Kind von seinem Vater gelernt und im Laufe seines Lebens verfeinert hatte, erstellte er ein Kryptogramm. Dazu schrieb er zunächst seine Botschaft, die er absichtlich ohne Interpunktion und mit orthografischen Fehlern verfasste:

```
Ich töte gerne Leute weil es so viel Spaß macht
viel mehr als Wild im Walld zu töten weil der
Mensch das gefährlichste Tier von allen ist und
es das Aufregendste ist etwas zu töten sogar
besser als mit einem Mädchen rumzumachen und das
Beste ist das wenn ich sterbe ich im Paradis
wiedergeboren wird und alle Leute die ich ge-
tötet habe meine Sklaven werden Meinen Namen
sage ich euch nicht weil ihr denn versucht mich
```

zu bremsn und ich denn keine Sklaven mehr für mein zweites Leben krief

Am Ende fügte er eine völlig sinnfreie Buchstabenfolge an, »ebeorietemethhpiti«.

Er variierte eines von LaVeys satanischen Prinzipien, dass der Mensch »das böseste Tier von allen« sei.

Dann codierte Van seine Botschaft und fügte seinen Namen und die Initialen in die Chiffrierung ein.

Nachdem er sich vergewissert hatte, dass der Code nicht zu knacken war, obwohl er hinreichend Verweise auf seine Identität hinterlassen hatte, schnitt er alles in drei Teile. Dann schrieb er einen Brief, den er der Chiffrierung beilegte:

Sehr geehrter Redakteur

Ich bin der Mörder der 2 Teenager letzte Weihnacht am Lake Herman und des Mädchens letzten 4. Juli. Um Das zu beweisen, gebe ich Ihnen einige Fakten, von denen nur ich + die Polizei wissen.

Weihnacht

1 Markenname der Munition Super X

2 10 Schüsse abgefeuert

3 Der Junge auf dem Rücken, die Füße zum Auto

4 Das Mädchen lag auf der rächten Seite und die Füße nach Westen

4. Juli

1 Mädchen trug gemusterte Unterhose

2 Junge wurde auch ins Knie geschossen

3 Markenname von Munition war Western

Hier ist eine Chiffrierung oder das ist Teil

eins. Die andern 2 Teile von diesem Code hat der S.F. Examiner + der S.F. Chronicle geschickt gekriegt.

Ich will dass dieser Code auf ihrer Tietelseite am Frei Nachmittag Aug 1–69 gedruckt wird, Wenn Sie das nicht machen ziehe ich Frei Abend wieder zum Töten los und hör das ganze Wochenende nich auf. Ich fahr rum und suche mir irgendwelche Leute oder Pahre aus die alleine sind und danach töte ich noch welche biss ich über ein Dutzend habe.

Der Brief war mit einem Symbol unterzeichnet – einem Kreis mit einem Kreuz in der Mitte:

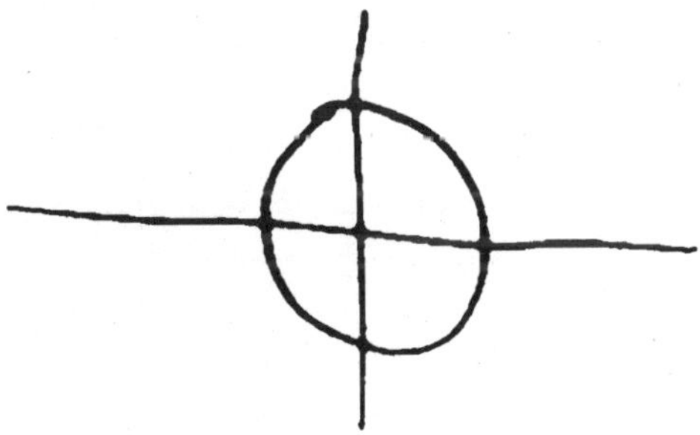

Van adressierte den Umschlag an den »Vallejo Times-Herald« und vermerkte »Bitte eilig an den Redakteur«, bevor er den Brief und die Chiffrierung hineinsteckte. Er schrieb einen zweiten Brief – ähnlicher Wortlaut wie der erste, nur mit wenigen Abweichungen – an den »San Francisco Examiner«. Diesem Brief fügte er den zweiten Teil der Chiffrierung bei.

Den dritten Teil schickte Van mit einem Brief an den »San Francisco Chronicle«. In diesem Brief fügte er an, »Diese Chiffrierung enthält meine Identität«, damit die Polizei und die Öffentlichkeit erfuhren, dass sie ihren Mörder hätten, wenn sie den Code knackten. Das Ganze ging als »408-Chiffre« in die Geschichte ein, weil der Code (im Original) 408 Buchstaben und Symbole enthielt.

Van versah jeden Umschlag mit dem doppelten Porto und steckte sie am 31. Juli 1969, dem siebten Jahrestag seiner Verhaftung wegen Kindesentführung, in die Post.

Alle drei Chiffrierungen wurden in den Zeitungen abgedruckt, wie Van es verlangt hatte.

In einem Zeitungsartikel bat Jack E. Stiltz, Vallejos Polizeichef, den Mörder um mehr Informationen.

Nun war es an der Zeit, dass Van sich der Welt offiziell unter dem Namen vorstellte, den er für sich ausgesucht hatte: Zodiac, abgeleitet vom griechischen *zoion* für »Tier« oder, in Vans Verständnis, »gefährliches Tier«.

Er genoss die allgemeine Aufmerksamkeit so sehr, dass er dem »San Francisco Examiner« noch einen Brief mit Stempel vom 4. August 1969 schickte:

Hier spricht der Zodiac. Sie wünschen mehr Einzelheiten darüber, wie viel Spaß ich in Vallejo hatte? Ich gebe Ihnen mit Freuden noch mehr Material. Die Polizei amüsiert sich übrigens hoffentlich mit dem Code, oder? Falls nicht, sagen Sie ihnen, sie sollen den Kopf nicht hängen lassen. Wenn sie ihn knacken, haben sie mich.

Am 4. Julli:

Ich habe die Wagentür nicht geöffnet. Das

Fenster war schon heruntergekurbelt. Der Junge saß noch auf dem Fahrersitz, als ich zu feuern begann. Als ich den ersten Schuss auf seinen Kopf abgab, sprang er gleichzeitig nach hinten und verdarb mein Ziel.

Er landete auf der Rückbank, dann im Fußraum, und trat sehr wild mit den Füßen; so schoss ich ihm ins Knie. Ich habe den Taort [Tatort] nicht mit quietschenden Reifen verlassen + den Motor aufheulen lassen, wie es in der Zeitung von Vallejo beschrieben wurde. Vielmehr bin ich ziemlich langsam weggefahren, um nicht aufzufallen.

Der Mann, der gegenüber der Polizei sagte, mein Wagen wäre braun, war ein Neger, ungefähr 40–45 und ziemlich schäbig gekleidet. Ich war in der Telefonzelle und amüsierte mich mit dem Polizisten in Vallejo, als er vorbeiging. Als ich auflegte, fing das verdammt X@ zu klingeln an & so wurde er auf mich + meinen Wagen aufmerksam.

Letzte Weihnacht

Bei dieser Geschechte fragte sich die Polizei, wie ich schießen + meine Opfer im Dunkeln treffen konnte. Sie haben es nicht öffentlich gemacht, aber angedeutet, indem sie sagten, dass es eine sternenklare Nacht war + ich Siluetten am Horizont sehen konnte. Blödsinn, denn in der Gegend stehen lauter grose Hügel + Bäume. Ich hatte eine kleine Taschenlampe an meinen Waffenlauf geklebt.

Wie Sie selbst sehen können, wenn Sie eine

Taschenlampe auf eine Wand oder eine Decke richten, ist da ein schwarzer oder dunnkler Punkt in der Mitte des Lichtkreises, ungefehr 7 bis 15 cm Durchmesser. Klebt man die Taschenlampe an einen Waffenlauf, trifft die Kugel in die Mitte von dem schwarzen Punkt im Licht. Ich brauchte nur noch den Strahl auf sie zu richten, so wie einen Wasserschlauch; es war unnötig, durchs Zielfernrohr zu sehen. Ein Jammer, dass ich damit nicht auf die Tietelseiten gekommen bin.

Am 8. August wurde die dreiteilige Chiffrierung von einem Highschool-Lehrer aus Salinas, Donald Harden, und seiner Frau Bettye gelöst, die sie aus den Zeitungen hatten. Ihre Ergebnisse wurden vom FBI bestätigt. Das Paar erklärte später, es sei davon ausgegangen, dass das Wort »kill« in dem Schreiben vorkam. Die beiden hätten nach allen Buchstaben oder Symbolen gesucht, die wie das »l« im »ll« zweimal hintereinander wiederholt wurden. Außerdem lag für sie auf der Hand, dass der Verfasser egozentrisch sei und seine Botschaft mit »I« beginnen würde. Nachdem sie zuerst das Wort »kill« und dann die Worte »killing« und »thrilling« gefunden hatten, konnten sie den Code knacken.

Den Ermittlern wurde endgültig klar, dass sie es mit einem Serienmörder zu tun hatten, und sie suchten akribisch nach dem Namen des Täters in der Chiffrierung. Ihnen fiel auf, dass er das Wort »shall« anstelle von »will« benutzte und »Weihnacht« statt »Weihnachten«, woraus sie folgerten, dass der Verdächtige Engländer sein könnte. Außerdem bemerkten sie die Anspielung auf die »Satanischen Gebote«. Doch es nützte nichts. Auch wenn sie die Botschaft decodiert hatten, konnten sie nicht den nächsten Schritt in Angriff nehmen und den Namen des Mörders dechiffrieren, weil sie nicht wussten, nach welchem Namen sie suchen sollten.

Für meinen Vater hatte sich das Spiel verschärft. Als er erfuhr, dass sein Code geknackt worden war, war ihm klar, dass er bald geschnappt werden könnte. Er wartete darauf, dass man ihn verhaftete, doch nichts geschah.

In San Francisco und Umgebung war zunächst von nichts anderem als dem chiffrierenden Mörder die Rede, doch bald raubte Van eine andere Mordserie die Publicity. Sie versetzte den *Golden State* erst recht in Angst und Schrecken.

30

Am 27. Juli 1969, vier Tage bevor Van seine Chiffrierung an die Zeitungen schickte, ermordete Bobby Beausoleil, der junge Musiker, mit dem mein Vater in dem Lagerhaus zusammen Musik gemacht hatte, Gary Hinman, einen Musiklehrer, der im Topanga Canyon lebte. Beausoleil hatte Anton LaVeys Dunstkreis längst verlassen und war mit Susan Atkins und Mary Brunner auf die *Spahn Ranch* im Los Angeles County gezogen, um sich der Manson-Family anzuschließen. Das war eine Sekte, die sich 1967 um Charles Manson gegründet hatte. Beausoleil, der immer noch bemüht war, sich den Älteren gegenüber zu beweisen, wollte Manson beeindrucken – anfangs indem er hübsche Frauen anschleppte, dann mittels Gewalt.

Zwei Tage lang hielten Beausoleil und die Mädchen Gary Hinman gefangen, um Geld aus dem freundlichen Lehrer herauszupressen. Hinman hatte zuvor hin und wieder Mitglieder der Manson-Family in seinem Haus übernachten lassen. Da die drei ihren Auftrag nicht erfüllten, kam Manson und zerschlitzte Hinman das Gesicht und das linke Ohr mit einem Schwert. Die Mädchen versuchten, Hinmans Ohr mit Zahnseide zu nähen, während Beausoleil auf ihn einredete, er solle ihnen sein Geld geben. Am Siebenundzwanzigsten wurde ihnen klar, dass ihre Bemühungen vergebens waren, und Bobby brachte Hinman mit zwei Stichen in die Brust um.

Atkins und Brunner schrieben hinterher mit Hinmans Blut POLITICAL PIGGY (»Politschwein«) an die Wand und malten einen Pfotenabdruck daneben, um den Verdacht auf die Black Panther zu lenken.

Beausoleil sollte später gegenüber der Polizei angeben, er hätte den Mord begangen, weil er unbedingt von denjenigen als Mann anerkannt werden wollte, die er bewunderte.

Er wurde am 6. August verhaftet, zwei Tage bevor Vans Chiffre decodiert wurde. Der Mord an Gary Hinman erreichte nicht dieselbe Publicity in San Francisco wie Vans Briefe, doch was in den frühen Morgenstunden des 9. August geschah, sollte der Nation den Atem rauben und Zodiac sämtliches Rampenlicht nehmen. Die Manson-Family war im Begriff, einige der berühmtesten und abscheulichsten Morde in der amerikanischen Geschichte zu begehen.

Charles Manson hatte Charles »Tex« Watson, Patricia Krenwinkel, Susan Atkins und Linda Kasabian befohlen, jeden in dem schönen Haus Nummer 10050 Cielo Drive in den Santa Monica Mountains umzubringen. In der Villa, die einst von Terry Melcher, Doris Days Sohn, gemietet worden war, hatten früher Stars wie die Schauspieler Henry Fonda,

Cary Grant und Melchers Freundin, Candice Bergen, gewohnt. Nun lebte dort der Regisseur Roman Polanski mit seiner Frau Sharon Tate.

In der Nacht des 8. August war Sharon, im neunten Monat schwanger, zu Hause und bereitete alles auf die Ankunft des Babys vor. Bei ihr waren ihre Freunde Jay Sebring, der Drehbuchautor Wojciech Frykowski sowie Frykowskis Freundin, Abigail Folger.

Der achtzehnjährige Steven Parent war das erste Opfer. Er besuchte seinen neuen Freund, William Garretson, der auf dem Anwesen als Hausmeister arbeitete. Parent hatte das Pech, zur falschen Zeit am falschen Ort zu sein, als er das Fenster seines Wagens herunterkurbelte, um den Knopf zu drücken, der das elektrische Tor öffnete. Watson, der den Polizeiberichten zufolge von LSD und Metamphetaminen high war, ging auf den Wagen zu. Er stach Parent in die Hand, als der sich gegen das Messer wehren wollte, das aus dem Nichts aufgetaucht war. Watson schoss viermal auf Parent, bevor er zum Haus weiterging.

Nachdem sie durch ein Fenster ins Haus eingestiegen waren, versammelten Watson, Atkins und Krenwinkel alle Anwesenden im Wohnzimmer. Tate und Sebring wurden mit einem Seil an den Hälsen zusammengebunden, und Frykowski wurden die Hände mit einem Handtuch gefesselt. Als er lauthals forderte, man solle seine schwangere Freundin schonen, wurde Sebring von Watson erschossen.

Frykowski, der Kampfkunst beherrschte, konnte sich von seiner Fessel befreien und nahm den Kampf gegen die Angreifer auf – zuerst gegen Atkins, die mit einem Messer auf ihn einstach, dann gegen Watson. Der schlug ihn mit seiner Waffe, stach ebenfalls auf ihn ein und schoss schließlich zweimal auf ihn, als Frykowski zu fliehen versuchte. Bei der Autopsie wurden später einundfünfzig Stichwunden an seiner Leiche gefunden.

Folger entkam aus dem Haus und schaffte es bis zum Swimmingpool, wo Krenwinkel sie abfing. Sie starb durch achtundzwanzig Messerstiche.

Sharon Tate flehte um das Leben ihres ungeborenen Kindes, aber die gestörten Mörder stachen sechzehn Mal auf sie ein. Anschließend beschmierten sie die Wände des Hauses mit Sharons Blut.

Selbst die abgebrühtesten Detectives waren erschüttert von dem, was sie am Tatort vorfanden.

Manson beschloss, dass seine »Familie« in der darauffolgenden Nacht wieder töten sollte. Zusammen mit Watson, Atkins, Krenwinkel, Kasabian, Leslie Van Houten und Steve Grogan fuhr Manson zur Nummer 3301 Waverly Drive in Los Angeles, dem Zuhause von Leno und Rosemary LaBianca. Manson und Watson waren als Erste im Haus und fanden Leno schlafend auf der Couch vor. Rosemary war im Schlafzimmer. Nachdem sie Rosemary ins Wohnzimmer gebracht hatten, fesselten sie das Paar mit Lederbändern. Manson stahl Lenos Brieftasche, ging zurück zum Wagen und befahl Krenwinkel und Van Houten, ins Haus zu gehen. Nachdem Manson mit Grogan, Atkins und Kasabian weggefahren war, zog Watson dem verängstigten Paar Kissenbezüge über die Köpfe und würgte sie mit Lampenschnüren. Krenwinkel und Van Houten brachten Rosemary ins Schlafzimmer, wo Krenwinkel mit einem Messer auf sie einstach, das sie in der Küche gefunden hatte. Im Wohnzimmer rammte Watson derweil Leno ein Bajonett in den Hals.

Rosemary kämpfte mit Krenwinkel und Van Houten, bis

Watson ins Zimmer kam und sie mit dem Bajonett erstach. Sie erlitt einundvierzig Stichwunden, von denen ihr einige post mortem von Van Houten zugefügt wurden. Watson kehrte zurück zu Leno und stach mehrfach auf ihn ein, bis er sich vergewissert hatte, dass er tot war.

Das Wort WAR (»Krieg«) war in Lenos Bauch geritzt worden, und RISE (»erhebt euch«) und DEATH TO PIGS (»Tod den Schweinen«) wurden mit Blut auf die Wände gemalt. HEALTER *[sic]* SKELTER (eigtl. »helter-skelter« – »Hals über Kopf«) war in Blut auf den Kühlschrank geschrieben.

Die LaBiancas wurden neunzehn Stunden später von Angehörigen gefunden.

Wegen der gestohlenen Wagen, die auf ihrem Grundstück entdeckt wurden, verhaftete die Polizei Charles Manson und fünfundzwanzig seiner »Familienmitglieder« am 16. August auf der Ranch. Die Polizei hatte zunächst keine Ahnung, dass sie einige der Mörder in Haft nahmen, die Los Angeles terrorisierten.

Obwohl es so viele Ähnlichkeiten zwischen den Fällen gab, brachte die Polizei die Morde an Hinman, Tate und LaBianca über Monate nicht miteinander in Verbindung. Erst nachdem Atkins ihren Zellengenossinnen erzählte, dass sie bei den Taten mitgemacht hatte, fügte sich alles zusammen.

Manson, Atkins, Krenwinkel und Van Houten wurden für schuldig befunden und zum Tode verurteilt; später, als die Todesstrafe in Kalifornien abgeschafft wurde, sollten ihre Urteile in lebenslange Haft umgewandelt werden. Manson wurde auch in zwei weiteren Morden schuldig gesprochen: an Donald Shea, der auf der *Spahn Ranch* lebte, und Gary Hinman. Grogan wurde ebenfalls für den Shea-Mord angeklagt und zum Tode verurteilt. Auch sein Urteil wurde in lebenslange Haft umgewandelt, und er war das einzige Mitglied der Manson-Family, das Bewährung bekam. Er wurde 1985 aus dem Gefängnis entlassen.

Beausoleil wurde mit zweiundzwanzig zum Tode verurteilt, doch auch seine Strafe wandelte man in lebenslange Haft um. Brunner wurde für ihre unfreiwillige Aussage gegen Beausoleil Straffreiheit gewährt; sie widerrief die Aussage später. Kasabian ging straffrei aus, weil sie nicht an den Morden beteiligt gewesen war. Die Staatsanwaltschaft brauchte ihre Aussage, um die anderen zu verurteilen.

Mansons Anhänger verehrten ihn als ihren spirituellen Führer, während die meisten anderen Menschen ihn für den Leibhaftigen hielten.

Leider war Charles Manson nicht der einzige Teufel im ausklingenden Jahrzehnt von Liebe, Frieden, Antikriegsdemonstrationen und einer bahnbrechenden Bürgerrechtsbewegung.

31

Der 27. September 1969 war in San Francisco ein Herbsttag wie aus dem Bilderbuch. Die Sonne schien auf die *Golden Gate Bridge*, die Luft war frisch und klar. Bryan Hartnell, zweiundzwanzig Jahre alt, ging in die Cafeteria des *Pacific Union College*, um einen Happen zu essen, und war überrascht, dort seine Exfreundin Cecelia Shepard zu sehen. Er hatte zuletzt gehört, dass sie an die *University of California* in Riverside wechseln wollte, weil sie dort hervorragende Musikkurse anboten.

Bryan war ein netter, fleißiger junger Mann, und Cecelia mochte ihn sehr, auch wenn sie nicht mehr miteinander ausgingen. Bryan empfand genauso für sie. Cecelia war sanftmütig und freundlich, und sie spielte für ihr Leben gerne Klavier und sang.

»Ich bin mit Dalora übers Wochenende hier«, erzählte sie ihm, »aber ich muss morgen wieder zurück.«

»Hast du heute Nachmittag vielleicht Lust und Zeit, etwas zu unternehmen?«, fragte Bryan.

Sie verabredeten, zusammen zum Lake Berryessa zu fahren, gut zwei Stunden entfernt im Napa County. Der künstliche See mit seinen 165 Meilen Uferlinie zog Leute aus der ganzen Umgebung an. Die grünen Hügel boten jede Menge Natur, um zu picknicken, und das warme Wasser lockte Schwimmer und Ruderer. Wer sich in die bewaldeten Bereiche der Hügel begab, fand dort eine romantische Abgeschiedenheit vor.

Mein Vater war mehrmals beim Lake Berryessa Bowl gewesen – einer Konzertreihe, in deren Rahmen jeweils am Wochenende Bands in einem riesigen Amphitheater etwa eine Viertelmeile vom See entfernt auftraten. Dort hatten unter anderem Alice Cooper, Sly and the Family Stone, Iron Butterfly und die Sons of Champlin gespielt, eine Band aus der Bay Area, in der Beausoleil zeitweise mitgewirkt hatte. Anfangs hatte Van die Musik dorthin geführt. Später waren es die schönen jungen Mädchen, die sich am See sonnten, welche ihn wieder und wieder hinzogen.

Cecelia Shepard war schön mit blondem Haar, das sich unten aufwärts wellte, und einem freundlichen Lächeln, wie es zu ihrem sonnigen Gemüt passte.

Wie Judy.

Es ist möglich, dass Van sie am College sah und ihr zum See folgte, oder aber er war bereits am See, als er Cecelia entdeckte und sie sein Herz zum Rasen brachte. So oder so, er war vorbereitet.

Cecelia und Bryan suchten sich einen Flecken bei einem großen Baum am Westufer des Sees, nahe Twin Oak Ridge. Bryan breitete eine Decke im Gras aus, und die beiden legten sich hin, um den blauen Himmel zu bewundern. Eine leichte Brise wehte über sie hinweg, als sie lachten und darüber redeten, was sie erlebt hatten, seit sie sich das letzte Mal sahen.

Mein Vater stand hinter einem Baum in der Nähe und beobachtete sie eifersüchtig. Mit jedem Lachen, das ihm der Wind zutrug, wurde sein Zorn größer.

Er musste näher heran, also schlich er sich zum nächsten Baum.

Den Polizeiberichten zufolge hörte Bryan das Rascheln von altem Laub. »Hast du das gehört?«, fragte er Cecelia und blickte sich um. »Siehst du irgendwas?«

»Ja, da drüben. Hinter dem Baum steht ein Mann«, sagte Cecelia und zeigte hin. Es machte sie ein bisschen nervös, dass ein Fremder sie beobachtete.

»Was macht er da?«, fragte Bryan, der ihn von seiner Warte aus nicht sehen konnte.

»Kann ich nicht erkennen«, antwortete Cecelia. Sie beobachtete, wie sich der Mann hinter einem anderen Baum versteckte.

Bryan sprang auf, als Cecelia plötzlich schrie: »Oh mein Gott, er hat eine Waffe!«

Bei seinen vorherigen Morden hatte Van das Überraschungsmoment genossen, doch diesmal sah seine Beute ihn kommen.

Die beiden waren starr vor Angst. Van trug eine schwarze Kapuzenmaske, die ihm über Kopf und Schultern hing, und richtete seine Waffe auf sie.

Er sagte ihnen, dass er ihre Autoschlüssel und Geld bräuchte, um nach Mexiko zu kommen. Wie er erzählte, war er aus dem *Deer Lodge State Prison* in Montana geflohen, wo er eine Wache erschossen habe. Seine Worte hatten die gewünschte Wirkung.

Bryan stellte sich dichter neben Cecelia und versuchte, Van möglichst am Reden zu halten, während er überlegte, wie sie dem Maskierten entkommen könnten. Ihm fiel ein weißes Symbol vorn auf der Henkerkapuze auf, die Van bis über den Bauch reichte. Es sah aus wie ein Kreis mit einem symmetrischen Kreuz drinnen. Über den Augenausschnitten der Kapuze klemmte eine Sonnenbrille, und Bryan glaubte, etwas braunes Haar zu sehen.

Was Bryan noch auffiel, war weitaus verstörender als das Symbol. Es war ein langes Messer, das in einer Scheide an seinem Gürtel hing, und etwas, das wie Schnur aussah und aus seiner Tasche baumelte.

»Ist die Waffe geladen?«, fragte Bryan.

Van nahm das Magazin heraus und zeigte Bryan eine Kugel. Er spielte mit seinen Opfern.

Dann warf er Cecelia ein Stück Wäscheleine zu und befahl ihr, Bryan die Hände auf dem Rücken zu fesseln. Cecelia gehorchte zitternd. Sie zog Bryans Brieftasche aus seiner Tasche und warf sie Van in der Hoffnung zu, er würde ihnen nichts tun, wenn er Geld bekam.

Es funktionierte nicht. Ihr Geld war das Letzte, was Van wollte.

Van fesselte Cecelias Hände, wobei es Bryan schien, als

würde es Van nervös machen, sie zu berühren. Danach fesselte der Maskierte Bryan neu, um sicherzugehen, dass er sich nicht befreien konnte. Danach band er beide an den Knöcheln zusammen.

»Legt euch auf den Bauch«, kommandierte er und zog sein Messer. »Ich muss euch erstechen.«

»Erstechen Sie mich zuerst«, flehte Bryan. »Ich ertrage es nicht, zuzusehen, wie sie erstochen wird.«

Ohne ein weiteres Wort rammte Van ihm das Messer in den Rücken, wieder und wieder, bis sich sein Opfer nicht mehr rührte. Trotz der höllischen Schmerzen stellte Bryan sich tot und betete, dass sein Angreifer aufhörte.

Es klappte.

Van wandte sich dem Mädchen zu, doch es war nicht Cecelia, die er sah.

Es war Judy, und er fing an, wutentbrannt auf ihren Rücken einzustechen, vollkommen wild und nicht mehr methodisch wie eben noch bei Bryan. Die lange Klinge fuhr immer wieder in sie hinein.

Cecelia versuchte, sich zu schützen und drehte sich um, worauf Van ihr noch mehrmals in den Bauch und die Brust stach.

Und dann tiefer.

Als seine Wut endlich gestillt war, drehte Van sich um und ging weg.

Er nahm weder die Wagenschlüssel noch die Brieftasche mit – nichts.

Bei Bryans Wagen holte er einen schwarzen Textmarker hervor und zeichnete sein Symbol auf die Fahrertür. Darunter schrieb er:

Vallejo
12–20–68
7–4–69
Sept 27–69 – 6:30
Durch Messer

Als er sicher war, dass sein Angreifer fort war, kroch Bryan mühsam in Richtung Straße. Er und Cecelia schrien um Hilfe. Das hörte Ronald Fong und rief Archie und Elizabeth White herbei, die Besitzer der Bootsreparatur beim *Rancho Monticello Resort* in der Nähe.

»Ich habe einen Mann und eine Frau blutüberströmt am Strand südlich von hier liegen gesehen. Sie sagen, dass sie abgestochen und ausgeraubt wurden«, erzählte er Archie.

Elizabeth rief die Parkverwaltung an und vereinbarte, dass sie sich mit dem Parkranger, Sergeant William White, am Strand treffen würden. Zusammen mit Ronald stieg das Paar in ein Wasserski-Boot und brauste hinüber, um Bryan und Cecelia zu helfen. Inzwischen war eine Stunde seit dem Überfall vergangen.

Bei ihrer Ankunft drüben fanden sie Cecelia auf Ellbogen und Knien hockend vor. Sie wiegte sich vor und zurück, als könnte die Bewegung ihre Schmerzen eindämmen. Ihr Strickkleid war blutgetränkt. Elizabeth versuchte, sie zu beruhigen und in eine bequemere Stellung zu bringen.

»Es war ein Mann mit einer Kapuze. Sein Gesicht war verhüllt. Er hatte eine schwarze Hose an. Es tut so weh!«, schluchzte Cecelia.

»Hat er Sie vergewaltigt?«, fragte Elizabeth.

»Nein. Und er hat nichts mitgenommen«, sagte Cecelia. Beim Sprechen wurde sie ein wenig gefasster.

»Er hatte eine Brille mit solchen dunklen Gläsern zum Anklemmen auf. Und er hatte eine schwarze Pistole«, sagte Cecelia, bevor der Schmerz unerträglich wurde.

Es dauerte nicht lange, bis der Ranger Dennis Land Bryan nahe der Straße gefunden hatte. Vorsichtig brachte er den schwer verletzten jungen Mann in seinen Pick-up-Truck und rief per Funk Polizei und Krankenwagen. Dann fuhr er zu den anderen an den Strand.

Sergeant White bemühte sich, von den beiden eine Schilderung der Tat zu bekommen. Bryan war klarer als Cecelia. Er berichtete, wie der Täter ihn gefesselt und auf ihn eingestochen hatte. Sobald der Sergeant jedoch das viele Blut an Cecelias Unterleib sah, hörte er auf, Fragen zu stellen, denn die junge Frau schien in einen Schockzustand zu fallen.

Sirenen kündigten die nahende Hilfe an, und die Rangers winkten die Sanitäter herbei.

Cecelia und Bryan wurden ins *Queen of the Valley Hospital* und dort geradewegs auf die Intensivstation gebracht. Am nächsten Morgen wurde Cecelia notoperiert und lebte noch einen Tag, ehe sie ihren zahlreichen Stichwunden erlag.

Bryan überlebte, und er beschrieb der Polizei den Täter: zwanzig bis dreißig Jahre alt, altmodische Hose mit Bügelfalte, nachlässig gekleidet, schwarze Zeremonienkapuze, die ihm bis zur Taille ging, vorn drauf ein Symbol, überhängender Bauch, nicht allzu klug, aber auch nicht dumm, ebenmäßige Stimme mit einem leicht gedehnten Akzent, aber nicht aus den Südstaaten.

Van wäre enttäuscht gewesen, hätte er diese Beschreibung gehört, denn er war stolz auf die Art, wie er sich kleidete und sprach. Andererseits war seine Verkleidung richtig gut gewesen.

Etwas über eine Stunde nach der Tat fuhr Van in eine Autowaschanlage, 1231 Main Street in Napa. Er steckte Münzen in einen Telefonapparat und wählte die Vermittlung, die ihn zum *Napa Police Department* durchstellte.

»Ich möchte einen Mord melden – nein, einen Doppelmord«, sagte er ruhig zur Angestellten in der Zentrale. »Sie sind zwei Meilen nördlich von der Parkverwaltung. Sie waren in einem weißen Volkswagen Karmann Ghia da.«

»Von wo rufen Sie an?«, fragte die Angestellte der Zentrale.

»Ich bin der, der es getan hat«, antwortete Van, ließ den Hörer aus seiner Hand fallen und ging weg. Er hatte seine Lektion das letzte Mal gelernt. Er würde nicht riskieren aufzufallen, indem er auflegte, sodass die Vermittlung ihn zurückrufen konnte.

Und wieder irrte er. Nur Cecelia war tot. Doch das war sowieso, worauf es Van wirklich angekommen war.

32

Mein Vater geriet allmählich außer Kontrolle. Wie es so oft bei Serientätern geschieht, wurde der Stress in seinem Leben, gepaart mit seiner Rachsucht und seinen narzisstischen Neigungen, zu viel für ihn.

Im Oktober 1969 erinnerte ihn Astrids runder Bauch fortwährend daran, dass es bald noch ein schreiendes Kind in seinem Heim geben würde. Van hielt die Verpflichtungen nicht mehr aus, die Ehemann und Vater zu sein mit sich brachten. Während Astrid sich freudig auf die Geburt vorbereitete, überlegte Van, wie er seine Kinder loswerden könnte.

Sein Wunsch zu töten eskalierte erneut.

Zwischen dem Mord an Cheri Jo Bates und der Jensen/Faraday-Attacke hatten über zwei Jahre gelegen, zwischen Jensen/Faraday und Ferrin/Mageau fast sieben Monate, zwischen Ferrin/Mageau und Shepard/Hartnell allerdings nur zwei Monate und drei Wochen.

Am 11. Oktober, gerade mal zwei Wochen nach dem Überfall auf Cecelia und Bryan und drei Tage nach Judys einundzwanzigstem Geburtstag, winkte Van zwei Blocks von seiner Wohnung in dem fünfgeschossigen Haus in der Bush Street entfernt ein Taxi heran.

Paul Stine, der Fahrer des Yellow Cab Nummer 912, arbeitete nachts, um seine Frau Claudia zu unterstützen und die Kosten für seine Dissertation mitzutragen. Paul war neunundzwanzig und würde im Dezember seine Promotion in Englisch am *San Francisco College* abschließen. Die Jahre, die er nachts gearbeitet hatte, um seine Ausbildung zu finanzieren, sollten sich bald auszahlen. Sein Traum von einer College-Professur war endlich in greifbarer Nähe. Dachte er.

Paul hatte sich abends um 8:45 Uhr per Funk bei der Zentrale angemeldet und seine erste Tour von der Pier 64 zum Flughafen gemacht. Um 9:45 Uhr war er unterwegs, um seinen nächsten Fahrgast bei Nummer 500 Ninth Avenue aufzunehmen, als er einen Mann in einer dunklen Hose und einem Parka winken sah. Möglicherweise kannte er Van, was erklären würde, warum er auf der Fahrt zu einer festen Tour anhielt und ihm erlaubte, sich nach vorn zu setzen. Doch in dem Moment, in dem Paul an der Ecke Mason und Geary Street rechts ranfuhr, war sein Schicksal besiegelt.

Van bat Paul, ihn beim Presidio abzusetzen, einem ehemaligen Militärstützpunkt, von dem aus man die Stadt und die Umgebung überblickte. Gegen Ende des neunzehnten Jahrhunderts hatte man das Gelände aufzuforsten begonnen, um es für die öffentliche Nutzung zu verschönern. Auf dem Friedhof, dem größten der Westküste, lagen viele hochdekorierte Offiziere. Die Sammlung militärischer Artefakte lockte Besucher aus dem ganzen Land an, einschließlich Van. Er kannte sich hier gut aus.

Unweit der Ecke Cherry und Washington Street in Presidio Heights, einer wachsenden Enklave, die an Presidio grenzt, zog Van die Neun-Millimeter-Halbautomatik hervor, die er unter seinem Parka versteckt hatte, und sagte Paul, er solle anhalten. Der Taxifahrer fuhr rechts an ein Stoppschild.

Van hielt die Waffe rechts an Pauls Kopf, direkt über seinem Ohr, und drückte ab.

Paul sackte auf das Lenkrad.

Van zog ihn auf seinen Schoß. Drei Teenager in einem Haus gegenüber, Nummer 3899 Washington Street, sahen von einem Fenster im ersten Stock aus, wie Van Pauls Taschen durchsuchte und dessen Brieftasche an sich nahm. Einer der Teenager rief die Polizei, während die beiden anderen zusahen, wie Van sich über sein Opfer beugte und das Armaturenbrett sowie das übrige Wageninnere vorn mit einem Taschentuch abwischte.

Sie konnten nicht erkennen, dass Van auch ein Stück blutgetränkten gestreiften Stoff aus Pauls Hemd herausriss.

Entsetzt bezeugten sie, wie er ausstieg und seine Fingerabdrücke draußen an der Beifahrer- und Fahrertür abwischte.

Ohne sich umzublicken, ob ihn jemand sah, schlenderte Van gelassen auf der Cherry Street nach Norden in Richtung

Presidio. An der Jackson Street bog er nach Osten und dann auf der Maple nach Norden.

Der Krankenwagen Nummer 82 kam, aber die Sanitäter konnten nichts mehr tun.

Paul Stine war tot.

Officers sprachen vor Ort mit den Teenagern, deren Aussagen aufgrund des Schocks etwas wirr waren. Doch sie konnten den Verdächtigen beschreiben: männlicher Weißer, Anfang vierzig, rötlich-blondes Haar, militärisch kurzgeschnitten, Brille, untersetzt, dunkelbraune Hose, dunkler Parka, dunkle Schuhe.

»Der Verdächtige muss viele Blutflecken an sich und seiner Kleidung haben«, gab der Diensthabende über Funk an die Streifen durch. »Er könnte außerdem die Schlüssel zu dem Yellow Cab haben und wahrscheinlich die Brieftasche des Opfers. Der Verdächtige ist bewaffnet. Er wurde zuletzt gesehen, wie er in der Cherry Street aus Richtung Washington nach Norden ging.«

Eine wesentliche Fehlinformation des Diensthabenden jedoch lautete: »Männlicher Schwarzer.«

Der Streifenpolizist Donald Fouke und sein Partner, Officer Eric Zelms, hielten nach dem schwarzen Verdächtigen Ausschau, als sie einen Weißen in der Jackson Street nach Osten gehen sahen. Der Mann bog nach Norden in die Maple ab und ging in Richtung des *Julius Kahn Playground*, eines Spielplatzes am Presidio. Fouke sagte später aus, dass der Mann nicht wie in Eile gewirkt habe. Die Polizisten berichteten beide, dass sie ihn nicht angesprochen hatten.

Wenige Minuten später kam die Korrektur über Funk durch. »Wir haben jetzt neue Informationen: Gesucht wird ein Weißer.«

Bis dahin war Van verschwunden.

Mein Vater konnte es nicht erwarten, seine Schadenfreude publik zu machen. In einem Brief an den »San Francisco Chronicle« mit Poststempel vom 13. Oktober schrieb er:

Hier spricht der Zodiac. Ich bin der Mörder des Taxifahrers drüben bei der Washington St + Maple St gestern Abend. Zum Beweis lege ich einen blutigen Fetzen von seinem Hemd bei. Ich bin derselbe Mann, der die Leute in der North Bay Area erledigt hat.

Die S. F. Police hätte mich gestern Macht schnappen können wenn sie den Park richtig abgesucht hätten, anstatt mit ihren Motorädern ein Rennen zu veranstalten und zu testen, wer den meisten Krach macht. Die Streifen hätten einfach ihre Wagen parken + ruhig dasitzen und warten sollen, bis ich aus der Deckung komme.

Schulkinder sind hübsche Ziele. Ich denke, morgen werde ich einen Schulbus auslöschen. einfach den Vorderreifen zerschießen + dann die Kinder eines nach dem anderem erledigen, wenn sie rausgehüpft kommen.

Die Drohung versetzte Eltern von Schulkindern in ganz San Francisco in Panik. Die Polizei entdeckte nicht den subtilen Hinweis in der Botschaft, den einzig mein Vater verstand. Van hatte meine Mutter kennengelernt, als sie acht Jahre zuvor aus einem Schulbus hüpfte.

Dem Brief beigefügt war das Stück von Paul Stines blutverschmiertem Hemd, das Van dem Toten vom Leib gerissen hatte.

Pauls Bruder, Joe Stine, war außer sich vor Wut über den Mord an seinem Bruder und die Arroganz des Täters. In einem Interview mit dem »Chronicle« vom 23. Oktober 1969 sagte er: »Zodiac muss ein Kranker sein, ein Wahnsinniger. Hoffentlich kann ich ihn ködern, indem ich mich selbst als Ziel anbiete. Ich arbeite bei der Richfield-Tankstelle, 706 Sutter Street in Modesto, nahe der Rouse Street. Ich fange morgens um sieben an und fahre mittags mit dem Rad die Sutter Street hinunter zum Walk-In Chicken im Einkaufszentrum zwei Blocks weiter, jeden Tag genau um zwölf. Anschließend fahre ich zurück zur Tankstelle und arbeite bis fünf. Soll er ruhig kommen und mich holen. Ich bin super in Form und fit genug, mich um Zodiac zu kümmern, falls ich ihn in die Finger kriege. Ich trage keine Waffen, denn ich glaube nicht, dass ich welche brauche.« Chief Thomas J. Cahill vom *San Francisco Police Department* (SFPD) war gleichfalls erschrocken über den Mord an Paul Stine. Der Zodiac hatte sich in sein Revier gewagt. Er teilte den Fall den Detectives Dave Toschi und Bill Armstrong zu und wies sie an, alles zu tun, um den Mörder zu finden. Cahill nahm die Zodiac-Drohung gegen die Kinder von San Francisco ernst. Er wusste, dass er es mit einem irrsinnigen Killer zu tun hatte, der zu allem fähig war.

Toschi, der jeden Kontakt zu den Medien liebte, hätte kaum glücklicher sein können. Es war der Auftrag seines Lebens: den Zodiac fangen.

Leicht würde es natürlich nicht werden.

Am 8. November erhielt der »Chronicle« erneut Post vom Zodiac. Auf eine Vergissmeinnicht-Karte hatte Van einen Füllfederhalter in einer Galgenschlinge gezeichnet, aus dem Tinte oder Blut tropfte. »Tut mir leid, dass ich nicht geschrieben habe, aber ich musste meinen Füller waschen«, schrieb er.

```
Hier spricht der Zodiac Ich dacht ihr braucht was
zu lachen bevor ihr die schlechte nachricht hört
dass ihr noch eine weile nichts hört
  PS könnt ihr diesen neuen code auf eurer
tietelseite drucken? Ich bin schrecklich einsam
wenn man mich nicht beachtet, so einsam, dass ich
mein Ding tun könnte!!!!!!
```

Rechts auf der Seite, neben dem eigentlichen Text, standen die Worte »and i can't do a thing with it!« (»Und ich kann nichts damit anfangen!«).

Unterzeichnet war mit dem Kreis, dem Fadenkreuz und einer Buchstaben- und Zahlenfolge, bei der es sich anscheinend um eine Zählung seiner Opfer handelte: »Des July Aug Sept Oct = 7.«

Der Karte lag eine weitere Chiffrierung bei. Aufgebracht, weil sein erster Code entschlüsselt worden war, ging mein Vater dieses Rätsel anders an. Der Kanji-Schrift entsprechend, die er als Kind in Japan gelernt hatte, begann er auf der rechten Seite, Buchstaben und Symbole in vertikalen Reihen zu schreiben. Und statt einer Codierung fügte er seinen vollen Namen rückwärts geschrieben ein. Diese Chiffrierung, die aus siebzehn Spalten mit jeweils zwanzig Zeichen bestand, wurde als »340-Chiffre« bekannt. Ermittler und Hobbyschnüffler verbrachten die nächsten vier Jahrzehnte damit, die verborgene Botschaft zu finden.

Van studierte die Zeitungen und wartete, ob jemand seinen Namen entdeckte.

Niemand tat es.

In diesem Brief hatte mein Vater angedeutet, dass er sieben Menschen getötet hatte. Doch es waren nur vier Mordopfer und zwei überlebende Opfer bekannt, die mit ihm in Verbindung gebracht werden konnten.

Am 9. November bekam der »Chronicle« noch einen Brief:

```
Hier spricht der Zodiac bis ende Oct habe ich
7 Leute getötet. Ich bin ziemlich wütend auf die
polizei weil sie lügen über mich erzählt. Des-
halb ändere ich jetzt die art sklaven zu sammeln.
Ich werde nichts mehr ankündigen. wenn ich meine
morde begähe, werden sie wie gewöhnliche raub-
überfälle, tötungen im affekt + einige gestellte
unfälle etc. aussehen.
  Die polizei wird mich niemals fangen, weil ich
zu schlau für die bin.
  1 Ich sehe nur wie in der beschreibung aus
wenn ich mein ding mache, sonst sehe ich vollig
anders aus. Ich sag euch nicht wie meine ver-
gleidung aussieht wenn ich töte
  2 Bisher habe ich keine fingerabdrücke hinter-
lassen egal was die polizei sagt weil ich durch-
sichtige fingerspitzenschützer trage. Dazu
brauche ich nichts weiter als 2 lagen modell-
flugzeug-zement auf den fingerspitzen – kaum zu
sehen + sehr efektiv.
  3 meine mordwerkzeuge wurden per versand be-
```

stellt bevor die sperre inkraft trat. Außer ein & die wurde nicht in den staaten gekauft.

Ihr seht also dass die polizei nicht viel hat. Falls ihr euch wundert warum ich das taxi abgewischt habe das war um künstliche hinweise für die polizei da zu lassen mit denen sie in der ganzen stadt hausieren gehen darf, wie man so sagt. Ich habe den cops ein bischen arbeit gegeben damit sie glücklich sind. Ich mag es die blauen schweine zu triezen. Hey blaue schweine ich war in dem park und hab gesehen dass ihr feuerwehrwagen benutzt habt um das geräusch von euern krichenden streifenwaagen zu übertönen. Die hunde sind nicht mal auf 2 blocks an mich rangekommen + sie waren im westen + es waren nur 2 da die 10 min auseinander parkten und dann fuhren die motorräder ungefehr 150 ft weg von süden nach nordwesten

p.s. 2 cops haben sich einen hammer geleistet ungefehr 3 min nachdem ich aus dem taxi gestiegen war. Ich ging den hügel runter zum park als dieser copwagen anhielt + einer von denen mich rüberrief + gefragt hat ob ich in den letzten 5 bis 10 min jemand gesehen hab der sich verdächtig oder komisch benommen hat + ich habe gesagt ja da war dieser mann der rumlief und ein gewehr schwenkte & die cops haben vollgas gegeben + sind um die ecke gerast wo ich hingezeigt habe + ich verschwand in dem park ein + einen halben block weiter um nie wieder gesehen zu werden. »muss in der zeitung gedruckt werden«.

Hey schweine nervt euch nicht dass euch die nase in die eigene kaka gedrückt wird?

Van beschrieb dann seine »Tötungsmaschine« – die Bombe, die er am Straßenrand platzieren wollte, um einen Schulbus in die Luft zu sprengen – und die Materialien, die er bei ihrem Bau benutzt hatte. Er hatte jetzt richtig Spaß. Die Polizei zu provozieren und die Öffentlichkeit zu terrorisieren, gab ihm ein Gefühl von Macht. Er ließ alle erdenklichen Hinweise für sie zurück, aber sie begriffen gar nichts.

In jenem Jahr verschickte mein Vater noch einen Brief, und zwar an den Anwalt Melvin Belli in San Francisco, abgestempelt am 20. Dezember 1969, an dem sich der Mord an Betty Lou Jensen und David Faraday jährte. Dem Brief legte er noch ein Stück von Paul Stines Hemd bei. Hinten auf den Umschlag schrieb Van: »Mery Xmass + New Year«.

Lieber Melvin

Hier spricht der Zodiac Ich wünsche ihnen fröhliche Weihnacht. Um eines möchte ich sie bitte, helfen sie mir. Ich kann nicht direkt zu ihnen kommen weil mich dieses ding in mir nicht lässt. Ich finde es extrehm schwirig mich im zaun zu halten und fürchte dass ich wieder die kontole verliere und mein neuntest + vielleicht zehntes opfär hole. Bitte helfen sie mir ich ertränke. Im moment sind die kinder sicher vor die bombe weil sie so groß ist zum eingraben & der auslöser so viel arbeit macht damit er genau richtig justiert ist. Aber wenn ich mich zu lange von `nr neun abhalte, raste ich ~~komplet~~ aus und verlire vollig die kontrolle über mich + jage die bombe hoch. Bitte helfen sie mir ich kann die kontrolle nicht mehr lange halten.`

Die Gesetzeshüter in ganz Kalifornien sorgten sich, dass der Zodiac tatsächlich jede Kontrolle verlieren könnte. Mehrere Behörden hatten bereits seine »Arbeit« aus nächster Nähe gesehen und wussten, dass er eindeutig zu allem fähig war.

33

Ende 1969 war Fillmore, das einst aufstrebende Viertel, zu einem Ghetto geworden. Es wimmelte von Arbeitslosen, die einst nach San Francisco gekommen waren, um sich auf den Werften ein besseres Leben aufzubauen, und nun in Scharen entlassen worden waren. LSD war dem tödlicheren Heroin gewichen. Die Süchtigen waren eine Plage in Fillmore, denn sie raubten die Bewohner wie die Ladenbesitzer aus, um ihre Sucht zu finanzieren. Die Hippie-Bewegung – und der mit ihr einhergehende wachsende Drogenkonsum – hatte einiges an Zerstörung hinterlassen. Die Stadtverwaltung begann, einen städtischen Restrukturierungsplan umzusetzen und das Viertel zu verändern, indem sie reihenweise viktorianische Häuser platt walzen ließ und dafür sorgte, dass die Gentrifizierung der Vergangenheit den Garaus machte.

Nach und nach verschwand die Musik, die so viele nach Fillmore gelockt hatte, weil die Clubbesitzer in andere, gewinnträchtigere Viertel umzogen. Einige Hartgesottene blieben noch in der Divisadero Street, am Rand von Fillmore – der Both/And Club, in dem gelegentlich Ike und Tina Turner auftraten, und das Half Note, wo der junge George Duke zum ersten Mal Al Jarreaus Vokal-Percussions hörte. Andere Legenden wie Dizzy Gillespie, Miles Davis und Sarah Vaughan waren ebenfalls häufig im Half Note, und Duke und Jarreau traten dort bald regelmäßig auf.

Im Laufe der Jahre wurde das Half Note überdies zu einer beliebten Polizei-Bar. Hier kamen die Officers nach ihrer Schicht zusammen und redeten über ihre Fälle, und die Reporter lauschten an der Bar, um eine spannende Story aufzuschnappen. Der Barkeeper Lionel Hornsby wusste überdurchschnittlich gut Bescheid, was die jüngsten Entwicklungen im Zodiac-Fall betraf. Er gab alles, was er von der Polizei hörte, an seine Gäste und die Reporter weiter. Das war schlicht gut fürs Geschäft.

Auch Rotea Gilford ging gerne auf dem Heimweg von der Arbeit kurz ins Half Note. Dort unterhielt er sich mit schwarzen Kollegen, die ähnlich entmutigt von der Diskriminierung bei der Polizei waren wie er. Rotea empfand es als seine Pflicht, sie zum Kampf für Gleichstellung anzuspornen.

Im November 1969 drehten sich die Gespräche allerdings nicht um Diskriminierung, sondern um den Serienmörder, der die Stirn besaß, sie derart öffentlich zu verunglimpfen.

Während Rotea bei seinem Drink saß, lauschte er den Unterhaltungen um sich herum und wünschte, er dürfte an dem Zodiac-Fall mitarbeiten. Wie viele andere SFPD-Officers hatte er auch über den Chiffrierungen gebrütet und gehofft, er könne die Identität meines Vaters lüften. Er hatte natürlich keine Ahnung von homophoner Verschlüsselung.

Diese Methode baut darauf, dass man Chiffren schuf, die mehr als ein Symbol oder einen Buchstaben zur Darstellung eines Buchstabens im Alphabet benutzt. Später sollten Experten die Theorie anbringen, dass Zodiac genau diese Methode bei der »408-Chiffre« angewandt hatte. Rotea sah sich schlicht die Chiffren an und hoffte, dass ihm die Bedeutung eines Wortes, eines Namens ins Auge fiel. Obgleich er sich nach oben gearbeitet hatte, war Rotea bisher nicht im Morddezernat angekommen; was ihn jedoch nicht davon abhielt, alles über den Fall in Erfahrung zu bringen, was er konnte. Er fand diesen Mörder beunruhigend, weil nicht abzusehen war, wo und wie er als Nächstes zuschlug. Der Zodiac hatte dem SFPD den Krieg erklärt, und Rotea wollte Toschi und Armstrong helfen, ihn zur Strecke zu bringen.

Aber er konnte nicht. In der Geschichte des *Departments* hatte es noch nie ein Schwarzer bis ins Morddezernat geschafft. Toschi und Armstrong hatten den Fall.

Rotea wusste, dass sie sich die Fallakten aus Vallejo und Napa County gezogen hatten und sie akribisch nach Hinweisen durchgingen. Sie hatten die drei Teenager befragt, die Paul Stines Ermordung beobachtet hatten. Fouke und Zelms hatten mit einem Polizeizeichner an einem Phantombild gearbeitet. Sie hatten auch eine Beschreibung der Kleidung des Zodiac an dem Abend abgegeben: dunkelblaue Jacke und eine ausgeleierte braune Wollhose mit Bügelfalte. An Blutflecken an der Jacke erinnerten sie sich nicht. Fingerabdrücke, von denen einige blutig waren, wurden von den Taxitüren genommen, passten aber bisher zu keinem Verdächtigen. Von der Polizei in Vallejo erfuhren Toschi und Armstrong, dass Darlene Ferrin einen Robert Vaughn in ihr Adressbuch eingetragen hatte. Sie holten den Organisten zur Befragung aufs Revier. Sie erkannten den Bezug zu den »Neun Satanischen Geboten« in der Chiffre und fuhren zur California Street, um LaVey zu befragen. Inzwischen dachten sie, dass der Zodiac in irgendeiner Verbindung zum Avenue Theatre stand, weil zwei ihrer Verdächtigen dort Orgel gespielt hatten. Aber sie hatten sonst nichts, was die Männer verband, weshalb ihnen keine andere Wahl blieb, als sie gehen zu lassen.

Und sie hatten Zodiacs Briefe voller Hinweise. Doch obwohl sie jedem Hinweis gefolgt waren, der hereinkam, hatten sie nach wie vor nichts in der Hand.

Rotea blickte auf und lächelte, als er Earl Sanders in die Bar kommen sah.

»Setz dich«, sagte er und wies auf den leeren Hocker neben sich.

Sanders hatte seine Teenagerjahre in Fillmore damit verbracht, Officer Smiley (Roteas Spitzname auf der Straße) seine Streife gehen und die Kinder zur Ordnung pfeifen zu sehen. Sanders' Bewunderung für Rotea hatte ihn bewegt, nach dem Abschluss an der *Golden Gate University* zur Polizei-Akademie zu gehen. Und als Sanders dort abschloss, wurde Rotea gleichzeitig mit ihm geehrt, indem man ihm eine Empfehlung für den 1st Grade Meritorious Service, eine Auszeichnung für besondere Dienste, aussprach. Sanders war zehn Jahre jünger als Rotea und wandte sich oft an ihn, wenn er Rat brauchte. Rotea seinerseits förderte den jungen Officer mit Freuden. Gemeinsam hatten sie sich vorgenommen, das rassistische Klima bei der Polizei zu ändern, und waren darüber Freunde geworden.

»Wie läuft's so?«, fragte Sanders, nachdem er sich gesetzt und etwas zu trinken bestellt hatte.

Rotea zuckte mit den Schultern. »Nicht schlecht, School.« Er sprach seinen Freund mit dem Spitznamen an, der ihm verliehen worden war, weil er immerzu büffelte. Und Rotea zog ihn gerne damit auf.

Sanders merkte, dass etwas nicht stimmte. »Wie geht es Patricia?«, fragte er.

»Gut. Na ja, derselbe Mist wie immer«, sagte Rotea, nahm sein Glas auf und leerte es auf ex.

Sanders klopfte ihm auf die Schulter. Er wusste, was das bedeutete. Rotea und seine Frau stritten sich ständig, sei es über zu lange Schichten, übers Trinken oder niedliche Blondinen.

Rotea hatte Patricia, die große, schlanke und lebhafte Schwarze aus New Orleans, kennengelernt, als er auf dem *City College* in San Francisco war. Sie hatten 1951 geheiratet und drei Kinder: Michael, Steven und Judy. Patricia suchte sich eine Arbeit als Buchhalterin, und Rotea machte sich daran, die Welt des Verbrechens zu erobern. Das verlangte Hingabe, und auch wenn Rotea so viel Zeit wie möglich mit seiner Familie verbrachte, forderte ihn sein Job mehr, als Patricia bereit war, ihren Ehemann zu teilen. In letzter Zeit waren die Streitereien schlimmer geworden, und Sanders wusste, dass Rotea unglücklich war. Er merkte es an der Art, wie sein Freund die jungen Frauen in der Bar ansah. Normalerweise war Sanders lange weg, bevor Rotea endlich nach Hause zu Patricia ging.

Paul Avery, der Reporter vom »San Francisco Chronicle«, saß am Ende der Bar und spitzte die Ohren in der Hoffnung auf neue Informationen. Mitte Oktober hatte Avery einen Artikel geschrieben und den Chief of Inspectors, Marvin Lee, mit den Worten zitiert, der Zodiac sei ein »tollpatschiger Krimineller, ein Lügner und womöglich ein latenter Homosexueller«. Darauf hatte die Polizei Avery gewarnt, vorsichtig zu sein.

Keinem war klar, dass der Zodiac und Avery auf eine lange gemeinsame Geschichte zurückblickten; nicht einmal Avery ahnte es, mein Vater jedoch hatte ihn nie vergessen.

34

Kurz nach Paul Stines Ermordung kehrte die hochschwangere Astrid mit ihren beiden Söhnen nach Österreich zurück und brachte 1970 eine Tochter zur Welt, die sie Mercedes nannte. Die ganze Wahrheit über das, was zwischen meinem Vater und Astrid geschah, werde ich nie erfahren.

Hatte sie das Blut an Vans Kleidung gesehen, als er nach dem Mord an Stine nach Hause kam?

Hatte sie ihm angedroht, zur Polizei zu gehen?

War sie um ihr Leben gerannt?

Astrid zog ihre Kinder in dem Glauben auf, dass ihr Vater sie nach Österreich brachte und dann verließ. Auch das war plausibel, bedenkt man die Geschichte meines Vaters.

Klar ist, dass etwas Ernstes vorgefallen sein musste. Jedenfalls sah Astrid sich gezwungen, ihre drei Kinder allein und ohne jede finanzielle Hilfe oder emotionale Unterstützung meines Vaters großzuziehen. Obwohl Van in den Jahren nach ihrer Trennung mehrfach nach Österreich reiste, versuchte er nie, seine Frau und die Kinder zu besuchen. Mercedes, Martin und Helmut wuchsen ohne ihn auf, genau wie ich – und dieses Gefühl, abgelehnt und verlassen worden zu sein, dürfte auch sie ihr Leben lang verfolgen.

Van war nunmehr frei, seinen Opfern nachzustellen, wann immer er wollte. Für ihn gehörte das zum Spaß dazu, dieses Wissen, dass er das Leben eines jeden, den er sah, in seinen Händen hielt. Für den narzisstischen Mörder muss es berauschend gewesen sein, und die Leute an der kalifornischen Küste hatten allen Grund, sich zu fürchten.

Am 22. März 1970 fuhr Van auf dem Weg nach Mexiko den Highway 132 entlang, der durch Modesto im Central Valley führt. Da sah er eine Frau in einem braun-weißen Kombi. Kathleen Johns, eine hübsche blonde Mutter, war auf dem Weg von San Bernadino zu ihren Eltern in Petaluma, fast sieben Stunden Fahrt entfernt. Sie wurde allmählich nervös, weil sie bemerkt hatte, dass ihr ein Wagen seit Modesto folgte. Es war schon spät, um Mitternacht herum, als Kathleen beschloss, langsamer zu werden, damit der andere Wagen sie überholen konnte.

Van blendete auf und hupte, damit sie anhielt.

Kathleen hatte ihre zehn Monate alte Tochter Jennifer bei sich und wollte auf keinen Fall stoppen. Sie fuhr langsamer weiter und wartete, bis er sie nahe der Interstate 5 endlich überholte. Weil sie dachte, dass der andere Fahrer ihr womöglich signalisieren wollte, mit ihrem Auto würde etwas nicht stimmen, hielt sie schließlich doch an und sah nach.

Mein Vater hatte kurz vor ihr angehalten und setzte nun zurück.

»Ihr einer Hinterreifen hat ein bisschen geeiert«, sagte er, als er auf sie zukam. »Das wollte ich Ihnen mit dem Lichthupen und so sagen. Ich kann die Schrauben nachziehen, wenn Sie wollen.«

Kathleens Nervosität verpuffte, denn Van war gut angezogen und wirkte harmlos. Ein guter Samariter.

Sie sah, wie er zu seinem Wagen zurückging, ein Werkzeug holte und dann wiederkam, um sich vor ihren Reifen zu knien. Es schien, als würde er die Radmuttern anziehen.

»Danke«, sagte Kathleen, die wirklich froh über den hilfsbereiten Fremden war. Ihre Mutter hatte sie gewarnt, dass es gefährlich sei, nachts allein zu fahren, vor allem mit einem Kind im Wagen, und dieser Zwischenfall war schon beängstigend gewesen.

Erleichtert stieg sie wieder in den Wagen und startete den Motor. Als sie losfahren wollte, machte das Auto einen Satz nach vorn und blieb stehen. Sie stieg wieder aus, um nachzuschauen.

Das linke Hinterrad war abgefallen.

Van, der im Rückspiegel zugesehen hatte, wendete nun.

»Wissen Sie was? Steigen Sie bei mir ein. Ich bringe Sie zur nächsten Werkstatt«, sagte er, als er neben ihr hielt.

Da sie mitten in der Einöde gestrandet war, dachte Kathleen, ihr bliebe keine andere Wahl. Sie holte ihr Baby aus dem Wagen und stieg in Vans.

Van hatte das Baby vorher nicht bemerkt.

Unbeirrt fuhr er auf dem Highway 132 weiter nach Westen, bis er eine Richfield-Tankstelle an der Ecke Chrisman Road sah. In die bog er ein, kehrte aber gleich wieder um, weil sie geschlossen war.

Er fuhr zurück auf den Highway und dann Landstraßen hinunter, die sie durch die Kleinstadt Tracy führten. Sie kamen an einer Tankstelle nach der anderen vorbei.

»Warum halten Sie nicht?«, fragte Kathleen jedes Mal.

»Das war nicht die richtige«, antwortete Van.

Kathleen wurde wieder nervös, obwohl der Mann recht freundlich wirkte. Sie zog ihr Baby näher an sich.

»Wo arbeiten Sie?«, fragte sie, um ein Gespräch anzufangen und ihre Angst zu dämmen.

»Normalerweise arbeite ich zwei Monate am Stück, und dann fahre ich herum, meistens nachts«, sagte er. Diese Bemerkung ließ Kathleens Anspannung weiter wachsen.

»Helfen Sie immer Leuten auf der Straße?«

»Wenn ich zu ihnen durchdringe, brauchen die meine Hilfe nicht mehr«, sagte Van.

Kathleen fühlte, wie sich ihr Bauch vor lauter Angst verkrampfte. Sie saß ganz still da, während sie über eine Stunde weiterfuhren, und wartete auf eine Chance zur Flucht. Sie hoffte, dass Van irgendwann anhielt.

Was er nicht tat.

Gleichzeitig prägte sie sich so viel wie möglich ein: sein Gesicht, was er anhatte. Die Rückbank und das Armaturenbrett des Wagens waren voller Bücher und Papiere, als würde der Mann von seinem Auto aus arbeiten. Und ihr fiel auf, dass seine Schuhe sehr blank poliert waren, wie bei einem Offizier.

Schließlich sah Kathleen ein Stop-Schild vor ihnen und betete, dass ihr Entführer anhielt.

Das tat er.

Mit ihrem Baby in den Armen sprang sie aus dem Wagen und rannte so schnell sie konnte über ein Feld neben der Straße. Als sie sich umzudrehen wagte, sah sie, dass Van noch im Wagen saß. Er hatte alle Scheinwerfer ausgeschaltet und beobachtete sie. Er überlegte wohl seinen nächsten Schritt.

Kathleen kletterte eine Böschung hinauf, bevor sie sich wieder umdrehte und sah, dass er wegfuhr. Aus lauter Angst, dass er zurückkehren könnte, rannte sie zu einer Straße in der Nähe und winkte das erste Auto herbei, das vorbeikam.

Die Insassen fuhren sie zur Polizei in Patterson, einem Vorort von Modesto, etwa siebenundzwanzig Meilen von Tracy entfernt. Da war es halb drei morgens.

Van hatte darauf gewartet, dass sie weglief. Er kehrte zu ihrem Wagen zurück und wischte sorgfältig alle Fingerabdrücke ab, die er an ihrem Reifen und der Radkappe hinterlassen haben könnte. Aus Wut, weil ihm sein Opfer entkommen war, steckte er danach den Wagen in Brand. Anschließend fuhr er weg.

Sergeant Charles McNatt nahm Kathleens Aussage auf. Während er sich ihre Geschichte anhörte, fing die junge Frau auf einmal zu schreien an.

»Was ist denn?«, fragte der entgeisterte Officer.

Kathleen zeigte auf zwei Phantomzeichnungen an der Wand. »Das ist er! Das ist der Mann, der uns mitgenommen hat!«, rief sie.

»Welcher von den Männern ist Ihr Entführer?«, fragte McNatt.

»Der da«, antwortete Kathleen und wies auf die Zeichnung, die nach Detective Foukes Beschreibung gefertigt worden war; er hatte Zodiac kurz nach dem Mord an Paul Stine in Presidio Heights gesehen.

»Haben Sie dieses Bild vorher schon mal gesehen?«, fragte der Officer.

»Nein.«

»Das ist eine Phantomzeichnung von dem Zodiac«, sagte McNatt.

Kathleen wurde hysterisch, und McNatt versuchte zunächst, die verzweifelte Frau zu beruhigen. Schließlich rief er im *Stanislaus County Sheriff's Department* an und bat, einen Deputy zu Kathleens Wagen zu schicken.

Deputy Jim Lovett fand den Wagen am Maze Boulevard, etwa zwei Meilen östlich der Interstate 5. Er war vollständig ausgebrannt.

Die Polizisten waren unsicher, wie sie den Fall behandeln sollten. Sie wussten nicht recht, ob es tatsächlich eine Entführung war. Kathleen hatte ihnen erzählte, dass der Mann sie oder ihr Kind nicht bedroht hatte. Sie hatte Angst gehabt, ja, aber sie war zu keinem Zeitpunkt physisch gezwungen worden, in dem Fahrzeug zu bleiben.

Später änderte Kathleen ihre Geschichte und erzählte, der Mann hätte sie angesehen und gesagt: »Übrigens wirst du sterben. Ich werde dich umbringen und das Baby wegwerfen.«

Ich weiß nicht, ob es stimmt, aber falls ja, hätte Van das nicht zum ersten Mal getan.

Am 20. April 1970 erhielt der »San Francisco Chronicle« noch einen Brief vom Zodiac.

Hier spricht der Zodiac

Habt ihr eigentlich schon den letzten Code geknackt den ich geschickt habe?

Mein Name ist ______________

Damit verriet Van, dass die 340-Chiffre nur seinen Namen enthielt. Ermittler, die den Code zu dechiffrieren versuchten, mussten zwangsläufig scheitern, weil die Symbole keine Wörter ergaben. Sie enthielt keine Botschaft, nur »Earl Van Best Junior« rückwärts geschrieben.

Dem Brief fügte er eine neue Chiffrierung bei, bestehend aus dreizehn Zeichen, Buchstaben und Symbolen – die Anzahl der Buchstaben in »Earl Van Best Jr.«. Laut dem Zodiac belief sich die Zahl seiner Opfer nun auf zehn, aber die Polizei konnte nach wie vor keine anderen Morde mit ihm in Verbindung bringen.

Paul Avery entdeckte ebenfalls nicht, dass dieser Brief exakt auf sieben Jahre nach dem Erscheinungstag seines Artikels »Liebe auf der Flucht: Das bittere Ende der Eisdielenromanze« im »Chronicle« datiert war.

35

Ihr Spiegel bestätigte, was sie bereits wusste – sie sah gut aus. Judy hatte die letzte Stunde damit verbracht, sich sorgfältig zu schminken und das ideale Outfit für ihr Date auszuwählen. Sie hatte einige Verehrer, war jedoch sehr viel wählerischer als früher.

Vorsichtiger.

Judy hatte auf die harte Tour gelernt, wohin sie ihr Ungestüm führen konnte. Nachdem sie ein letztes Mal mit der Bürste durch ihr Haar gefahren war, ging sie ins Wohnzimmer und wartete auf ihr Date.

Seit ihrer Rückkehr nach San Francisco hatte Judy ihr Leben in den Griff bekommen. Sie hatten ihren Highschool-Abschluss gemacht und einen Job als Pflegerin für eine Frau mit einer degenerativen Knochenkrankheit angenommen. Und auch wenn es schwer gewesen war, hatte sie ihrer Mutter vergeben, dass sie Judy gezwungen hatte, mich zur Adoption freizugeben.

Das war ihr wahrlich nicht leichtgefallen.

Verda hatte ihr verboten, auch nur meinen Namen zu erwähnen, und Judy musste mit allem allein fertigwerden. Stillschweigend.

Es war, als hätte sie nie einen Sohn gehabt.

Während Judy erwachsen wurde, waren ihre emotionalen Reaktionen auf alles von dem gemeinsamen Leben mit Van geprägt. Sie trug eine diffuse Angst in sich, einen Mangel an Vertrauen, den sie nicht recht abschütteln konnte.

Doch den heutigen Abend wollte sie sich nicht davon vermiesen lassen. Glücklich malte sie sich aus, wie es werden würde, und wartete, dass sie abgeholt wurde.

Sie wartete.

Und wartete.

Er kam nicht. Und er rief auch nicht an.

Als ihre Schwester Carolyn (oder Lyn) vorbeikam, kämpfte Judy mit ihrem angeschlagenen Ego.

»Denk nicht mehr an ihn«, sagte Lyn. »Lass uns beide ausgehen.«

»Nein, mir ist nicht danach«, sagte Judy. Sie wollte nicht ausgehen und so tun, als würde sie sich amüsieren, obwohl sie verletzt war.

»Komm schon«, beharrte Lyn. »Das wird spaßig.«

Schließlich gab Judy nach, und sie gingen zu einem Club in der Nähe.

»Oh, sieh nur, wer an der Bar sitzt!«, sagte Lyn und bahnte sich ihren Weg zu dem großen, gut aussehenden Schwarzen, den sie durch ihren Job in einer Anwaltskanzlei kannte.

»Darf ich vorstellen? Rotea Gilford.« Sie zog Judy näher. »Er ist Polizist. Rotea, das ist meine Schwester Judy.«

»Hi«, sagte Rotea, der für einen Moment nicht mehr herausbekam. Lyns Schwester war wunderschön.

Atemberaubend.

»Du hast abgenommen«, bemerkte Lyn, als Rotea aufstand, um seinen Platz anzubieten.

»Zweiundfünfzig Pfund«, sagte Rotea stolz. »Zu hoher Blutzucker. Ich musste.«

»Wie hast du das geschafft?«, fragte Lyn.

»Viel Eiweiß, wenig Kohlehydrate«, antwortete Rotea, der jedoch nicht mit ihr über sein Gewicht reden wollte. Er wollte sich mit der hübschen Blondine neben Lyn unterhalten.

»Möchtest du tanzen?«, fragte er Judy, als die Band ein langsames Lied anstimmte.

Sie nickte, und Rotea führte sie zu der kleinen Tanzfläche. Ihm gefiel, wie perfekt die große junge Frau zu ihm passte. Judy vergaß, dass sie heute versetzt worden war, als Rotea sie über die Tanzfläche wirbelte. Sie mochte diesen großen starken Mann, fühlte sich sicher in seinen Armen.

Den Rest des Abends flirteten sie, lachten und lernten einander kennen.

Rotea war sechsundvierzig, Judy zweiundzwanzig. Er war schwarz, sie weiß.

Nichts davon spielte eine Rolle.

Am Ende des Abends war Rotea verliebt.

Er konnte nicht wissen, dass dieses Gesicht, das ihn auf Anhieb verzauberte, dasselbe war, das einen Serienmörder zum Morden trieb.

36

1970 schrieb Van fünf weitere Briefe, drohte schreckliche Taten an und machte sich über die Polizei lustig. Am 28. April, auf den Tag genau acht Jahre, nachdem er Judy aus dem *Youth Guidance Center* entführt hatte, schickte er ein Schreiben, das später als »Drachenkarte« berühmt wurde, an den »Chronicle«. Darin kündigte er abermals an, eine Bombe zu zünden.

Auf die Vorderseite hatte er einen Nikolaus gezeichnet, der auf einem Drachen ritt, und noch eine Gestalt auf einem Esel. Darunter standen die Worte: »Bedaure, euer Esel ist ein Drachen.«

Ich hoffe ihr amüsiert euch wenn ich meinen
Riesenspaß habe.

⊕

P.S. andere Seite

Falls ihr nicht wollt, dass ich diesen Spaß
bekomme, müsst ihr zwei Dinge tun. 1. Erzählt
jedem in allen Einzelheiten von der Busbombe.
2. Ich möchte einige hübsche Zodiac-Butons sehen,
wenn ich durch die Stadt gehe. Jeder sonst
hat solche Buttons wie ☮, black power, Melvin
eats bluber, etc. Und mich würde es erheblich
aufmuntern, viele Leute mit meinem Buton zu
sehen. Aber bitte nicht solche hässlichen wie
Melvins

Danke ⊕

Aus irgendeinem Grund hatte Van schon wieder den Anwalt Melvin Belli ins Visier genommen.

Am 26. Juni schickte Van noch einen Brief an den »Chronicle«, diesmal um sein Missfallen darüber auszudrücken, dass keiner seine Zodiac-Buttons trug. Außerdem behauptete er, einen Mann mit einer 38er getötet zu haben.

Das Schreiben unterzeichnete er mit

⊕— 12 SFPD — 0

Unten fügte er einen Code aus zweiunddreißig Zeichen an, der zusammen mit einer ebenfalls beigelegten Karte verraten sollte, wo seine Bombe platziert war. Die Botschaft wurde nie decodiert.

Am 24. Juli bekannte Van sich in einem Schreiben an den »Chronicle« zu Kathleen Johns' Entführung. Der Brief sollte als »Zodiac's Little List« in die Geschichte eingehen:

Hier spricht der Zodiac.

Ich bin ziemlich enttäuscht, dass ihr keine hübschen ⊕-Buttons tragen wollt. Deshalb habe ich jetzt eine kleine Liste, angefangen mit der Frau + dem Baby, mit denen ich ein pahr interesante Stunden im Auto hatte, an einem Abend vor einigen Monaten, und er endete damit, dass ich ihren Wagen da verbrandte, wo ich sie gefunden hatte.

⊕

Van fügte seine »kleine Liste« bei, die der Polizei noch mehr Rätsel aufgab. In einer Abwandlung der Strophen aus dem Lied »As Someday It May Happen« aus »Der Mikado« listete Van all die Typen von Menschen auf, die seine potenziellen Opfer waren. Die Polizei folgerte aus diesem Brief, dass der Zodiac ein Fan von Gilbert und Sullivan war, dass er Opern hörte und seine Rechtschreib- und Grammatikfehler möglicherweise gekünstelt waren. Dieser Mörder war gebildet, kultiviert.

Van hatte in seiner Auflistung von Menschen, die er töten könnte, Anspielungen auf Prediger, Organisten, Autoren, Kinder und Anwälte gemacht.

Zwei Tage später traf ein neuer Brief ein, der sehr detailliert Vans Fantasien schildert, was er mit seinen Sklaven tun wollte. Er enthüllte, wie krank und unkontrolliert er mittlerweile war.

Hier spricht der Zodiac

Wenn ihr schon keine hübschen ⊕ tragen wollt, wie ist es mit hässlichen ⊕ Buttons? Oder irgendwelche, die euch einfallen. Wenn ihr überhaupt keine ⊕ tragt, werde ich (zusätzlich zu allem anderen) alle 13 meiner Sklaven foltern, die im Paradis auf mich waten. Einige werde ich auf Ameisenhügel Binden und zugucken, wie sie schreien, zuken und sich winden. Anderen werde ich Holzsplitter unter die Nägel treiben + anzünden. Andere werde ich in Käfige sperren + mit Pökelfleisch füttern, bis sie ausgedörrt sind und nach Wasser betteln, und dann lache ich sie aus. Andere hänge ich an ihren Daumen in die Sonne + lasse sie verbrennen, bevor ich sie glühend heiß abreibe, um sie aufzuwärmen. Andere werde ich lebendig häuten + sie schreiend herumlaufen lassen. Und alle Billardspieler lasse ich in einer dunklen Kerkerzelle mit krummen Stangen + verdrehten Schuhen spielen. Ja, ich werde riesigen Spaß dabei haben, meinen Sklaven den herrlichsten Schmerz zuzufügen.

Er unterzeichnete den Brief mit:

SFPD=0  =13

Jeder Umschlag, jeder Brief wurde auf Fingerabdrücke oder sonstige Hinweise auf die Identität des Absenders überprüft. Zahlreiche Polizeiabteilungen und auch das FBI waren ratlos. Sie konnten weder die Codes knacken, die mein Vater ihnen schickte, noch die Mordserie stoppen. Sie hatten nichts, und Van rieb es ihnen dauernd unter die Nase.

Zu jener Zeit hatte die Polizei immer noch nicht die letzten Morde mit dem an Cheri Jo Bates in Verbindung gebracht; doch Van hinterließ einen Hinweis in seinem letzten Brief. Darin hatte er »zuken« genauso falsch geschrieben wie in seinem Bekennerbrief an die Polizei in Riverside.

Für Toschi und Armstrong war es eine frustrierende Zeit. Sie hatten die Fingerabdrücke und die Handschrift des Täters. Sie hatten so viele Hinweise auf seine Persönlichkeit. Ihnen war bewusst, dass er sich beim Schreiben britisch gab. Dennoch konnten sie ihn einfach nicht schnappen. Dass sie sogar seinen Namen hatten, war ihnen nicht klar.

Van amüsierte sich prächtig.

Der Reporter des »San Francisco Chronicle«, Paul Avery, weniger.

Er steckte genauso tief in dem Zodiac-Fall wie die Polizei. Avery arbeitete praktisch rund um die Uhr, um der Erste zu sein, der über neue Ergebnisse berichtete. Van beobachtete sein Engagement interessiert und las jedes Wort, das der Reporter schrieb. Die meisten seiner Artikel empfand er allerdings als Beleidigung.

Am 27. Oktober erhielt Avery eine Halloween-Karte von meinem Vater.

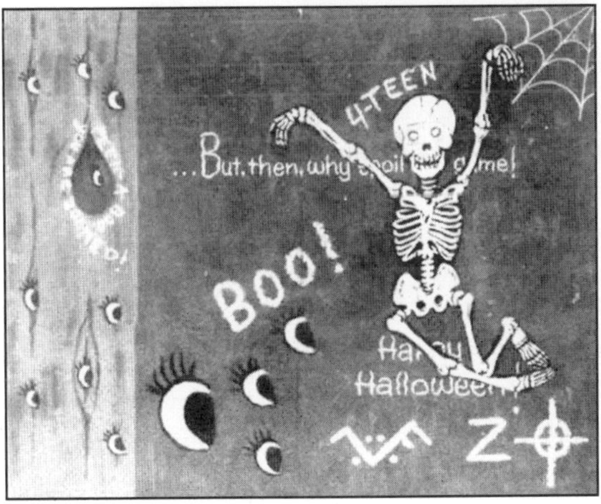

Avery gefiel es nicht, vom Zodiac auserwählt zu sein, und er befürchtete, zu seinem nächsten Opfer zu werden. Deshalb kaufte er sich umgehend eine Waffe zu seinem Schutz.

Der Reporter begriff nicht, dass sein »secret pal« (heimlicher Kumpel) jemand war, den er kannte – ein Mann, den er in einer Gefängniszelle der *Hall of Justice* besucht hatte. Avery hatte sich über Vans Liebe zu Judy lustig gemacht, hatte ihn als Kinderschänder dargestellt. Und mein Vater hatte es nicht vergessen.

Die Tötungsmethoden auf der Karte setzten neue polizeiliche Ermittlungen in Gang. Dem Zodiac waren bislang keine Morde mit Seilen zugeordnet worden, obwohl es zu der Zeit viele Mordfälle in der Gegend gab, bei denen die weiblichen Opfer mit Schnüren und Tauen erdrosselt worden waren. Auf die Halloween-Karte hin nahmen sich die Polizisten all diese Fälle noch einmal vor. Sie untersuchten, ob sie doch mit Zodiac zusammenhängen könnten, aber die Einzelteile passten einfach nicht zusammen. Seine Vorgehensweise war schlicht eine andere.

Der »Chronicle« veröffentlichte die Halloween-Karte am 31. Oktober auf der Titelseite.

Kurz darauf begannen »Chronicle«-Mitarbeiter, Buttons zu tragen, auf denen stand ICH BIN NICHT PAUL AVERY.

Im November gelang es Avery auf einen anonymen Tipp hin, die Verbindung zwischen Zodiac und dem Mord an Cheri Jo Bates in Riverside herzustellen. Sherwood Morrill, der Schriftsachverständige bei der Polizei, der die Zodiac-Briefe auf Authentizität prüfte, bestätigte, dass deren Handschrift mit dem eingeritzten Gedicht in dem Riverside-Fall übereinstimmte.

Plötzlich wurde Avery, genauso wie die Polizei, mit Hinweisen bombardiert. Er überprüfte jeden einzelnen, war er doch mittlerweile überzeugt, dass dieser Mörder es auf ihn abgesehen hatte. In einer Fernsehdokumentation mit dem Titel »Zodiac: Crimes of the Century«, die 1989 ausgestrahlt wurde, erklärte Avery: »Irgendwann erhielt ich einen

Anruf von Anton LaVey, dem Gründer und Hohepriester der *Church of Satan*, die in den späten 1960ern und frühen 1970ern ganz groß war. Er glaubte, dass eines seiner Sektenmitglieder der Zodiac-Killer sein könnte. Und er gab mir einiges an Material. Mal im Ernst, der Zodiac-Killer war so schlimm, dass sogar die *Church of Satan* ihn loswerden wollte.«

Hatte LaVeys Beziehung zu Van den Anruf ausgelöst? Leider werde ich das nie erfahren, denn Avery hat den Namen, den LaVey ihm nannte, nie öffentlich gemacht. Am 13. März 1971 bekam erstmals die »Los Angeles Times« Post von meinem Vater. Es war fast fünf Monate her, seit er zuletzt jemandem geschrieben hatte.

Hier spricht der Zodiac

Wie ich immer schon gesacht habe, bin ich nicht
zu knacken. Wenn die Blauen Idihoten mich jch-
mals kriegen wollen, sollten die sich lieber von
ihre fetten Ärschen erheben + etwas tun. Denn jeh
länger sie herumdödeln + furzen, desto mehr
Sklaven sammel ich für mein Leben nach dem Tod.
Ich muss ihnen aber lassen, dass sie über meine
Aktivität in Riverside gestolpert sind, auch
wenn sie bloß die simplen Sachen finden, denn da
unten gibt es noch höllisch viel mehr. Der Grund,
warum ich an die Times schreibe, ist, dass sie
mich nicht auf den letzten Seiten vergraben wie
einige andere.

SFPD — 0 ⊕ — 17+

Vans vermeintliche Opferzahl kletterte noch höher. Wieder konnte die Polizei ihm keinen neuen Mord zuordnen, der in der Zwischenzeit begangen worden war.

Und dann, genauso plötzlich wie er angefangen hatte, hörte Zodiac auf, mit irgendwem zu kommunizieren. Es vergingen drei Jahre, bevor wieder jemand von ihm hörte.

Warum mein Vater in dieser Zeit abtauchte, ist unbekannt. Ich weiß jedoch, dass er einige Zeit in Österreich verbrachte, wo er Dokumente fälschte, und sich auch viel in Mexiko aufhielt.

Erschöpft vom ständigen Leben in Angst beteten die Kalifornier, dass sie zum letzten Mal vom Zodiac gehört hatten.

37

1971 wurde endlich Roteas Traum wahr und er der erste Afroamerikaner, dem angeboten wurde, ins Mordermittlerteam des SFPD zu kommen. Er suchte sich Earl Sanders als Partner aus, sodass sein junger Freund mit ihm zusammen aufstieg. Rotea erkannte schnell, was bei der Mordermittlung anders lief. In den niederen Rängen hatten die Officers im Raubdezernat oft das Gefühl, sich nicht auf ihre weißen Kollegen verlassen zu können.

In seinem Buch »The Zebra Murders: A Season of Killing, Racial Madness, and Civil Rights«, erinnert sich Earl Sanders daran, wie Rotea und er einen Verdächtigen verfolgten und Rotea über Funk um Verstärkung bat. »Wir brauchen hier ein paar Kameraden«, gab er durch.

»Für einen Moment war alles still«, schrieb Sanders in seinem Buch. »Ich werde nie vergessen, was ich als Nächstes hörte. Ein Mann – wir fanden nie heraus, wer – meldete sich über Funk und sagte, ›Ihr zwei habt hier keine Kameraden‹.«

Das war bezeichnend für die Art Rassismus, die Rotea und Sanders im Raubdezernat erlebt hatten. Im Morddezernat hingegen mussten die Detectives zusammenarbeiten, um die Morde aufzuklären, die auf ihren Schreibtischen landeten. Rotea war bewusst, dass er ein Alibi-Schwarzer war, der bloß hierherbefördert worden war, um das *Department* gut aussehen zu lassen. Trotzdem war er fest entschlossen, sich als ebenso fähig zu erweisen wie seine weißen Kollegen.

Und er konnte sich beweisen, indem er sehr schnell den Mord an einem Busfahrer der Muni-Linie aufklärte. Es war ein großer Erfolg für den Detective und trug ihm einen Platz auf den Titelseiten der Zeitungen ein.

Doch es war nicht der einzige Mord, den Rotea aufklären wollte. Obwohl zwei Jahre seit der Ermordung Paul Stines in dessen Taxi verstrichen waren, gingen Toschi und Armstrong immer noch den Unmengen Hinweisen auf den Zodiac nach, die sie nach wie vor erhielten. Waren die beiden zu beschäftigt oder hatten frei, übernahm Rotea für sie. So lief es im Morddezernat: Die Detectives halfen sich gegenseitig.

Rotea wusste, dass der Schlüssel zum Täter in den Briefen und bei den Opfern zu finden war, die Zodiac auswählte. Er sah sich die Beweise in jedem der Fälle an, spürte die Ähnlichkeiten auf und notierte sich die wichtigsten Punkte. Aus der Brutalität gegenüber den Frauen schloss er, dass sie das Hauptziel von Zodiacs Zorn waren. Ihm fiel auf, dass sie sich alle ähnelten. Wie so viele Detectives in Kalifornien hoffte auch Rotea auf einen baldigen Durchbruch. Er wusste, dass die Antwort direkt vor ihnen lag.

Was sie auch tat.

Gleich vor seiner Nase.

Alle Opfer sahen wie Roteas neue Freundin aus.

Diese Tatsache jedoch übersah der bis über beide Ohren verliebte Mann vollkommen.

Während er sich im *Department* wie in seiner Gemeinde einiges an Wertschätzung erarbeitete, war sein Privatleben ein Scherbenhaufen.

Sein Ältester, Michael, ein Football-Lineman am College, hatte einen schrecklichen Autounfall gehabt, der sämtliche Hoffnungen auf eine Football-Karriere zum Platzen brachte. Fortan brauchte der junge College-Star ständige Pflege. Der Unfall hatte die Familie in tiefe Verzweiflung gestürzt und Rotea und Patricia noch weiter auseinandergetrieben. Die Spannungen in ihrer Ehe wurden nach und nach so übel, dass Rotea sich genötigt fühlte, sich eine eigene Wohnung in Upper Haight zu nehmen. Im darauffolgenden Jahr zog er immer wieder ins gemeinsame Heim mit Patricia zurück und wieder aus. Versöhnung, Trennung, Versöhnung.

Rotea war ungern allein, denn wenn er es war, trank er. Manchmal kam sein Partner vorbei, um mit ihm Domino zu spielen, aber meistens hockte Rotea nach der Arbeit allein zu Hause und ertränkte seinen Kummer.

Der einzige Lichtfleck in seinem Leben war Judy. Nach dem Abend, als sie zusammen getanzt hatten, hatte er sie zu einem Dinner-Date eingeladen, und sie sagte zu. Ihr gefielen seine guten Manieren, sein breites, freundliches Lächeln und seine Respekt einflößende Art. Er mochte ihre Jugendlichkeit, ihre Begeisterungsfähigkeit und ihre Schönheit.

Sie fingen an, sich häufiger zu verabreden, auch wenn sie beide wussten, dass andere es nicht verstehen würden. Rotea erzählte Judy, wie es um ihn und Patricia stand und wie traurig ihn die bevorstehende Scheidung machte. Und er sprach mit Judy über seinen Sohn. Sie hielt seine Hand und hörte ihm verständnisvoll zu.

Meine Mutter erwähnte weder mich noch meinen Vater. Dazu war es zu früh. Ein Police Officer würde wohl nicht verstehen, dass sie mit einem Kriminellen durchgebrannt war, der ihren gemeinsamen Sohn aussetzte.

Unterdessen entging meinem Vater bei seinem emsigen Zeitungsstudium natürlich auch nicht, dass beim SFPD ein schwarzer Detective von sich reden machte.

38

Mit jedem Tag ohne einen Zodiac-Mord atmete die Stadt ein wenig unbeschwerter. Rotea umwarb Judy weiterhin und bat sie wiederholt, ihn zu heiraten, sobald seine Scheidung rechtskräftig wurde.

Judy zögerte. Sie traute sich nicht zu, eine Stiefmutter zu sein, denn nicht bloß waren ihre Eltern kein Vorbild für das Aufziehen von Kindern gewesen, sondern ihre eigenen Erfahrungen mit einem Kind schreckten sie ab.

Doch Rotea blieb hartnäckig. Ein Mann brauchte eine Frau, und damit basta. Er war so entschlossen wie es Van gewesen war. Rotea wünschte sich dringend, dass Judy seine Frau werden sollte.

Genauso beharrlich wollte er das Denken im SFPD verändern. Rotea war maßgeblich an der Formierung einer Gruppe schwarzer Police Officers beteiligt, die sich »Officers of Justice« (Polizisten für Gerechtigkeit) nannte. 1973 reichte die Gruppe eine Zivilklage wegen Diskriminierung gegen das *Department* ein. Das nahmen die alten Seilschaften innerhalb des SFPD natürlich nicht gut auf, und Rotea und Sanders fanden sich bald in einem Arbeitsumfeld wieder, in dem Hass und Verbitterung dominierten. Die Spannungen kochten eines Nachmittags über, als Rotea und Sanders das *Federal Building* verließen, nachdem sie eine eidesstattliche Versicherung abgegeben hatten. Mehrere Hundert Kollegen erwarteten sie draußen, riefen abfällige Slogans und nannten sie sogar »Nigger«.

Solch ein Klima machte Roteas Job nicht leichter. Aber er wahrte stets die Fassung und ließ sich durch nichts von seiner Arbeit abhalten. Zu jener Zeit bestand sie darin, eine Serie von rassistisch motivierten Morden aufzuklären, die San Francisco in Angst und Schrecken versetzten.

Die Zebra-Morde begannen am 20. Oktober 1973, als ein junges weißes Paar, Richard und Quita Hague, bei einem Spaziergang von drei Afroamerikanern entführt und später grausam mit Macheten zerhackt wurde. Richard überlebte, Quita nicht.

Während der nächsten sechs Monate halfen Rotea und Sanders den leitenden Detectives, John Fotinos und Gus Coreris, fast Tag und Nacht, die Mörder aufzuspüren. Rotea und Sanders waren von unschätzbarem Wert für das Team, weil die schwarze Gemeinde den weißen Officers nicht traute und nicht mit ihnen redete. Rotea nutzte seine Kontakte in Fillmore, um wertvolle Hinweise zu bekommen.

Am 19. Oktober wurde mehrmals auf das nächste Opfer, Frances Rose, geschossen; sie war in ihrem Auto von einem Mann angehalten worden, der verlangte, dass sie ihn mitnahm, als sie zum Campus der *University of California* in

Berkeley fuhr. Saleem Erakat war der Nächste. Am 25. November betrat ein Mann seinen Lebensmittelladen, fesselte ihn und erschoss ihn wie bei einer Hinrichtung. Am 11. Dezember war Paul Dancik an einem Münztelefon, als dreimal auf ihn geschossen wurde.

Am 13. Dezember wurde Art Agnos, der später Bürgermeister von San Francisco wurde, zweimal in den Rücken geschossen, als er eine Sitzung in einem Schwarzenviertel verließ. In derselben Nacht wurde dreimal auf Marietta DiGirolamo geschossen, als sie die Divisadero Street entlangging. Sie überlebte den Angriff nicht.

Kurz vor Weihnachten, am 20. Dezember, starb Ilario Bertuccio an vier Schüssen, die im Bayview District auf ihn abgegeben wurden. Am selben Abend wurde in der Central Avenue auf Theresa DeMartini geschossen, doch sie überlebte. Am 22. wurde Neal Moynihan mit drei Schüssen getötet, nachdem er eine Bar in der Twelfth Street verließ. Minuten später wurde nahe ihrer Bushaltestelle an der Ecke Gough und McCoppin Street viermal auf Mildred Hosler geschossen.

Am Heiligabend machten zwei Frauen eine grausame Entdeckung am North Beach – die Leiche eines Mannes, den die Polizei »Kaspar Hauser #196« nannte. Der Mann war verstümmelt und geköpft worden. Seine Identität wird ewig ein Rätsel bleiben, und obwohl er keine Schusswunden aufwies, glaubten viele Ermittler, dass sein Tod mit den Zebra-Morden zusammenhing.

Im Dezember 1973 kam »Der Exorzist« in die Kinos und schockte die Zuschauer. Angelehnt an einen Exorzismus von Roland Doe im Jahr 1949 erzählt der Film die Geschichte eines Mädchens – gespielt von Linda Blair –, dem zwei Priester den Teufel austreiben wollen. Viele Kinogänger nahmen am satanischen Thema des Psychodramas Anstoß, doch die wenigsten konnten widerstehen, ihn sich anzusehen, und »Der Exorzist« wurde zum Horrorfilm mit den höchsten Einspielquoten aller Zeiten. Manchen gefiel sogar die Fokussierung auf die Macht des Bösen, doch jeder, der den Film sah, gruselte sich.

Jeder außer Van.

Am 28. Januar 1974 begingen die Zebra-Mörder wie in einem Rausch gleich fünf verschiedene Anschläge und schossen auf Roxanne McMillan, Tana Smith, Vincent Wollin, John Bambic und Jane Holly. McMillan war das einzige überlebende Opfer.

Während die Familien der Ermordeten trauerten, saß Van in seinem unordentlichen Zimmer in der Noe Street und starrte entsetzt auf eine Anzeige.

Da war sie ... wunderschön und süß. Sie lächelte.

Und der schwarze Detective, dessen Foto Van in den Zeitungen gesehen hatte, blickte sie an.

Neben dem Bild stand das Datum ihrer Heirat.

Am 29. Januar schrieb mein Vater wütend und verzweifelt seinen ersten Brief seit drei Jahren. Er schickte ihn an den »San Francisco Chronicle«.

Zodiac tauchte aus dem Dunst wieder auf, um die Stadt noch mehr zu terrorisieren.

»Ich habe ›Der Exorzist‹ gesehen + halte ihn für die beste Satiere aller Zeiten«, schrieb er.

»Gezeichnet, mit freundlichen Grüsen:«

Dann sagte Van den symbolischen Tod Zodiacs voraus, indem er Zitate aus »Der Mikado« verwandte.

Er stürzte sich in die wogenden Wellen
und ein Echo erhob sich aus dem Selbstmördergrab
tit willo tit willo
tit willo
PS. wenn ich diese Nachricht nicht in eurer Zeitung sehe, werde ich etwas Hässliches tun, und ihr wisst, dass ich dazu fähig bin
Ich – 37
SFPD – 0

Seine vermeintliche Opferzahl hatte sich inzwischen mehr als verdoppelt. Auch wenn mir keine Morde aus Österreich oder Mexiko aus den drei Jahren zuvor bekannt sind, die Zodiacs Handschrift trugen, frage ich mich, ob mein Vater nicht auch dort seine Spuren hinterlassen hatte. Oder erfand er diese Zahlen schlicht, um die Polizei zu verunsichern?

Am Valentinstag 1974, auf den Tag genau zwölf Jahre seit Vans Ehe mit Judy auf Betreiben ihrer Mutter annulliert worden war, ging ein weiterer Brief beim »Chronicle« ein:

Sehr geehrter Redakteur,
Wussten Sie, dass die Initialen SLAY (Symbionese Liberation Army) eine Verlängerung von »sla« sind, ein altes norwegisches Wort für »töten«?
ein Freund

Die Zebra-Morde setzten am 1. April wieder ein. Thomas Rainwater und Linda Story wurden von einem Mann erschossen, der ihnen von der Heilsarmee aus folgte, bei der sie als Kadetten dienten. Linda überlebte ihre Verletzungen, aber Thomas starb.

Terry White und Ward Anderson wurden am 14. April angegriffen, als sie an der Ecke Fillmore und Hayes Street auf den Bus warteten. Beide überlebten.

Nelson T. Shields sollte das letzte Opfer der Zebra-Mörder sein. Der Erbe eines Managers des Chemiekonzerns DuPont wurde am 16. April erschossen, als er eine Matte hinten in seinem Kombi auslegte.

Mit jedem Mord nahm der Druck zu, die Täter zu fangen. Major Joseph Alioto und Chief of Police Donald Scott gingen einen unerwarteten Schritt, um die Mörder aufzuhalten: Sie kündigten an, jeden Schwarzen auf der Straße anzuhalten und zu befragen, sollte er der Zeichnung des Täters ähneln, ein schmales Kinn oder einen kurz geschnittenen Afro haben. Wer entlastet war, bekam eine besondere Zebra-Karte, mit der er nachweisen konnte, dass er bereits überprüft worden war.

Rotea war entsetzt. So dringend er die Täter auch erwischen wollte, konnte er nicht glauben, dass sein *Department* sich tatsächlich herabließ, alle Schwarzen unter Generalverdacht zu stellen. Angewidert sah er mit an, wie seine Kollegen am Wochenende über fünfhundert schwarze Männer anhielten und befragten, bloß weil sie der Beschreibung entsprachen. Die *Officers of Justice* sprachen sich ebenso energisch gegen dieses Vorgehen aus wie andere prominente Mitglieder der schwarzen Bevölkerung. Die Nationale Organisation für die Förderung farbiger Menschen und die Amerikanische Bürgerrechtsunion reichten Klage ein. Daraufhin wurde die SFPD-Initiative als verfassungswidrig verboten, und das *Department* war gezwungen, die Massenbefragungen einzustellen.

Am 23. April stellte sich ein Mann namens Anthony Harris. Er gehörte einer militanten Gruppierung an, die mit der Nation of Islam in Verbindung stand, einer religiös-politischen Organisation schwarzer Amerikaner. Harris sagte aus, dass er wisse, wer für die willkürlichen Morde verantwortlich war, und er das Abschlachten unschuldiger Weißer nicht mehr aushielte. Seine Aussage half bei der Verurteilung von vier Männern: Larry Green, Manuel Moore, Jesse Lee Cocks und J. C. Simon. Vier weitere Männer wurden festgenommen, aber nicht angeklagt. Nach dem längsten Prozess in der Geschichte San Franciscos wurden die Angeklagten zu lebenslänglicher Haft verurteilt.

Rotea war froh, dass die Mörder ihre gerechte Strafe bekommen hatten, und nahm seinen Kampf um Rassengleichheit im *Department* wieder auf.

Neben seinem Werben um die schöne blonde Frau, die seine Einsamkeit besiegt hatte.

Während der letzten Monate hatte Judy viele Abende lang zugehört, wie Rotea und Sanders den Fall besprachen. Sie hatte die 187-Meldungen über Funk gehört und ängstlich zugesehen, wie die beiden loseilten, um wieder in einem neuen Mord zu ermitteln.

Ihre Furcht, Rotea womöglich zu verlieren, machte ihr bewusst, wie sehr sie den Detective mochte.

Am 19. Juni 1974 traute Reverend Cecil Williams das Paar.

Und am 8. Juli schrieb Van seinen letzten Brief an den »San Francisco Chronicle«. Er zielte auf den »Chronicle«-Kolumnisten Marc Spinelli:

Redakteur –

Stecken Sie Marco zurück in das, Höllenloch, aus dem er gekrochen ist – er hat eine ernste psychische Störung – muss sich dauernd überlegen fühlen. Ich schlage vor, dass Sie ihn zu einem Seelenklempner schicken. Und streichen sie die Count-Marco-Kolumne. Wenn der Count anonym schreiben kann, kann ich es auch –

Das Rote Phantom

(rot vor Zorn)

Zodiac war wirklich rot vor Zorn, doch nicht wegen Spinelli.

Judy hatte den Detective vom Morddezernat geheiratet, und damit wurde es brenzlig für Van.

Vom Zodiac sollte die Öffentlichkeit nie wieder hören.

39

Nachdem er seinen letzten Brief als Zodiac verschickt hatte, verließ mein Vater das Land aus Sorge, dass Rotea irgendwie die Puzzleteile zusammenfügen könnte, sollte Judy anfangen, über Van zu reden. Er reiste nach Österreich, weil er sich dort sicher fühlte. Dieses Land hatte sich im Kalten Krieg für neutral erklärt, und Van vertraute darauf, dass es ihn nicht ausliefern würde, sollte Rotea die Wahrheit herausfinden. Die nächsten Wochen stöberte er in Buchläden nach alten Dokumenten, welche die österreichische Geschichte bis 996 zurückverfolgten. Er fand jedoch nichts richtig Wertvolles, so dass er sich wieder mal auf das Fälschen als Einnahmequelle verlegte.

Bei seinen Kindern oder Astrid, mit der er immer noch verheiratet war, meldete er sich nicht. Je mehr Zeit verging, desto sicherer wurde er, dass Judy ihren Mund gehalten haben musste, denn die Behörden nahmen nicht Kontakt zu ihm auf. Seine Paranoia bezüglich Rotea verebbte, und sein Selbstvertrauen wuchs.

Einige Monate später kehrte Van nach San Francisco zurück und zog in ein Apartment im William Penn Hotel im Upper Tenderloin. Das 1907 erbaute William Penn, Nummer 160 Eddy Street, war eines von vielen Hotels, die nach dem Erdbeben von 1906 und den darauffolgenden Bränden Einzimmerwohnungen anboten. Das Viertel zog von jeher eine bunte Mischung von Leuten an, unter ihnen auch Homosexuelle, Drogensüchtige und Obdachlose. Musiker kamen, weil es immer eine Chance auf einen Gig in einem der zahlreichen Nachtclubs gab. In den 1950ern hatten der Jazztrompeter Miles Davis und der Pianist Thelonius Monk hier gespielt, und ansässige Musiker hatten ihren Stil dreist kopiert.

Upper Tenderloin grenzte an Lower Nob Hill, Vans altes Viertel, weshalb er sich hier, inmitten der anderen Außenseiter, sicher fühlte. Sein Apartment, Nummer 215, war klein – ein Zimmer mit einem einzelnen Wandschrank und einem Bad mit einer kurzen, klauenfüßigen Badewanne. Es war billig, aber es genügte Vans Ansprüchen.

Er verbrachte seine Abende in den Bars, trank und beobachtete die Drag-Queens in ihren kurzen Röcken und offenen Blusen, mit denen sie offen ihr wahres Geschlecht zeigten. Lange bevor sie im Castro District akzeptiert wurden, hatte Tenderloin sie beherbergt und geschützt.

Tagsüber zog Van verkatert durch die Straßen. Er wanderte oft die drei Blocks vom Hotel zur Geary Street, wo er einst mit Judy gewohnt hatte.

Er hing seinen Erinnerungen nach.

Trauerte um seinen Verlust.

Verfluchte sein Schicksal.

Manchmal versuchte er, seinen alten Freund William zu kontaktieren, aber William nahm seine Anrufe nicht an. Er hatte längst jede Verbindung zu Van abgebrochen, auch wenn er ihn nicht vergessen konnte. Dafür sorgten die Gerichte. William hatte seinen Master-Abschluss in Kriminologie gemacht und war forensischer Kriminologe geworden. Doch jedes Mal, wenn er einen Gerichtssaal betrat, um als Gutachter in einem Fall auszusagen, brachte irgendein Verteidiger seine Verhaftung wegen der Beihilfe zur Entführung ins Spiel. William hatte sich schuldig bekannt und eine Bewährungsstrafe bekommen, aber die Sache blieb in seiner Akte und verfolgte ihn sein Leben lang. Hätte Van ausgesagt, dass William nichts von Judys Minderjährigkeit wusste, wäre die Klage wohl abgewiesen worden. Entsprechend fühlte William sich von seinem Freund verraten und wollte nichts mehr mit ihm zu tun haben.

Auch Van fühlte sich verraten – von jeder Frau, die er je gekannt hatte. Und jetzt hatte ihm Judys Heirat mit einem Detective vom Morddezernat das Einzige genommen, was ihm Trost spendete.

Mord verlieh ihm Macht.

Die Polizei zu foppen, gab ihm ein Gefühl von Überlegenheit.

Es half ihm zu überleben.

Nun hatte Judy ihm das gestohlen.

Bald schon machte sich Van auf den Weg in die beruhigende Vertrautheit der Kopfsteinpflasterstraßen von Mexico City. In der Bar des Hotels Corinto fühlte er sich wohl, umgeben von Mexikanern, die ihn Señor Best nannten und sich seine Bücher ansahen. Sie akzeptierten ihn, bewunderten den Amerikaner sogar, der zu einem festen Bestandteil ihres Lebens geworden war. Wenn er die engen Straßen entlangging, winkten ihm die Ladenbesitzer zu. Wenn er eine Bar betrat, wartete schon ein Cocktail auf ihn, ein Tom Collins. Die Antiquitätenhändler lächelten bei seinem Anblick, weil er ihnen Geld brachte.

Doch Van hatte nicht mehr den Ehrgeiz, mit Antiquitäten reich zu werden. Er kaufte und verkaufte nur noch, wenn es unbedingt sein musste. Und er trank. Dennoch gab es kein Entkommen. Judy war dort, lauerte ihm in den Kathedralen auf, die sie gemeinsam besichtigt hatten, in den Restaurants, in denen sie gegessen hatten, im Hotel Corinto, in dem sie sich geliebt hatten.

Das nächste Jahr verbrachte Van hauptsächlich in Mexiko und leckte seine Wunden. Ich weiß nicht, ob mein Vater über die Leben nachdachte, die er zerstört hatte, über die Träume, die er anderen stahl, über die Kinder, die ohne Eltern aufwuchsen, oder die Eltern, deren Kinder getötet wurden. Ich weiß nicht, ob er an seine eigenen Kinder dachte. Ich weiß nur, dass er trank.

1976 kehrte mein Vater nach San Francisco zurück. Am Abend des 17. März torkelte er gegen 8:30 Uhr durch Reardon's Restaurant zu einem Münzfernsprecher am Eingang.

Sosehr er auch kämpfte, seine Zwänge zu kontrollieren, konnte er an diesem Abend nicht widerstehen. Er war zu lange aus dem Rampenlicht verschwunden gewesen und brauchte den Kribbel, die Behörden zu narren.

Van warf ein paar Dimes in den Apparat und wählte die Nummer des FBI-Büros in San Francisco.

»Ich weiß von einem geplanten Anschlag auf Präsident Gerald R. Ford«, sagte er zu dem Agent am anderen Ende.

»Wie ist Ihr Name, Sir?«, fragte der Agent.

»Earl Van Best.«

»Wann sind Sie geboren?«

»Am 14. Juli 1934.«

»Und was können Sie mir zu dem geplanten Anschlag sagen?«, fragte der Agent, der sich zunächst vergewissern musste, dass es sich nicht um einen schlechten Scherz handelte. Ein halbes Jahr vorher hatte es zwei Anschläge auf den Präsidenten gegeben – einen durch Lynette »Squeaky« Fromme, einem Mitglied der Manson Family, die auf dem Gelände des *Capitols* in Sacramento, Kalifornien, eine Waffe auf ihn richtete; und einen durch Sara Jane Moore, die einer linken Radikalengruppe angehörte und einen Schuss auf Präsident Ford abgab, als er aus dem St. Francis Hotel in San Francisco kam.

»Ich bin Importeur und habe viele Kontakte in den Diplomatenkreisen von San Francisco. Vor zwei Tagen informierte mich ein Jugoslawe über den geplanten Anschlag auf den Präsidenten.«

»Wie war sein Name?«

»Das kann ich Ihnen nicht sagen«, antwortete Van.

»Und woher kennen Sie den Mann?«, fragte der Agent.

»Er hat mich erstmals 1974 in Österreich kontaktiert, weil er einen falschen Pass brauchte.«

»Und was für ein Anschlag ist geplant?«

»Er sagte, dass er den amerikanischen Präsidenten bei einem öffentlichen Auftritt am 18. März umbringen will.«

»Können Sie den Mann beschreiben?«

»Er ist einen Meter fünfundsiebzig groß, hat braunes Haar und braune Augen und ist stämmig gebaut«, antwortete Van. »Ich weiß von mehreren Verschwörungen gegen den Präsidenten, alle von einer Gruppe radikaler Fanatiker gesteuert, und dieser Jugoslawe ist der Anführer.«

Gegen Viertel vor neun meldete das FBI an das SFPD, dass Van in der Nummer 100 Embarcadero Street war. Auch der Geheimdienst wurde verständigt.

Der Agent sorgte dafür, dass Van weiterredete, während die Polizei unterwegs war.

Um 9:15 Uhr nahm ein SFPD-Officer Van den Hörer ab, und ein zweiter Officer legte ihm Handschellen an. »Der Verdächtige ist in Gewahrsam«, wurde dem Agent mitgeteilt. »Wie es aussieht, ist er betrunken. Wir nehmen ihn mit und halten ihn erst mal wegen Trunkenheit fest.«

Der FBI-Agent informierte den Geheimdienst, dass Van verhaftet war, fuhr jedoch nicht zum Revier, um meinen Vater zu befragen.

Das SFPD ließ Van am nächsten Vormittag wieder laufen, ohne beim FBI nachzufragen.

Letzteres machte sich umgehend auf die Suche nach ihm.

Am 18. März wurde kein Anschlag auf den Präsidenten verübt.

Am 19. März ging ein FBI-Agent zum William Penn Hotel und sprach mit Vans früherem Vermieter.

»Der ist letztes Jahr im Februar ausgezogen«, sagte der Vermieter. »Er hat nur ungefähr sechs Monate hier gewohnt. Und ich habe immer noch Post für ihn hier.«

Der FBI-Agent kam am 27. März und am 2. April wieder. »War er mal wieder hier?«, fragte er den Vermieter.

»Ich glaube, er hat zwischendurch seine Post abgeholt«, sagte der Vermieter.

»Sagen Sie ihm bitte, er möchte sich beim FBI melden, wenn er noch mal zurückkehrt.«

Das tat Van nie.

Weil es keine weiteren Anschläge auf den Präsidenten gab, schloss das FBI die Akte wenig später.

40

Die *Hall of Justice*, in der das SFPD, das Oberlandesgericht von San Francisco, das *San Francisco Sheriff's Department* und das städtische Gefängnis untergebracht waren, wurde 1958 erbaut und sollte die Öffentlichkeit mit seinen Marmorwänden und den riesigen Kronleuchtern beeindrucken. Vorn am Eingang gab es einen Schuhputzstand, wo oft Anwälte, Detectives und juristische Laien in Gruppe beisammenstanden und sich unterhielten. Der dritte Stock, in dem die Abteilung für Kapitalverbrechen saß, bestand aus langen Korridoren, auf denen die Türen links und rechts stets verschlossen waren. An den Wänden stellten Fotos die Helden aus, die Großes beim SFPD geleistet hatten. Ein Metallschild mit der Aufschrift HOMICIDE hing über dem Durchgang zur Abteilung. An dem Fenster daneben hingen Poster von Opfern und angekündigten Belohnungen, sodass jeder sehen konnte, welche Fälle noch nicht aufgeklärt worden waren.

Mitte der 1970er wurde die Phantomzeichnung des Zodiac abgenommen, um Platz für Fotos von Verdächtigen zu machen, die wegen jüngerer Morde gesucht wurden. Aber

Detectives wie Toschi bewahrten die Zeichnung für alle Fälle griffbereit auf.

Genauso wie Rotea, der nun häufig eine schwarz-weiß gestreifte Mütze auf dem Kopf hatte. Er hatte sie sich im Andenken an die Zebra-Morde gekauft und trug sie voller Stolz. Andere im *Department* fanden es seltsam, auch wenn jeder sie mal aufprobieren wollte. In Zimmer 450 ertappte man bisweilen Detective Dave Toschi mit der Mütze auf dem Kopf an seinem Schreibtisch, allerdings immer mit Rotea in der Nähe, der sie sich wieder zurückholen würde.

Gegen Ende des Jahres 1975 verließ Bill Armstrong das Morddezernat. Er war all die Leichen leid, die ihn bis in seine Träume verfolgten. Seinen größten Fall ließ er ungelöst zurück. Toschi hingegen war nicht bereit, den Zodiac aufzugeben; er hatte zu viel in diesen Fall investiert. Allerdings war er von den beiden der Mann für die Medien gewesen, während Armstrong das kriminalistische Rückgrat des Duos gebildet hatte. Nach Armstrongs Fortgang wurden neue Hinweise unter den anderen Detectives aufgeteilt, damit sie die möglichen Spuren prüften. Es gab ständig einen Mörder zu jagen, weshalb man sich längst nicht mehr so auf den Zodiac konzentrierte wie noch vor sechs Jahren.

Rotea hätte endlich die Chance gehabt, den Fall gründlicher unter die Lupe zu nehmen, aber nun hielt ein anderer Serienmörder die Abteilung in Atem. Der Black Doodler (Schwarzer Kritzler) wurde von der Presse so getauft, weil er seine Opfer skizzierte, bevor er Sex mit ihnen hatte. Er erstach zwischen Januar 1974 und September 1975 vierzehn Homosexuelle. Drei weitere Männer, die er ebenfalls angriff, konnten fliehen und hatten die Vorfälle dem SFPD gemeldet.

Anfangs glaubten Rotea und Sanders, sie hätten es mit

drei unterschiedlichen Serientätern zu tun, weil der Modus Operandi in einigen der Fälle abwich. Fünf der Opfer waren Transvestiten gewesen, die in den Schwulenbars des Tenderloin verkehrten. Sechs Opfer hatten eine Vorliebe für Sadomaso und hielten sich oft in den Lederbars südlich der Market Street auf. Die anderen sechs Opfer, Geschäftsmänner, ein Anwalt, ein Entertainer und ein Diplomat, hatte es zum Fremdgehen in den Castro District verschlagen.

Als Rotea und die anderen Detectives die überlebenden Opfer befragten, ergab sich allerdings ein klares Bild des Black Doodlers. 1976 nahmen sie einen Verdächtigen fest und verhörten ihn. Zwar redete er mit den Detectives, weigerte sich aber zu gestehen. Trotzdem war Rotea überzeugt, dass sie den Black Doodler vor sich hatten.

Das Problem war nur, dass sie ihn wieder laufen lassen mussten.

Laut einem Artikel der Nachrichtenagentur »Associated Press« vom 8. Mai 1977 erklärte Rotea, dass »die Polizei seit einem Jahr einen jungen Mann, den sie ›The Doodler‹ nennen, im Zusammenhang mit vierzehn Morden und drei tätlichen Angriffen in der Homosexuellenszene befragt.

Der Verdächtige, dessen Name nicht genannt wurde, spricht freiwillig mit der Polizei, hat die Taten aber nicht gestanden, wie Gilford sagte.

Er gab an, dass die Polizei ›ziemlich sicher‹ ist, den Richtigen zu haben, doch ohne Geständnis oder die Aussagen der drei überlebenden Opfer, die den Mann identifizieren, können sie nichts tun«, hieß es in dem Artikel weiter.

»Gilford gab an, dass es sich bei den Überlebenden um den Entertainer, den Diplomaten und einen Mann handelt, der San Francisco verlassen hat und weder auf Briefe noch

Anrufe unter seiner neuen Adresse antwortet. ›Ich vermute, sie möchten nicht öffentlich bloßgestellt werden.‹«

Und weil die Opfer nicht bereit waren, vor Gericht auszusagen, wurde der Black Doodler nie inhaftiert.

Der Fall ärgerte Rotea. Er wusste, wer der Mörder war und wo er wohnte, doch er hatte nicht genug Beweise, ihn ohne eine Identifizierung durch die Opfer anzuklagen.

In dem Artikel stand außerdem, dass Harvey Milk, »ein Anwalt für Homosexuellen-Rechte, zur Aussageverweigerung der Opfer sagte: ›Ich kann ihre Lage verstehen. Und ich verstehe auch, unter welchem gesellschaftlichen Druck sie stehen.‹ Milk sagte, viele Homosexuellen hielten ihre Neigungen geheim, weil sie fürchten, ihre Jobs zu verlieren. ›Sie müssen sich verstecken‹, wie er es ausdrückte.«

Der Black Doodler verblasste bald in der öffentlichen Wahrnehmung, und überhaupt brachte er nie dieselben Zeitungsauflagen wie der Zodiac. Ermordete Homosexuelle waren in den Augen der Leser schlicht nicht so faszinierend wie die chiffrierten Nachrichten des Zodiac.

Homosexuelle Politiker indes waren etwas anderes. Als Harvey Milk als erster bekennender Homosexueller Ende 1977 in ein öffentliches Amt gewählt wurde, beherrschten abermals Politik und Homosexualität die Schlagzeilen. Unterstützt vom Bürgermeister George Moscone konnte Milk die Wähler für sich gewinnen und einen Sitz im *San Francisco Board of Supervisors* erlangen, dem Stadtrat.

Moscone, ein energischer Befürworter von Schwulen-Rechten, war der erste Bürgermeister, der zahlreiche Frauen, Homosexuelle und Minderheitenvertreter in die städtischen Kommissionen und Ausschüsse berief. Mithilfe von Roteas altem Freund in der *State Assembly*, Willie Brown, war Moscone als Senator maßgeblich an der Abschaffung des Sodomie-Gesetzes beteiligt gewesen. In den dämmrigen Bars des Castro Districts hatten junge Geschäftsmänner jubelnd ihre Gläser erhoben und auf Moscone und Brown getrunken. Doch die Entscheidungen, die Moscone als Bürgermeister fällte, sollten ihn teuer zu stehen kommen.

In den Monaten vor seiner Wahl hatte er Jim Jones vom *Peoples Temple*, einer neureligiösen Gruppe, für seinen Wahlkampf rekrutiert. Mascone war klar, dass Jones' riesige Gemeinde die Wahl entscheiden könnte. Jones hatte mehrere Jahre zuvor seinen Tempel nach San Francisco verlegt und sich seither in San Franciscos Politikerkreise vorgearbeitet. Kurz nach seinem Wahlsieg belohnte Moscone ihn mit dem Vorsitz der *San Francisco Housing Authority Commission*, dem Bauausschuss der Stadt.

Im September 1977 erklärte sich auch Willie Brown zum Jim-Jones-Anhänger und hielt eine Rede bei einem Bankett in der Tempelzentrale. Dort, in der Geary Street, beschrieb er Jones als eine Kombination aus »Martin Luther King, Angela Davis, Albert Einstein und Mao«. So zitiert ihn heute jedenfalls die Fernsehkette »Public Broadcasting Service« (PBS).

1978 nahm Rotea seinen vorzeitigen Abschied vom *San Francisco Police Department*, um sich der Politik zu widmen. Moscone ernannte ihn zum geschäftsführenden Direktor des *Mayer's Council on Criminal Justice*, des städtischen Beratungsausschusses für Strafverfolgung, obwohl die Klage gegen die Stadt wegen Rassendiskriminierung, die Rotea mitinitiiert hatte, noch anhängig war.

Und dann brach die Hölle los.

Am 18. November 1978 führte Jones an die neunhundert

Leute in einen Massenmord beziehungsweise -selbstmord in Jonestown, Guyana. Dorthin hatte er seinen Tempel verlegt, nachdem immer mehr Gerüchte über Missbrauch durchgesickert waren. Bilder von Leichen – Erwachsene und Kinder, nebeneinander auf dem Boden liegend – füllten die Abendnachrichten, und alle Welt erschauderte. Unter den Toten war der kalifornische Kongressabgeordnete Leo Ryan, der nach Guyana gereist war, um den Gerüchten nachzugehen.

Jones' Politikerfreunde in San Francisco eilten in Deckung – einschließlich Willie Brown, Harvey Milk und George Moscone.

Neun Tage später betrat Dan White, ein kürzlich zurückgetretener Stadtrat, das Rathaus und erschoss Mayor Moscone und Milk, die beide abgelehnt hatten, ihm seinen Posten wiederzugeben.

Während die Welt von der Tragödie in Guyana betroffen war, trauerte die Homosexuellen-Gemeinde in San Francisco um den Verlust ihrer beiden größten Fürsprecher im Rathaus.

Es war folglich kein günstiger Zeitpunkt, in die Politik zu gehen, erst recht nicht für jemanden wie Rotea, dem Integrität so wichtig war. Beim SFPD hatte er einiges für Afroamerikaner erreicht und sich in achtzehn Jahren fünfzehn Belobigungen verdient. 1979 erklärte Richter Robert F. Peckham, dass die ethnischen Minderheiten im *Department* unterrepräsentiert seien, und ordnete neue Einstellungs- und Beförderungskriterien an. Außerdem wollte er einen Prüfbericht für die letzten zwanzig Jahre sehen. Rotea und die anderen *Officers of Justice* hatten endlich das Ende der Diskriminierung beim SFPD durchgesetzt.

Und Rotea hatte alle seine Ziele erreicht.

Bis auf eines.

Der Zodiac lief noch frei herum.

41

»Es ist für dich, Schatz. Das ist Van«, sagte Ellie und gab ihrem Mann das Telefon.

Earl nahm es und hoffte auf gute Neuigkeiten. Die wenigen Male, die Van ihn in letzter Zeit anrief, hatte sein Vater ihn kaum verstehen können.

»Ja, hallo, Junge«, sagte Earl.

»Ich brauche ein bisschen Geld, Vater.«

»Warum? Was ist los?«, fragte Earl.

»Ich bin verhaftet worden und muss meine Bußgelder bezahlen und dann nach Mexiko«, erklärte Van lallend.

Earl setzte sich hin. »Was hast du getan?«

»Nur ein paar Strafen wegen Trunkenheit am Steuer«, murmelte Van.

»Van, sprich lauter. Ich kann dich nicht verstehen.«

»Ich sagte ›Trunkenheit am Steuer‹.«

»Van, du musst damit aufhören«, sagte Earl. »Wann reißt du dich endlich zusammen?«

»Mach ich ja. Ich arbeite dran. Ich muss nur noch einmal nach Mexiko, dann wird alles besser. Versprochen.«

Van war 1977 dreimal wegen Trunkenheit am Steuer verhaftet worden – am 21. März in San Bernardino, am 24. Juni in Riverside und am 24. Oktober wieder in San Bernardino. Earl wusste, dass es mit seinem Sohn rapide bergab ging, und er konnte nichts tun.

Mittlerweile war Earl im Ruhestand und genoss die Zeit

mit seiner Frau. Der frühere Landprediger hatte vieles, worauf er stolz sein durfte. Er war zweimal ausgewählt worden, seinem Land als Kaplan für die Veteranen zu dienen, und hatte mit mehreren Präsidenten gearbeitet – u.a. John F. Kennedy, Lyndon B. Johnson und Richard M. Nixon. Jahrelang war er Kaplan des Veteranenverbands von Indiana State gewesen, und kürzlich ernannte ihn Gouverneur Otis Bowen zum Sagamore of the Wabash, zum Unterhäuptling des Indianerstammes der Wabash. Das war die größte Ehre, die der Gouverneur einem Bürger für herausragende Dienste zusprechen konnte. Der Prediger hatte vier Ehrentitel vorzuweisen; er hatte sein Leben lang seiner Gemeinde und seinem Land gedient.

Einzig bei Van hatte er versagt.

Van verbrachte die nächsten fünf Jahre damit, die kalifornische Küste rauf und runter zu reisen, wohnte in Long Beach, verbrachte aber auch immer wieder längere Zeit im Hotel Corinto in Mexiko. Manchmal entdeckte er etwas von Wert, doch meistens verscherbelte er seine Antiquitäten für gerade genug Geld, um Alkohol zu kaufen. Der machte sein Dasein erträglich. Die Händler entlang der Küste, die sich einst so begeistert auf seine Besuche gefreut hatten und von seinem Wissen und den ungewöhnlichen Funden beeindruckt gewesen waren, zögerten nun angesichts der ungepflegten Erscheinung des ehedem immer so tadellos gekleideten Verkäufers. Mein Vater konnte niemanden mehr mit seinem charmanten Lächeln oder einem originellen Spruch herumkriegen. Sie alle rochen seine Fahne und sahen in seinen Augen, dass er trank.

1982, sechs Jahre nach Judys und Roteas Heirat, fing sich Van für eine Weile. Earl schrieb erleichtert an seine

Nichte: »Van hat mit dem Trinken aufgehört und schreibt und redet wieder vernünftiger. Wir telefonieren ab und zu, und ich bin stolz, dass er wieder auf der richtigen Bahn ist.«

Nach achtundvierzig Jahren erlebte mein Großvater endlich einen Moment, in dem er stolz auf seinen Sohn sein konnte.

Der währte allerdings nicht lange.

Am Jahresende hing Van wieder an der Flasche.

Vater und Sohn sprachen nie wieder miteinander.

Earl Van Best Sr. starb am 28. März 1984 im Alter von neunundsiebzig Jahren. Ellie wischte sich die Tränen ab, als ein Bügelhorn den Zapfenstreich anstimmte. Die einundzwanzig Salutschüsse, die ursprünglich auf die Tradition der Navy zurückgingen, würdigten nun ihren Mann als Militärhelden. Als sie auf dem *Arlington National Cemetery* stand und zusah, wie der Sarg mit ihrem allseits geachteten Mann in die Erde hinabgelassen wurde, blickte Ellie sich nach Van um.

Er war nicht erschienen.

42

Dianne Feinstein folgte 1978 auf George Moscone als erste Bürgermeisterin von San Francisco. Sie ernannte Rotea Gilbert zu ihrem Stellvertreter.

Judy hätte gar nicht stolzer sein können. Sie betete den Mann an, der ihrem Leben festen Halt gab. Anfangs war es nicht leicht gewesen, doch ihr wurde rasch klar, dass Rotea daran keine Schuld trug. Sie wusste einfach nicht, wie man sich in einer gesunden Beziehung verhielt, da sie von ihrem

Vater, ihrem Stiefvater und dann von Van geprägt worden war. Deshalb tat sie in den ersten sechs Monaten ihrer Ehe unbewusst alles, um die Beziehung zu sabotieren.

Rotea fragte sich schon, was aus der lebhaften jungen Frau geworden war, die er geheiratet hatte. Judy fand an allem etwas auszusetzen. Doch dann, nach ungefähr einem halben Jahr, hatte sie eines Tages eine Erleuchtung.

»Heute Morgen auf der Fahrt zur Arbeit habe ich überlegt, was so falsch an unserer Ehe ist«, sagte sie später am Abend zu ihrem Mann. Judy arbeitete als Büroleiterin bei einem Bauprojekt.

»Und was ist es?«, fragte Rotea merklich besorgt.

»Nichts. Absolut gar nichts. Ich weiß selbst nicht, warum ich mich so benehme. Ich habe einen wunderbaren Ehemann und ein sehr interessantes Leben. Deshalb werde ich mich bessern, Ehrenwort.«

Rotea nahm sie in die Arme. Er wusste nichts über Judys Vergangenheit, doch manchmal bemerkte er, dass sie mit Dämonen kämpfte, von denen sie ihm nichts erzählen wollte.

»Feiern wir das«, sagte er. »Wir fangen noch mal von vorn an.«

Das taten sie, und Judy war nie glücklicher gewesen. Nach drei Jahren Ehe hatte sie endlich ihre Furcht vor noch einem Kind überwunden und gebar einen Jungen, den sie Chance Michael tauften – nach Roteas Sohn Michael, der nach vier Jahren Leiden an den Verletzungen des Autounfalls gestorben war.

Judy und Rotea himmelten ihr Baby an. Für sie beide war es tatsächlich eine zweite Chance.

Vom Tag seiner Geburt an beschützte Judy Chance, wie

sie irgend konnte. Erhob Rotea die Stimme, ermahnte Judy ihn sofort. Dabei hatte sie keinen Grund zur Sorge. Er war immer schon ein liebevoller Vater gewesen, und als Chance größer wurde, bewies Rotea ein ums andere Mal, dass es auf dieser Welt auch anständige Männer gab.

Manchmal ertappte Judy ihn, wie er am Küchenfenster saß und Chance zusah, der draußen mit seinen Freunden Basketball spielte. Rotea machte sich dann Notizen und ging später mit Chance durch, was er sehr gut gemacht hatte und was er noch verbessern könnte.

Judy beobachtete, wie ihr Mann ihren Sohn Disziplin, Stärke und Verantwortung lehrte. Zum ersten Mal in ihrem Leben wusste sie, dass sie die richtige Wahl getroffen hatte. Rotea trainierte Chance und andere Nachbarskinder oft, und er war für jedes Kind da, das väterlichen Rat brauchte. Gingen Judy und er durch Hayes Valley, winkten ihnen die Nachbarn freundlich zu. Sie alle fanden Roteas Anwesenheit hier beruhigend.

Judy überschüttete Chance mit Liebe, denn sie wusste keine andere Möglichkeit, wie sie wiedergutmachen könnte, mich in Baton Rouge zurückgelassen zu haben. Obwohl sie mich nicht erwähnte, fragte sie sich häufig, was aus dem Sohn geworden war, den sie zur Adoption freigegeben hatte. Zwar fühlte sie sich in ihrer Ehe sicher, trotzdem brachte sie es nicht übers Herz, ihrem Ehemann, der Kinder so sehr mochte, zu erzählen, dass sie ihren Sohn weggegeben hatte. Stattdessen half sie Rotea, die Kinder in ihrer Gemeinde zu fördern, und sie nahmen den zwölfjährigen Terry Marshall, der von seiner Großmutter verlassen worden war, bei sich auf.

Roteas Mutter Viola, die eine Wohnung im ersten Stock

ihres Hauses hatte, half ihnen mit den Kindern. Jeden Nachmittag, wenn Judy und Rotea die Kinder von der Schule abgeholt hatten, erwartete Viola sie mit einem Abendessen. Vor allem aber war sie eine wunderbare Bäckerin.

Als Rotea sich stärker politisch engagierte, machte Judy sich Sorgen. Er wirkte abgespannter als sonst. Die ehrenamtliche Arbeit, das Coaching und sein Einspringen als Ersatzlehrer verlangten ihm einiges ab, und auf einmal hatte er Mühe, morgens aus dem Bett zu kommen. Das passte nicht zu dem energiegeladenen Mann, der er gewesen war, als Judy ihn kennenlernte.

Harold Butler, ein junger Police Officer beim SFPD, bemerkte ebenfalls, dass etwas nicht stimmte. Der schwarze Officer stieg in einem völlig anderen Umfeld auf, als Rotea es erlebt hatte. Die beiden kannten sich durch *Officers of Justice* und hatten sich schnell angefreundet, obwohl Butler so viel jünger war. Er hatte viele Geschichten über Rotea gehört und sah zu ihm auf.

»Alles in Ordnung mit ihm?«, fragte Butler eines Abends, als er mit Judy am Esstisch saß. »Er sieht erledigt aus.«

»In letzter Zeit ist er ziemlich müde«, gestand Judy. »Ich weiß nicht, was los ist. Er sagt mir nichts.«

»Er sollte mal zum Arzt gehen.«

Judy versuchte, ihn zu überreden, aber Rotea behauptete, alles sei okay. »Das ist mein Blutzucker«, sagte er. Es war seine Standardausrede für alles.

Rotea diente seiner Stadt unter Feinstein, zog sich aber kurz nach Art Agnos' Wahl zum Bürgermeister 1988 aus den öffentlichen Ämtern zurück. Als Willie Brown nach fünfzehn Jahren in der *California State Assembly* 1996 zum ersten schwarzen Bürgermeister von San Francisco gewählt wurde, zog es Rotea zurück in die Politik. Brown berief ihn in die *Recreation and Park Commission*, den Freizeit- und Parkausschuss.

Jeden Morgen um Punkt sechs Uhr rief Rotea bei Brown an. »Guten Morgen, Bürgermeister«, sagte er, was seine Art war, Browns Errungenschaften zu würdigen. Die beiden Männer blickten auf eine jahrzehntelange Freundschaft zurück, die gleichermaßen auf gegenseitige Zuneigung wie auch auf den gemeinsamen Kampf um ethnische Gleichheit gründete.

Harold Butler fand es aufregend, zu Roteas engstem Kreis zu gehören. Er und seine Frau waren oft bei den Gilfords zu Besuch. Er genoss es, mit seinem Mentor über die Strategien zu diskutieren, mit denen dieser seine Projekte vor dem Bürgermeister verteidigen wollte – was letztlich überflüssig war, denn Brown stand ohnehin hundertprozentig hinter Roteas Ideen. Aber Rotea wusste auch, wie viel es dem jungen Officer bedeutete, Teil der politischen Szene zu sein, daher lud er ihn regelmäßig ein. Butler bat Rotea oft bei schwierigen Fällen um Rat und nutzte dessen Erfahrung als Detective. Er war voller Hochachtung für den Mann, der solch eine Legende bei der Polizei geworden war, aber er sorgte sich um Rotea.

Genauso wie Judy. Während der letzten Jahre ihrer Ehe hatte sie ihren Ehemann Gliedmaß für Gliedmaß an den Diabetes verloren. Es fing mit einem verfärbten Zeh an, als Rotea in den frühen 1960ern war, dann setzte Wundbrand ein. Judy hatte versprochen, sich um ihn zu kümmern, war jedoch manchmal unsicher, ob sie es schaffen konnte. »Als er aus dem Krankenhaus kam, zeigte mir eine Schwester, wie ich die Verbände wechseln solle«, schrieb sie später in ihren

Erinnerungen an Rotea. »Als sie den Verband abnahm, und ich das klaffende Loch sah, wo vorher sein Zeh gewesen war, wurde ich fast ohnmächtig. Ich stand die Anleitung durch, dann ging ich nach oben und auf den Balkon, wo ich nach Luft rang. Wie in aller Welt sollte ich das können?«

Später, nachdem ein Teil von Roteas linkem Fuß amputiert worden war, musste Judy den verbliebenen Teil alle vier Stunden in Bleiche tauchen, und das über Wochen. Die Behandlung rettete den Rest des Fußes, und Rotea konnte später in einem Prothesenschuh umherhumpeln.

Dann verlor er den anderen Fuß.

Als Brown ihn in den Ausschuss berief, hatte der Diabetes bei Rotea schon zu Nierenversagen geführt. Jeden Morgen kam Mitch Salazar, der leitende Stellen bei mehreren städtischen Förderprogrammen innehatte, und eine von Roteas Erfolgsgeschichten war, vorbei, um seinen Mentor zur Dialyse zu fahren. Mitch war einst ein Kleinganove und Drogendealer im Mission District gewesen, schaffte es aber mit Roteas Hilfe und sogar ohne Highschool-Abschluss mit Freiwilligenarbeit in die Politik. Dort half er inzwischen anderen, deren Chancen von Anfang an dürftig standen.

Rudy Smith, ein anderer alter Freund von Rotea, war ebenfalls vom Bürgermeister in den Ausschuss berufen worden. Ihm war von Brown aufgetragen worden, Rotea alle Unterstützung zu organisieren, die er brauchte. Loyal wie er war, holte Smith Rotea jeden Mittag von der Dialyse ab, besorgte Essen in seinen Lieblingsrestaurants und besprach beim Mittagessen mit Rotea in der Küche alle städtischen Angelegenheiten.

Während dieser anstrengenden Zeit kamen sich Judy und Rotea näher denn je. Als der Wundbrand in seine Finger strahlte, wurden auch die einer nach dem anderen amputiert. Judy fürchtete, den Mann zu verlieren, den sie so sehr liebte, und versuchte, ihre Liebe in Worten auszudrücken:

Ich wollte nicht heiraten. Ich wollte seine Vision von dem nicht teilen, was oder wie es sein könnte. Aber nachdem ich Ja gesagt hatte, zeigte er mir, ja, bewies mir, was er so vielen anderen vorher und hinterher bewiesen hatte. Er lehrte mich alle Arten von Liebe, die zwischen zwei Menschen, die in Familien, die zu unserer Gemeinde, unserem Bundesstaat, unserem Land.

Indem er mich festhielt, befreite er mich. Als mein erster und bester Lehrer setzte er Maßstäbe, die es mir möglich machten, von Lehrern und Förderern umgeben zu sein, die mir helfen, wenn er es nicht mehr kann.

Er war mein strahlender Held, und ich bin so überaus dankbar dafür.

Keiner hatte so ein großes Herz wie er.

Als Judy diese Worte Rotea vorlas, sagte er: »Die will ich in meiner Grabrede.«

Sie hatte nur ihre Liebe auszudrücken versucht und dabei den Kern des Mannes erfasst, der so vielen geholfen hatte.

Am 13. März 1998 trafen Rotea und Judy die Entscheidung, dass es keine Operationen und keine Dialyse mehr geben würde. Am nächsten Tag rief Rotea den Bürgermeister an und bat ihn vorbeizukommen. Er erklärte Brown, dass er nicht mehr kämpfen wolle. »Ich sterbe«, sagte er.

Der Bürgermeister kam gegen Mittag. Auch Harold Butler eilte mit einigen anderen zum Gilford-Haus, weil sie spürten, dass das Ende nahte.

Rotea saß auf der Bettkante und tat, was er schon immer am besten konnte: Er erzählte völlig überzogene Geschichten über seine Einsätze, die jeden zum Lachen brachten. Obwohl die Situation so unglaublich traurig war, wurde keine einzige Träne vergossen. Das ließ Rotea nicht zu.

Nachdem sich seine Freunde verabschiedet hatten, legte Rotea sich schlafen. Judy und Roteas Exfrau Patricia saßen bei ihm und beobachteten stumm, wie seine Atmung angestrengter wurde. Andere Familienmitglieder kamen hinzu und beteten laut für den Mann, der sie alle so berührt hatte. Als sie fertig waren, tat Rotea seinen letzten Atemzug.

Dann war er tot.

»Es war eine schöne und friedvolle Reise, in zwei Tagen auf den Schwingen der Liebe«, schrieb Judy später.

TEIL 3

DIE ENTSCHLÜSSELTE WAHRHEIT

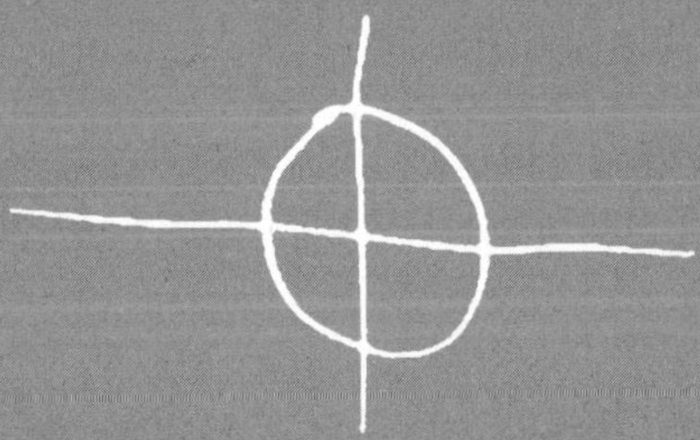

43

Nach Roteas Tod wusste Judy nicht recht, was sie mit sich anfangen sollte. Sie hatte vier Jahre damit verbracht, ihn zu pflegen, und auf einmal gab es nichts mehr zu tun. Inzwischen waren Chance und Terry groß und führten ihr eigenes Leben. Wenn Judy durch ihr Zuhause wanderte, hielt sie manchmal vor den Zimmern an, die einst so voller Leben gewesen waren, und dann überwältigte sie die Stille. Freunde und Angehörige kamen zu Besuch und bemühten sich, sie zu zerstreuen, doch das war nicht dasselbe. Wenn sie weg waren, wurde Judy wieder von der Stille umfangen, starrte sehnsüchtig auf die alten Bilder des Mannes, der ihr Leben verändert hatte, und der Jungen, deren Unfug das Haus mit Lachen erfüllt hatte. Judy füllte ihre Tage mit Arbeit und ehrenamtlichen Tätigkeiten, was nichts an der Tatsache änderte, dass sie jeden Abend zu drei leeren Stühlen am Esstisch zurückkehrte. Zum ersten Mal seit fünfundzwanzig Jahren war Judy allein.

Und bei so viel Zeit zum Nachdenken kamen Erinnerungen wieder hoch, die sie so energisch verdrängt hatte. Sie tauchten in ihren Träumen auf. Nach Jahren Ehe hatte sie Rotea gestanden, dass sie schon einmal verheiratet gewesen war und einen Sohn hatte, von dessen gegenwärtigem Leben sie nichts wusste.

»Willst du ihn finden?«, hatte Rotea gefragt.

»Ich weiß nicht, ob es gut wäre«, antwortete sie. »Alles,

was ich weiß, ist, dass er in den Südstaaten aufgewachsen ist. Ich weiß nicht, wie es ihm damit ginge, wenn er erfährt, dass er einen halbschwarzen Bruder hat. Was ist, wenn er uns ablehnt, sowie er es hört? Die ticken da unten anders.«

Rotea stimmte ihr zu, dass es problematisch sein könnte. Er sagte, dass er sie unterstützen würde, wenn sie sich für eine Suche entschied.

Judy beließ es dabei, weil sie Angst vor dem hatte, was geschehen könnte, wenn ich es herausfand, vor den Fragen, die ich stellen könnte.

Und vor dem, was Rotea herausfinden könnte.

Sie war noch nicht bereit, diese schreckliche Zeit ihres Lebens offenzulegen.

Ohne Rotea wurde alles anders. Die Neugier, was aus mir geworden war, überwog die Ängste. Ungefähr ein Jahr nach Roteas Tod traf Judy ihre Entscheidung: Sie würde nach mir suchen, und mit den Folgen könnte sie dann umgehen, wenn sie mich gefunden hatte.

Indirekt half ihr Rotea. All die Abende, die sie am Esstisch ihrem Mann und Earl Sanders zugehört hatte, wie sie über ihre Fälle und die Ermittlungsmethoden sprachen, zahlten sich nun aus. Judy fand die Namen von siebenundzwanzig Männern heraus, die am 12. Februar 1963 in Louisiana geboren worden waren, und begann, ihnen zu schreiben oder sie anzurufen, in der Hoffnung, dass einer von ihnen ihr Sohn war.

Es dauerte drei Jahre und bedurfte der Hilfe einer Adoptionsgruppe und eines Verwaltungsangestellten in Louisiana, aber schließlich hatte meine hartnäckige Mutter meinen Adoptivnamen erfahren.

Neununddreißig Jahre, nachdem meine Tante Margie

mich aus Judys Armen genommen hatte, waren wir wieder vereint.

Am Morgen nach meiner Ankunft in San Francisco weckte ich meinen Sohn Zach und machte mich mit ihm auf den Weg zur *Unity Christ Church* in der Ocean Avenue, wo wir uns mit Judy und ihrem Freund Frank in einer kleinen, mit bunten Blumen geschmückten Kapelle verabredet hatten. Ich hielt Zachs Hand, als wir die Straße zur Kirche überquerten. Judy hatte arrangiert, dass ich hier meine Großmutter Verda und meinen Halbbruder Chance treffen sollte. Und ich war nervös und unsicher, was ich zu diesen Fremden sagen sollte, die auf einmal meine Familie waren.

Verda war morgens gegen sieben in Sacramento aufgebrochen. Den ganzen Morgen überlegte sie, was passieren würde, wenn sie mir begegnete, und wie sie erklären sollte, dass sie Judy damals gezwungen hatte, ihren Sohn wegzugeben. Sie war 1963 nicht auf den Anruf vorbereitet gewesen, in dem sie erfuhr, dass Judy einen Sohn zur Welt gebracht und der Mann, der sie entführt und vergewaltigt hatte, der Vater war. Verda hatte geweint, als die Sozialarbeiterin in Louisiana mich beschrieb – »rötlich blondes Haar, blaue Augen, genauso wie seine Mama. Er ist so süß und unschuldig.«

Doch Verda hatte bereits mehrere eigene Kinder, von denen das jüngste erst acht Monate alt war. Unmöglich konnte sie auch noch Judys Baby aufnehmen. Verda hatte schon vorher geahnt, dass dieses Unheil über ihre Familie hereinbrechen würde. Ihre Tochter hatte noch nie Verantwortungsbewusstsein gezeigt und war unempfänglich für vernünftige Ratschläge. Zudem würde Verdas Mann, Vic, niemals zulassen, dass Judys Baby zu ihnen kam. Also hatte Verda getan, was für alle das Beste gewesen war.

Nur würde ihr inzwischen erwachsener Enkel es verstehen? Ihr war mulmig, als sie in ihren Wagen stieg und nach San Francisco fuhr.

Als Zach und ich in die Kirche kamen, saß Verda allein in einer Kirchenbank und hatte die Hände über der Handtasche auf ihrem Schoß gefaltet, als würde sie beten. Ich erkannte sie auf Anhieb, spürte irgendwie, dass die ältere Frau meine Großmutter war.

Zunächst blieb ich an der Kirchenbank stehen, weil ich nicht wusste, was ich sagen sollte. Und ich sah ihr an, dass sie ebenfalls unsicher war.

»Nun, ich sollte dich wohl kennen«, sagte Verda schließlich mit einer angenehm hellen Stimme. Sie stand auf und umarmte mich.

Das genügte vollkommen. Niemals könnte ich die Frau hassen, deren Handeln mir Eltern wie Loyd und Leona beschert hatte.

»Keine Sorge«, beruhigte ich sie. »Du hast keinen Grund, etwas zu bereuen. Ich danke dir für deine Entscheidung, Grandma.«

Einige Minuten später kam Chance mit seiner Frau Jasmine und seiner Tochter Mia zu uns.

Alle hatten Tränen in den Augen, als ich meinen Bruder zum ersten Mal umarmte. Judys Befürchtung, dass meine Sozialisation in den Südstaaten nun ein Problem sein könnte, bewahrheitete sich nicht. Mir war völlig egal, dass mein Bruder farbig war. Ich hatte einen Bruder, und das allein zählte.

Im Jahr 2002 verbrachte ich viel Zeit damit, meine neue Familie kennenzulernen. Wir telefonierten, e-mailten, und vier Mal konnte ich meine Mutter besuchen. Vor Weihnachten reiste ich zu einem Firmentreffen und der Weihnachtsfeier nach Kalifornien und freute mich darauf, mein erstes Weihnachten mit meiner Mutter zu verbringen. Frank schlug vor, dass Judy und ich eine Kurzreise nach Tahoe und Reno machten, um ein wenig Zeit für uns zu haben.

Vor vielen Jahren hatten Judy und Van in Reno geheiratet, und dort zu sein, weckte den dringenden Wunsch in mir, mehr über meinen Vater zu erfahren. In den letzten sechs Monaten hatte ich mich mit Fragen zurückgehalten. Ich wollte nicht riskieren, das Verhältnis zu meiner Mutter gleich zu beschädigen, indem ich unwissentlich etwas fragte, was sie traurig machte oder verletzte. Und mir war inzwischen klar, dass sie nicht über meinen Vater reden wollte.

Trotzdem musste ich mehr wissen.

Wir verbrachten den letzten Tag unseres Kurzurlaubs in Tahoe, und als wir beim Kaffee dem Sonnenaufgang über den schneebedeckten Bergen zusahen, gestand ich: »Ich weiß, dass ich dir gesagt habe, ich würde nichts von meinem Vater hören wollen, aber ich denke, ich wüsste gerne, wer er war. Ich möchte versuchen, ihn zu finden.«

Judy zögerte nicht einmal: »Tja, wenn du das unbedingt willst, werde ich dir bei deiner Suche helfen, so gut ich kann.«

»Danke, Mom. Ich will ihn einfach nur kennenlernen.«

Mir war bewusst, dass es das Letzte war, was Judy wollte, dennoch gab sie mir ihr Wort. Als ich nach Baton Rouge zurückgekehrt war, begann sie herumzutelefonieren. Als Erstes rief sie Earl Sanders an.

»Earl, ich brauche deine Hilfe«, sagte sie zu San Franciscos Chief of Police. Vor Jahren hatte Bürgermeister Moscone geschworen, dass Rotea eines Tages als San Franciscos erster schwarzer Polizeichef Geschichte schreibt. Das Attentat auf den Bürgermeister hatte es verhindert, und so durchbrach stattdessen Roteas ehemaliger Partner diese Schallgrenze im Jahr 2002.

Allerdings gab es Probleme.

Sanders und zwei seiner Chief Deputies waren unlängst wegen Behinderung der Justiz angeklagt worden. Der Jungpolizist Alex Fagan Jr., Sohn eines von Sanders' Topmännern, war mit zwei anderen Polizisten außer Dienst in eine Kneipenschlägerei verwickelt gewesen. Der Vorfall, der in den Medien »Fajitagate« genannt wurde, begann damit, dass der Barkeeper sich weigerte, den Officers eine Tüte Steak Fajita zu geben, die er nach seinem Feierabend selbst mitnehmen wollte. Es kam zu einem Handgemenge, bei dem der Barkeeper verletzt wurde. Sanders und Fagans Vater leiteten das *Department* gemeinsam, und als die Officers nicht belangt wurden, schaltete sich der Staatsanwalt Terence Hallinan ein.

Polizeiskandale waren in San Francisco genauso alltäglich wie der Nebel über der Bay, deshalb machte sich Judy wegen dieser Geschichte um Sanders keine sonderlich großen Sorgen.

»Was gibt's?«, fragte Sanders. Seine Stimme am Telefon klang ungewöhnlich matt.

»Erinnerst du dich, dass ich dir von meinem Sohn erzählt habe? Er möchte seinen Vater finden, und ich weiß nicht, wo ich suchen soll. Ich bin mir nicht mal sicher, wie sein voller Name ist.«

»Ich würde dir ja gerne helfen, aber ich liege im Krankenhaus. Ich hatte einen Herzinfarkt«, antwortete Sanders.

»Oh mein Gott, das tut mir leid«, rief Judy entsetzt.

»Keine Bange, das wird wieder«, sagte der Chief lachend. »Ruf Harold Butler an. Der müsste dir helfen können.«

»Danke, Earl. Ich melde mich wieder.« Judy legte auf. Nun sorgte sie sich doch, dass der Skandal ihrem Freund übler zusetzte, als sie gedacht hatte.

»Earl kann uns nicht helfen«, erzählte sie mir. »Er steckt mitten in einem großen Skandal und hatte einen Herzinfarkt. Er schlug vor, dass wir mit Harold Butler reden. Harold und Rotea waren befreundet, und er war viel bei uns. Sicher würde er alles für mich tun.«

Sie wählte Butlers Nummer.

»Harold, Earl sagte mir, dass ich dich anrufen soll.« Sie erklärte ihm, dass sie ihrem Sohn aus erster Ehe helfen wolle, seinen Vater zu finden.

»Ich wusste gar nicht, dass du noch einen Sohn hast«, sagte Butler.

»Nein, das wusste niemand. Es ist eine lange Geschichte. Jedenfalls habe ich meinem Sohn versprochen, dass ich ihm helfe. Kannst du ein bisschen für mich nachforschen? Es muss irgendwo eine Akte über seinen Vater geben, aber ich erinnere mich leider nur noch, dass er Van hieß.«

Butler stellte eine Menge Fragen, um Judy so viele Informationen wie möglich zu entlocken. »Keine Sorge, wenn er eine Akte hat, finde ich ihn«, versicherte er ihr schließlich.

Ein Monat verging, bis Butler meine Mutter kontaktierte und ihr erzählte, was er gefunden hatte. Am 6. Juni 2003 schickte Judy mir eine E-Mail. Im Betreff stand: »Halt dich fest! Harold hat sich gemeldet ...«

Butler berichtete, dass mein Vater mit vollem Namen Earl Van Best Jr. hieß und am 14. Juli 1934 in Wilmore, Kentucky, geboren worden war. »Er sagt, die letzten Einträge in der Akte deines Vaters sind dreißig Jahre alt. Zuletzt war von ihm am 15. August 1967 gehört worden, allerdings hat Harold nicht verraten, in welchem Zusammenhang. Offenbar stehen Dinge in der Akte, die Harold nicht verraten kann, aber er meinte, wir sollten vorsichtig sein. So schrecklich es auch ist, vertraue ich Harolds Urteil, und schließlich war ich mit dem Kerl verheiratet. Vor allem muss man sich fragen, warum er sich eine Dreizehnjährige ausgesucht hat … Na, du weißt, was ich meine«, schrieb Judy.

Wie sie erzählte, hatte mein Vater keinen gültigen Führerschein, aber Butler hatte seine Sozialversicherungsnummer herausgefunden, zusammen mit einem alten Führerscheinfoto. Beides wollte er Judy geben. In der Akte war die Haight Street als Vans Adresse angegeben, neben Gertrudes Adresse in der Noe Street. »Harold möchte weiter mit uns nachforschen und dich kennenlernen. Er sagt, du kannst dich auch gerne direkt an ihn wenden.«

Ich starrte auf den Computer und las die E-Mail noch einmal. Ein Jahr nachdem ich meine Mutter kennengelernt hatte, bekam ich endlich einige Informationen über meinen Vater. Ich kannte seinen Namen. Und ich kannte meinen richtigen Nachnamen.

Best.

Aufgeregt buchte ich einen Flug nach San Francisco, um den Sergeant zu treffen, der mir bei der Suche nach meinem Vater helfen wollte.

Judy verabredete ein Treffen mit Butler und seiner Familie zum Abendessen im Valencia Pizza & Pasta im Mission District. Butler war vor uns dort und stand auf, als wir kamen. Er betrachtete mich verwirrt. »Erstaunlich, wie ähnlich du deinem Vater siehst«, sagte er.

»Ich kann es nicht erwarten, ein Foto von ihm zu sehen. Danke, dass du gesucht hast.«

Leider hatte Butler vergessen, das Foto mitzubringen. Mir fiel es schwer, meine Enttäuschung zu verbergen, als wir das Essen bestellten. Mir war schleierhaft, warum er das Bild nicht dabei hatte, wo es doch der eigentliche Zweck unseres Treffens gewesen war.

»Kannst du mir sonst noch etwas über das erzählen, was du gefunden hast?«, fragte ich ihn.

»Nein. Manche Dinge müssen unter Verschluss gehalten werden«, antwortete Butler. »Das verlangt das Gesetz.«

»Aber es ist vierzig Jahre her«, erwiderte ich. »Da kann es doch sicher keine Rolle mehr spielen.«

»Bedaure, Gary. Ich weiß, dass du jede Menge Fragen hast, doch ich kann dir nicht mehr sagen. Auf jeden Fall schicke ich dir das Foto.«

Mehrmals während des Essens wurde mir unbehaglich, wenn ich aufsah und bemerkte, dass Butler mich anstarrte, jede meiner Bewegungen beobachtete. Das Beste war wohl, keine Fragen mehr zu stellen.

Nach dem Essen lud Butler uns zu sich nach Hause zum Kaffee ein. Er hatte kürzlich renoviert und zeigte Judy stolz alles, was er neu gemacht hatte. Zach verstand sich prima mit Butlers Söhnen, und sie fragten, ob er über Nacht bleiben wolle.

»Tut mir leid, aber wir müssen morgen ganz früh zum Flughafen. Nächstes Mal vielleicht«, sagte ich.

Als wir uns verabschiedeten, schüttelte ich Butler die Hand und dankte ihm für seine Hilfe.

»Ich schicke dir das Foto per E-Mail und eine Kopie mit der Post«, versprach er.

Beim Gehen fühlte ich mich ein wenig besser.

Als ich in Baton Rouge ankam, war die E-Mail schon da.

Es dauerte ewig, die große Datei herunterzuladen, und ich wurde sekündlich nervöser. Gleich sollte ich zum ersten Mal das Gesicht des Mannes sehen, der mich in einem Treppenhaus ausgesetzt hatte.

Schließlich erschienen ein Kopf und Schultern auf dem Bildschirm. Ich starrte das Bild lange Zeit an. Van sah völlig anders aus, als meine Mutter ihn beschrieben hatte. Sie hatte gesagt, dass Van charmant aussah und Grübchen hatte. Hier waren keine Grübchen und erst recht kein Charme.

Ein ausdrucksloses Gesicht mit toten Augen glotzte mir entgegen.

Zach kam ins Zimmer und sah über meine Schulter. »Der sieht ja aus wie ein Serienmörder, Dad«, stellte er fest.

»Nein, tut er nicht«, widersprach ich, obwohl ich erkannte, was er meinte. Der Mann auf dem Bild sah nicht nach einem netten Menschen aus. Und dann bemerkte ich die Ähnlichkeiten – den Haaransatz, das Kinn mit dem Grübchen, die Form der Augen.

Als ich in Vans Augen sah, lief mir ein kalter Schauer über den Rücken, und ich fragte mich, ob ich das Richtige tat. Butler hatte gesagt, dass Dinge in der Akte stünden, die er mir nicht erzählen durfte ...

Was bedeutete das?

Diese Frage ging mir über Tage durch den Kopf, jedes Mal wieder, wenn ich das Foto auf meinem Desktop öffnete. Ich überlegte, ob ich lieber sofort aufhören sollte, nach Van zu suchen. Andererseits wollte ich dringend wissen, wer ich war, und das trieb mich an, weiterzumachen.

Der Sergeant hatte unter anderem vorgeschlagen, bei der

Sozialversicherung nachzufragen, ob mein Vater noch lebte. Dort wollte ich mit meiner Suche starten.

Am 15. Juli 2003 betrat ich um neun Uhr morgens das Gebäude der Sozialversicherung in Baton Rouge, zog eine Nummer und setzte mich hin. Ich zählte die Minuten, dann die Stunden, bis meine Nummer endlich aufgerufen wurde.

Eine freundliche Frau lächelte mir von ihrem Schreibtisch aus zu. »Was kann ich für Sie tun?«

»Mein Name ist Gary Loyd Stewart, und ich wurde adoptiert. Ich habe die Sozialversicherungsnummer meines leiblichen Vaters entdeckt und möchte herausfinden, ob er inzwischen verstorben ist, und, falls ja, ob Sterbegeld für ihn bezahlt wurde«, sagte ich nervös.

Butler hatte mir gesagt, ob ich noch weitere Geschwister habe, würde ich erfahren, wenn ich nach Sterbegeldauszahlungen fragte.

»Okay, sagen Sie mir die Nummer?«, fragte die Frau.

»Ja, Ma'am.« Ich las ihr die Nummer vor, die sie in ihren Computer eintippte; dann blickte sie auf ihren Monitor. »Ob er noch lebt oder nicht, darf ich Ihnen nicht sagen. Ich kann Ihnen nur verraten, dass kein Sterbegeld für ihn ausgezahlt wurde, aber Rücklagen da sind.«

»Also ist mein Vater tot oder noch am Leben?«

»Das Datenschutzgesetz verbietet mir, Ihnen diese Information zu geben«, antwortete sie. Als sie meine Enttäuschung sah, beugte sie sich vor und flüsterte: »Doch wäre er verstorben gemeldet worden, würde ich Ihnen jetzt mitteilen, dass Sie Anspruch auf Sterbegeldrücklagen haben.«

Vor lauter Dankbarkeit umarmte ich die Frau.

Ich hatte meine Antwort.

Mein Vater lebte!

44

»Ich glaube, ich rufe meinen Freund bei der Staatsanwaltschaft an«, sagte ich zu Loyd und Leona. »Der Cop in San Francisco will mir nichts erzählen, obwohl er etwas weiß.«

»Bist du sicher, dass du das willst?«, fragte Loyd.

»Ich muss versuchen, Van zu finden. Er lebt.«

»Und was ist, wenn es anders wird, als du es dir wünschst? Was ist, wenn der Polizist einen Grund hat, dir nichts zu erzählen?«, fragte Loyd. »Vielleicht solltest du erst mal in Ruhe nachdenken.«

»Mach dir keine Sorgen«, beruhigte ich ihn. »Judy hat mich gefunden, und das hat sich doch als gut rausgestellt, nicht?«

»Ja, hat es«, bestätigte Leona. »Trotzdem ist es etwas anderes. Dieser Mann hat sie geheiratet, als sie vierzehn war. Das gefällt mir nicht. Nein, es gefällt mir überhaupt nicht.«

»Mir auch nicht«, sagte Loyd.

»Ihr zwei macht euch zu viele Gedanken«, sagte ich und küsste beide, bevor ich ging. »Ich halte euch auf dem Laufenden.«

Ungeachtet des Rats meiner Eltern kontaktierte ich meinen Freund beim *Louisiana Department of Justice*.

»Ich habe nur den Namen und die Sozialversicherungsnummer von meinem Vater«, erklärte ich. »Meinst du, du kannst damit etwas anfangen?«

Er versprach, es zu probieren, und spannte noch einige seiner Freunde bei den Behörden ein.

Eine Woche später rief er mich an und sagte, dass ein Mann mit Vans Namen 1996 festgenommen worden sei und nun beim *California Department of Corrections* einsaß.

Es war das Letzte, was ich hören wollte. Mein Vater war inzwischen zweiundsechzig, und was machte er im Gefängnis?

Ich schrieb eine Mail an Judy. »Warum hat Butler mir nicht erzählt, dass Van 1996 verhaftet wurde?«

»Ich rufe ihn an«, antwortete Judy.

Am selben Tag rief ich jedes Gefängnis in Kalifornien an, doch es brachte nichts. In den Unterlagen der Gefängnisleitungen fand sich kein Hinweis auf eine Haftstrafe meines Vaters im Jahr 1996. Das hätte mich aufmerken lassen müssen, aber ich war so erpicht auf neue Informationen, dass ich Vans Verhaftung als Tatsache hinnahm.

Für diesen Fehler sollte ich noch teuer bezahlen.

»Harold sagte, dass er von der Verhaftung wusste und dein Vater dem FBI übergeben wurde. Aber sonst weiß er nichts«, berichtete Judy einige Tage später.

»Warum hat er mir das nicht gleich gesagt?«, fragte ich wütend.

»Weiß ich nicht. Ich rede mit ihm. Hör mal, denk bitte nicht, dass irgendwas, das dein Vater getan hat, mit dir zusammenhängt. Er hasste mich. Was immer er gemacht hat, war meinetwegen. Egal, was wir über ihn herausfinden, du darfst niemals denken, dass es deine Schuld ist.«

Ich schickte eine Mail an Butler und bat ihn wieder um die Akte meines Vaters. »Mir ist gleich, was drinsteht. Ich habe ein Recht zu erfahren, was er getan hat«, schrieb ich.

Damals interessierte mich im Grunde nicht, was er getan hatte. Ich wollte ihn einfach nur kennenlernen. Leona hatte mich gelehrt, anderen zu vergeben. Judy hatte ich bereits vergeben, und ich war sicher, dass ich es auch bei meinem Vater könnte.

Butler antwortete nicht auf meine E-Mail. Stattdessen meldete er sich bei meiner Mutter.

»Ich werde nicht sagen, was in der Akte steht. Daneben nimmt sich das, was er mit dir gemacht hat, harmlos aus«, sagte er.

»Wie können Vergewaltigung und Kidnapping harmlos aussehen?«, fragte ich Judy, als sie es mir erzählte. »Was kann denn schlimmer als das sein? Und wenn es so übel ist, muss ich es erst recht erfahren.«

»Ich weiß es nicht, Schatz. Mehr wollte er mir nicht verraten«, antwortete Judy.

»Ich muss wissen, was mein Vater getan hat. Ich bin sein Sohn! Ich verdiene es, Bescheid zu wissen.«

Judy fing an zu weinen. »Ich weiß. Das ist alles so furchtbar. Ich wollte ehrlich nicht, dass das passiert.«

»Es ist nicht deine Schuld, Mom. Es macht mich einfach nur irre, dass mein Vater irgendwo da draußen ist. Ich muss ihn finden oder zumindest wissen, warum ich nicht nach ihm suchen soll.«

»Okay, Schatz. Ich rufe Earl Sanders an und frage ihn, was dein Vater getan hat.«

Wenige Tage später, am 6. April 2004, feierte ich gerade einen großen Erfolg mit meinen Kollegen, als mein Telefon klingelte. Die Baton-Rouge-Niederlassung meiner Firma hatte soeben erfolgreich ein erstes Großprojekt entwickelt und ausgeführt, weshalb wir im Lager's Ale House in der Veterans Boulevard in Metairie waren, einem Vorort von New Orleans. Ich erkannte die Nummer meiner Mutter und verließ den lauten Tisch, um das Gespräch auf der Toilette anzunehmen.

»Hi Mom.«

»Hi Schatz. Wie geht es dir?«

»Gut, danke. Ich feiere gerade unser erstes Megaprojekt. Mein Chef aus Kalifornien ist hier, und wir haben richtig viel Spaß. Wie geht es dir?«

»Tja, ich komme gerade aus dem Coffee Shop, wo ich mich mit Earl Sanders getroffen habe. Er sagt, dass er uns nicht sagen kann, was dein Vater getan hat. Er meint, es sei so abscheulich, dass wir es nicht verkraften würden. Ich weiß, dass es nicht das ist, was du hören wolltest, aber er bat mich, dir zu sagen, dass du diese Sache mit deinem Vater am besten vergisst. Er rät es dir dringend.«

Ich hörte deutlich, wie niedergeschlagen sie war.

»Ist schon gut, Mom. Ich weiß, dass du alles tust, was du kannst. Dann werden wir es eben nie erfahren, na und? Wir haben ja immer noch uns, nicht?«

»Schatz, ich glaube wirklich, dass wir es gut sein lassen sollten.«

»Ja, wahrscheinlich hast du recht. Außerdem habe ich schon das beste Geschenk von allen – dich. Das genügt mir.« Ich versuchte sie aufzumuntern.

In Wahrheit war ich innerlich zerrissen. Hier stimmte etwas nicht. Woher wollte Earl Sanders wissen, was ich verkraftete und was nicht? Wir waren uns nie begegnet. Und warum sagte Harold Butler zu Judy, dass die Sachen in der Akte das, was Van mit Judy gemacht hatte, nichtig erschienen ließen? Je länger ich darüber nachdachte, umso weniger begriff ich das Ganze.

Ich beschloss es aufzugeben. Vielleicht hatten Loyd und Leona recht. Vielleicht war es besser, wenn ich nicht erfuhr, was Van getan hatte. Die nächsten Monate verdrängte ich den Gedanken, mehr über meinen Vater wissen zu wollen.

45

31. Juli 2004

An diesen Tag, an das blanke Entsetzen, das mich durchfuhr, erinnere ich mich, als sei es gestern gewesen.

Zach und ich hatten den ganzen Nachmittag draußen verbracht und sein Lieblingsessen gegrillt – Rippchen. Nach dem Essen wuschen wir ab, und ich ging unter die Dusche, um mir den Rauchgeruch herunterzuwaschen. Als ich aus dem Bad kam, sah ich, dass Zach in seinem Zimmer mit einem Videospiel beschäftigt war.

Ich ging ins Wohnzimmer, setzte mich in meinen Sessel und griff nach der Fernbedienung, mit der ich bis zu dem Fernsehsender A&E durch die Kanäle zappte. Ich sah gerne »True Crime«-Serien, und heute lief ein Special über einen unaufgeklärten Fall des Zodiac-Killers. Zu der Zeit wusste ich nichts über diesen Serienmörder und dachte, es könnte interessant sein.

Nicht meine Welt aus den Fugen bringen.

Es geschah von einer Sekunde zur anderen.

Die Phantomzeichnung des Zodiac erschien auf dem Bildschirm.

Für einen Moment saß ich wie erstarrt da, unfähig, den Blick vom Fernseher abzuwenden.

Sanders' Worte, die er zu meiner Mutter gesagt hatte, hallten mir durch den Kopf. *Was in der Akte steht, ist so abscheulich, dass ihr es nicht verkraften würdet …*

»Zach, komm mal her!«, rief ich. »Schnell!«

Zach kam ins Zimmer gerannt, blieb jedoch abrupt stehen, als er auf den Fernseher sah.

»Hey, Dad, das bist ja du!«, sagte er entgeistert.

Ich stand auf, ging in mein Arbeitszimmer und holte das Bild von meinem Vater.

»Das bin nicht ich, Zach«, sagte ich und sah abwechselnd das Bild und die Zeichnung im Fernsehen an. »Das ist mein Vater.«

Es war, als hätte jemand einen Schnappschuss von Van gemacht und groß »GESUCHT« drübergeschrieben.

Ich sank in den Sessel, starrte das Bild an und hörte nur halb hin, als der Sprecher im Fernsehen beschrieb, wie Zodiac ganz Kalifornien terrorisiert hatte.

Daneben nimmt sich nichtig aus, was er dir angetan hat, kamen mir Butlers Worte in den Sinn.

Das kann nicht sein, sagte ich mir. *Auf keinen Fall kann mein Vater solche scheußlichen Dinge getan haben. Andererseits entführte er Judy. Er vergewaltigte eine Vierzehnjährige. Wer wollte wissen, wozu dieser Mann noch fähig war?*

Nach der Sendung ging ich in mein Arbeitszimmer und suchte die Zeichnungen des Zodiac im Internet. Ich verglich das Foto meines Vaters mit den beiden Gesichtern auf den Fahndungspostern in allen Einzelheiten. Die Ähnlichkeiten waren verblüffend.

Zu aufgeregt, um zu sprechen, schrieb ich meiner Mutter eine E-Mail: »Ich glaube, ich habe gerade entdeckt, was so entsetzlich ist.« Dann erzählte ich ihr, wie ich die Zeichnung in der Sendung gesehen und sie mit dem Foto verglichen hatte.

Zwanzig Minuten später schrieb ich an Butler eine weitere E-Mail gleichen Inhalts. Mir war bewusst, wie haarsträubend meine Vermutung klingen musste. »Wenn ich nach San Francisco komme, würdest du dich dann auf einen Kaffee mit mir treffen, um das zu besprechen?«

Butler reagierte nicht.

Judy antwortete am nächsten Morgen und erklärte, sie habe über Nacht selbst recherchiert. »Da gibt es Unmengen Material über den Zodiac«, schrieb sie. »Ich hoffe, du irrst dich, auch wenn ich dir weder widersprechen noch zustimmen kann.«

Die nächste Woche wurde meine Mutter von Gedanken an Van geplagt. Sie erinnerte sich, wie grausam er sein konnte, wie sehr er es geliebt hatte, Tiere zu töten, und wie sie mich bei ihrer Heimkehr von der Arbeit immer wieder kaum atmend vorfand, weil er den Truhendeckel geschlossen hatte. Wer so etwas fertigbrachte, war sicher auch fähig zu morden.

Am 8. August rief sie Butler an. »Bitte, sag mir einfach, was in dieser Akte steht, Harold. Die Vorstellung, dass sein Vater der Zodiac sein könnte, macht Gary ganz verrückt. Ich will nicht, dass er mit solch einer Geschichte leben muss.«

»Beruhige dich«, sagte Butler. »Der Zodiac-Fall wurde vor zehn Jahren aufgeklärt und die Akte geschlossen. Ein Arthur Leigh Allen wurde anhand von DNS-Spuren überführt. Sag Gary, er muss sich keine Gedanken machen.«

»Harold sagt, der Fall ist aufgeklärt«, gab Judy sofort an mich weiter. »Bin ich froh! Hätte ich auch nur vermutet, dass dein Vater der Zodiac war, ich hätte niemals versucht, dich zu finden und dem auszusetzen. Harold will nicht mehr sagen, aber wenigstens sind wir die Sorge los.«

Dessen war ich mir nicht so sicher. Alles, was ich in der letzten Woche recherchiert hatte, wies darauf hin, dass der Zodiac nicht geschnappt worden war. Ich ging wieder an meinen Computer, um nähere Informationen über Arthur Leigh Allen zu suchen. Und was ich fand, schockte mich. Allen war ein Verdächtiger gewesen. Jedoch war er vor zwei Jahren entlastet worden, als sich herausstellte, dass seine DNS doch nicht zu einem Teilprofil der Zodiac-DNS passte, die man unter einer Briefmarke entdeckt hatte. Aus den Informationen ging auch hervor, dass die Polizei nicht mit Gewissheit sagen konnte, dass die DNS-Spuren vom Zodiac stammten – sie könnten ebenso gut von einem Postmitarbeiter sein, der die Marke aufgeklebt hatte. So oder so war der Fall nicht aufgeklärt.

Butler hatte meine Mutter belogen.

Wenige Minuten später fand ich einen Artikel von Tom Voigt auf der Webseite Zodiackiller.com. Darin stand, dass das *San Francisco Police Department* die Akte zum Zodiac-Fall am 6. April 2004 geschlossen habe. Es waren fast fünfunddreißig Jahre seit Paul Stines Ermordung vergangen, und sein Fall sollte ungeklärt bleiben.

Oh mein Gott. Das war der Tag gewesen, an dem meine Mutter sich mit Earl Sanders traf, derselbe Tag, an dem er sie bat, mir zu sagen, dass ich aufhören solle, den Inhalt der SFPD-Akte meines Vaters zu ergründen.

In dem Artikel stand außerdem, dass das SFPD sein Morddezernat umstrukturiere und plane, die Ressourcen auf jüngere Fälle zu konzentrieren. Lieutenant John Hennessey wurde trotzdem als Kontakt für jeden Bürger aufgeführt, der neue Informationen zu dem Zodiac-Fall habe.

Ich druckte den Artikel aus und steckte ihn in meine Aktentasche.

Die darauffolgende Woche war schwierig. Ich bemühte mich, nicht an meinen Vater zu denken und mich stattdessen auf die guten Dinge in meinem Leben zu besinnen – auf Loyd und Leona, Zach, Judy. Ich wollte nicht an den Mann denken, der meine Mutter verletzt hatte, sondern wünschte mir meine Normalität zurück. Die Vorstellung, jemanden zu ermorden, war mir derart fremd, dass mir allein bei dem Gedanken, mein Vater könnte genau das getan haben, schlecht wurde.

Nur wollte mir die Geschichte nicht aus dem Kopf.

Schließlich entschied ich mich, weiter nachzuforschen, und sei es, um mir selbst zu beweisen, dass mein Verdacht unbegründet war. Mittlerweile wusste ich, dass ich Sanders und Butler nicht trauen konnte, also schmiedete ich andere Pläne.

Am 17. August reiste ich geschäftlich in die Bay Area. In meinem Hotelzimmer nahm ich den Artikel hervor und wählte die Kontaktnummer. Sie führte mich zu Hennesseys Anrufbeantworter. Die Ansage lautete, er sei im Urlaub und am 21. zurück, dem nächsten Montag.

Am Wochenende rief ich Judy an und erzählte ihr, was ich vorhatte. Sie war inzwischen nach Tucson in Arizona umgezogen, und ich fand es sehr schade, dass wir uns nicht mehr sehen konnten, wenn ich in San Francisco war.

»Du willst es nicht ruhen lassen, oder?«

»Das kann ich nicht, Mom. Tut mir leid, aber ich muss es wissen.«

Judy seufzte. Sie hatte mit alldem nicht gerechnet, als sie beschloss, nach ihrem Sohn zu suchen. Und sie verstand es nicht: Ich hatte mich mein Leben lang gefragt, wer ich bin, und jetzt musste ich die Wahrheit über meinen Vater erfahren.

Am Montag trieb mich bei der Arbeit der Gedanke um, wie ich dem Lieutenant meine Geschichte erklären sollte. Ich machte mir keine große Hoffnung, dass er mich ernst nehmen würde, doch versuchen musste ich es.

Nach der Arbeit kehrte ich in mein Hotel zurück und rief wieder die Nummer an. Hennesseys Sekretärin teilte mir mit, dass der Detective in einer Besprechung sei.

»Er müsste in ungefähr einer halben Stunde wieder da sein«, sagte sie.

Zweiunddreißig Minuten später rief ich erneut an.

»Lieutenant Hennessey, Morddezernat«, meldete sich die Stimme am anderen Ende.

Ich hatte nicht erwartet, dass er selbst ans Telefon ging, weshalb ich zunächst sprachlos war. *Was sage ich jetzt?*

Ich räusperte mich.

»Lieutenant Hennessey, ich bin Gary Stewart, und ich wohne in Baton Rouge, Louisiana.«

»Wie kann ich Ihnen helfen, Gary?«, fragte der Lieutenant.

»Nun ja, ich hatte mich gefragt, ob der Zodiac-Fall jemals aufgeklärt wurde«, stammelte ich.

Der Lieutenant lachte leise. »Nein. Wenn er aufgeklärt wäre, wäre ich im Ruhestand.«

»Nun, Sir, ich habe eine Geschichte, die sich entwickelte, als ich meiner Familiengeschichte nachging. Ich bin nämlich adoptiert worden. Mein Vater, also mein leiblicher Vater, hatte eine Akte beim *San Francisco Police Department*. Einer Ihrer Kollegen, Harold Butler, half mir herauszufinden, wer mein Vater ist. Aber Harold ist eng mit meiner leiblichen Mutter befreundet, und er hat ihr erzählt, dass Sie den Zodiac-Fall aufgeklärt hätten. Meine Mutter war mit Rotea Gilford verheiratet, und als sie Earl Sanders anrief, sagte er ihr, sie solle mich bitten, nicht weiter nachzuforschen, weil uns die Einträge in seiner Akte sehr verstören könnten.«

Mir war bewusst, dass ich wie ein Idiot klang. Trotzdem

holte ich tief Luft und machte weiter, als der Lieutenant mich ruhig dazu aufforderte.

Die nächsten zwanzig Minuten lang erzählte ich alles, was in meinem Leben geschehen war, um mich an den Punkt zu bringen, an dem ich nun war. Hennessey hörte es sich an, ohne mich ein einziges Mal zu unterbrechen.

Als ich fertig war, sagte er: »Können Sie eine Zusammenfassung von dem schreiben, was Sie mir gerade erzählt haben, und sie mir per E-Mail an die *Hall of Justice* schicken?«

»Ja, das kann ich machen«, sagte ich und notierte die Adresse aus dem Artikel.

»Haben Sie Schriftproben von Ihrem Vater?«, fragte er.

»Nein, Sir, aber ich habe etwas Besseres.«

»Aha. Und das wäre?«

»Die DNS.«

»Sie haben seine DNS?«, fragte er ungläubig.

»Nein, ich habe meine.«

Hennessey war zunächst stumm. »Eine DNS-Analyse ist enorm teuer«, sagte er schließlich. »Wir könnten Probleme bekommen, sie durchzuboxen, vor allem mit den ganzen Neuerungen in der Verwaltung hier. Wissen Sie was? Ich lese mir durch, was Sie mir schicken, und melde mich in ein paar Wochen wieder bei Ihnen.«

»Können wir das bitte vertraulich behandeln?«, fragte ich. »Mir wäre es lieber, wenn Sie nicht mit Harold Butler oder meiner Mutter über unser Telefonat reden.«

»Ich habe keine Ahnung, warum Butler Ihrer Mutter gesagt hat, der Fall sei gelöst, aber ich werde es nicht erwähnen. Ich kannte Rotea Gilford, doch Ihre Mutter habe ich nie kennengelernt. So oder so bleibt es fürs Erste unter uns.«

»Danke«, sagte ich und legte auf.

Am nächsten Morgen schrieb ich einen Brief an Hennessey.

Und dann wartete ich.

Als zwei Wochen verstrichen waren und ich nichts von ihm gehört hatte, hielt ich es nicht mehr aus. Ich rief Hennessey an.

»Hallo, Gare«, meldete er sich und überraschte mich, indem er eine Kurzform meines Namens benutzte.

Ich fragte mich, ob er mich jetzt gleich belehren wollte.

»Das ist ja eine ziemlich spannende Geschichte. Ich würde mich gerne mit Ihnen zusammensetzen und die Einzelheiten näher besprechen. Wann sind Sie das nächste Mal in der Bay Area?«

»Geplant ist die nächste Reise erst für den 8. Dezember, aber das hier wäre mir wichtig genug, dass ich mich gleich morgen ins Flugzeug setzen würde.«

»Nein, das ist wirklich nicht nötig. Immerhin sind Zodiacs letzte Bewegungen fünfunddreißig Jahre her. So lange hat sich der Mörder nicht gemeldet. Ich schätze, da kann es noch ein bisschen warten«, sagte Hennessey und lachte.

»Na, dann würde ich sagen, sollte ich doch noch früher nach San Francisco kommen, melde ich mich bei Ihnen, damit wir uns treffen können. Wie ist das?«

»Prima, Gare. Einen schönen Abend noch.«

»Danke, Ihnen auch«, antwortete ich lächelnd.

Es hörte sich an, als wollte er weiterermitteln.

46

Im September 2004 rief mich Judy an, um mir zu sagen, dass sie sich endlich entschieden hatte, Franks Asche zu verstreuen. Der Mann, der fünf Jahre lang ihr Lebensgefährte gewesen war, war im Jahr zuvor an einer Lungenembolie gestorben, und seither wirkte sie ein bisschen verloren. Frank hatte die Lücke gefüllt, die Rotea hinterließ, und nun musste sie mit dem Verlust zweier Männer in so kurzer Zeit fertigwerden.

Ich hatte Frank bewundert, weil er meiner Mutter guttat, aber auch, weil er sein Bestes gegeben hatte, Zach ein guter Großvater zu sein. Wann immer wir dort waren, hatte Frank meinen Sohn in die Vergnügungsparks, zur Fisherman's Wharf oder sonst wohin mitgenommen, damit Judy und ich Zeit für uns hatten.

Halb im Scherz hatte Frank gesagt, nach seinem Tod solle seine Asche aus dem aufgeklappten Cabrio verstreut werden, während Judy ihn durch den *Golden Gate Park* fuhr. Obwohl wir ihn oft damit aufzogen, solange er lebte, konnte meine Mutter sich nach seinem Tod nicht dazu überwinden, seinem Wunsch zu folgen.

»Ich möchte seine Asche gerne am 30. Oktober verstreuen«, sagte sie nun. »Im *Golden Gate Park*. Das war Franks Lieblingsort.«

Ich lachte. »Jeder Ort war sein Lieblingsort!«

»Ich weiß«, stimmte Judy mir zu, »aber ich habe endlich die perfekte Stelle gefunden. Können wir uns an dem Tag in San Francisco treffen?«

»Ja, klar, Mom. Ich werde da sein.«

Es gab eine spezielle Bank am Ufer des Stow Lake, auf der

Frank viele Leute beraten hatte, deren Sponsor, also Unterstützer, er bei den Anonymen Alkoholikern gewesen war. Und diese Bank hatte Judy ausgewählt. Was Frank Velasquez seiner eigenen Aussage zufolge zu einem besonderen Menschen machte, war die Tatsache, dass er die ersten neunundzwanzig Jahre seines Lebens damit verbracht hatte, in der Flasche nach seinem Glück zu suchen, und die letzten dreißig, zu beweisen, warum die ersten neunundzwanzig reine Zeitverschwendung gewesen waren.

Zu dieser Bank hatte er Freunde und Angehörige mitgenommen und sie gelehrt, wie sie wieder gesund wurden. Vor allem hatte er ihnen beigebracht, gegen die Sucht zu kämpfen; und er lehrte sie zu beten.

Nach dem Telefonat mit Judy rief ich Lieutenant Hennessey an und hoffte, dass er mich in San Francisco treffen konnte.

»Ich bin am neunundzwanzigsten ab mittags jederzeit verfügbar«, sagte er.

»Okay, ich sehe Sie dann.«

Am Oakland Airport mietete ich einen Wagen und fuhr Richtung Westen auf der Interstate 80 nach San Francisco. Nachdem ich die Maut an der *Bay Bridge* bezahlt hatte, rief ich den Lieutenant an und hinterließ ihm eine Nachricht, dass ich unterwegs sei. Der Verkehr auf der Van Ness war freitags nachmittags richtig zäh, sodass ich fast eine Stunde durch die drei Meilen lange Baustelle rund um den Embarcadero brauchte. Schließlich erreichte ich das Francisco Bay Inn in der Lombard Street. Die rote, von niedlichen Häusern und bunten Blumenrabatten gesäumte Kopfsteinpflaster-Straße rühmt sich, mit ihren acht Haarnadelkurven die steilste und krummste Straße der Welt zu sein.

Ich war froh, endlich hier zu sein. Ich spritzte mir etwas Wasser ins Gesicht, zog mir eine Jeans und eine Sportjacke an und machte mich auf den Weg zur *Hall of Justice*. Bald parkte ich meinen Wagen vor Nummer 850 Bryant Street und stieg die Stufen zum riesigen Gebäude hinauf.

Am Eingang empfingen mich edle italienische Marmorböden, die man eigentlich nicht erwarten würde, wenn man ein Polizeigebäude betrat. Die ehedem regierungsweißen Wände waren nun in einem bräunlichen Beige gestrichen, um die gelblichen Verfärbungen durch Nikotin zu übertönen. Jahrzehntelang hatten hier kettenrauchende Polizisten die Nächte durchgemacht. *Wenn diese Wände reden könnten*, dachte ich. Ich nahm meine Uhr ab und legte sie mit meinem Handy in einen Korb, bevor ich durch den Metalldetektor-Rahmen ging. Von Fotos blutgetränkter Tatorte über kleine Triumphe, wenn ein Hinweis der Polizei den Durchbruch in einem Fall brachte, bis hin zu traurigen verkrachten Existenzen und internen Skandalen hatten die Wände hier alles gesehen.

Im Fahrstuhl drückte ich den Knopf für den dritten Stock. Als die Tür oben aufglitt, trat ich auf einen langen Korridor. Vor dem ersten Büro rechts hing ein Schild: HOMICIDE 450. Erstaunlich ruhig öffnete ich die Tür.

Vom Empfang aus konnte ich einen Mann in den Fünfzigern am Schreibtisch in seinem Büro stehen sehen, der telefonierte und gleichzeitig in einem Papierstapel wühlte. Der Mann blickte auf, lächelte und winkte mir zu. Eine Frau, von der ich annahm, dass sie die Empfangssekretärin war, kam auf mich zu. »Kann ich Ihnen helfen?«, fragte sie.

»Ich bin mit Lieutenant Hennessey verabredet«, antwortete ich.

Sie ging auf das offene Büro zu, und der Mann am Telefon hielt die Sprechmuschel zu. »Geben Sie mir noch fünf Minuten? Dann bin ich bei Ihnen.«

Ich nickte und trat zurück auf den Korridor.

An den Wänden hingen lauter Fotos von Polizisten. Ich betrachtete sie in der Hoffnung, Rotea zu entdecken, konnte ihn aber nicht finden.

Ungefähr eine halbe Stunde später kam Hennessey und streckte mir seine Hand entgegen. »Tut mir schrecklich leid«, sagte er.

Ich folgte ihm in sein Büro und setzte mich. Einen Moment lang sah er mich stumm an und wurde dabei merklich blasser. Ihm entging meine Ähnlichkeit mit der Phantomzeichnung natürlich nicht.

»Kein Problem. Ich habe alle Zeit der Welt«, versicherte ich ihm. Aus irgendeinem Grund war mir bislang gar nicht klar, dass Hennessey der Leiter des Morddezernats war. Ich hatte ihn für einen gewöhnlichen Detective gehalten, dem der Zodiac-Fall zugeteilt wurde, so wie Dave Toschi, über den ich viel gelesen hatte.

Toschi war so berühmt geworden, dass 1968 ein Film mit einer fiktionalisierten Version von ihm gedreht wurde, »Bullitt«. Steve McQueen spielte die Rolle des Lieutenant Frank Bullitt, dessen Markenzeichen der kopfüber umgeschnallte Schulterhalfter seiner Waffe war, genauso wie Toschi ihn trug. 1971 kam »Dirty Harry« in die Kinos, ein Film, der ebenfalls vage auf dem Zodiac-Fall basierte; jedenfalls glaubten viele, dass Toschi die Vorlage für Clint Eastwoods Figur, Inspector Harry Callahan, lieferte. In den frühen 1970ern war Toschi so bekannt, dass man ihn bat, einen zweiten Blick auf die Spuren der Attentate auf John F. Kennedy und Martin Luther King zu werfen. Er lehnte mit der Begründung ab, dass es ihn von seinem eigentlichen Fall, dem Zodiac, ablenken würde.

Oft fragten sich andere Detectives, wie es sein konnte, dass die Presse vor ihnen an einem Tatort war, und das immer bei Fällen, an denen Toschi mitarbeitete. Es dauerte nicht lange, bis sie dahinterkamen. Während Toschi die Medien bearbeitete, widmete sich sein Partner Bill Armstrong dem Tatort. Als der Zodiac-Fall 1974 einschlief, weil keine Briefe vom Täter mehr kamen, wurden Toschis Auftritte im Blitzlichtgewitter immer rarer.

Am 24. April 1978 schickte jemand einen Brief an den »San Francisco Chronicle«, der mit »Zodiac« unterschrieben war. Der Brief war zu hoch frankiert, wie es typisch für Zodiac gewesen war.

Sehr geehrter Redakteur

Hier spricht der Zodiac. Ich bin wieder bei euch.
Sagen sie herb caen, dass ich hier bin und die
ganze zeit hier war. Dieses schwein toschi
ist gut, aber ich bin schlauer und besser,
und er hat es irgendwann satt und lässt mich
in ruhe. Ich warte auf einen guten film über
mich. Wer mich spielen wird. Jetzt habe ich alles
unter kontrolle.

Hochachtungsvoll

⊕ — ratet mal
SFPD — 0

Sherwood Morrill, der Handschriftenexperte, der alle Zodiac-Briefe untersucht hatte, erkannte schnell, dass es eine Fälschung war. Am Montag, dem 17. Juli 1978, wurde Inspector Toschi ins Raubdezernat versetzt, weil man mutmaßte, dass er den Brief gefälscht habe, um die Medien wieder auf den Zodiac-Fall zu lenken. Allerdings konnte es ihm nie nachgewiesen werden, und Toschi leugnete hartnäckig, mit dem Brief zu tun zu haben.

Ich fragte mich, wie oft Toschi wohl auf genau diesem Stuhl gesessen und die Fotos und Zeugenaussagen zu dem Mörder durchgesehen hatte, den er niemals fangen sollte. Während ich wartete, dass Hennessey sich setzte, blickte ich mich in seinem Büro um. An den Wänden hingen Schwarz-Weiß-Bilder aus seinen fünfunddreißig Jahren bei der Polizei.

Schließlich nahm er Stift und Papier hervor und sagte: »Okay, Gare, ich habe hier irgendwo den Brief, den Sie mir geschrieben hatten, aber fangen wir am besten von vorne an. Wie kommen Sie darauf, dass Ihr Vater der Z-Mann war?« Er war nicht sarkastisch, dennoch merkte ich ihm an, dass er diese Frage nicht zum ersten Mal stellte. Sein Lächeln war jedenfalls warmherzig und freundlich, deshalb fühlte ich mich nicht angegriffen.

»Na ja, Sir, es ist so«, begann ich und wiederholte, was ich ihm bereits erzählt hatte, während er sich Notizen machte.

Ich erinnerte Hennessey daran, dass meine Mutter mit Rotea verheiratet gewesen war und Harold Butler von der Internen sowie den früheren Chief Earl Sanders um Hilfe gebeten hatte.

»Butler weigerte sich, mir zu erzählen, was in der Akte

meines Vaters steht, deutete aber an, dass es weit schlimmer sei als alles, was ich weiß. Meiner Mutter sagte er, der Zodiac-Fall sei aufgeklärt. Und Sanders sagte, die Unterlagen in dieser Akte seien so abscheulich, dass meine Mutter und ich es nicht verkraften würden. Er bat sie, mich zu überreden, die ganze Geschichte zu vergessen. Das verstehe ich alles nicht.«

»Nun, Sie müssen wissen, dass dieses *Department* im Laufe der Jahre von Skandalen erschüttert wurde, die man aus politischen Gründen unter den Teppich gekehrt hat. Nach dem Motto, wenn Ihr Junge mit dem und dem Jungen zur Schule gegangen ist, verbindet Sie etwas mit dessen Vater, eine Art Bruderschaft, und dann lassen Sie schon mal was durchgehen.«

»Klingt ganz nach Baton Rouge, Sir. Die Politik in South Louisiana gilt weltweit als besonders zwielichtig«, sagte ich grinsend.

»Vermuten Sie eine Vertuschung hinter dem, was Harold Ihnen erzählt hat?«, fragte der Lieutenant.

»Warum sonst sollten sich Chief Sanders und Harold Butler so anstrengen, meiner Mutter und mir die Wahrheit vorzuenthalten? Versuchen sie, den Ruf des großen Rotea Gilford zu schützen? Ich weiß es nicht, aber ich könnte mir vorstellen, dass es nicht gut ankommt, wenn bekannt wird, dass Judy Gilford, die Witwe des ersten afroamerikanischen Mordermittlers beim SFPD und bekannten Lokalpolitikers, einst mit dem Zodiac-Killer verheiratet war.«

Hennessey überlegte.

»Haben Sie irgendwelche persönlichen Gegenstände von Ihrem Vater, an denen DNS-Spuren sein könnten? Eine Haarbürste zum Beispiel?«, fragte er.

2002 hatte die Polizei DNS entdeckt, von der sie annahmen, dass sie vom Zodiac war. Die Spur ergab kein vollständiges Profil aller dreizehn Genabschnitte, aber immerhin vier Marker und den XY-Geschlechtsgenerator.

»Vielleicht könnten Sie das FBI anrufen und sich mein Profil geben lassen. Vor zwei Jahren suchte die Polizei von Baton Rouge nach einem Serienmörder, der sich auf junge Frauen spezialisiert hatte. Zeugen beschrieben einen männlichen Weißen mit einem weißen Pick-up, der an einigen der Tatorte gesehen wurde, deshalb überprüften sie Tausende Männer in der Gegend, die einen weißen Pick-up fuhren. Ich war einer von ihnen, also sollte die Polizei meine DNS haben.«

»Haben Sie diesen Kerl gekriegt, den Täter?«

»Ja, Sir. Sein Name ist Derrick Todd Lee.«

Der Lieutenant steckte seinen Stift in die Hemdentasche und schob seinen Stuhl vom Schreibtisch zurück. »Dann bringt es uns nichts, weil Ihr DNS-Profil die nächsten zehn bis fünfzehn Jahre beim Berufungsgericht liegt. Da kommen wir nicht ran. Haben Sie etwas Geschriebenes von Ihrem Vater, eine Handschriftenprobe von ihm?«

»Nein, Sir, das glaube ich nicht.«

Hennessey sah mich einen Moment an und sagte, »Ach, was soll's!«, griff nach dem Telefon und wählte. »Haben Sie noch ein paar Minuten Zeit, oder müssen Sie weg?«

»Ich habe Zeit.«

Hennessey sprach mit jemandem und legte wieder auf. »Innerhalb der nächsten Stunde kommt ein Forensiker.«

Die nächste halbe Stunde unterhielten wir uns. Dabei bekam ich das Gefühl, dass er mir glaubte, dass ich wirklich mehr über meinen Vater erfahren wollte und kein Zodiac-

Groupie war. Andererseits hatte er auch schon vorher Geschichten von Leuten gehört, die ernsthaft überzeugt waren, irgendwie mit dem Zodiac verwandt zu sein. Subtil lenkte er das Gespräch wieder auf das Thema zurück.

»Sie wissen sicher, dass der einzige glaubhafte Verdächtige, den das SFPD jemals in dem Zodiac-Fall hatte, ein Arthur Leigh Allen in Vallejo war. Er ist vor zehn Jahren gestorben, aber wir hatten ihn jahrelang beobachtet. Wir hatten sogar einen Durchsuchungsbefehl durchgesetzt und einige Sachen aus seinem Haus konfisziert, doch es ergab sich keine heiße Spur. Übrigens ließen wir nach seinem Tod einen Teil seiner Gehirnmasse für künftige Untersuchungen sichern, und 2002 machten wir eine DNS-Analyse, um sie mit dem Zodiac-Killer zu vergleichen.«

»Ja, davon habe ich gelesen«, sagte ich. »Ich erinnere mich, online in einem Polizeibericht und auch in anderer Literatur gelesen zu haben, dass sogar einige codierte Briefe bei ihm gefunden wurden. Allen behauptete, er habe sie von einem Verrückten aus dem *Atascadero State Hospital.* Er sagte, dass der Mann sich Zodiac genannt habe. Ich sage Ihnen, Lieutenant, ich bin sicher, wenn Sie sich die Akte meines Vaters genauer ansehen, werden Sie feststellen, dass er einige Zeit im *Atascadero State Hospital* verbracht hat.«

Hennessey wirkte ein bisschen überrascht, aber er nahm seinen Stift wieder aus der Hemdentasche und machte sich noch eine Notiz. Ehe er den Stift wieder abgelegt hatte, klingelte das Telefon.

»Kannst du ein DNS-Kit mitbringen?«, fragte er.

Minuten später erschien ein Officer, den das Klimpern seiner Handschellen bereits ankündigte, ehe er durch die Tür kam. Er war einen Meter achtzig groß, schlank mit grau meliertem Haar und gut aussehend. Seine Züge waren eindeutig irisch.

»Gleich vorweg: Er hat nichts verbrochen, also sind wir sicher«, scherzte Hennessey, als der Mann mir zunickte.

»Und was machen wir dann hier?«, fragte der Forensiker mit einem ausgeprägten Akzent.

»Tja, Gary gibt uns freiwillig eine DNS-Probe«, sagte Hennessey.

»Wozu?«, fragte der Kriminaltechniker. Natürlich war es ungewöhnlich, und deshalb hakte er nach. »Hast du eine Fallnummer für ihn?«

Hennessey wollte nicht sagen, dass es um die Nummer 696314 ging, den Zodiac-Fall, denn der war ja offiziell geschlossen. Aber der DNS-Test würde das *Department* an die fünfzehnhundert Dollar kosten, und deshalb brauchte das Labor eine Fallnummer, um die Kosten zu rechtfertigen.

»Komm mal eben mit«, sagte Hennessey und verließ mit dem Mann das Zimmer. Minuten später waren sie zurück.

»Wir haben eine Fallnummer«, erklärte Hennessey merklich zufrieden.

»Wir brauchen nur Ihre Daten hier, und dann unterschreiben Sie hier unten, dass Sie uns freiwillig eine Probe Ihrer Körperflüssigkeit zur DNS-Analyse geben«, sagte der Forensiker und zeigte auf die Stelle des Formulars.

Ich füllte alles aus und unterschrieb, ohne das Formular zu lesen. Die Tatsache, dass Hennessey mir hinreichend zu glauben schien, um solch eine Ausgabe auf seine Kappe zu nehmen, machte mich ganz kribbelig.

Der Analyst zog sich Latexhandschuhe an und holte ein Röhrchen mit einem langen Wattestäbchen aus seiner Hemdentasche. »Jetzt machen Sie einfach nur den Mund auf.«

Er wischte mit dem Stäbchen zweimal innen durch meine Wange, steckte es ins Röhrchen zurück und versiegelte es. Dann dankte er mir und ging.

»Jetzt werden wir Geduld haben müssen«, sagte Hennessey. »Die Warteliste für DNS-Proben ist enorm lang, weil wir zu wenige Mittel und zu viele neue Verbrechen haben.«

»Das verstehe ich«, sagte ich, stand auf und schüttelte ihm die Hand.

»Ich werde mal bei Butler vorbeisehen und versuchen, die Akte Ihres Vaters zu bekommen«, versprach Hennessey.

»Ich danke Ihnen vielmals, dass Sie sich die Zeit genommen haben, meine Geschichte anzuhören.«

»Wenn ich Ihnen nicht glauben würde, was Sie erzählen, hätte ich nicht Ihre DNS nehmen lassen«, versicherte Hennessey mir. »Wir gehen der Sache auf den Grund, aber ich hoffe für Sie, dass Ihr Vater nicht der Zodiac war.«

»Das hoffe ich auch, Sir.«

Am nächsten Tag saß ich mit Judy auf einer Parkbank und hielt ihre Hand, während wir uns von Frank verabschiedeten und zusahen, wie der Wind seine Asche forttrug.

47

Bei meiner Rückkehr nach Baton Rouge fühlte ich mich sehr erleichtert. Hennessey schien ernsthaft nachforschen zu wollen, und ich hoffte herauszufinden, wo mein Vater war und was er getan hatte. Jetzt musste ich nur noch warten. Ich würde die Wahrheit erfahren und auf die eine oder andere Art mit ihr fertigwerden.

Hennessey hatte mich gebeten, ihn in drei Wochen wieder anzurufen. Am 23. November hatte ich mehrere Meetings in Tarpon Springs, Florida. Nach einem hektischen Tag rief ich auf der Fahrt zum Tampa International Airport in Henneseys Büro an. Er stand zu seinem Versprechen, mir zu helfen.

»Im Moment habe ich alle Hände voll zu tun, aber ich habe einige Informationen für Sie«, sagte er. »Wir hatten ja darauf gewartet, dass eine bestimmte junge Frau die Leitung der Kriminaltechnik übernahm, wie Sie sich vielleicht erinnern. Ich erzählte Ihnen doch von Cydne Holt, die uns bei der DNS helfen würde, nicht?«

»Ja, ich erinnere mich.«

»Gut, jedenfalls ist sie jetzt die Leiterin, und das ist gut, weil sie mit mir zusammenarbeiten wird. Ihre DNS-Probe hatten wir absichtlich zurückgehalten, bis Cydne Holt offiziell ihren Posten übernimmt, und jetzt ist alles klar. Diese Woche ist sie verreist, über Thanksgiving, aber nächste Woche will sie sich gleich daranmachen.«

Ich wusste, dass Dr. Holt das einzige Teilprofil der Zodiac-DNS entdeckt hatte, also waren das gute Neuigkeiten.

»Das ist super, Sir. Wie sieht es mit der Akte meines Vaters aus? Konnten Sie die bekommen?«

»Nein, und ich bin stinksauer auf Butler«, antwortete Hennessey. »Harold hat jahrelang für mich gearbeitet, und als ich ihn nach der Akte fragte, lag sie auf seinem Tisch, aber er hat sich geweigert, mich auch nur hineinsehen zu lassen. Ich durfte sie nicht mal anfassen, glaubt man das? Das ist nicht mehr derselbe Harold Butler, den ich siebenundzwanzig Jahre lang kannte. Sie können sich ungefähr vorstellen, wie ich aus seinem Büro gestürmt bin.«

Ich zuckte zusammen.

»Bis zum Zentralregister der Strafermittlungsbehörden in Kalifornien, dem CLETS, musste ich gehen, um an das Strafregister Ihres Vaters zu kommen. Die Originalaufzeichnungen wurden längst vernichtet, aber da war noch einiges ... unter anderem eine Anklage wegen Pädophilie. Das FBI hat ebenfalls Akten über Ihren Vater, aber die habe ich nicht vorliegen.«

Hennessey schien vorsichtig mit dem, was er sagte.

»Und genau wie Sie vermuteten, war Ihr Vater eine Zeit lang in einer psychiatrischen Haftanstalt, wo er begutachtet und behandelt wurde. Das war das *Atascadero State Hospital*, wie Sie schon sagten. Aber hier sind so viele Indizien, dass wir der Sache ein für alle Mal auf den Grund gehen werden, Gary. Warten wir erst mal die Ergebnisse des DNS-Abgleichs ab, dann wissen wir mehr.«

Ich hatte noch gar nicht richtig begriffen, was der Lieutenant gesagt hatte, als ich ihm dankte und ihm sagte, ich sei in wenigen Wochen wieder in San Francisco.

»Dann treffen wir uns hier und besprechen die restlichen Informationen und die DNS-Analyse«, versprach er.

»Ich kann Ihnen gar nicht sagen, wie dankbar ich Ihnen bin, Lieutenant.«

»Gern geschehen, Gare. Sie sollen Ihre Antworten bekommen und Ihr Leben weiterleben können. Was immer ich dazutun kann, gehört zu meinem Job.«

»Dann wünsche ich Ihnen und Ihrer Familie erst mal ein schönes Thanksgiving«, sagte ich. »Wir sehen uns im Dezember.«

In der Nacht konnte ich nicht schlafen. Ich wälzte mich hin und her, während mir unzählige Fragen durch den Kopf gingen. Was war, wenn die DNS-Proben übereinstimmten, wenn Earl Van Best Jr. tatsächlich der Zodiac war? Wie ging man damit um, dass der eigene Vater einer der gefürchtetsten Serienmörder der amerikanischen Geschichte war? Wie würde Zach damit fertigwerden? Wie würde Judy es verkraften? Wie könnte ich mit diesem Wissen leben? Würde es mich verändern? Und was war, wenn mein Vater nach wie vor irgendwo da draußen war? Was würde passieren, wenn ich ihn fand? Wie würde er reagieren? Dieser Gedanke war beunruhigend, hielt mich jedoch nicht ab, weiter nach der Wahrheit zu forschen.

Lieutenant Hennessey schien sich zu freuen, mich zu sehen, als ich am 9. Dezember das Büro 450 betrat. Er winkte, als ich mich auf einen Stuhl am Empfang setzen wollte.

»Nein, kommen Sie direkt rein«, sagte er und stand auf, um mir die Hand zu schütteln. »Vielen Dank für das Paket, aber das wäre wirklich nicht nötig gewesen.«

In der Woche vor Thanksgiving hatte ich dem Lieutenant ein Päckchen mit Cajun-Spezialitäten aus den Südstaaten geschickt. Er und seine Frau sorgten täglich nach der Arbeit für seinen todkranken Vater, und da dachte ich, es wäre praktisch, einige fertige Abendessen auf Vorrat zu haben … und eben eine nette Geste.

»Ich dachte mir, dass Sie sich vielleicht über ein paar Kostproben aus Louisiana freuen.«

Hennessey lachte und kam direkt zur Sache. »Wie ich schon am Telefon sagte, ist Cydne Holt noch neu auf ihrem Posten und ertrinkt in Arbeit, weil die Polizei Unmengen laufende Fälle hat. Momentan hinken sie hier drei Jahre hinterher, und mir tut Cydne Holt richtig leid, denn es ist überhaupt kein Land in Sicht. Deshalb habe ich es nicht übers Herz gebracht, sie zu bitten, sich gleich Ihre Probe vorzunehmen. Sie ist erst seit zwei Wochen in dem Job und hat reichlich Druck wegen des BTK-Würgers.«

Hennessey stand auf und ging zum Anrufbeantworter auf seinem Regal. »Hören Sie sich das an«, sagte er und drückte die Play-Taste.

»Hallo, ich rufe an, weil ich weiß, wer der BTK-Würger ist. Er heißt ————. Er wohnt 129 ———— Street in Wichita, Kansas. Er ist auch der Zodiac-Killer. Ich wiederhole, er heißt ———— und wohnt 129 ———— Street in Wichita, Kansas. Er ist der BTK-Würger und der Zodiac-Killer. Er hat seiner Putzfrau den Kopf abgeschnitten und ihn in seinen Tiefkühler gelegt. Danke.«

Hennessey setzte sich grinsend wieder. »Verstehen Sie jetzt, warum ich Cydne nicht direkt gebeten habe, sich Ihren Fall vorzunehmen? Ich will nicht als Erstes ein dickes fettes Nein kassieren, und bei der vielen Publicity für den Scott-Peterson-Prozess und den BTK-Würger sagt mir mein Gefühl, dass ich mich vorerst zurückhalten sollte.«

»Ja, das verstehe ich«, sagte ich, auch wenn ich Mühe hatte, mir meine Enttäuschung nicht anmerken zu lassen. »Was schätzen Sie, wann Sie nachfragen können? Irgendwann nach den Feiertagen?«

»Ich glaube, bis Anfang des Jahres werden sich die Dinge etwas beruhigt haben. Bis dahin wird Cydne sich in ihre neue Rolle eingefunden haben. Wahrscheinlich wäre das eine günstige Zeit, sie anzusprechen. So oder so werden wir die Sache in Angriff nehmen. Und das nicht nur Ihretwegen, sondern auch, weil mir das Ganze zu aufdringlich nach Vertuschung riecht. Hat es von Anfang an. Aber jetzt, mit Ihren Informationen und der Sache mit Rotea und Butler, müssen wir nachforschen.«

»Sind Sie dazu bereit, Lieutenant? Ich meine, haben Sie mal überlegt, was es für Sie bedeutet, wenn Sie bekannt geben, dass Sie den Zodiac-Fall aufgeklärt haben?«

Hennessey rieb sich die Stirn. »Mein Gott, ja, die Medien werden in Aufruhr sein. Darauf kann man sich wohl nie wirklich vorbereiten, und ich bin nicht sicher, ob ich dem zurzeit gewachsen bin«, sagte er lachend. »Übrigens habe ich die Informationen über Ihren Vater vom CLETS, falls Sie die mal durchgehen wollen.«

Mein Puls beschleunigte. »Sicher.«

Der Lieutenant wühlte in den Papieren auf seinem Schreibtisch und zog einen kleinen Stapel hervor. Es war das Strafregister meines Vaters. »Das Original aus der SFPD-Akte konnte ich nicht bekommen, weil Butler es mir nicht geben wollte«, fuhr Hennessey fort und reichte mir die Unterlagen. »Also habe ich einen Umweg gemacht.«

Mir wurde eiskalt, als ich das Deckblatt sah. In der rechten oberen Ecke waren zwei Fotos; das eine war Vans Führerscheinbild, das ich schon von Harold Butler bekommen hatte, das andere eine Profilaufnahme mitsamt SFPD-Arrestnummer 175639, datiert vom 22. Februar 1962, ein Jahr bevor ich geboren wurde.

Als ich die Bilder ansah, wurde mir klar, dass das Foto von Butler nicht von der Führerscheinbehörde stammte, wie er behauptet hatte.

Es war das Fahndungsfoto meines Vaters.

Die Kennziffer G-11284-Sec. 261.1 stand nach dem *California Penal Code* für: »Vergewaltigung und widerrechtliche Handlungen, bei denen die betroffene weibliche Person unter 18 Jahre ist«.

Der Lieutenant lehnte sich vor und beobachtete mich,

wie ich die Papiere durchsah. Ihm entging sicher nicht, dass mir Tränen in die Augen stiegen.

Als ich umblätterte, sah ich die Fingerabdrücke meines Vaters neben seiner Unterschrift auf dem Formular über die Verhaftung. Als Adresse war dort Nummer 765 Haight Street angegeben. Einen Moment lang starrte ich sie stumm an. Butler hatte mich glauben gemacht, dass mein Vater Mitte bis Ende der 1960er dort gewohnt hatte, nicht schon 1962.

Der zweite Schock war, dass mein Vater blaue Augen hatte. Nach dem Schwarz-Weiß-Foto, das Butler mir gegeben hatte, war ich davon ausgegangen, dass mein Vater braune Augen hatte. Umso heftiger traf mich, dass seine Augen dieselbe Farbe hatten wie meine.

Ich blätterte weiter durch die Akte – Vergewaltigung, Kindesentziehung, Kindesentführung, Flucht vor Strafverfolgung, Dokumentenfälschung, Scheckbetrug, Verschwörung zur Straftat, Scheckbetrug, Trunkenheit am Steuer, Trunkenheit am Steuer, Trunkenheit am Steuer.

Dem Verlauf seiner Straftaten nach konnte ich mir ein ungefähres Bild vom Leben meines Vaters machen.

Hennessey zeigte mir den Vermerk, aus dem hervorging, dass Van zu einer Strafe im *Atascadero State Hospital* verurteilt worden war.

Auf diesen Seiten war so ziemlich jedes Verbrechen aufgelistet, das mir aus dem Stegreif einfallen würde.

Ausgenommen Mord.

»Ich habe eine Kopie gemacht, die Sie mitnehmen können«, sagte der Lieutenant, als ich aufstand. Ich musste das alles erst mal verdauen. »Aber das bleibt bitte unter uns, denn ich dürfte es eigentlich nicht.«

Auf dem Rückflug las ich die Papiere wieder und wieder, suchte nach Hinweisen, prägte mir die zeitlichen Abläufe ein. In Baton Rouge glich ich Vans Gefängnisaufenthalte mit den Daten der Zodiac-Morde ab. Van war bei jedem der Morde in Freiheit gewesen.

Ich fragte mich, was einen Mann dazu brachte, zu tun, was mein Vater getan hatte. Das Strafregister schwarz auf weiß zu sehen, machte alles so viel realer. Was musste Judy durchgemacht haben! Kein Wunder, dass sie sich nicht an ihn erinnern wollte.

Nachts lag ich wieder wach und rang mit mir. Dieser Mann war mein Vater. Loyd und Leona hatten mich in dem Glauben erzogen, dass Familie immer Familie blieb, ganz gleich, was geschah. Und auch wenn ich es für denkbar hielt, dass mein leiblicher Vater der Zodiac war, konnte ich nicht umhin, ein gewisses Mitgefühl mit ihm zu empfinden. Er musste ein sehr kranker Mensch sein. Ich fragte mich, wie er in dieses Leben abgleiten konnte. Was war in ihn gefahren, eine Vierzehnjährige zu kidnappen und zu heiraten?

Judy hatte erzählt, mein Vater hätte mich einer Kirche übergeben. Demnach war ich ihm nicht völlig egal gewesen. Er hatte mich an einen sicheren Ort gebracht, wo jemand ein Zuhause für mich finden würde. Nur warum? Warum wollte mein Vater mich los sein? Was war geschehen, das Van zum Verbrecher werden ließ?

Und was wussten Butler und Sanders, das ich nicht wusste? Hennessey hatte mir erzählt, dass Butler sich weigerte, ihm die Polizeiakte meines Vaters zu zeigen. Warum?

Meine Vermutung war, dass es mit Rotea zu tun hatte. Und ich war entschlossener denn je, es herauszufinden.

48

Anfang Februar 2005 erhielt ich unerwartet eine E-Mail von Linda Woods. Das war eine der Frauen aus der Adoptionsgruppe, die Judy geholfen hatte, mich zu finden. Linda bat mich, sie in New Orleans zu treffen, weil sie einige Unterlagen von meiner Adoption habe, die sie mir geben wolle.

»Wie schön, Sie zu sehen«, sagte sie, als ich wenige Tage später in ihr Büro kam. Sie stand auf, um mich zu umarmen. »Sie sind eine von unseren Erfolgsgeschichten. Wie geht es Ihrer Mutter?«

»Ganz gut«, antwortete ich. Wir plauderten ein paar Minuten, dann gab sie mir eine braune Aktenmappe mit der Korrespondenz, die sie drei Jahre zuvor von Judy erhalten hatte.

»Es ist fast drei Jahre her, dass Ihre Mutter Sie gefunden hat, und jetzt denke ich, dass ich Ihnen diese Unterlagen geben kann. Ich weiß nicht, ob es Ihnen bekannt ist, aber jemand gab Ihrer Mutter Informationen aus Ihrer versiegelten Akte und bekam deshalb Probleme. Aber jetzt ist das vorbei, und ich fand, dass es Zeit ist, Ihnen die restlichen Informationen zu überlassen, die ich über Sie habe.«

Ich hoffte, dass meine Geburtsurkunde dabei war. Ich hatte schon mit dem Staat Louisiana gekämpft, damit die Behörden meine Adoptionsunterlagen freigaben und ich meine Geburtsurkunde bekam.

Leider war die Urkunde nicht in der Akte.

Allerdings enthielt sie mein Adoptionsurteil, unterzeichnet von Richter Sartain. Mit diesem Dokument wurde meine Adoption durch Harry Loyd und Leona Stewart rechtskräftig. Und in dem Dokument stand, dass mein Name von Earl Van Dorne Best in Gary Loyd Stewart geändert wurde.

Nun hatte ich es schriftlich.

Mein voller Geburtsname. Judy hatte mir erzählt, dass ich nach meinem Vater benannt worden war, aber den Namen Dorne hatte sie nicht erwähnt. Ich fragte mich, warum er hinzugefügt worden war.

Als ich die übrigen Papiere durchging, musste ich lächeln.

Ein Brief fiel mir besonders ins Auge. Er war von Judy, und sie schrieb, dass ihre Geschichte und die ihres Sohnes sicherlich in den Nachrichten gewesen sein müssten. Den Brief hatte sie nach einem Treffen der Search-Finders of California geschrieben, einer Organisation, die Menschen dabei unterstützt, adoptierte erwachsene Angehörige zu finden – oder ihre eigenen leiblichen Eltern. Bei dem Treffen hatte Judy jemand geraten, zunächst alle Todesanzeigen durchzugehen, um sicherzugehen, dass ihr Kind noch lebte. Judy nahm an, dass sie in irgendeiner Zeitung eine Meldung über ein ausgesetztes Kind finden müsste, da Van ihr Baby in Baton Rouge ausgesetzt hatte.

Ich starrte auf den Brief und las ihn ein zweites Mal, um sicherzugehen, dass ich mich nicht geirrt hatte.

Ausgesetzt?

Judy hatte nie gesagt, dass ich ausgesetzt worden war. Mir hatte sie erzählt, ich sei bei einer Kirche abgegeben worden. Aber warum sollte meine Adoption sonst in der Zeitung gestanden haben? Jeden Tag wurden Kinder adoptiert.

In dem Brief, den sie ein Jahr vor unserer ersten Begegnung schrieb, nannte sie auch den vollen Namen meines Vaters. Mir hingegen hatte sie erzählt, dass sie sich nur an ihn als »Van« erinnerte, obwohl ich sie mehrmals zu überlegen bat, ob ihr nicht doch noch sein richtiger Name einfiel.

Sie hatte mich belogen.

Was zur Hölle war hier eigentlich los?

Hatte meine Mutter mich in allem angelogen?

In diesem Moment ging mir auf, dass sie *natürlich* den vollen Namen gewusst hatte. Wie sonst hätte Butler Van aufspüren sollen?

Am 6. Februar besuchte ich die zwei Menschen, auf die ich verlässlich zählen konnte: Loyd und Leona.

»Hältst du es für möglich, dass eine Frau vergisst, dass sie ein Baby hatte?«, fragte ich Leona. »Judy hat mir das mal von sich erzählt.«

»Schwer zu sagen. Wir vergessen die Schmerzen der Geburt, aber ich halte es für sehr unwahrscheinlich, dass eine Frau vergisst, ein Kind geboren zu haben.«

»Ja, genau das denke ich auch.«

»Andererseits musst du verstehen, was sie zu der Zeit durchgemacht hat«, fügte Leona rasch hinzu. »Sie war ein traumatisiertes junges Mädchen, praktisch noch ein Kind, das in einer Atmosphäre des Missbrauchs lebte. Vielleicht konnte sie mit dem Trauma nur fertigwerden, indem sie es komplett verdrängte.«

Loyd stimmte ihr zu. »Im Zweifelsfall solltest du deiner Mutter glauben. Sie hat eine Menge hinter sich.«

»Aber sie erinnert sich!«, sagte ich und berichtete ihnen, was ich erfahren hatte.

»Na ja, vielleicht brachte sie es schlicht nicht übers Herz, es dir zu erzählen«, sagte Leona. »Das ist so traurig, und sie dachte vielleicht, dass es dich verletzt.«

»Nein, ich bin *jetzt* verletzt«, entgegnete ich. »Es wäre besser gewesen, das gleich zu hören, als es so zu erfahren, aus Akten und Briefen.«

»Und was willst du machen?«, fragte Loyd.

»Ich will herausfinden, was wirklich passiert ist.«

Hinterher fuhr ich zur *East Baton Rouge Parish Library*, um in dieser Bibliothek nach Spuren der angeblich pressewürdigen Geschichte zu suchen. Meinen einzigen Informationen nach – meinem Geburtsdatum und dem Datum meiner Adoption – müsste eine entsprechende Zeitungsmeldung aus dem Zeitraum zwischen Februar und Mai 1963 stammen.

Damals gab es zwei Zeitungen in Baton Rouge: den »Morning Advocate« und die Abendzeitung »State Times«. Ich begann mit dem 12. Februar 1963 und arbeitete mich von da aus vorwärts. Dabei war ich auf eine Kurzmeldung von einem Baby und einer Kirche irgendwo unter »ferner liefen« gefasst.

Was ich fand, war niederschmetternd. Es war ein Foto von einem Baby auf dem Arm eines Police Officers aus Baton Rouge. Die Überschrift vom 16. März lautete: »Ausgesetzter Knirps zur Beobachtung ins Krankenhaus gebracht«.

Ich bekam kaum noch Luft, als ich mein Bild auf der Titelseite ansah. In der Bildunterschrift stand: »AUSGESETZTES BABY – Mrs Essie Bruce vom städtischen Jugend- und Sozialdienst der Polizei mit dem blonden, blauäugigen Säugling, der in einem Treppenhaus am North Boulevard gefunden wurde. Die Polizei versucht, eine Pflegestelle für das Kind zu finden und die Identität der Eltern zu ermitteln.«

Ich konnte es nicht fassen. Da stand nichts von einer Kirche, bei der ich angeblich abgegeben wurde. Vielmehr entdeckte mich eine Mary Bonnette zufällig im Treppenhaus, als sie zu ihrer Wohnung ging.

Ich suchte weiter und fand eine Überschrift am 19. April, die lautete: »Könnte ein Teenager die Mutter des ausgesetzten Knirpses sein?« In dem Artikel hieß es, dass eine Fünfzehnjährige wegen Landstreicherei in New Orleans aufgegriffen wurde und die Mutter des ausgesetzten Säuglings sein könnte.

Am 20. April stand in der Zeitung: »Vater des ausgesetzten Babys geschnappt«. Wie der Autor des Artikels ausführte, wurde Earl Van Best Jr., achtundzwanzig, aus San Francisco, wegen Aussetzens seines zwei Monate alten Sohns in Baton Rouge festgenommen.

Die Zeitung irrte sich. Ich war keine zwei Monate alt gewesen.

Als mein Vater mich aussetzte, war ich erst vier Wochen alt.

Ich schaltete das Mikrofiche-Gerät aus, raffte die Artikel zusammen, die ich ausgedruckt hatte, und ging nach draußen zu meinem Truck. Dann fuhr ich in die Innenstadt von Baton Rouge. Den North Boulevard kannte ich gut, denn ich war schon oft durch diese Straße gefahren.

Niemand hatte mich seinerzeit an einen sicheren Ort gebracht, wo sich jemand um mich kümmern würde. Wer mich damals fortbrachte, hatte sich mitnichten um mich geschert, sondern mich einfach abgelegt wie Unrat. Ihm war egal gewesen, ob man mich fand oder nicht.

Ich empfand nichts als übermächtige Ablehnung, als ich nach der Adresse in der Zeitung suchte: Hausnummer 736.

Binnen Minuten war ich dort. Gleich gegenüber befand sich eine alte anglikanische Kirche, beinahe versteckt von dem Louisiana-Moos, das von einer Eiche vor dem Gebäude herabhing. Ich parkte meinen Truck und stieg aus.

Nachdem ich mich umgesehen hatte, ging ich zur Rückseite des Hauses, wo ein Hof und ein Parkplatz waren, sodass ich die Schritte meines Vaters vor vielen Jahren nachvollzog. Ich linste durch die Eingangstür hinten und hoffte, die Treppe zum Apartment 8 zu sehen. Laut dem Zeitungsartikel war ich dort abgelegt worden.

Mir wurde bewusst, dass ich genau hier meinen Vater zum letzten Mal gesehen haben musste. Ich war den Tränen nahe, als ich zurück zur Straße und hinüber zur *First Presbyterian Church* ging. Es dürfte sich kaum etwas verändert haben, seit mein Vater 1963 hier vorbeigekommen war.

Vielleicht hatte er vorgehabt, mich in der Kirche abzugeben, versuchte ich mir einzureden. Vielleicht waren die Türen abgeschlossen und niemand mehr da gewesen.

Ich stand auf den Kirchenstufen und sagte mir, dass das sein Plan gewesen sein musste. Etwas war schiefgegangen, und mein Vater war gezwungen gewesen, mich in dem Wohnhaus gegenüber abzulegen. So tröstete ich mich, während ich zu meinem Truck zurückging. Inzwischen war es dunkel.

Bis ich zu Hause war, wusste ich gar nicht mehr, was ich empfinden sollte – Wut, Erniedrigung, Verrat, Kränkung.

Judy hatte mir versprochen, immer ehrlich zu mir zu sein, und sie hatte mich belogen.

In so vielem.

Die nächsten Tage waren hart. Wieder plagten mich Verlustängste, und ich erinnerte mich, wie Loyd und meine Schwester Cindy mich zum ersten Mal zum Friseur brachten. Cindy war eine Narbe auf meinem Kopf aufgefallen, als der Friseur mir das Haar ganz kurz schnitt. Loyd und Leona wussten aber nichts von einem Sturz, der sie hinterlassen haben könnte. Und als ein Arzt sagte, meine Nase wäre schon einmal gebrochen gewesen, meinten Loyd und Leona, das könnte nicht sein. Nun fragte ich mich, ob es doch stimmte.

Ich las die Artikel wieder. Mein Vater war verhaftet worden, und darüber musste es Unterlagen geben. Am nächsten Morgen fuhr ich zur Polizei von Baton Rouge und füllte alle Formulare aus, um eine Kopie des Polizeiberichts zu bekommen.

Eine Sekretärin fragte nach meinem Namen, und ich antwortete: »Earl Van Dorne Best«. Ich dachte, mit dem Namen hätte ich eine größere Chance, den Bericht einsehen zu dürfen. Zum ersten Mal im Leben unterschrieb ich mit meinem Geburtsnamen. Es dauerte über eine Stunde, doch schließlich brachte mir die Sekretärin Regina die Berichte. Die Namen waren geschwärzt, und ich bat um eine Ausfertigung ohne Schwärzungen. »Das sind geschützte Informationen«, sagte sie.

»Aber in diesen Akten geht es um mich«, beharrte ich. »Können Sie da gar nichts tun?«

»Ich versuch's.«

Am Valentinstag fuhr ich nach New Orleans, wo ich auf zweierlei hoffte: die Polizeiberichte von Vans Verhaftung dort und Artikel in der Lokalzeitung »The Times-Picayune«. Tags zuvor hatte ich erfahren, dass so alte Strafakten auf Mikrofiche in der Bücherei einzusehen waren.

Mit Judy hatte ich über keine meiner Erkenntnisse und Pläne gesprochen, denn meine Wut und Enttäuschung waren noch zu frisch.

In den Polizeiberichten las ich endlich die ganze Geschichte. Dort stand, dass Judy mit meinem Vater nach New Orleans geflohen war und im *Southern Baptist Hospital* entbunden hatte.

»Earl konnte das Baby nicht ertragen«, hatte sie bei der Polizei zu Protokoll gegeben. »Es war kein Essen da, und das Baby brauchte seine Milch, deshalb habe ich als Bardame gearbeitet. Das muss ungefähr Mitte März gewesen sein. Und wenn ich von der Arbeit kam, lag das Baby meistens in der Truhe, und der Deckel war zu. Ich habe Earl gefragt, warum er die Truhe zugeklappt hat, und er hat gesagt, dass er das Geschrei nicht mehr hören kann.«

Weiter konnte ich nicht lesen.

Ich druckte den Bericht aus, ging nach draußen und übergab mich.

49

Mit einem mulmigen Gefühl tippte ich Judys E-Mail-Adresse in meinen Computer ein. Ich hängte Dateien mit dem Polizeibericht und dem Artikel aus der »Times-Picayune« vom 20. April 1963 an, in dem stand, dass mein Vater verhaftet wurde und gestanden hatte, seinen Sohn ausgesetzt zu haben. Der Artikel erwähnte auch, dass Judy wegen Landstreicherei festgenommen und wegen strafbarer Kindeswohlgefährdung inhaftiert worden war.

»Ich möchte nur wissen, warum du gesagt hast, du hättest Van verlassen, als er ohne mich aus Baton Rouge zurückkam. Du warst noch über einen Monat bei ihm, bevor du weggegangen bist. Ich will einfach die Wahrheit, keine Lügen mehr«, schrieb ich. Ehe ich es mir anders überlegen konnte, schickte ich die Mail ab.

Später am Abend schickte ich ihr den letzten Verhaftungsbericht. »Ich hoffe, du erinnerst dich jetzt besser«, schrieb ich dazu, sonst nichts. Sie antwortete am nächsten Morgen.

Es ist so traurig, dass du denkst, ich würde dich belügen. Warum sollte ich das tun, Gary? Ich habe mir nicht solche Mühe gemacht, dich zu finden, um dir dein Leben zu ruinieren, bitte glaub mir.

Ich lebte damals nicht mit Van zusammen und auch unmittelbar vorher nicht. Zwar kann ich nicht mit absoluter Sicherheit sagen, dass ich ihn am selben Tag verließ, als er ohne dich zurückkam (was ich auf einen Stapel Bibeln geschworen hätte). Aber ich bin vollkommen sicher, dass ich schon länger nicht mehr mit ihm zusammenwohnte, als ich verhaftet wurde.

Gary, ich war fünfzehn Jahre alt! Für mich ist es ein Schock, dass ich gewusst haben soll, dass er dich in einem Treppenhaus ausgesetzt hat. Daran erinnere ich mich überhaupt nicht. Und ich war entsetzt zu lesen, dass ich schon als Bardame gearbeitet hatte, bevor er dich nach Baton Rouge brachte – und dass ich arbeiten ging, weil er keine Arbeit finden konnte. Gary, ich bin keine Lügnerin; und ich würde dich nie belügen.

Ich fühlte mich furchtbar, als ich ihre Antwort las. Was auch passiert war, ich mochte Judy und war froh, dass sie mich gefunden hatte.

»Tut mir leid, dass ich meine Wut an dir ausgelassen und dir vorgehalten habe, mich zu belügen. Das war zu heftig, und ich entschuldige mich dafür«, schrieb ich zurück. »Ich musste mir das von der Seele reden, denn ich war genauso geschockt wie du, wie anders sich die Geschichte auf einmal darstellt. Mom, ich wollte dir nicht wehtun … es ist einfach so herausgeplatzt. Verzeih mir. In Liebe …«

Judys Antwort war nicht ganz, was ich erwartet hatte.

»Dies ist das zweite Mal seit unserem Wiedersehen, dass ich bereue, dich gesucht zu haben. Ich hoffe, du findest die Antworten, die du brauchst, Schatz, und ich weiß, dass ich sie dir längst nicht alle geben kann. Mir ist gar nicht wohl dabei, dass du mich immerzu Dinge fragst, auf die ich keine Antwort weiß. Es quält mich, wie sehr dich alles beunruhigt. Du und deine Zieheltern, ihr tut mir aufrichtig leid. Und für mich zeigt es wieder einmal deutlich, dass es bei diesem Adoptionsalbtraum nur Verlierer gab.«

Später erklärte Judy mir, dass ihr nicht leidtat, mich gefunden zu haben, sondern dass die Geschichte bei mir so viel Schmerz auslöste. Ich glaubte ihr, aber unser Verhältnis war ziemlich angeknackst.

Im Mai reiste ich nach San Francisco, und diesmal ging ich in die öffentliche Bücherei. Ich wollte nachsehen, ob die Zeitungen dort mehr hatten, was ich wissen sollte, also sah ich sämtliche Zeitungen zwischen 1961 und 1963 durch. Die Artikel über Vans und Judys illegale Romanze und ihr Leben auf der Flucht erschienen einer nach dem anderen. Hätte ich diese Geschichten nicht vor mir gesehen, ich hätte sie niemals geglaubt. Aber hier waren die Fotos von meinen Eltern auf den Seiten des »San Francisco Chronicle« und des »San Francisco Examiner«; hier waren die Zitate von meinem Vater über die Liebe zu meiner Mutter, die meinen Eindruck erst recht verstärkten, dass er ein sehr kranker Mann war.

Am zweiten Tag kam Judy mit mir. Wir versuchten, unser Verhältnis zu kitten. Nun, da ich viel mehr wusste, schien sie mir ernsthafter helfen zu wollen. Wir fingen mit den Daten der Verhaftungen meines Vaters an, die wir aus seinem Strafregister hatten, und suchten zusätzlich im »San Francisco

News-Call Bulletin«. Es war unglaublich, was für einen Wust an Informationen wir fanden.

»Presseverdächtig« traf es nicht mal annähernd.

Judy saß neben mir am Mikrofiche-Gerät und rief: »Ah, daran erinnere ich mich«, und, »Oh ja, das fällt mir jetzt wieder ein«. Anscheinend fand sie es aufregend, über ihre Teenagerjahre zu lesen.

Was mich wiederum verstörte. Sie schien nicht zu begreifen, dass all die Ereignisse, die in den Artikeln vor uns beschrieben waren, dazu geführt hatten, dass ich als Baby ausgesetzt worden war. Was wir hier lasen, waren Straftaten! Van war ein Pädophiler gewesen, der ein minderjähriges Mädchen vergewaltigte, entführte und schwängerte. Aber Judy hatte immer noch keinen Schimmer, was es für mich bedeutete.

Niedergeschlagen kehrte ich mit einem Haufen neuer Ausdrucke in der Tasche nach Baton Rouge zurück.

Am 21. Juni 2005 erhielt ich überraschend Nachricht von Lieutenant Hennessey. Sie kam von seiner Privatadresse, nicht vom SFPD.

Gary:

Ich habe die Leiterin des forensischen Labors in einem schwachen Moment erwischt und ihre Einwilligung ergattert.

Haben Sie Geduld. Es dauert noch.

Er hatte ein Laboranforderungsformular in Kopie beigefügt, auf dem meine Fallnummer mit 041238785 angegeben war. Darunter im Feld »Klage/Opfer« hatte er »Gary Stewart« eingetragen.

Er hatte auch einen Zettel kopiert, den er an das Formular angeheftet hatte: »Bitte ein DNS-Profil von der Probe erstellen und mit dem Profil der Zodiac-Probe abgleichen.«

Für die Probe war das Datum 29. Oktober 2004 angegeben, für die Laboranforderung der 21. Juni 2005. Das SFPD hatte also acht Monate lang auf meiner DNS gehockt.

Trotz der gigantischen Verzögerung war ich begeistert. Ich war so mit der Aufarbeitung meiner neuen Erkenntnisse zu meinen leiblichen Eltern beschäftigt gewesen, dass ich die Zodiac-Frage völlig aus dem Blick verloren hatte. Bis Hennessey mir mit seiner Laboranforderung erneut bewies, dass er meinen Verdacht ernst nahm. Ich wusste, dass über die letzten vierzig Jahre nur wenige DNS-Abgleiche mit dem Zodiac-Killer vorgenommen worden waren, entsprechend hieß es einiges, wenn sich der Leiter des Morddezernats zu diesem Schritt entschied.

Mit neuem Elan forschte ich weiter nach.

50

2005 feierten Loyd und Leona, was die wenigsten Ehepaare erreichen: ihren dreiundfünfzigsten Hochzeitstag. Loyds Mutter lebte seit zwanzig Jahren bei ihnen, und an diesem besonderen Abend brauchten meine Eltern einen »Babysitter« für sie. Ich meldete mich freiwillig, den Abend bei meiner Großmutter zu bleiben, denn meine Eltern sollten ihre Feier genießen, ohne sich Sorgen machen zu müssen. Zudem war ich voller Ehrfurcht, dass sie nach so vielen Jahren immer noch beste Freunde waren.

An dem Vormittag hatte ich ein wenig freie Zeit. Deshalb setzte ich mich an den Computer und klickte mich bei einer

Suchmaschine ein, die ich erst kürzlich entdeckt hatte – Dogpile (»Hundemeute«). Ich tippte »Earl Van Best« in die Suchmaske und rechnete schon mit dem üblichen »0 Treffer«. Stattdessen erschien eine Liste mit an die zwanzig Adressen in Conway, South Carolina. Ich rief bei jeder an, doch niemand kannte Earl Van Best.

Enttäuscht suchte ich in den umliegenden Ortschaften und stieß auf das Verzeichnis eines Friedhofs, des *Old Zion Cemetery* in Galivants Ferry. Ich klickte den Link an und wurde zur Horry County Historical Society geführt. Dort ging ich die Namensliste durch, und siehe da: »Best, Earl Van Dorn 1866–1905«.

Das war mein Name! Obwohl Van bei Dorn ein *e* angehängt hatte, war ich sicher, dass dieser Mann mein Vorfahr war.

Aufgeregt fuhr ich zu meinen Eltern.

Leona sah bezaubernd wie immer aus. Und natürlich hatte sie wieder Loyds Garderobe ausgesucht. Ihr Mann war schrecklich farbenblind, daher wählte sie seit dreiundfünfzig Jahren aus, was er anzog, damit die Farben seiner Hosen, Hemden und Socken sich nicht bissen. So adrett wie vor fünf Jahrzehnten hielt Loyd seiner Frau den Arm hin und führte sie zum Wagen. Die Vorstellung, dass die beiden in ihrem Alter noch romantische Dates hatten, war rührend. Sie rief mir abermals ins Gedächtnis, wie glücklich ich mich schätzen konnte, von ihnen adoptiert worden zu sein.

Einige Tage später ging ich wieder auf die Webseite und erfuhr, dass in Galivants Ferry noch Leute mit dem Namen Best lebten. Dann entdeckte ich einen Eintrag für einen J. M. Best in Aynor, einer nahen Kleinstadt.

Ich rief dort an, und eine junge Frau meldete sich.

WANTED

SAN FRANCISCO POLICE DEPARTMENT

NO. 90-69 | WANTED FOR MURDER | OCTOBER 18, 1969

ORIGINAL DRAWING

AMENDED DRAWING

Supplementing our Bulletin 87-69 of October 13, 1969. Additional information has developed the above amended drawing of murder suspect known as "ZODIAC".

WMA, 35-45 Years, approximately 5'8", Heavy Build, Short Brown Hair, possibly with Red Tint, Wears Glasses. Armed with 9 MM Automatic.

Available for comparison: Slugs, Casings, Latents, Handwriting.

ANY INFORMATION:
Inspectors Armstrong & Toschi
Homicide Detail
CASE NO. 696314

THOMAS J. CAHILL
CHIEF OF POLICE

Fahndungsplakat für den Zodiac vom *San Francisco Police Department*.

Polizeifoto von Earl Van Best J aufgenommen nac seiner Verhaftung am 22. Februar 1962 im *Sa Francisco Polic Department.*

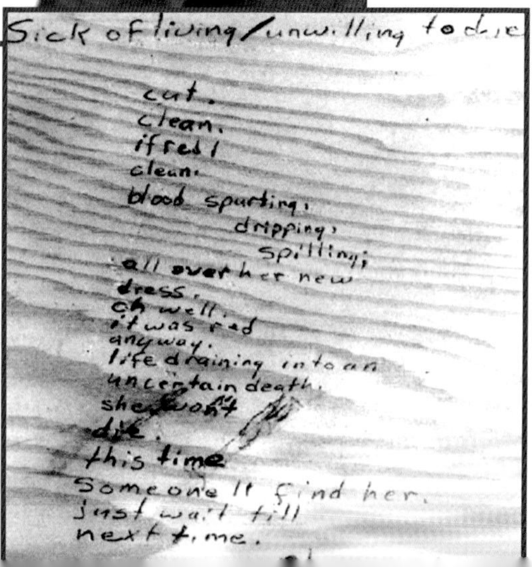

Ein Gedicht, das unter der Klappe eines Schreibpults in der *Riverside City College Library* gefunden und vermutlich vom Zodiac eingeritzt wurde.

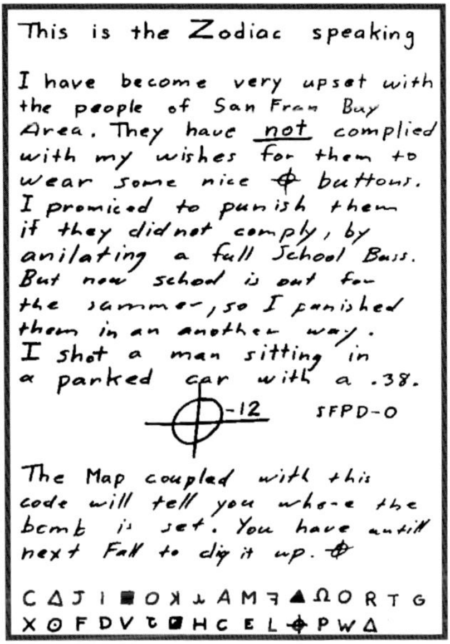
This is the Zodiac speaking

I have become very upset with the people of San Fran Bay Area. They have not complied with my wishes for them to wear some nice ⊕ buttons. I promiced to punish them if they did not comply, by anilating a full School Buss. But now school is out for the summer, so I punished them in an another way. I shot a man sitting in a parked car with a .38.

⊕-12 SFPD-0

The Map coupled with this code will tell you where the bomb is set. You have untill next Fall to dig it up. ⊕

C Δ J I ■ O K ⊥ A M ꟻ ▲ Ω O R T G
X ⊙ F D V ℸ ◪ H C E L ⊕ P W Δ

Dieser Geheimcode, den der Zodiac am 26. Juni 1970 an den »San Francisco Chronicle« schickte, wurde nie entschlüsselt.

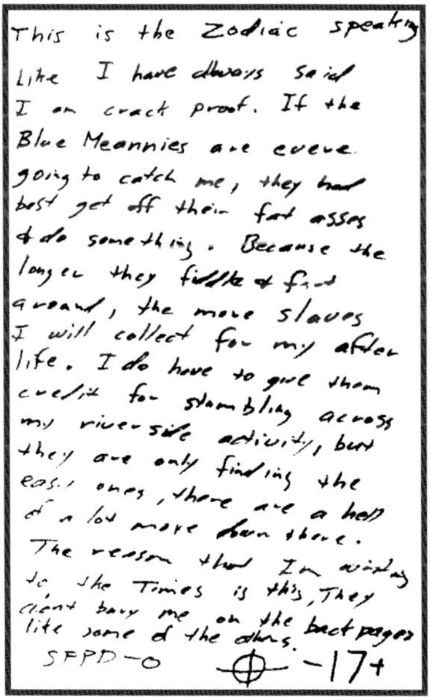
This is the Zodiac speaking
Like I have always said
I am crack proof. If the
Blue Meannies are evere
going to catch me, they had
best get off their fat asses
& do something. Because the
longer they fiddle & fart
around, the more slaves
I will collect for my after
life. I do have to give them
credit for stumbling across
my riverside activity, but
they are only finding the
easy ones, there are a hell
of a lot more down there.
The reason that I'm writing
to the Times is this, They
don't bury me on the back pages
like some of the others.
SFPD-0 ⊕-17+

In dem »Blue Meanies«-Brief, der am 13. März 1971 an die »Los Angeles Times« geschickt wurde, bekennt sich der Zodiac zum Mord an Cheri Jo Bates.

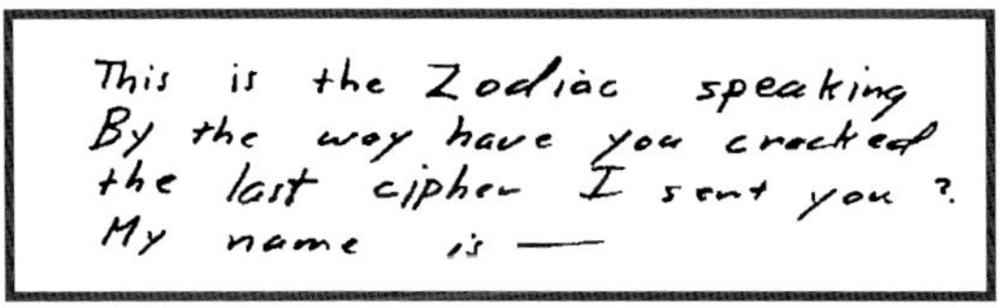
This is the Zodiac speaking
By the way have you cracked
the last cipher I sent you ?
My name is —

In diesem Brief mit Poststempel vom 20. April 1970 an den »San Francisco Chronicle« deutet der Zodiac an, dass in der 340-Chiffre sein Name versteckt ist.

SAN FRANCISCO POLICE DEPARTMENT CRIME LABORATORY

LABORATORY EXAMINATION REQUEST

CASE NUMBER (DEPARTMENT) 041 238 785	UNIT REQUESTING Homicide 5H200	DATE OF THIS REQUEST 6/21/05
COMPLAINANT / VICTIM Gary Stewart	LABORATORY NUMBER	OTHER NUMBER
DATE EVIDENCE BOOKED 10/29/04	SUSPECT	CHARGE
	EVIDENCE IN CUSTODY OF Property Control Division	NUMBER OF SPECIMENS

DESCRIPTION OF EVIDENCE AND REQUESTED EXAMINATION

(A COPY OF THE INITIAL NARRATIVE POLICE REPORT SHALL BE ATTACHED TO THIS REQUEST)

Please analyze the booked reference swabs and develop DNA profile. Compare profile with Zodiac sample.

DATE RESULTS NEEDED

REASON FOR REQUEST:

- ☐ M.C. TRIAL
- ☐ REBOOKING
- ☐ ORDER OF D.A.
- ☐ S.C. TRIAL
- ☐ Y.G.C.
- ☐ PRELIM. HEARING
- OTHER ☐

REQUESTED BY	APPROVED BY	REFER TO:
RANK / STAR #	RANK / STAR #	

SFPD 64 (06/90)*

Lieutenant Hennesseys Laboranforderung an Dr. Cydne Holt, dass sie meine DNS mit der Zodiac-Probe vergleichen möge.

REPORT OF THE DEATH OF AN AMERICAN CITIZEN ABROAD

American Embassy, Mexico City, Mexico, August 14, 1984
(Post & date of issue)

SSA No. ....

Name in full Earl Van BEST, Jr. — Age 49

Date and Place of Birth July 14, 1934, Wilmore, Kentucky

Evidence of U.S. Citizenship Birth Certificate

Address in U.S.A. 319 Elm Ave. #34, Long Beach, Ca. 90802

Permanent or Temporary Address Abroad Corinto Hotel, Vallarta # 24, Mexico

Date of death May (Month) 20 (Day) – (Hour) – (Minute) 1984 (Year)

Place of death Vallarta # 24, Corinto Hotel (Number and street) or (Hospital or hotel), Mexico City (City), Mexico (Country)

Cause of death Asphyxiation by obstruction of major air passages by passing (Including authority for statement – if physician, include full name and official title, if any)
gastric matter. Cardiomegaly and valvular aortic stenosis, according to **

Disposition of the remains Interred at the San Lorenzo Tezonco Pantheon, Iztapalapa, Mexico City, Mexico.

Local law governing disinterment of remains provides that they may be disinterred upon obtaining official permission and complying with local sanitary regulations. Automatically subject to disinterment after six years unless the gravesite is held in perpetuity.

Disposition of the effects In custody of U. S. Embassy, Mexico City.

Person or official responsible for custody of effects and accounting therefor In custody of American Embassy, Mexico City, Mexico.

Traveling/residing abroad with relatives or friends as follows:

NAME	ADDRESS
alone	Corinto Hotel, Vallarta # 24, Mexico

Informed by telegram or telephone

NAME	ADDRESS	DATE SENT
Mary Gertrude Plummer	1745 Marygold, Space # 73	05/21/84
	Bloomington, CA. 92316	

Copy of this report sent to:

NAME	ADDRESS	DATE SENT
Mary Gertrude Plummer	Bloomington, CA. 92316	08/14/84
[redacted]		08/14/84

Notification or copy sent to Federal Agencies: SSA____ VA____ CSC____ Other____ (State Agency)

The original copy of this document and information concerning the effects are being placed in the permanent files of the Department of State, Washington, D.C. 20520.

Remarks: Birth Certificate seen and returned to Mrs. [redacted] ** Dr. Aurelio Nuñez Salas, physician registration number 346788, Niños Heroes # 102, Mexico City, Mexico. (Continue on reverse if necessary.)

Hugh Timothy Dugan (Signature on all copies)

[SEAL] Vice Consul of the United States of America.

BEST (Jr.) (Last name)

EARL (First name)

VAN (Middle name)

May 20, 1984 (Date of death)

Die Sterbeurkunde, die am 14. August 1984 in der amerikanischen Botschaft in Mexico City ausgehängt wurde.

Mein Besuch beim anonymen Grab meines Vaters in Mexiko. *(Mit freundlicher Genehmigung von Sergio Villegas Montes)*

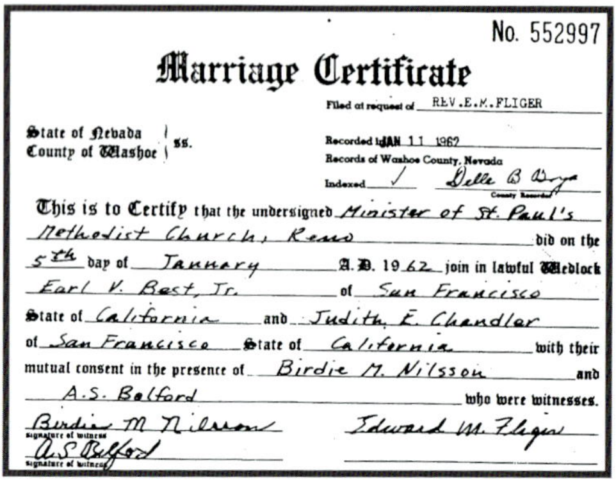

No. 552997

Marriage Certificate

Filed at request of REV.E.M.FLIGER

State of Nevada
County of Washoe } ss.

Recorded JAN 11 1962
Records of Washoe County, Nevada
Indexed ✓ Delle B. Boyd
County Recorder

This is to Certify that the undersigned Minister of St. Paul's Methodist Church, Reno did on the 5th day of January A.D. 1962 join in lawful Wedlock Earl V. Best, Jr. of San Francisco State of California and Judith E. Chandler of San Francisco State of California with their mutual consent in the presence of Birdie M. Nilsson and A.S. Belford who were witnesses.

Birdie M Nilsson
signature of witness
A.S. Belford
signature of witness

Edward M. Fliger

Judy Chandlers und Earl Van Best Jr.s Heiratsurkunde, die von meinem Vater ausgefüllt wurde und der Polizei später als Handschriftenprobe diente.

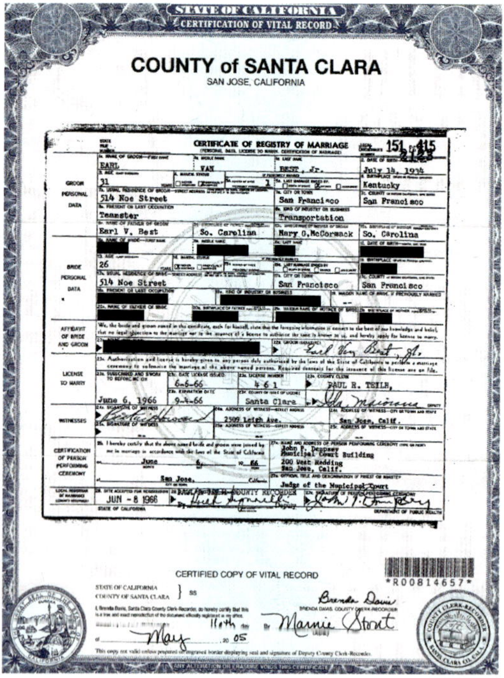

STATE OF CALIFORNIA
CERTIFICATION OF VITAL RECORD

COUNTY of SANTA CLARA
SAN JOSE, CALIFORNIA

CERTIFICATE OF REGISTRY OF MARRIAGE
(PERSONAL DATA, LICENSE TO MARRY, CERTIFICATION OF MARRIAGE)

151 415
2123

GROOM PERSONAL DATA
EARL | VAN | BEST, Jr. | July 14, 1934
31 | 1 | Kentucky
514 Noe Street | San Francisco | San Francisco
Teamster | Transportation
Earl V. Best | So. Carolina | Mary G. McCormack | So. Carolina

BRIDE PERSONAL DATA
[redacted] | [redacted] | [redacted] | [redacted]
26 | [redacted]
514 Noe Street | San Francisco | San Francisco
[redacted] | [redacted] | --
[redacted] | [redacted] | [redacted] | [redacted]

AFFIDAVIT OF BRIDE AND GROOM
We, the bride and groom named in this certificate, each for himself, state that the foregoing information is correct to the best of our knowledge and belief, that no legal objection to the marriage nor to the issuance of a license to authorize the same is known to us, and hereby apply for license to marry.
[redacted] | Earl Van Best, Jr.

LICENSE TO MARRY
Authorization and license is hereby given to any person duly authorized by the laws of the State of California to perform a marriage ceremony to solemnize the marriage of the above named persons. Required consents for the issuance of this license are on file.
June 6, 1966 | 6-6-66 | 461 | PAUL R. TEILH,
9-4-66 | Santa Clara | Deputy

WITNESSES
2509 Leigh Ave. | San Jose, Calif.

CERTIFICATION OF PERSON PERFORMING CEREMONY
I hereby certify that the above named bride and groom were joined by me in marriage in accordance with the laws of the State of California
on June 6, 19 66
at San Jose, California
John P. Dempsey
Municipal Court Building
200 West Hedding
San Jose, Calif.
Judge of the Municipal Court

JUN - 8 1966 | COUNTY RECORDER | By Deputy
STATE OF CALIFORNIA | DEPARTMENT OF PUBLIC HEALTH

CERTIFIED COPY OF VITAL RECORD

R00814657

STATE OF CALIFORNIA
COUNTY OF SANTA CLARA } ss

Brenda Davis
BRENDA DAVIS, COUNTY CLERK-RECORDER
16th May 2005
By Marnie Stout

Heiratsurkunde von Earl Van Best Jr. und Astrid Popp vom 6.6.66, auf der als Beruf meines Vaters »Kraftfahrer« angegeben ist, wohnhaft 514 Noe Street. Seine Unterschrift auf diesem Dokument wurde ebenfalls für Handschriftenabgleiche herangezogen.

Q9 Consulting, Inc.

December 9, 2012

Susan Mustafa
Baton Rouge, LA

Re: **Compare writing of Earl Best with letters from the Zodiac Killer**
Document Examination Case Report No. 2012-31

Dear Ms. Mustafa:

You engaged my services to ascertain whether the writing or known writing of Earl Van Best identifies him as the writer of the letters and envelopes written by the Zodiac Killer.

I, Michael N. Wakshull, declare as follows:

All of the facts stated herein are personally known to me and if required to do so, I could and would testify to the truth thereof. The conclusions of my report are:

1. I've conducted a forensic handwriting analysis on copies of the Zodiac letters, comparing them to a copy of the marriage certificate between Earl Van Best, Jr. and Judith Chandler, the writer of which you have identified as Earl Van Best, Jr.
2. I am virtually certain that the writer of the marriage certificate between Earl Van Best, Jr. and Judith Chandler is the same writer as the writer of the Zodiac letters.
3. I am virtually certain the writer of the marriage certificate between Earl Van Best and Mary Annette Player, and the envelope addressed to the Press-Enterprise are the same person.
4. I am virtually certain the writer of the marriage certificate between Earl Van Best and [redacted] and the Joseph Bates envelope are the same person.
5. It is probable that the writer of the Earl Van Best signature on the booking sheet is the writer of the envelope addressed to the Press-Enterprise
6. The "Channel Nine" letter was not authored by the same person who wrote the other Zodiac letters
7. There are indications the writer of the "Red Phantom" letter is the same person who wrote the other Zodiac letters

I declare under the penalty of perjury under the laws of the State of California that the foregoing are my true and correct opinions.

Executed this 9th day of December, 2012 at Temecula, CA.

If you have any questions about the findings of this report, please do not hesitate to contact me.

Sincerely,
Michael N. Wakshull

In seinem Anschreiben erklärt der forensische Schriftgutachter Michael Wakshull in den deutlichsten Worten, die er in einem offiziellen Gutachten und ohne Vorliegen der Originale benutzen darf, dass mein Vater die Zodiac-Briefe geschrieben habe.

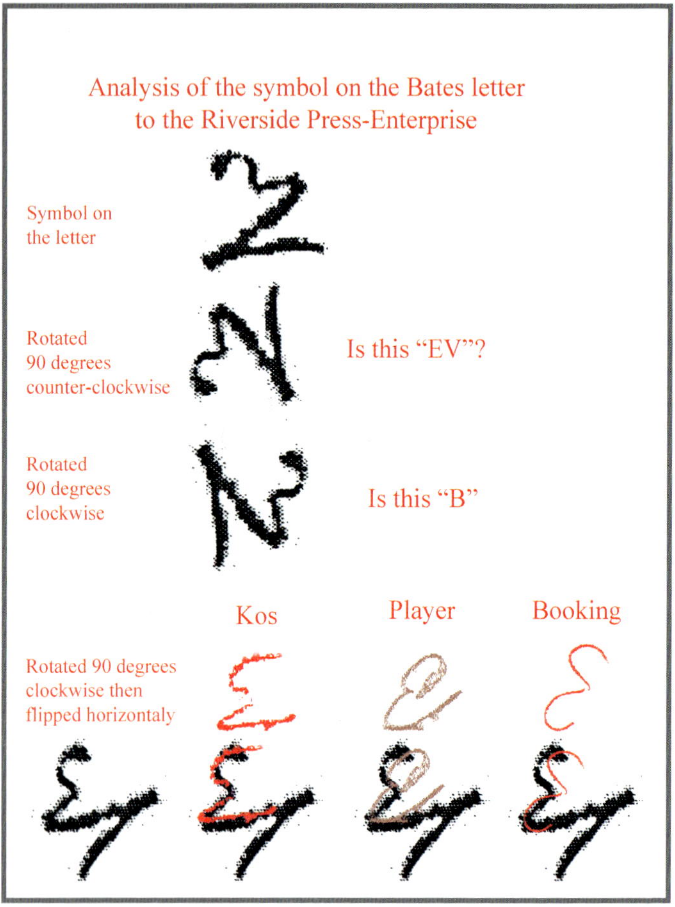

Wakshulls Vergleich des Zodiac-Symbols unter dem Bates-Brief mit dem E in den Unterschriften meines Vaters auf seinen Heiratsurkunden und dem Haftantrittsformular. *(© Michael Wakshull)*

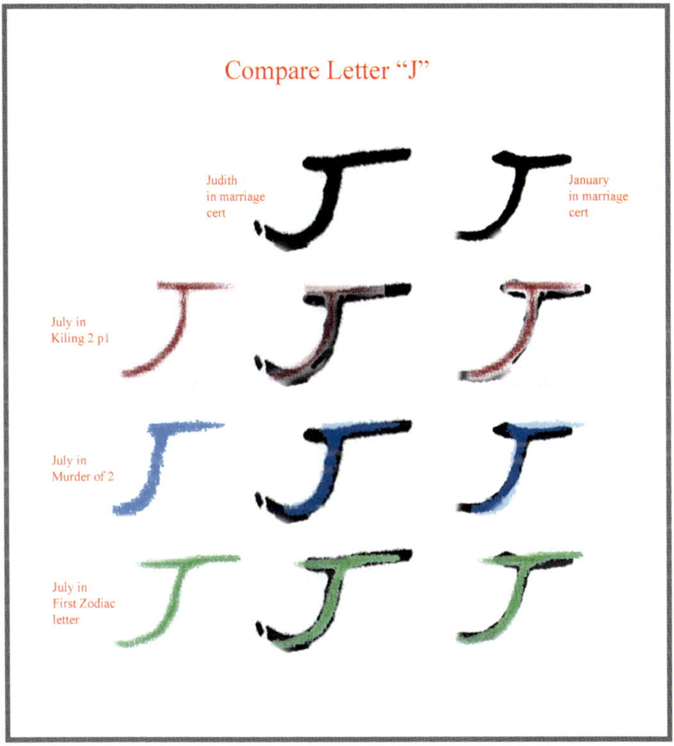

Vergleiche des Buchstabens J in der Heiratsurkunde von Judy und Earl mit denen in den Zodiac-Briefen. *(© Michael Wakshull)*

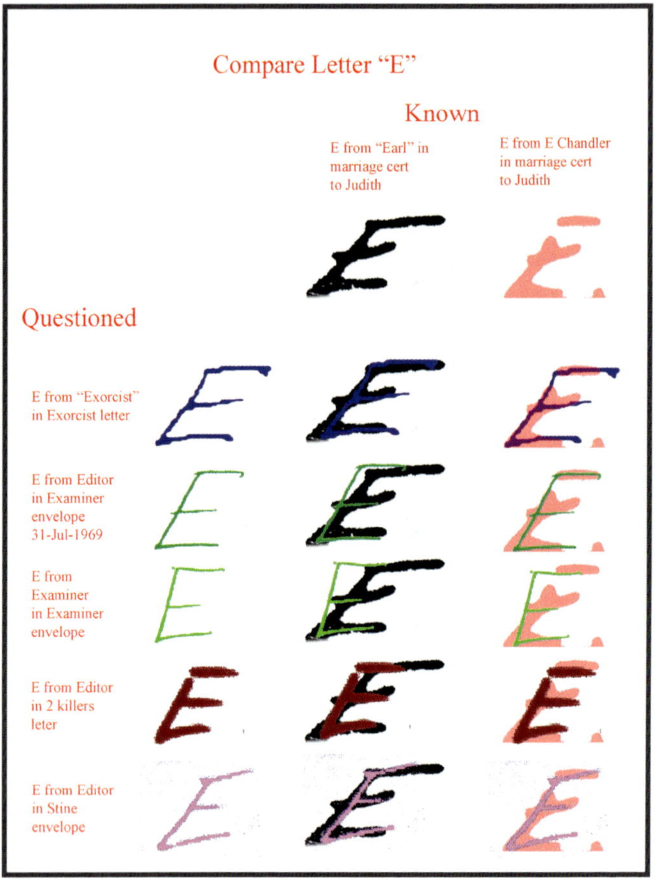

Vergleiche des großen E in derselben Heiratsurkunde mit Zodiacs Handschrift.
(© Michael Wakshull)

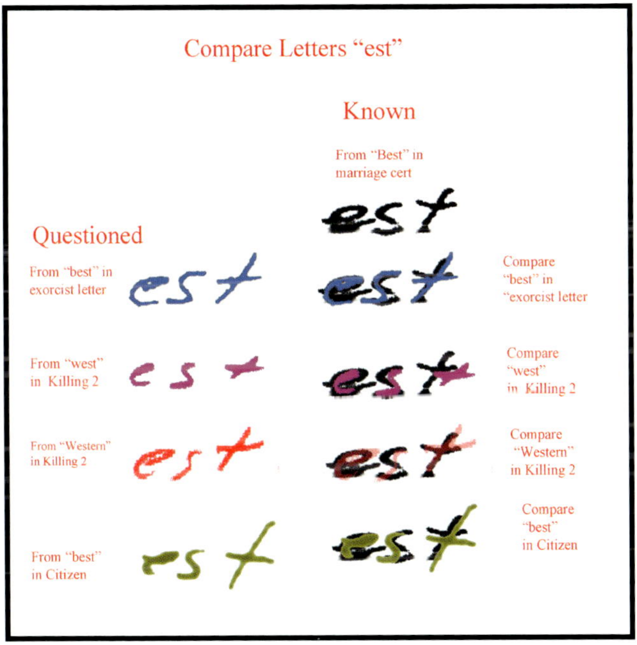

Vergleich der Buchstabenfolge est in denselben Dokumenten. *(© Michael Wakshull)*

Vergleich der Buchstaben ss.
(© Michael Wakshull)

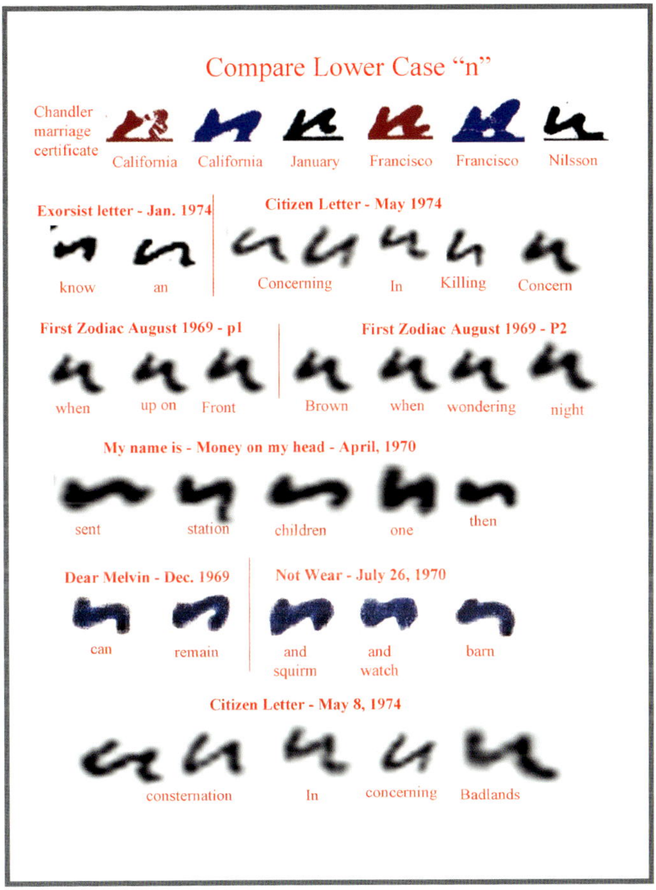

Vergleich des Buchstabens n.
(© Michael Wakshull)

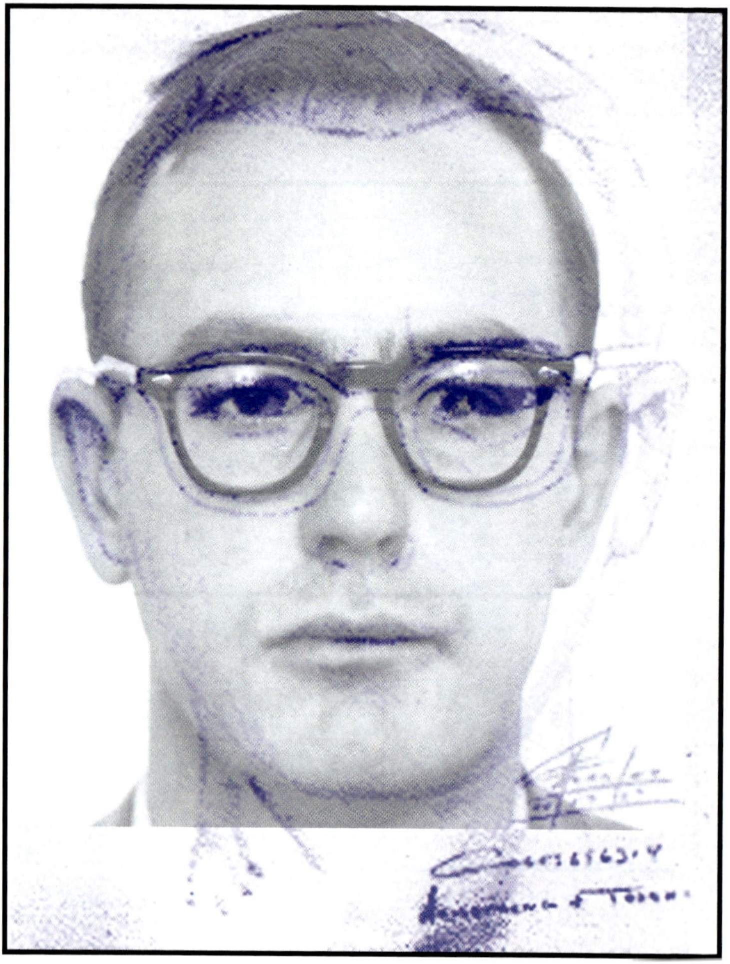

Abgleich der Phantomzeichnung mit dem
Polizeifoto meines Vaters.
(© *Michael Wakshull*)

»Könnte ich bitte Mr Best sprechen?«, fragte ich.

»Ich bin Alison Best, seine Tochter. Mein Vater ist vor ein paar Monaten gestorben, aber ich kann Ihnen gerne weiterhelfen. Was wollen Sie denn von ihm?«

Ich erklärte ihr, wer ich war, und warum ich anrief. »Ich suche nach Angehörigen meines Vaters.«

»Dann dürften Sie die richtige Familie gefunden haben«, sagte Alison. »Aber rufen Sie lieber meinen Onkel Pressley an. Der wird es genauer wissen.«

Ich wählte sofort die Nummer, die sie mir genannt hatte. Noch ehe ich zu Ende erklärt hatte, unterbrach Pressley mich. »Moment mal. Ich weiß, dass Sie bei der richtigen Familie gelandet sind, aber mit diesem ganzen Stammbaumkram kenne ich mich nicht aus. Da müssen Sie mit meiner Schwester Hattie reden. Sie ist die Familienhistorikerin bei uns.«

Er gab mir Hatties Nummer.

Hattie hörte geduldig zu, während ich zum dritten Mal meine Geschichte herunterleierte. Sie sagte anschließend, sie habe meinen Großvater gekannt, Earl Van Best Sr. »Ich habe gehört, dass er ein wunderbarer Prediger und ein netter Mann war«, sagte sie. »Mein Vater und Ihr Urgroßvater waren Brüder. Ihr Urgroßvater war Earl Van Dorn Best. Sie haben noch direkte Verwandte, die in dem alten Haus bei meinem Bruder Pressley wohnen. Eine von ihnen heißt Bits. Sie müsste Ihre Großcousine sein. Ich erinnere mich, etwas über Ihren Vater und Großvater gehört zu haben, aber das ist so lange her, dass ich keine Einzelheiten mehr weiß.«

Um ihrem Gedächtnis auf die Sprünge zu helfen, sagte ich ihr, ich wisse, dass mein Vater ein Verbrecher war.

»Hatte es mit Mord zu tun?«, flüsterte Hattie.

Ich war geschockt. Wir sprachen erst seit Minuten miteinander, und schon fiel dieses Wort.

»Ich weiß nicht von allem, was er getan hat«, erklärte ich. »Einige seiner Polizeiakten wurden vernichtet.«

Hattie war einen Moment lang still; wahrscheinlich war ihr bewusst, dass sie voreilig gewesen war. Dann wechselte sie das Thema und lud mich zu einem bevorstehenden Familientreffen der Bests ein.

»Ich finde es wunderbar, dass Sie sich melden, und es wäre schön, Sie dabeizuhaben«, sagte sie. Wie sie mir erzählte, organisierte sie selbst die Zusammenkunft. Sie hatte endlich das Grab ihres Urgroßvaters, Captain John James Best, ausfindig gemacht, was sie auf dem Fest bekannt geben wollte, aber diese Geschichte wäre noch besser. »Ihr Urgroßvater war ein Scharfschütze im Bürgerkrieg, einer von den Pee Dee Rifles«, erläuterte sie stolz.

Ich versprach ihr, zu dem Treffen zu kommen. Hattie sagte, sie werde mir einige Informationen über meine Familie schicken.

Am Abend postete ich eine Nachricht auf der Webseite der Horry County Historical Society:

»Mein Name ist Gary Loyd Stewart. Ich wurde 1963 als Earl Van Dorne Best geboren. Mein Vater war Earl Van Best Jr., Sohn von Earl Van Best Sr., Enkel von Earl Van Dorn Best. Ich wurde zur Adoption freigegeben und habe vor kurzem meine leibliche Mutter kennengelernt. Nun suche ich nach Angehörigen, die meinen Vater kannten oder entfernt mit meinem Zweig der Best-Familie verwandt sind.«

Ich hoffte, dass es etwas brachte.

Am nächsten Tag rief ich meine Großcousine, Bits Best Rosser, an und stellte mich vor. Hattie hatte ihr schon Bescheid gegeben, dass ich mich melden werde. Als ich Bits meine Geschichte erzählte, sagte sie, es habe seinerzeit Gerüchte über ein Baby gegeben, aber das sei lange her und keiner erinnere sich mehr an Details.

»Dein Großvater, Onkel Earl, war ein ganz besonderer Mensch. Er war das Küken der Familie und wurde zum Stolz der ganzen Best-Sippe. Und er war ein wunderbarer Prediger. Dein Daddy, nun ja, er war ›anders‹, könnte man sagen. Wenn wir im Sommer alle zusammen im Strandhaus waren, wollten wir anderen Kinder schwimmen und am Strand toben, Van nicht. Er interessierte sich für andere Dinge, liebte alles, was alt war. Ich erinnere mich an die alte Truhe, in der noch die uralte Landzuteilung vom englischen König und lauter alte Taufkleider waren. Das hat deinen Vater fasziniert. Dumm war, dass er die Truhe so oft auf- und zuklappte, dass zu viel Luft an die Sachen drinnen kam und sie sich auflösten.«

Bits lief richtig warm. »Und du weißt ja, wie Kinder sind. Wir hätten es sicher nicht tun sollen, aber wir haben ihn furchtbar gehänselt. Als wir dann älter waren und mitbekamen, dass er in Schwierigkeiten steckte und auf der Flucht war, fragten wir uns, ob wir vielleicht etwas damit zu tun hatten, dass er so wurde. Deine Großmutter Gertrude war eine bildschöne Frau mit einer traumhaften Stimme, die auch noch wie ein Engel Klavier spielte. Was mit ihr nicht stimmte, weiß ich auch nicht, aber sie fing an, Onkel Earl Hörner aufzusetzen, sogar sonntags, während er predigte. Es brach uns allen das Herz, und ich weiß, dass dein Vater sehr darunter litt. Wie oft hat er uns erzählt, dass er das Bett knarren und quietschen hörte, wenn die Männer bei seiner Mutter ein und aus gingen. Ich glaube, Gertrudes Fremdgehen hat ihn sehr geprägt, und Onkel Earl hat es schrecklich verletzt.«

Ich hörte zu, wie die Vergangenheit aus ihr heraussprudelte.

»Sie waren als Missionare in Japan, als der Zweite Weltkrieg ausbrach«, fuhr Bits fort. »Onkel Earl schrieb uns Briefe und schickte uns die Programme von Theaterstücken, Operetten und Opern, in denen er mit Tante Gertrude und Van gewesen war. Sie alle liebten Musik, und dein Vater mochte Theaterstücke. Wir dachten, dass Japan gut für Onkel Earl und Tante Gertrude sei, aber dann hörten wir, dass sie da drüben auch Affären hatte. Als die Japaner Pearl Harbor bombardierten, verfrachtete Onkel Earl seine Frau und Van auf das erste Schiff nach Hause, und er stieg auf das letzte. Er kam nach Hause, ging zur Navy und besuchte die Kaplansschule. Sie schickten ihn wieder in den Pazifikraum, und diesmal ging er allein. Ich denke, zu der Zeit wurde es noch schlimmer mit deinem Vater. Für ihn war es furchtbar, dass sein Vater im Krieg war und er mit Tante Gertrude in San Francisco lebte. Was der Junge alles mitangesehen haben muss! Dann kam Onkel Earl zurück nach Galivants Ferry und sagte der Familie, dass er Gertrude um die Scheidung gebeten habe. Er wusste, dass es für ihn die Exkommunikation bedeutete, wenn er sich scheiden ließ, aber er konnte nicht mit einer untreuen Frau leben. Wir alle waren am Boden, dass ausgerechnet dieser Star der Familie die erste Scheidung in unserer Geschichte durchmachte, wo er doch ein angesehener Pfarrer war und so. Und deinen Vater muss es besonders getroffen haben.«

Bits erzählte noch, wie Earl Sr. seine zweite Frau kennenlernte, Eleanor Auble, und sie schließlich heiratete. »Wir haben uns so für ihn gefreut, und wir alle verliebten uns auf den ersten Blick in Ellie.«

Wir redeten noch über zwei Stunden. Na ja, Bits redete, und ich hörte zu, sog jedes Detail in mich auf. Spät am selben Abend erhielt ich eine E-Mail von Joyce Long Smith aus Palatka, Florida.

Sie war die Tochter von Bits Schwester Mildred. Beim Lesen musste ich unweigerlich schmunzeln. Die Best-Familie tauchte aus der Versenkung auf, um Vans verlorenen Sohn kennenzulernen. Wie neugierige Kinder wollten sie alle dringend mit dem Baby reden, über das sie vor so vielen Jahren getuschelt hatten.

»Als dein Großvater herausfand, dass dein Vater dich in Baton Rouge ausgesetzt hatte, flog er nach Hause nach Indianapolis und sagte seiner Frau, Ellie, dass er nach Baton Rouge reisen, dich adoptieren und als sein Kind aufziehen wolle. Dein Großvater war zu Tode betrübt, als er mit seiner Frau in Baton Rouge ankam und erfuhr, dass du bereits von jemand anderem adoptiert worden warst. Das hat er nie verwunden«, schrieb Joyce.

Bald darauf bekam ich eine offizielle Einladung zum Best-Familientreffen, zu dem ich doch bitte auch meinen Sohn mitbringen möge.

51

Am Sonntag, nachdem ich mit Loyd und Leona in der Kirche gewesen war, setzte ich mich an meinen Computer, um das zu tun, was für mich zur Selbstverständlichkeit geworden war: noch mehr Hinweise zu meinem Vater suchen. Mir fiel wieder ein, dass ich eine Nachricht bei der Horry County Historical Society gepostet hatte, und ich wollte dort nachsehen, ob jemand geantwortet hatte.

Tatsächlich war da eine Nachricht von einem »Anonymous William«. Er schrieb:

»Ich glaube, Ihr Vater wurde wegen der Entführung Ihrer Mutter in San Francisco verhaftet. Sie war zu der Zeit 14. Sie wurden in New Orleans geboren. Ich bin froh, dass Sie Ihre leibliche Mutter gefunden haben! Es gibt einen Earl Best in San Francisco, der zurzeit in der 46th oder 47th Avenue lebt. Er steht im Telefonbuch. Das könnten Sie oder ein Verwandter sein. Viel Glück, William.«

Dieser Mann hatte offenbar Judy und Van gekannt. Hastig klickte ich auf den »Antworten«-Button. »Sie sind der Erste, der sich bei mir meldet. Sind Sie ein entfernter Verwandter?«, schrieb ich.

Während ich auf seine Antwort wartete, suchte ich im Internet nach einem Earl Best in San Francisco und fand den Telefonbucheintrag. Nervös wählte ich die Nummer, unter der sich eine Frau meldete. Nachdem ich ihr erklärt hatte, dass ich nach meinem Vater suchte, der mich ausgesetzt hatte, sagte sie, »Sie haben die falsche Nummer gewählt«, und legte auf.

Am nächsten Tag antwortete der mysteriöse Fremde.

William erzählte mir, dass er in der Highschool und noch danach gut mit meinem Vater befreundet gewesen sei. Ich bekam regelrecht Herzklopfen, während ich seine Nachricht las. Er schrieb, dass er Van und Judy zum Flughafen gefahren habe, als sie durchbrannten.

»Sollten Sie mehr über seine Schulzeit und unsere Abenteuer erfahren wollen, fragen Sie ruhig. William.«

»Anonymous William« entpuppte sich als William Vsevolod Lohmus von Bellinghausen. Wir begannen, wöchentlich und manchmal sogar täglich zu mailen, und das über Monate. Ich bat ihn um jedes Detail, an das er sich erinnerte, und zu meinem Glück hatte William ein exzellentes Gedächtnis. Allerdings teilte er mir auch gleich unverblümt mit, dass er einige sehr schlechte Erinnerungen an meinen Vater habe.

»Ich wurde zur Aussage vor ein Untersuchungsgericht geladen«, schrieb er. »Ich wusste nicht, was Van oder deine Mutter den US-Marshals bei ihrer Festnahme erzählt hatten. Auf einmal wurde ich wegen Komplizenschaft bei einer Kindesentführung angeklagt. Es dauerte über ein Jahr, bis ich aus der Sache raus war, von den Tausenden von Dollars mal ganz zu schweigen, die ich für Anwälte und Sonstiges bezahlt habe.«

Bald telefonierten wir regelmäßig. Irgendwann wurde ihm das Aufwühlen alter Erinnerungen zu viel, und er riet mir: »Du solltest dir einen guten Psychiater suchen, dich auf seine Couch legen und versuchen, all den Mist klarzukriegen, den dein Vater dir hinterlassen hat. Hab ein schönes Leben.«

Ich entschuldigte mich sofort. In meinem Übereifer, alles über meinen Vater zu erfahren, hatte ich nicht bedacht, wie nahe William die Geschichte ging. Er hatte meinen Vater wirklich gemocht und war von ihm verletzt worden.

»Es tut mir ehrlich leid, was mein Vater dir angetan hat«, sagte ich. »Bitte, wirf mich nicht mit ihm in einen Topf.«

William war versöhnt und erzählte bald mehr Geschichten, als ich mir jemals erträumt hätte. Über kurz oder lang lud er mich ein, ihn zu besuchen, wenn ich wieder in Kalifornien war.

Am 25. Januar 2005 überquerte ich die *Golden Gate*

Bridge und fuhr nach Marin County, in die Kleinstadt Novato. Ich fand es aufregend, dem ehedem besten Freund meines Vaters zu begegnen, auch wenn ich angesichts dessen, was ich über Van wusste, ein bisschen unsicher war.

Als ich in Williams Einfahrt bog, staunte ich, wie schön es hier war. In der Ferne sprenkelten hohe Mammutbäume die Landschaft. Ein Holzzaun umrahmte dichtes Gebüsch, Bäume und Blumen um das Haus herum und verbarg den viergeschossigen Stufenbau fast. Eine gigantische Hortensie mit violetten und blauen Blüten stand neben dem Eingang.

Ich ging die Stufen hinauf und klingelte.

William öffnete mir in einem olivgrünen Pullover, einem lila gestreiften Hemd und einer blauen Hose. Neben ihm stand eine grauhaarige Frau mit einem freundlichen Lächeln. William lehnte seinen Stock an die Wand und streckte mir seine Hand hin. Die andere Hand ließ er in seiner Hosentasche. Später erfuhr ich, dass er einen Schlaganfall und einen Herzinfarkt hinter sich hatte, die zur Lähmung seines rechten Arms geführt hatten.

Er stellte mir seine Frau Tania vor.

»Komm mit«, sagte sie und ging voraus durch die Diele und einige Stufen hinauf. »Vsevé kommt gleich nach.« Es war der Spitzname ihres Mannes.

Ich folgte ihr einen kurzen Flur entlang und nach links ins Wohnzimmer. »Setz dich.« Sie zeigte auf ein L-förmiges Sofa. »Er braucht ein bisschen länger, bis er hier ist.«

Als William hereingehumpelt kam, wurde mir klar, welche Anstrengung es ihn gekostet hatte, mich an der Tür zu begrüßen. Tania unterhielt sich ein paar Minuten mit uns, bevor sie William sagte, dass sie in ihrem Atelier sei. »Sie malt«, sagte William und wies auf die impressionistischen

Bilder, die über großen Bücherregalen an der Wand hingen. Auf den Regalen reihten sich Bücher über alle erdenklichen großen Künstler.

»Du hast die Augen deines Vaters«, stellte William fest. »Das ist unheimlich.« Er schien anfangs etwas reserviert; vielleicht war er unsicher, ob er dem Sohn des Mannes trauen konnte, der ihm eine Anklage aufgehalst hatte. Doch das gab sich, je länger wir redeten.

Allein im selben Raum mit diesem Mann zu sein, der mit meinem Vater befreundet gewesen war, kam mir zunächst befremdlich vor. Aber auch das hörte rasch auf, denn was William von seinem Leben als Kriminologe erzählte, machte sonnenklar, dass er Van gar nicht ähnelte. Und als er anfing, mir einige Geschichten von früher zu erzählen, genoss er es offensichtlich.

»Wir waren nicht wie die anderen Jungen in der Schule«, sagte er. »Wenn die anderen draußen waren und irgendwelche Ballspiele veranstalteten, saßen wir in Vans Zimmer und rezitierten ›Der Mikado‹. Wir kannten die ganze Oper auswendig. Er mochte auch ›Tosca‹ sehr.«

Ich hatte im Internet gelesen, dass Zodiac aus »Der Mikado« zitierte. »Van kannte ›Der Mikado‹?«, fragte ich William.

»Kannte?« Er lachte. »Dein Vater war besessen von dieser Oper. Er behauptete sogar, dein Großvater habe den Mikado persönlich kennengelernt. Das habe ich ihm natürlich nicht geglaubt, denn Van steckte voller aberwitziger Geschichten. Er erzählte mir sogar mal, dass er die englische Königin gesehen habe. Angeblich war er bei ihrer Krönung, als er in *Hinchingbrooke House* zu Gast war. Danach war er eine Weile ziemlich durch den Wind.«

William erzählte von dem blutigen Keulenkopf und Vans Waffentick.

»Van war ganz schön abergläubisch«, erinnerte er sich. »Sein Dad hatte ihm zum College-Abschluss einen Wagen gekauft. Wir kutschierten durch die Gegend, wo, weiß ich nicht mehr, und beschlossen, die Nacht über weiterzufahren. Nach einer Weile sahen wir eine Baustelle mit halb fertigen weißen Häusern. Ich sollte erwähnen, dass wir beide kurzsichtig waren und unsere Brillen nicht dabeihatten. Wir parkten also und schliefen im Wagen. Am nächsten Morgen wachten wir bei strahlendem Sonnenschein auf und stellten fest, dass wir auf einem Friedhof übernachtet hatten! Die weißen Baustellen und Häuser, die wir in der Nacht zu sehen geglaubt hatten, waren Mausoleen und Grabsteine. Ich fand es witzig, aber Van hielt es für ein schlechtes Omen.«

Als ich ihn nach den Geschäften meines Vaters fragte, sagte William, dass einige von Vans Trips nach Mexiko recht einträglich gewesen seien. »Was Van auch aus Mexiko mitbrachte, er blieb nie lange drauf sitzen. Binnen Wochen hatte er alles verkauft. Ich habe ihn oft gesehen, wie er Dokumente durchging, und ich erinnere mich besonders an ein Pergament, das von König Philipp II. stammte. Ich weiß, dass er es mit erheblichem Gewinn verkauft hat.«

Auch von LaVey erzählte er mir. Wie er berichtete, waren sie häufiger im Lost Weekend im Sunset District gewesen, wo sich Van und LaVey manchmal an der Orgel abwechselten. »LaVey und Van hatten vieles gemeinsam – Musik, die Liebe zur Philosophie und Literatur. Van war von allem begeistert, was mit ›anderen‹ Denkweisen zu tun hatte, und er konnte gar nicht genug von LaVeys verquerem Denken kriegen«, erklärte William.

»Wir waren am *San Francisco City College* und studierten Forensik, als dein Vater Mary Player kennenlernte«, erinnerte William sich.

»Wer ist das?«, unterbrach ich ihn.

»Seine erste Frau. Sie sah aus wie Audrey Hepburn, aber die Ehe hielt nur Monate, glaube ich.«

»Was ist passiert?«, fragte ich. Mich wunderte, dass Judy nie eine frühere Ehefrau erwähnt hatte.

William wollte nicht näher darauf eingehen. Er sagte nur, dass Van manchmal »durchgeknallt« sein konnte.

»Ich kannte deinen Vater auch«, sagte Tania, die mit einem Teller Kuchen hereinkam. »Wir waren zusammen an der *Lowell High School*. Ehrlich gesagt mochte ich ihn überhaupt nicht. Er war ein Braggadocio, tönte dauernd, was er alles schon gemacht und geschafft habe, dabei hatte er nie irgendwas vorzuweisen.«

William lächelte ihr zu und strich sich über den grauen Bart. »Tania ist sehr direkt«, sagte er.

Während ich William zuhörte, fiel mir seine förmliche Sprechweise auf. Er hatte mir erzählt, dass Van stets auf makellose Grammatik bedacht gewesen sei, und ich konnte nachvollziehen, warum die beiden sich so gerne unterhalten hatten. William war ein fantastischer Gesprächspartner, dem man in keiner Silbe anhörte, dass er Ausländer war.

»Ich möchte dir etwas in meinem Arbeitszimmer zeigen«, sagte er, stand langsam auf und verließ schweren Schrittes das Wohnzimmer. Ich folgte ihm den Korridor hinunter und einige Stufen hinauf in ein Zimmer mit noch mehr Bücherregalen. Darin standen lauter Werke über Kriminologie, Forensik und Mord.

»Hier arbeite ich«, sagte er und zeigte auf den Computer

auf seinem Schreibtisch. »Dein Vater hat übrigens auch Kriminologie studiert. Ich habe ein paar Mal versucht, ihn zu überreden, mit mir zusammenzuarbeiten, aber er wollte unbedingt seinen Schatz in Mexiko finden.«

Er zog ein Buch aus einem der Regale. »Das hier musst du dir ansehen. Es war ein Geschenk von deinem Vater, sehr rar und einer meiner besonderen Schätze. Er hat es aus Mexiko mitgebracht.«

Beinahe ehrfürchtig griff ich danach, wurde mir doch bewusst, dass ich erstmals etwas anfassen sollte, was mal meinem Vater gehört hatte.

»Vorsichtig«, sagte William. »Es ist aus dem sechzehnten Jahrhundert.«

Während ich behutsam in den Seiten blätterte, fiel mir auf, dass das Buch auf Spanisch geschrieben war.

»Weißt du, worum es geht?«, fragte ich.

»Selbstverständlich«, sagte William. »Dieses Buch wurde als Anleitung für die Azteken geschrieben, wie sie in der Kirche die Sakramente zu empfangen hätten. Die Spanier wollten den Katholizismus verbreiten. Sie mussten dafür sorgen, dass die Azteken die Rituale ihrer Religion verstanden.«

Mir fiel die ungewöhnliche Rosafärbung des Einbands auf. »Das ist komisch.«

»Ich weiß nicht, ob das menschliche Haut ist«, sagte William. »Kuh oder Ziege, die sie sonst benutzt haben, ist das jedenfalls nicht. Ich habe mich auch schon oft gefragt, welches Material das sein mag.«

Ich sah mir das Buch eine Zeit lang an und wünschte, ich hätte den Mut, ihn zu fragen, ob ich es kaufen könnte. Aber die Art, wie er es behandelte, verriet mir ja schon, dass er es nicht hergeben würde.

»Van brachte uns immer Geschenke aus Mexiko mit. Tania hat irgendwo ein sehr schönes Armband, das er ihr geschenkt hat.«

»Darf ich es sehen?«, fragte ich.

»Ich frage sie mal, ob sie weiß, wo es ist.«

Als ich wieder wegfuhr, war mir klar, warum mein Vater mit diesem Mann befreundet gewesen war: William strahlte eine Würde und Klugheit aus, wie ich sie selten erlebt habe.

Über die nächsten fünf Jahre blieben William und ich in Kontakt, und ich besuchte ihn noch dreimal. Nach meinem zweiten Besuch bat er mich, ihn »Onkel Bill« zu nennen, und begann, seine E-Mails mit »UB« (»Uncle Bill«) zu unterzeichnen. Je besser wir uns kennenlernten, desto offener wurde er und erzählte mir immer mehr von meinem Vater. Manchmal waren es gute Erinnerungen – ans Ale-Trinken im Schroeder's, an die Abende im Tonga Room. Dann wieder verfolgten sie mich wie Albträume.

Wie das Mal, als William mir einen kleinen Holzwürfel mit eingeschnitzten angstschreienden Gesichtern zeigte, die den Tiefen der Hölle zu entkommen versuchten. Auch dieser Gegenstand hatte einmal meinem Vater gehört.

52

Im Jahr 2006 war ich oft in San Francisco, immer in der Hoffnung, mehr über das Leben meines Vaters herauszufinden. Dank William, Judy und der Best-Familie hatte ich Anhaltspunkte, Orte, an denen ich suchen konnte.

Ich begann, die Bewegungen meines Vaters in der Bay

Area nachzuvollziehen. Nun hatte ich eine andere Perspektive, denn ich wusste, wie grausam Van sein konnte.

Ich besuchte die *Grace Cathedral* und war, wie mein Vater einst, verzückt von den Klängen der Orgel dort. Bis mein Blick auf den Boden neben der Orgel fiel, wo ein Kreis mit einem Kreuz in der Mitte eingelassen war. Mich fröstelte. Es sah aus wie das Zodiac-Symbol, das mein Vater in seinen Briefen benutzt hatte.

Ich sah mir die fantastischen Bibeldarstellungen an. Judy hatte mir erzählt, dass Van ihr mal gesagt hatte, er selbst sei in einem dieser Bilder. Also studierte ich sie sorgfältig und bemerkte tatsächlich einen Mann in einem langen Umhang, der eine vage Ähnlichkeit mit Van hatte. Ja, das war wieder eine dieser Geschichten, mit denen er andere hatte beeindrucken wollen.

Im Rathaus bat ich um eine Kopie der Urkunde von Earl Van Best Jr.s Heirat mit Mary Annette Players. Die Mitarbeiterin sagte mir, dass sie zwei Heiratsurkunden auf seinen Namen habe.

»Welche wollen Sie?«, fragte sie.

Zwei? Wieso gibt es zwei?, dachte ich.

»Beide«, antwortete ich.

Dann sah ich, dass er am 19. August 1957 Mary Annette Player geheiratet hatte. Und nach Judy hatte er wieder geheiratet – eine Frau namens Astrid Popp. Mir fiel das Hochzeitsdatum auf: 6/6/66.

Ich fuhr zum Avenue Theatre, wo mein Vater Orgel gespielt hatte. Das alte Kino beherbergte inzwischen die *Channels of Blessing Church*, aber das ursprüngliche AVENUE-Schild prangte noch an der Fassade.

Während ich dort stand, rief ich Lieutenant Hennessey

auf seinem Handy an und fragte ihn, ob wir uns zum Mittagessen treffen könnten. Während unserer früheren Telefonate hatten wir schon darüber gesprochen, uns mal wieder zu verabreden.

»Würde ich wirklich gerne, Gare, aber ich baue gerade eine Rollstuhlrampe für meinen Vater. Er braucht sie leider schnellstens«, sagte Hennessey.

»Ich würde auch kommen und Ihnen helfen«, bot ich an. »Ich bin ziemlich gut, wenn man mir einen Hammer in die Hand drückt.«

»Wirklich nett von Ihnen, aber das kann ich unmöglich annehmen. Trotzdem danke. Und ich hoffe, Sie genießen Ihren Tag.«

Nachdem ich aufgelegt hatte, beschloss ich, einen Spaziergang an der Bay zu machen, um den Kopf freizukriegen. Die Orte zu sehen, an denen mein Vater oft gewesen war, bescherte mir ein ungutes Gefühl, und ich wollte dann doch lieber Hennesseys Vorschlag folgen und meinen Tag genießen. Während ich den Flugzeugen zusah, die auf der anderen Seite der Bucht aufstiegen und landeten, dachte ich an die Begeisterung meines Vaters für Musik. Zach und ich mussten beide etwas von seinem Talent geerbt haben. Ich spielte Gitarre und sang in einer Band, mit der ich bei Veranstaltungen in und um Baton Rouge auftrat, und Zach hatte schon sehr früh mit dem Gitarrespielen angefangen. Das war wohl eines der wenigen guten Dinge, die wir von meinem Vater hatten.

Irgendwann auf meinem Spaziergang kam mir ein seltsamer Gedanke. Während der 1960er war die Unterwelt von San Francisco vor allem durch Musik vernetzt gewesen. Charles Manson selbst hatte versucht, einen Plattenvertrag mit Terry Melcher zu machen, dem Vorbesitzer der Polanski-Tate-Villa. Ich fragte mich also, ob mein Vater Manson oder jemanden aus dessen »Familie« gekannt hatte. Mir war ja bekannt, dass die Ermittler nach einer möglichen Verbindung des Zodiac mit dem Manson-Clan geforscht hatten.

Als ich wieder zu Hause war, beschloss ich, einige der noch lebenden Mitglieder zu kontaktieren. Was für eine surreale Idee! Bevor Judy in mein Leben trat, wäre mir nicht im Traum eingefallen, nach Mördern zu suchen, geschweige denn, Kontakt zu ihnen aufzunehmen. Als ich Loyd und Leona erzählte, was ich vorhatte, waren sie entsetzt.

Allerdings überlegte ich nicht einmal, Charles Manson selbst zu kontaktieren, denn der machte mir Angst. Doch ich entdeckte zufällig, dass Bobby Beausoleil im Gefängnis einsaß, dem *Oregon State Penitentiary*. Ich las, wie er Gary Hinman ermordet hatte, und fand eine Webseite der Haftanstalt, über die ich eine E-Mail an einen Insassen schicken konnte. Einen Versuch war es wert.

Am 10. September 2006 schrieb ich Beausoleil eine E-Mail und fragte ihn, ob er in den 1960ern in Haight zufällig Earl Van Best Jr. begegnet sei. Zu meinem Erstaunen antwortete er am 14. Oktober.

Beausoleil teilte mir mit, dass Van einige Male mit seiner Band Orkustra in einem Lagerhaus gejammt habe. »Ziemlich viele Musiker kamen und gingen bei uns, und er war einer von ihnen. Ich kann Ihnen nicht sagen, wo er danach hin ist – oder woher er überhaupt kam. Aber ich weiß noch, dass er verdammt gut auf der Hammondorgel war.«

Er unterschrieb mit »Bobby«.

Die wenigen Zeilen bestätigten meine Vermutung.

Einige Monate später war ich wieder in der Bay Area und rief Hennessey von meinem Büro in Benicia aus an, um ihn zu fragen, ob der DNS-Vergleich schon etwas ergeben habe. »Wir hängen Jahre hinterher, Gare. Wer weiß, wann da was kommt«, sagte er.

Enttäuscht legte ich auf. Geduld zu haben war schwieriger, als ich gedacht hatte. Hätte er mir nicht die Formularkopie geschickt, wäre ich wahrscheinlich skeptisch geworden, ob er die Probe wirklich ans Labor gegeben hatte. Im Jahr darauf erfuhr ich, dass Hennessey zu einer Sonderermittlungseinheit versetzt worden war.

Eines Nachmittags Ende 2007 war ich mal wieder auf der Zodiackiller.com-Webseite und las die Polizeiberichte über die Morde, als ich über einen offenen Brief stolperte, den ein pensionierter Mordermittler 2006 eingestellt hatte.

Der Detective Michael Maloney, Dienstnummer 2014, hatte über dreißig Jahre beim SFPD gearbeitet. Er hatte sich stets für den Zodiac-Fall interessiert und war 2000 mit seinem Partner Kelly Carroll auf den alten Fall angesetzt worden. Maloney war kein herkömmlicher Polizist; vielmehr stand er in dem Ruf, ein Unruhestifter zu sein. Wie er selbst einmal sagte, wollte er nicht, dass ihm der Zodiac noch in den Ruhestand folgte. Entsprechend konnte man sich vorstellen, wie sehr es ihn wurmen musste, dass der Killer es doch tat.

Als der Fall 2004 erneut geschlossen wurde, zitierte die »Los Angeles Times« Hennessey mit den Worten: »Der Fall ruht bis auf Weiteres. In Anbetracht der hohen Auslastung mit derzeit offenen Fällen müssen wir unsere Ressourcen effizient nutzen.« Hennessey hatte noch hinzugefügt, dass der

Fall wieder aufgenommen würde, sollte sich eine vielversprechende Spur ergeben.

In seinem Brief widersprach Maloney dem Lieutenant. Er schrieb: »Der Zodiac-Fall wird nicht gelöst werden, solange der derzeitige Leiter der Mordermittlung im *San Francisco Police Department* nicht versetzt ist. Er [Hennessey] hat ihn geschlossen und einen der fähigsten Köpfe des SFPD, Kelly Carroll, angewiesen, ihn zu den Akten zu legen, ohne je auf Nachfragen über die künftige Vorgehensweise zu antworten. Anstatt den Fall einem neuen Team anzuvertrauen, packte Hennessey ihn in dem Moment auf Eis, in dem sich die erste bedeutende Spur nach 30 Jahren auftat.«

Weiter erklärte Maloney: »Mein Partner und ich waren das erste Team, das forensische DNS-Untersuchungen im Zodiac-Fall anwenden konnte. Wir waren die Ersten, die einen 25 Jahre alten Fall mittels DNS-Spuren aufklären konnten. Wir wissen, was wir tun, und wir sind gut. Diesen Fall hätten wir anhand von DNS-Spuren knacken können.«

Ich wollte nicht glauben, was ich da las.

Maloney fuhr fort: »Wenn Hennessey weg ist, wird der Fall wieder aufgenommen. Irgendwann werden auch DNS-Untersuchungen billiger, und wenn das geschieht, wird es sehr spannend. Es werden dann genug DNS-Tests durchgeführt, um stichhaltige Antworten auf die brennenden Fragen zu finden, wie etwa die, ob dieselbe Person die Briefumschläge angefasst und angeleckt hat. Falls nicht, wie viele andere DNS-Spuren haben wir? Bedeuten diese Spuren, dass noch andere Täter in die Fälle verwickelt waren? Gibt es vergleichbare DNS in Fällen, die von anderen Behörden ermittelt wurden? Welche DNS findet sich auf Paul Stines Hemd?

Ich glaube nicht, dass sich auf einem Hemd nach solch einem blutigen Mord keine Spuren finden. Allein in Schweiß findet sich jede Menge DNS.«

Während ich das las, erinnerte ich mich wieder, dass ich einmal mit Kelly Carroll gesprochen hatte. Mehrere Jahre, nachdem Butler aufgehört hatte, mit mir zu reden, hatte ich Carroll angerufen, und da teilte er mir mit, dass der Fall ruhte. »Ich darf mit keinem mehr über diesen Fall reden«, hatte der Detective gesagt und dabei nicht direkt froh geklungen. Das war mir gleich merkwürdig vorgekommen.

Als ich den Brief zu Ende gelesen hatte, kamen mir erneut Zweifel, dass Hennessey meine DNS-Probe jemals ans Labor gegeben hatte. Drei Jahre schienen mir sehr lange für eine DNS-Untersuchung in einem Serientäterfall, vor allem in diesem. Warum hatte Hennessey sich so oft mit mir getroffen, wenn er seinen Detectives befahl, keinen der Hinweise zu überprüfen, die sie über den Zodiac erhielten? Warum hatte er mir völlig unaufgefordert die Kopie des Laborformulars geschickt? Wollte Hennessey derjenige sein, der den Fall löste, oder hatte er mich einfach nur am ausgestreckten Arm zappeln lassen? Oder war etwas völlig anderes passiert? Hatte Harold Butler oder Earl Sanders vielleicht mitbekommen, was Hennessey tat, und ihn angewiesen, sich aus dem Fall rauszuhalten?

Im Geiste ging ich alle Möglichkeiten durch, bis mir die letzte am glaubwürdigsten erschien. Mein Gefühl sagte mir, dass Hennessey es ernst meinte, und ich nahm mir vor, ihn zu fragen.

Bei meinem nächsten Aufenthalt in Benicia rief ich vom Hotel aus beim SFPD an.

»Hennessey ist im Ruhestand«, informierte man mich.

Ich lehnte mich im Sessel zurück. Das konnte nur eines bedeuten: Meine DNS lagerte irgendwo in einem Labor, wo sie wohl ewig ungetestet blieb.

Ich wählte Hennesseys Mobilnummer und sprach auf die Mailbox, er möge mich zurückrufen.

Er meldete sich nicht.

Ich wartete einige Tage, dann schrieb ich ihm eine E-Mail. Um sie abschicken zu können, musste ich in einer Computermaske erst ein paar Fragen beantworten und so bestätigen, dass ich ihn kannte.

Er antwortete nicht.

Ich wartete wieder eine Weile, dann schrieb ich ihm noch eine E-Mail.

Nichts.

Ein letztes Mal versuchte ich noch, ihn anzurufen, bevor ich es aufgab.

Irgendwas musste passiert sein. Unweigerlich dachte ich wieder an Butler und Sanders. Sie waren sehr enge Freunde von Rotea gewesen und hätten unter keinen Umständen gewollt, dass die Öffentlichkeit erfuhr, mit wem dessen Ehefrau in erster Ehe verheiratet gewesen war. Aber ich hatte keinen Beweis. Mir fiel ein, wie Hennessey mich einmal gefragt hatte: »Vermuten Sie eine Vertuschung?« Ich hatte gelacht. »Selbstverständlich vermute ich die.«

»Tja, dann gehen wir der Sache auf den Grund«, hatte Hennessey gesagt.

Hennessey hatte mir erzählt, dass Butler sich weigerte, ihn die Akte meines Vaters einsehen zu lassen. Der Lieutenant war notgedrungen über das Zentralregister der Strafermittlungsbehörden in Kalifornien (CLETS) gegangen, um die Informationen über die Verhaftungen meines Vaters zu bekommen. Warum sollte Butler dem Leiter der Mordermittlung eine Fallakte verweigern? War mein Vater je ein Verdächtiger in dem Fall gewesen? Was war so abscheulich, das man uns nicht erlaubte, in die Akte zu sehen?

Jetzt würde ich es nie erfahren.

Ich ging zurück auf die Webseite, um die Kontaktdaten von Maloney zu finden. Leider entdeckte ich nur, dass er im Frühjahr 2007 an einem Herzinfarkt gestorben war.

Verdammt!

Endlich hatte ich jemanden aufgetan, der einige Antworten haben dürfte, der sogar öffentlich gemacht hatte, dass er eine Vertuschung vermutete, und nun konnte ich nicht mehr mit ihm reden.

53

Ich kam zu dem Schluss, dass ich selbst anfangen musste, wie ein Detective zu denken, und sah mir die Zodiac-Morde abermals an. Ich las jede Polizeiakte, die ich im Internet finden konnte, und stellte fest, dass der Mörder zwar Männer angegriffen und manchmal auch getötet hatte, die Frauen jedoch das eigentliche Ziel gewesen waren. Aus den zahlreichen Büchern, die ich über Serientäter und das, was sie antrieb, gelesen hatte, wusste ich, dass viele von ihnen Sadisten waren. Interessant war allerdings, dass der Zodiac keine der Frauen missbraucht hatte. Bei den Morden war es nicht um Kontrolle gegangen.

Es war Zorn gewesen.

Rache.

Mit dieser Theorie im Kopf druckte ich Fotos der weiblichen Opfer aus und legte sie auf meinem Schreibtisch aus, neben einem Bild von Judy. Als ich sie einzeln in die Hand nahm und mit dem Foto von meiner Mutter im Alter von sechzehn verglich, begann ich zu zittern.

Jede der Frauen sah Judy auf die eine oder andere Art ähnlich.

Nun machte ich mich daran, so viel wie möglich über Zodiacs Opfer herauszufinden, was mich hoffentlich zu einer weiteren Erleuchtung führen würde. Während ich nachforschte, wurde der Horror über das, was mein Vater getan hatte, beständig stärker.

Eines Nachmittags entsann ich mich dessen, was mir ein Detective einmal über das Aufklären von Verbrechen gesagt hatte: »Man kehrt immer an die Quelle zurück.« Also druckte ich sämtliche Zodiac-Briefe aus und fing an, sie gründlich zu studieren. Ich hoffte, dass irgendwo in diesen Texten die Antworten vergraben waren, nach denen ich suchte.

Bei den Zitaten aus »Der Mikado« kamen mir Williams Worte in den Sinn: »Wir kannten diese Oper auswendig.«

Und bei Zodiacs Erwähnung von den »Sklaven für das Leben nach dem Tod« fiel mir Williams Sklavenkasten wieder ein. »Dein Vater war besessen davon«, hatte er mir gesagt.

Die Obsessionen meines Vaters sprangen einem aus seinen Briefen förmlich entgegen – sein anglophiles Gehabe und der britische Akzent, seine Bewunderung für LaVey, sein Wissen über Waffen und Militärausbildung.

Doch als ich zu dem Brief mit dem Poststempel vom 20. April 1970 kam, wurde es richtig spannend. Hier hatte der Zodiac geschrieben, »Mein Name ist«, und eine Chiffre aus dreizehn Zeichen angeführt. Ich schrieb seinen Namen auf – Earl Van Best Jr.

Das waren dreizehn Zeichen.

Ich recherchierte ein wenig und stellte fest, dass keiner der Hauptverdächtigen in den Zodiac-Morden einen Namen mit dreizehn Buchstaben gehabt hatte. Dann nahm ich mir die Chiffre mit den 408 Zeichen vor, die in drei Teilen an unterschiedliche Zeitungen geschickt wurde (siehe nächste Seite).

Zodiac hatte gesagt, wenn dieser Code entschlüsselt sei, könne die Polizei ihn fassen.

Ich fand eine Version im Internet, in der die entschlüsselte Botschaft über den Chiffren stand. Die ging ich wie ein Wortsuchspiel an, suchte nach einem bestimmten Buchstaben und wanderte von ihm aus vertikal, diagonal und horizontal, um den Namen meines Vaters auszumachen.

Da war er, klar und deutlich. Er fand sich in dem Abschnitt, der an den »San Francisco Examiner« geschickt worden war: EV Best Jr.

Ich konnte es nicht fassen. Detectives, Fachleute und Amateure hatten jahrelang nach dem Täternamen in diesen Chiffren gesucht.

Aber sie hatten den wahren Namen des Zodiac ja nicht gekannt.

Und die Namen der Verdächtigen, wie Arthur Leigh Allen, ließen sich nicht in den Symbolen und Buchstaben entdecken.

Als vor meinem Fenster die Sonne unterging, wurde mir nach und nach bewusst, was ich eben herausgefunden hatte.

Mein Vater war tatsächlich der Zodiac.

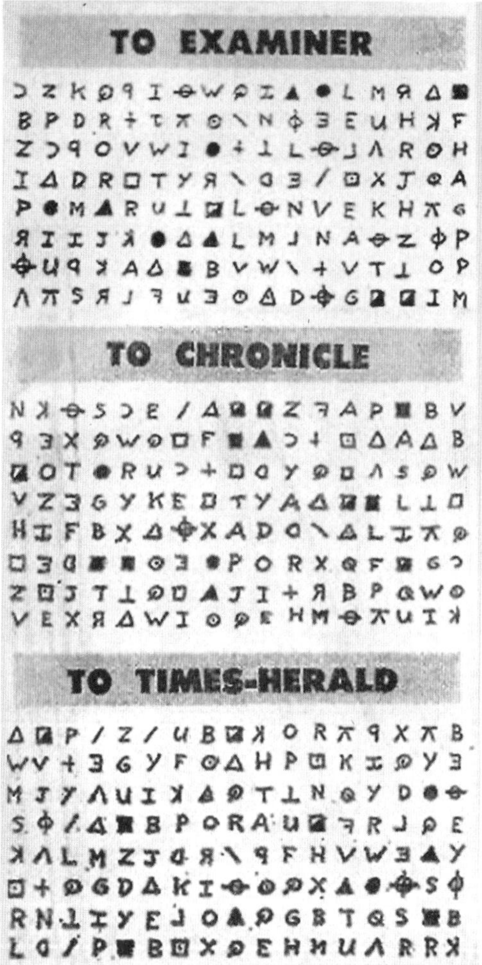

Ich erinnerte mich, wie ich vor drei Jahren zum ersten Mal das Fahndungsplakat sah. Da hatte ich noch vor, meinen Verdacht zu widerlegen. Jeder, einschließlich Judy, hatte mich für verrückt gehalten.

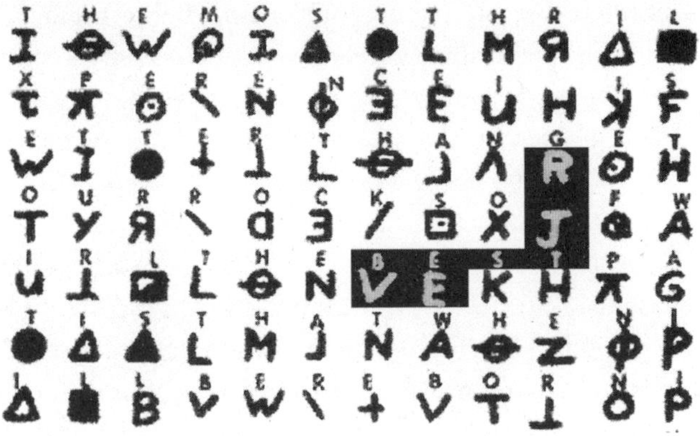

Ich selbst hatte mich für verrückt gehalten.

Doch hier stand es, schwarz auf weiß. »In dieser Chiffre ist meine Identität versteckt«, hatte der Zodiac geschrieben.

DNS oder nicht, endlich hatte ich einen greifbaren Beweis, dass mein Vater der Zodiac war.

54

Fünf Jahre war es inzwischen her, dass Judy mich gefunden hatte. Seitdem hatten wir Höhen und Tiefen durchlebt, während ich meine Rolle in alledem zu begreifen versuchte. Mein Leben lang hatte ich mir über meine Identität den Kopf zerbrochen. Und auf ihre Weise hatte Judy mir nun geholfen herauszufinden, wer ich war. Gleichzeitig hatte ich erkannt, dass sie nicht immer eine verlässliche Informationsquelle gewesen war, was meine Vergangenheit betraf. Sie wollte meinen Bruder Chance und das Leben schützen, das sie mit Rotea geführt hatte.

Dennoch war sie meine Mutter und liebte mich, auch wenn ich sie wahnsinnig damit machte, dass ich sie zwang, sich an Dinge zu erinnern, die sie vergessen wollte. Sie hatte ausdrücklich gesagt, dass sie die Vergangenheit hinter sich lassen wolle. Das konnte ich nicht.

Kurz nachdem ich den Namen meines Urgroßvaters auf der Webseite der Horry County Historical Society entdeckt hatte, schrieb ich jedem mit dem Namen Best, den ich in Horry County ausfindig machen konnte. Ich erklärte, dass ich adoptiert worden war, und fragte, ob jemand Earl Van Best Sr. oder dessen Sohn kannte. Ein Mann namens Robert Armstrong antwortete. Er schrieb, dass er der Nachlassverwalter der zweiten Frau meines Großvaters, Eleanor, sei. Wie er mir erzählte, war mein Großvater Pfarrer der kleinen Kirche gewesen, in die er selbst früher gegangen sei. »Er war schon der Pfarrer meiner Mutter gewesen, und ich freundete mich mit ihm an. Inzwischen ist er schon viele Jahre tot. Bedauerlicherweise weiß ich das Sterbedatum nicht«, schrieb Armstrong. Zum Nachlassverwalter hatte man ihn bestimmt, weil er bei einer Bank arbeitete.

Er teilte mir mit, dass mein Großvater das *Asbury Theological Seminary* in Wilmore, Kentucky, besucht und einen Sohn gehabt habe, doch die beiden hätten irgendwann den Kontakt zueinander abgebrochen. »Mein Gedächtnis ist nicht sehr gut, aber ich glaube, er war Alkoholiker«, schrieb Armstrong über Van. »Anscheinend starb er in Mexiko und ist dort anonym begraben. Er war mit einer Österreicherin verheiratet und hinterließ drei Kinder in Österreich, bei denen es sich, falls Ihre Vermutung zutrifft, um Ihre Halbschwester und Ihre Halbbrüder handeln muss.«

Armstrong nannte mir die Adresse und E-Mail-Adresse

von Mercedes Renner, Vans Tochter. »Sie hat oder hatte zwei Brüder, Martin und Helmut. Sie selbst ist dem Anschein nach Rechtsanwältin in Österreich«, fuhr er fort.

Halb blind las ich den Brief zu Ende.

Mein Vater war tot, in einem anonymen Grab in Mexiko beigesetzt?

Mein Großvater war tot?

Während ich den Brief noch einmal las, überkamen mich Verlustschmerz und Trauer. Zu Anfang meiner Recherchen hatte ich mir ausgemalt, meinen Vater einmal kennenzulernen. Ich hatte mir vorgestellt, mit ihm eine Tasse Kaffee zu trinken, essen zu gehen, Geschichten auszutauschen, wie ich es mit Judy getan hatte.

Gemeinsam zu lachen.

Jahrelang hatte ich fantasiert, was für ein Mann er sei.

Das alles war nun vorbei.

Armstrong zufolge war mein Großvater beim Militär gewesen, ein ehrbarer Mann, was mich mit ein wenig Stolz erfüllte.

Eine Weile lang saß ich da. In meinem Kopf herrschte ein heilloses Durcheinander. Warum hatte die Frau bei der *Social Security Administration* (Sozialversicherungsbehörde) angedeutet, mein Vater würde noch leben? Warum hatte Butler mir nicht erzählt, dass er tot war? Wusste er es überhaupt?

Und dann begriff ich – »Er war später mit einer Österreicherin verheiratet und hinterließ drei Kinder …«.

Ich hatte eine Schwester und zwei Brüder.

Die musste ich finden.

Als Erstes rief ich Judy an, weil sie erfahren sollte, dass Van tot war. Anstatt es ihr zu sagen, las ich ihr den Brief vor.

Sie lachte.

Sie lachte sogar noch lauter, als ich zu der Stelle mit meinen Geschwistern in Österreich kam.

»Klingt ganz nach deinem Vater, nach Wien zu gehen und Kinder zu zeugen und dann auf einem mexikanischen Friedhof zu enden«, bemerkte sie sarkastisch.

Mich verstörte ihre Reaktion. Sie hatte sich so erleichtert angehört, fast froh, dass mein Vater tot war.

Ich setzte mich an meinen Computer und schrieb eine kurze E-Mail an Mercedes Renner, erklärte ihr, dass ich adoptiert wurde, und was Armstrong mir erzählt hatte.

Es kam keine Antwort.

Ich dachte, die E-Mail-Adresse könnte veraltet sein, also schrieb ich einen Brief. Ich merkte an, dass ich sie gerne kennenlernen würde, und steckte ein Foto von mir ins Kuvert. Dann schickte ich den Brief ab.

Ein Monat verging.

Nichts.

Da ich befürchtete, dass auch die Postanschrift nicht mehr stimmen könnte, tippte ich ihren Namen in meine Suchmaschine ein. Ein Link zur Homepage einer Strafverteidigerkanzlei erschien auf dem Bildschirm. Ich klickte ihn an.

Bingo!

Mercedes war Anwältin und arbeitete für diese Kanzlei. Ich war beeindruckt. Nun konnte ich es gar nicht erwarten, mit ihr zu reden und sie nach ihren Erinnerungen an meinen Vater zu fragen. Außerdem überlegte ich, ob Vans kriminelle Vergangenheit ein Grund für sie gewesen war, sich auf die Asylgesuche von Kriminellen zu spezialisieren.

Drei Stunden später hatte ich die Telefonnummer der Kanzlei.

Ich wählte sie wieder und wieder, doch meine Fortschritte hielten sich in Grenzen, weil ich kein Deutsch sprach.

Schließlich erreichte ich eine Frau, die immerhin »Mercedes« und »*Magistère*« verstand.

»Ja, aber nein, sie ist nicht hier. Sie ist in, wie heißt das, Mutterschaft?«, stammelte sie.

Wie ich ihren Worten entnahm, war Mercedes für zwei Jahre im Mutterschaftsurlaub.

»Können Sie mir ihre Privatnummer geben?«, fragte ich und drückte mir selbst die Daumen.

»Nein. Rufen Sie Montag an. Vielleicht kann Ihnen dann jemand helfen.«

Am Montag probierte ich es wieder und erreichte eine andere Frau. »Sie suchen nach Mercedes, nicht?«, fragte sie und sagte, dass sie ihre Sekretärin sei.

»Ja«, sagte ich und versuchte, nicht allzu aufgeregt zu klingen.

»Sie ist im Mutterschaftsurlaub und zu Hause, weil sie ein Baby erwartet.«

»Können Sie ihr etwas von mir ausrichten?«

»Sicher.«

»Bitten Sie sie, Gary Stewart anzurufen. Sagen Sie ihr, dass ich ihr Bruder aus den USA bin.« Ich gab ihr meine Büronummer.

Die Sekretärin kicherte verwundert. »Ah, ihr Bruder! Okay, Gary, ich richte es ihr aus, und ich hoffe, sie ruft Sie zurück. Wiederhören.«

Beim Auflegen hatte ich das Gefühl, sämtliche Möglichkeiten ausgeschöpft zu haben. Aber wenigstens bekam Mercedes meine Nachricht.

Dass sich meine Stimmung gebessert hatte, musste offensichtlich sein, denn als ich an dem Morgen ins Büro kam, bemerkte Phillip Schmidt, ein guter Freund und Kollege, es sofort. »Was bringt dich denn so früh her, Sonnenschein?«

Noch hatte ich keinem in der Firma von meinem Vater erzählt. Alle wussten von Judy, aber ich hatte nicht erwähnt, dass ich nach Van suche. Phillip erzählte ich, dass ich von meinen Geschwistern in Österreich erfahren hatte. Das Telefon, das normalerweise ununterbrochen klingelte, war verblüffend still, solange wir redeten. Wir unterhielten uns noch, als es doch schrillte. Es war halb zehn.

Phillip ging ran. »Delta Tech, Phillip am Apparat. Was kann ich für Sie tun?«

Ich konnte eine Frauenstimme hören, und Phillip blickte verwirrt drein. Er hatte Mühe zu verstehen, was die Frau sagte. Schließlich hörte er »Gary« und deckte die Muschel ab.

»Ich glaube, das ist deine Schwester«, sagte er.

Auf einmal war ich wie versteinert.

»Ich lasse euch allein«, sagte Phillip, reichte mir den Hörer und verließ das Büro. Als er die Tür hinter sich geschlossen hatte, meldete ich mich mit einem entschieden zu fröhlichen »Hallo!«.

»Hallo, ich würde gerne Gary Stewart sprechen«, sagte sie mit einem starken deutschen Akzent.

»Am Apparat.«

»Hier ist Mercedes. Was ist das für eine Geschichte, dass Sie mein Bruder sind?« An ihrem Ton war zu erkennen, dass sie lächelte, und ich atmete auf.

Wir redeten vierzig Minuten lang. Mercedes wollte wissen, wie ich auf die Idee käme, dass wir Geschwister seien. Ich erklärte ihr, dass ich adoptiert wurde und was ich von Armstrong erfahren hatte.

Mercedes erzählte, dass sie einen zweijährigen Sohn habe, Wolfgang, und ihr zweites Kind im März kommen solle. Sie wohnte nicht mehr unter der Adresse, an die ich geschrieben hatte, weil ihr Mann und sie ein größeres Haus für die wachsende Familie brauchten. Die E-Mails hatte sie nicht bekommen, weil sie da schon im Mutterschutz gewesen war.

Ich war unendlich erleichtert, dass sie mich nicht ignoriert hatte.

Dann erzählte ich ihr von meiner Familie – oder vielmehr meinen zwei Familien – und wiederholte, was ich ihr bereits geschrieben habe.

»Können Sie mir etwas über unseren Vater erzählen?«, fragte ich.

»Den kannte ich nicht«, sagte sie. »Er hat uns verlassen, als ich noch ein Baby war.«

Van hatte meinen Geschwistern dasselbe angetan wie mir! Also ging es Mercedes nicht anders.

»Ist die kriminelle Vergangenheit unseres Vaters der Grund, weshalb Sie heute beruflich Leuten wie unserem Vater helfen?«, fragte ich.

Am anderen Ende wurde es sehr still.

»Was meinen Sie mit krimineller Vergangenheit?« Mercedes klang auf einmal sehr ernst.

Mir wurde klar, dass ich einen Fehler gemacht hatte. »Ich dachte nur, dass Sie als Rechtsanwältin arbeiten, weil unser Vater vielleicht vor etwas in den USA weggelaufen ist.«

»Mein Beruf hat nichts mit meinem Vater zu sein«, erwiderte Mercedes frostig. »Ich mache schlicht das, was ich studiert habe, sonst nichts.«

Als wir unsere Kontaktdaten austauschten und uns verabschiedeten, wusste ich, dass ich mich in die Nesseln gesetzt hatte. Ich konnte nur hoffen, dass der Schaden nicht allzu groß war. Mercedes klang am Ende gar nicht mehr so nett wie anfangs.

Abends schrieb ich ihr einen Brief, entschuldigte mich, ihr diese Mutmaßung vor den Latz geknallt zu haben, und erzählte ihr alles, was ich bisher über Van in Erfahrung bringen konnte, einschließlich der Falschinformationen aus dem *Department of Justice* und von Harold Butler.

In ihrer Antwort stellte sie die Fakten, die ich recherchiert hatte, infrage. Sie sagte, ihr Vater sei nie in den USA verhaftet worden. »Sie schrieben, dass der Police Officer Ihnen erzählte, mein Vater sei 1996 wieder verhaftet worden. Das ist völlig absurd, denn mein Vater starb 1984 in Mexiko.« Darüber hinaus schrieb sie, dass ihre Brüder, ihre Mutter und sie nach allem, was sie durchgemacht hatten, mit ihrem Vater und seiner amerikanischen Familie endgültig abgeschlossen hätten. »Wir möchten keinen Kontakt mit der väterlichen Seite der Familie, und wir wünschen auch nicht, dass Sie oder irgendjemand anders sich in unser Leben einmischt. Bitte respektieren Sie das. Natürlich wünschen wir Ihnen und Ihrer Familie für die Zukunft alles Gute.«

Ich wollte mich ohrfeigen, weil ich so dämlich gewesen war. Natürlich wollten sie nicht hören, dass sie einen Bruder hatten, und im selben Atemzug informiert werden, dass ihr Vater ein Verbrecher gewesen war. Wie kam ich auf die aberwitzige Idee, dass sie, nur weil sie meine Schwester war, automatisch meine Gedanken nachvollziehen konnte?

Ich schrieb Mercedes noch einen Brief und versuchte, mich zu erklären. Hierauf erhielt ich eine freundlichere Antwort.

»Aber stellen Sie sich vor, wie ich mich gefühlt habe«,

schrieb sie, »als Sie mir eröffneten, dass Sie mein Bruder sind, Ihr Vater eine Beziehung mit einer Minderjährigen hatte und auch noch ein Schwerverbrecher war ... Mir war, als hätte mich aus dem Nichts ein Lastwagen überrollt.« Mercedes bat, meine Geburtsurkunde sehen zu dürfen, damit sie hundertprozentig sicher sein konnte, dass ich ihr Bruder bin. Und sie wollte Zeit, alles zu verarbeiten. »Wenn das alles stimmt, wäre es ein Schock für meine Mutter, der es gesundheitlich ohnehin nicht gut geht.«

Sie sagte mir, dass mein Vater in Mexiko »erstickt« war und ihre Mutter hingereist sei, um sich in ihrer aller Namen zu verabschieden. »Er ist in einem anonymen Grab beigesetzt, weil die Frau meines Großvaters ihn nicht in die Staaten einfliegen lassen wollte, um ihn richtig zu beerdigen.«

Wie Mercedes erzählte, hatte sie meinen Großvater nie kennengelernt. »Wir haben nie auch nur ein kleines Spielzeug von ihm bekommen, und als ich mit elf in einem internationalen Camp in den Staaten war, wo er mich hätte besuchen können, wollte er mich nicht sehen. Nach meinem Jurastudium hier wurde ich vom Dekan der *Rutgers School of Law* ausgewählt, dort ein Jahr als Assistentin zu arbeiten. Da hätte ich gerne seine Frau, Eleanor, besucht, aber sie wollte mich auch nicht treffen.«

Mercedes gestand freimütig, dass sie nicht verstand, warum mir der Kontakt zu ihr wichtig war. Sie brauche Beweise für unser Verwandtschaftsverhältnis und Zeit.

Den Brief unterzeichnete sie mit »Merce«.

Das stimmte mich zuversichtlich.

Ich gab ihr die Zeit, die sie benötigte. Während der nächsten Monate versuchte ich wiederholt, meine Original-Geburtsurkunde vom Staat Louisiana zu bekommen, und ging sogar vor Gericht, aber es brachte nichts. Meine Geburtsunterlagen waren versiegelt, und dabei blieb es.

Die Monate gingen dahin. Ich gab allmählich die Hoffnung auf, noch einmal von Mercedes zu hören, obwohl ich ihr geschrieben hatte, wie sehr ich mich bemühte, an meine Geburtsurkunde zu kommen.

Schließlich, nach sieben Monaten, holte ich einen Brief aus dem Kasten, auf dessen Marke ÖSTERREICH stand. Aufgeregt öffnete ich ihn.

Der Brief war nicht von Mercedes, sondern von Astrid, ihrer Mutter.

Mir war nicht wohl, als ich nach drinnen ging und mich hinsetzte, um den Brief zu lesen.

Die dritte Frau meines Vaters schrieb, dass es normal für adoptierte Kinder sei, ihre leiblichen Eltern finden zu wollen. Jedoch würden die wenigsten mit der Wahrheit fertigwerden, die sie entdeckten. Sie bestätigte, dass falsch war, was Harold Butler mir von Vans Verhaftung 1996 erzählt hatte. Van war 1984 gestorben. »Für mich ist das eine Tatsache, es sei denn, Sie möchten mir weismachen, ich hätte am falschen Grab gestanden. Falls meine Kinder etwas über ihren Vater wissen wollen, können sie mich fragen. Hören Sie auf, meine Kinder und mich zu belästigen. LASSEN SIE ES! Sie sind nicht der Einzige, der nach 30 Jahren ankommt und mit mir verwandt sein will. (Ist ja auch so praktisch, nach Europa zu fliegen und schon mal eine Gratis-Unterkunft in Wien zu haben.)« Dann teilte sie mir mit, dass Menschen sich ihre Freunde aussuchen könnten, nicht hingegen ihre Verwandtschaft, und wünschte mir »die tolle väterliche Familie«, die ihre Kinder nie hatten.

Erschüttert saß ich da, und meine Gedanken überschlugen sich. Mercedes musste ihrer Mutter alles über mich erzählt haben. Merce hatte in ihrem letzten Brief so unbekümmert geklungen, doch Astrid wollte eindeutig nichts von einem Kind aus einer früheren Ehe wissen.

Mir blieb keine andere Wahl, als diesen Kontakt aufzugeben.

55

Anfang 2008 versuchte ich weiter, meine Geburtsurkunde zu bekommen, leider erfolglos. Ich war sogar mit Judy zusammen im Standesamt, um den Mitarbeitern zu beweisen, dass ich wusste, wer meine leibliche Mutter war. Trotzdem wurde mein Gesuch abgelehnt.

Nach Astrids Brief war mir klar, warum die *Social Security Administration* keine Ahnung hatte, dass mein Vater nicht mehr lebte: Astrid war nach Österreich zurückgereist, ohne den Behörden seinen Tod zu melden. Obwohl ich kein genaues Datum hatte, beschloss ich, diese Meldung nachzuholen, damit sein Tod in den Staaten registriert war. Ich schätzte, dass er im August 1984 gestorben war. Da irrte ich.

Schließlich konnte ich die offizielle Sterbeurkunde meines Vaters über das Außenministerium einsehen. Der Urkunde nach war mein Vater in einem Hotel gestorben, dem Corinto in Mexico City. »Asphyxie infolge Blockade der Luftröhre durch Mageninhalt«, lautete die Todesursache.

Ich wusste, was das hieß: Er war an seinem Erbrochenen erstickt.

Dr. Aurelio Núñez Salas hatte die Autopsie vorgenommen.

Van war am 20. Mai 1984 gestorben und war auf dem *Panteón San Lorenzo Tezonco* in Mexico City beerdigt.

Ich stieg in den nächsten Flieger. Ich musste das Grab des Mannes sehen, der mich seit fünf Jahren in meinen Gedanken und meinen Träumen verfolgte.

Als ich im Hotel Corinto in der Innenstadt von Mexico City eintraf, kam es mir wie ein Déjà-vu vor. Hier hatten meine Mutter und mein Vater 1962 gewohnt, und Judy hatte mir das neungeschossige Hotel mit dem Swimmingpool auf dem Dach so genau beschrieben, dass ich das Gefühl hatte, schon hier gewesen zu sein. Es lag nahe dem Monumento a la Revolución an der Plaza de la República und war das einzige Hotel mit einem Pool im neunten Stock. Hier hatten meine Mutter und mein Vater die romantischste Zeit ihrer Beziehung erlebt.

Hier hatten ihre Flitterwochen begonnen.

Und hier, im selben Hotel, endete ihre Geschichte.

Als ich mich in die Bar mit den verspiegelten Wänden und der blauen Hintergrundbeleuchtung setzte, wo sich Flaschen mit Crown Royal, Jack Daniel's und Tequila in allen erdenklichen Variationen aneinanderreihten, fragte ich mich, wie oft mein Vater an derselben Stelle gesessen und den Mann angesehen haben mochte, der ihm aus diesen Spiegeln entgegenstarrte. Ob er je wirklich über ihn nachdachte, jemals verstand, zu was für einem Menschen er geworden war?

Und ich fragte mich, was Van unmittelbar vor seinem Tod gedacht haben mochte.

Was für eine Ironie! Der Mann, der so viele verletzt hatte, erstickte an seinem eigenen Erbrochenen.

Irgendwie passte es.

Ich schüttelte den Kopf, bestellte einen Drink und sagte beiläufig: »*Mi padre murió aquí*«, mein Vater starb hier.

Eine alte Frau auf dem Hocker neben mir betrachtete mich eine Weile lang, ehe sie nickte. »Ah, bambino Van Best.«

Ich versuchte, sie zu fragen, wie gut sie meinen Vater gekannt habe, in der Hoffnung, einige Geschichten über sein Leben in Mexiko zu hören, doch sie sprach kein Englisch, und mein bisschen Spanisch reichte bei weitem nicht.

Bald gab ich es auf und fuhr nach oben in den neunten Stock.

Von einem der Stühle am Pool aus bewunderte ich die unglaubliche Aussicht auf die Stadt mit dem Popocatépetl, dem zweithöchsten Berg Mexikos in dreiundvierzig Meilen Entfernung. Der manchmal aktive Vulkan oder »rauchende Berg« wird von den Einheimischen auch »El Popo« oder »Don Goyo« genannt.

Ich stellte mir vor, wie meine Mutter sich in dem Pool vergnügte und mein Vater über ihre Albernheiten lachte. Sie war noch so jung gewesen, erst vierzehn, und ihre Verspieltheit musste ansteckend gewesen sein. Sie war sehr schön gewesen, und Van hatte sie angehimmelt, ohne auf die anderen Gäste zu achten, die ihm zweifellos sehr seltsame Blicke zuwarfen und sich fragten, was das für eine Beziehung war – war er der Mann oder der Vater?

Die Sonne ging hinter dem Berg unter, und ich schaute zu, bis sie vollständig verschwunden war. Dann stand ich auf und fuhr zurück zu meinem Hotel, dem Sheraton Maria Isabel. Im Hotel Corinto zu übernachten, wäre mir zu viel gewesen.

Am nächsten Morgen bat ich am Empfang, mir einen Fahrer für den Tag zu besorgen; ich habe Wichtiges zu erledigen und bräuchte jemand Verlässlichen. Um 9:45 Uhr erschien ein kleiner, weißhaariger Mexikaner, der sich als Sergio vorstellte, vor dem Hotel.

»Señor Gary?«, fragte er.

»Sí.«

»Sie wollen etwas Bestimmtes erledigen heute?«, fragte er mit einem starken spanischen Akzent.

»Sí, Señor«, antwortete ich und schüttelte ihm die Hand. Ich hatte an der Rezeption bereits erklärt, dass ich zum Grab meines Vaters wolle.

»Na, dann lassen wir Ihren Vater nicht noch länger warten, mein Freund.«

Obwohl der *San Lorenzo Tezonco* keine fünfzehn Meilen von der Zona Rosa entfernt war, nahm die Fahrt entlang der Baustellen und durch den dichten Verkehr in Iztapalapa, einem der gefährlichsten Viertel, kein Ende.

»Ich fahre hier nie durch, Señor«, erzählte Sergio mir. »Nie im Leben. In all den Jahren, Señor, habe ich nie so einen Auftrag gehabt. Es ist mir eine große Ehre, Sie zu fahren, wenn Sie zum ersten Mal Ihren Vater in Mexico City besuchen.«

Die Fahrt zum Südende von Tenochtitlan – wie die Azteken die Stadt nannten, bevor sie Mexico City wurde – dauerte schließlich fast zwei Stunden. Dass wir unserem Ziel nahe waren, erkannte ich an den Holzständen mit Wellblechdächern, an denen Blumen, Kruzifixe und Grabsteine angeboten wurden, und natürlich La Catrina für die armen Bauern, die ihre Lieben an ihrer letzten Ruhestätte besuchten. La Catrina ist eine Figur, die ein weibliches Skelett darstellt. Mir fiel ein, was William zu meinem Plan gesagt hatte, das Grab meines Vaters zu sehen.

»Fahr ja nicht am Día de los Muertos hin«, hatte er mich gewarnt.

»Was ist das?«

Er erklärte mir, dass die Leute in Mexiko glauben, am Tag der Toten, dem 1. November, und den Tagen drumherum dürften die Verstorbenen noch einmal auf die Erde zurück. Drei Tage lang werde gefeiert, wobei die Lebenden die Seelen der Toten mit Blumen, besonderem Essen, Kerzen, Fotos und Weihrauch empfingen. Es sei ein friedliches, heiteres Fest, um die Erinnerung an die Verstorbenen wachzuhalten.

»Aber nichts für Fremde«, wie William erklärte. »Und du willst garantiert nicht einem dieser Geister über den Weg laufen.«

Daran dachte ich noch, als wir auf den Friedhof einbogen. Schwarze Lettern auf einem kleinen Sperrholzschild verkündeten, dass wir auf dem *Panteón Civil San Lorenzo Tezonco* waren. Das Symbol für die Endstation des elenden Lebens meines Vaters. Mir wurde flau.

»Da wären wir, Señor. Tut mir leid, dass es so ein armseliger Ort ist.«

Ich blickte mich um und begriff, was der Fahrer meinte. Mein Vater war auf dem ärmlichsten Friedhof in der übelsten Gegend von ganz Mexico City begraben. Auf einmal wurde um mich herum alles langsamer, wie bei der Zeitlupenaufnahme einer Action-Szene im Film, in der die Stille die Sinne erstickt. Alles wurde surreal, und mir fiel das Atmen schwer. Zwar hatte ich an meinem ersten Tag in der Stadt wegen der Höhenlage eine komische Schwere empfunden, doch mit der hatte es nichts zu tun. Dieses Gefühl gründete in der Erkenntnis, dass ich wirklich hier war.

Bei meinem Vater.

Während ich mich nach der Verwaltung umsah, fuhr Sergio langsam den baumgesäumten Weg entlang.

»Biegen Sie rechts ab«, sagte ich, als ich ein altes Backsteingebäude hinter einer Baumgruppe erspähte. Sergio parkte vor dem Gebäude, und ich wühlte in meinem Schweizer Armeerucksack nach dem Totenschein und der Geburtsurkunde meines Vaters.

Drinnen sprach Sergio mit einer älteren Frau an einer Schreibmaschine und erklärte ihr, was wir wollten. Sie sagte, wir sollten um den Tresen herum zum hinteren Teil des Gebäudes und dann durch eine kleine Tür gehen.

In dem anderen Büro saß noch eine ältere Frau an einem Schreibtisch, und ein Mann mittleren Alters sortierte Unterlagen. Die eine Wand stand voller Aktenschränke, doch es war besonders einer der Schränke mit weißen Türen, der mir gleich ins Auge fiel – mit der Aufschrift »1980–1984«.

Nachdem Sergio auch dieser Frau erklärt hatte, was wir wollten, zeigte sie auf den Schrank.

Ich zog ein dickes Buch mit der »1984« auf dem Rücken aus dem Schrank und begann, es durchzublättern. Unter dem 23. Mai entdeckte ich den Namen meines Vaters. An dem Tag waren sechzehn Leute beerdigt worden – acht Kinder und acht Erwachsene. Mein Vater war die Nummer 15 gewesen, zwischen Francisca Quintero Cruz und Fernando Lecuona Armaz. Neben seinem Namen war ein blauer Haken. Unwillkürlich fragte ich mich, ob der ihn als Amerikaner kennzeichnen sollte.

Ich rief den Mann zu mir. Er schrieb die Grabstellennummer auf einen kleinen Zettel und raunte Sergio etwas zu.

Sergio legte einen Arm um mich. »Das ist Alejandro, und wir folgen ihm, Señor. Er bringt uns zu Ihrem Vater.«

Als wir aus dem Büro traten, rang ich um Fassung. Seit Jahren hatte ich auf diesen Moment gewartet, seit ich den Namen dieses Mannes herausgefunden hatte. Jetzt war ich hier und fragte mich, warum.

Ich wollte zu Sergios Wagen zurückkehren, doch er hielt mich am Arm zurück. »Nein, Señor, wir gehen. Er sagt, es ist nicht weit.«

Stumm trottete ich mit Sergio und Alejandro über Sandwege, die zu einer alten Steinkapelle führten. Einstmals war sie sicher schön. Die Kapellenmauern waren nun um die Fenster und Türen herum abgebröckelt, das Dach eingefallen – ein Schaden des Erdbebens, das Mexico City 1985 verwüstet hatte.

Aus den Bergen unweit von uns rollte Donnergrollen herbei, und dunkle Wolken zogen auf. Ich versuchte, nicht nach vorn zu sehen, weil ich spürte, dass wir uns der Grabstelle näherten, und je näher wir kamen, desto unwohler wurde mir. Ich nahm ein Taschentuch hervor, um mir die Augen zu wischen. Plötzlich blieben alle stehen.

Zuerst wollte ich nicht hinsehen, also starrte ich auf den Blumenschmuck, der die Gräber verzierte. Mir fiel auf, wie viel Schmutz und Schutt auf dem Boden lag, und ich musste an meinen Großvater auf dem gepflegten und würdevollen *Arlington National Cemetery* denken, wo er inmitten dekorierter Patrioten in geweihter Erde ruhte.

Ich dachte auch an Gertrude, deren Grab ich vor nicht allzu langer Zeit in San Bernardino besucht hatte. Sie hatte die einzigen drei Männer überlebt, die sie jemals geliebt hatte und die noch dazu im selben Jahr starben, 1984: Der Commander, ihr erster Mann, verschied im März, ihr zweiter Mann, John Harlan Plummer, im April und ihr Sohn im

Mai. Ich hatte im Schneidersitz vor Gertrudes Grab gehockt und zum ersten Mal mit ihr gesprochen. Gertrude war 1986 gestorben, einsam in einem Mobile Home, einer Art Wohnwagen. Es hatte nicht mal eine Todesanzeige gegeben.

Irgendwie wusste ich, dass sie auf ihre Weise so gelitten hatte wie wir anderen. An ihrem Grab schüttete ich ihr mein Herz aus, aber als ich ging, sagte ich nicht, »Ich komme wieder«. Ich sagte nicht, »Ich hoffe, du ruhst sanft und in Frieden«. Ich sagte ihr schlicht, dass sie mir leidtat, weil sie unfähig gewesen war, Liebe anzunehmen. Und es war so viele Menschen teuer zu stehen gekommen.

Als ich mich nun, auf dem Friedhof in Mexico City, umblickte, war ich froh, dass mein Großvater nicht mehr sehen musste, in welchem Armengrab sein Sohn verscharrt war. Für einen solch stolzen Mann, der bei so vielen Beerdigungen seiner Gemeindemitglieder über die Freuden des Himmels gesprochen hatte, wäre es unerträglich gewesen.

Erst dann bemerkte ich, dass Sergio und Alejandro zwischen zwei Gräbern mit Marmorsteinen vor einem kleinen Flecken kahler Erde standen. Alejandro flüsterte Sergio etwas zu. Er nahm seinen Strohhut ab und hielt ihn an sein Herz, bevor er den Kopf senkte.

»Hier ist er, Señor.« Sergio zeigte auf den flachen Erdhügel vor unseren Füßen.

Zunächst brachte ich keinen Ton heraus.

Ich nahm stumm die Gegenwart meines Vaters wahr.

Wieder sah ich zu den Steinen, dem Grabschmuck und den Figuren auf den anderen Gräbern, aufgestellt von Angehörigen, die ihre Verstorbenen immer vermissen würden. Auf den meisten Grabsteinen waren wunderschöne Kreuze, die den Toten ihren Weg ins Himmelreich weisen sollten.

Ich bat Sergio, Alejandro zu fragen, ob ich einige Bilder auf das Grab legen dürfe. Eines war von William und mir, das andere von Judy, Zach und mir.

»Die würden noch heute fortgeweht werden und bei dem übrigen Unrat landen«, antwortete Alejandro meinem Fahrer auf Spanisch. »Aber ich kann ein Loch graben, über dem Herzen seines Vaters, und sie dort hineinlegen.«

Alejandro legte seinen Hut auf dem Boden ab und grub ein etwa zwanzig Zentimeter tiefes Loch direkt über dem Herzen meines Vaters. Dann trat er zurück, während ich mich hinkniete und die Bilder in das Loch legte. Nachdem Alejandro es wieder zugeschüttet hatte, gab ich ihm und Sergio jeweils fünfzig Pesos.

»*Un momento, por favor*«, sagte ich.

Alejandro antwortete in fließendem Englisch: »Lassen Sie sich so viel Zeit, wie Sie brauchen, Señor.«

Sergio sagte, er werde bei einer Weide in der Nähe warten.

Zum ersten Mal, seit er mich in dem Treppenhaus zurückließ, war ich wieder mit meinem Vater allein.

Ich kniete mich hin und versuchte, mich nicht von meiner Wut übermannen zu lassen. Auf eine unerklärliche Weise fühlte ich mich diesem Mann gleichsam durch ein unsichtbares Band verbunden, und dabei hasste ich so vieles von dem, was er getan hatte. Trotzdem betete ich für seine Seele.

Als ich nach unten sah und eine Träne zu Boden fiel, erinnerte ich mich wieder daran, dass Van es nicht ausstehen konnte, wenn ich weinte.

Und da ließ ich los.

»*Adiós, mi padre*«, flüsterte ich und wünschte mir inständig, er hätte der Vater sein können, den ich mir ausgemalt hatte.

Als ich aufstand und wegging, bemerkte ich, dass sich die Gewitterwolken wieder hinter den Vulkan verzogen hatten. Ich fragte mich, wie lange ich hier gewesen war, und sah auf meine Uhr. Erst jetzt wurde mir klar, dass es der 17. Mai war. Heute jährte sich das Datum, an dem ich aufgehört hatte, Earl Van Dorne Best zu heißen, und zu Gary Loyd Stewart wurde.

56

2002, als Leona und Loyd erstmals Judy und Frank sahen, hatte ich völlig beglückt mit ihnen allen am Tisch gesessen. Ich war so froh gewesen, neben meiner wunderbaren Adoptivfamilie auch noch die meiner leiblichen Mutter zu haben. Während ich mit der Suche nach meinem Vater begann, hatte ich oft überlegt, wie sich all dies auf meine Adoptiveltern auswirken würde. Sie waren so gut zu mir gewesen, und ich wollte sie nicht verletzen.

Meine Mutter war von jeher eine starke Frau, und ihre Kraft wie ihr Vertrauen in das Gute hatten mein Leben geprägt. In einem Jahr allerdings, es war 2009, erkannte ich um den Vatertag herum, wie sehr die Suche nach meiner Identität meine Nähe zu Loyd gefestigt hatte, weil er mich auf seine Art unterstützte. Mir hatte der Vatertag früher nie etwas bedeutet.

Als wir Kinder waren, unterschrieben wir immer eine Karte, die meine Mutter besorgt hatte, und gaben sie ihm, bevor wir in die Kirche gingen. Später legten wir alle zusammen, um Dad ein Geschenk zu kaufen – einen Grill, einen neuen Fernseher –, und wir alle gaben ihm unsere eigenen Karten. Dieses Jahr jedoch konnte keine vorgedruckte Karte ausdrücken, was ich meinem Dad sagen wollte. Deshalb machte ich selbst eine:

Daddy,

heute musste ich zur Stadtverwaltung in der St. Louis Street fahren, um etwas zu erledigen. Wie du weißt, ist das Parken dort immer eine Katastrophe. Doch ich fand einen Parkplatz an der Ecke America Street und St. Charles, der nur fünf Dollar für den ganzen Tag kostete. Dort stellte ich also meinen Wagen ab und ging los.

Nachdem ich die letzten Jahre so viel Zeit mit der Recherche über meine Vergangenheit verbracht hatte, ist diese Gegend zu einer meiner bevorzugten geworden. Ich schätze, dass ich mir im Grunde immer noch wünsche, Van hätte mich eigentlich bei der First Presbyterian Church dort abgeben wollen. Inzwischen habe ich aber akzeptiert, dass ich die wahre Geschichte wohl nie erfahren werde. So oder so ist dieser Teil der Stadt, Beauregard Town, für mich heute etwas Besonderes. Wann immer ich die Gelegenheit habe, dort vorbeizufahren oder auszusteigen und zu dem alten Lytle-Haus zu gehen, tue ich es. Was recht häufig ist. Etwas zieht mich zu meinen Anfängen zurück.

Heute jedoch war es völlig anders. Als ich wieder losfuhr, bog ich nach links, fuhr drei Blocks und dann wieder links in die St. Joseph. So passierte ich den Hinterhof, in den Van mich getragen haben musste. Ich hielt eine Minute lang an und hing meinen Gedanken nach. So lange schon frage ich mich, was Van gedacht oder empfunden haben mochte.

Hat er mich geliebt? Hat er geweint? Tat ihm leid, was er vorhatte? Diese Fragen beschäftigen mich schon seit Jahren, doch heute fand ich meine Antwort. Es ist egal, was Van tat oder was er fühlte. Wirklich entscheidend ist, was danach geschah.

Viereinhalb Stunden war ich allein in dem Treppenhaus. Das heißt, eigentlich nicht allein, denn eine schützende Macht wachte über mich. Ich weiß nicht, ob Van sich umdrehte, bevor er aus dem Haus schlich in der Hoffnung, nicht entdeckt zu werden. Aber ich weiß, dass ich beschützt wurde.

Vielleicht hat Van keine Träne vergossen, als er seinen einzigen Sohn aussetzte, aber Gott muss Mitleid gehabt und beschlossen haben, den idealen Vater für dieses Kind zu finden. Er wachte über mich, bis Mrs Bonnette von der Arbeit zurückkam.

Und er suchte mir jemand ganz Besonderen, nämlich dich als meinen Vater aus. Ihm war klar, dass nur eine Person diese Rolle ausfüllen konnte.

Ich möchte dir sagen, wie dankbar ich bin, dass es so gekommen ist. Ich liebe dich von ganzem Herzen.

Einen schönen Vatertag!

Gary

Mein Dad wollte die Karte nicht vor allen anderen lesen, die an diesem Sonntagnachmittag vor ihm lagen, deshalb ging er ins Schlafzimmer. Nach einigen Minuten kam er mit tränenglänzenden Augen wieder heraus. Er umarmte mich und sagte, die Karte sei das beste Geschenk seines Leben. Als er mich drückte, flüsterte er: »Ich liebe dich auch, Gary.«

Diesen Moment werde ich nie vergessen.

Drei Jahre später, am 16. Juni 2012, dem Tag vor Vatertag, standen meine Eltern wie üblich auf. Mom kochte Dad seinen Kaffee und kehrte in ihr Schlafzimmer zurück, wo sie jeden Morgen betete. Dad nahm seinen Kaffee mit in sein Computerzimmer, wie er es nannte; dort las er jeden Morgen in der Bibel.

Als Dad fertig war, zog er seine alten Arbeitsturnschuhe an und setzte seine Baseballkappe auf. »Okay, Schatz, ich bin so weit!«, rief er, um meine Mutter wissen zu lassen, dass er in den Garten ging.

Sie traten gemeinsam durch die Hintertür auf ihre neu gepflasterte Terrasse, und Dad sah zum blauen Himmel auf. Noch ehe er die Tür geschlossen hatte, begann er zu singen.

Oh, Lord, my God.
When I in awesome wonder
Consider all
The worlds thy hands hath made.

Mom unterbrach ihn, denn es war noch zu früh morgens.

»Schhh, Loyd, nicht so laut! Du weckst ja die ganze Nachbarschaft auf.«

Dad grinste nur. »Tja, die sollen das ruhig hören«, entgegnete er.

»How great Thou art!«, schmetterte Loyd noch lauter. Er nahm einen Stein auf, der die Plastikplane beschwerte, mit der er jüngst seine Blumenbeete vor dem heftigen Regen geschützt hatte. Mit dem Stein in der rechten Hand richtete er sich auf und sah wieder gen Himmel.

Und diesen Augenblick wählte der Herr, ihn zu sich zu rufen. Es war eine sehr passende Art zu gehen, denn Loyd hatte Abschiede stets gehasst. Insofern war es ein Segen, dass ihm eine lange Krankheit und damit der Schmerz erspart blieb, sich von seiner Familie zu verabschieden.

Bei meiner Trauerrede, die ich am Vatertag schrieb, wollte ich die Leute wissen lassen, was für ein wunderbarer Mann er gewesen war, wie witzig, freundlich und liebevoll. Ich vergaß zu erwähnen, dass er viele Jahre Dekan der *Istrouma Baptist Church* gewesen war, obgleich es ihn so stolz gemacht hatte, diesen Posten zu bekleiden. Ich war so konzentriert darauf, ihn als wunderbaren Ehemann, Vater und Großvater zu beschreiben, dass ich dieses für ihn so wichtige Detail ausließ. Sicher wird er im Himmel herzhaft darüber gekichert haben.

Die *Istrouma Baptist Church* war bei Loyds Trauerfeier gerappelt voll. Hunderte waren gekommen, deren Leben er auf die eine oder andere Weise berührt hatte, um sich von diesem Mann zu verabschieden.

Als ich vor ihnen stand, erzählte ich die Geschichte seines Lebens – wie dieser einfache Mann so viel Gutes im Leben seiner Frau, seiner Kinder und seiner Enkel bewegen konnte.

In den Tagen nach der Beerdigung dachte ich darüber nach, wie unterschiedlich meine beiden Väter gewesen waren – der, der mich aussetzte, und der, der mich als sein eigenes Kind aufzog. Ich fragte mich, wie mein Leben verlaufen wäre, hätte ich mit Earl Van Best Jr. als Vater aufwachsen müssen anstatt mit Harry Loyd Stewart. Ich wäre heute sicherlich nicht der Mann, der ich bin.

Ja, mein leiblicher Vater war ein Kinderschänder und ein Serienmörder, aber mein richtiger Vater, der mich liebte und hart arbeitete, um mir ein gutes Leben zu bieten, ist im Himmel und wacht über den Sohn, den er in sein Heim und sein Herz aufnahm.

57

Zwölf Jahre ist es her, seit Judy mich fand, und ich muss sagen, dass es einer der bedeutendsten Tage meines Lebens war. Die Wunden, die wir einander über die Jahre zufügten, heilen, und wir sehen uns, sooft wir können. Mir ist bewusst, wie hart das alles für sie gewesen sein muss. Sie war noch ein Kind, als sie mich zur Welt brachte, und ich darf sie nicht für die Taten von jemand anderem verantwortlich machen. Ich kann ihr nicht vorwerfen, dass sie sich nicht erinnern will. Auch ich würde mich an solche Dinge nicht erinnern wollen. Vor fünf Jahren gründete Judy die Tucson Adoption Reunion Support Group, eine Gruppe, die Adoptivkinder unterstützt. Es ist ihre Art, durch Beratung wiedergutzumachen. Was sie in dieser Gruppe leistet, verändert Leben.

Im Januar 2010 rief Tania mich an, um mir mitzuteilen, dass William gestorben war. Sein Verlust traf mich, weil wir gute Freunde geworden waren. Ich konnte immer auf seine Ehrlichkeit zählen. Er legte mir in vielen Einzelheiten überzeugend dar, was mein Vater Abscheuliches getan hatte. In den wenigen Jahren, die ich ihn kannte, war William für mich wie ein freundlicher Onkel gewesen.

Kurz darauf besuchte ich Tania, um persönlich zu kondolieren. Als ich dort war, kam das Gespräch auf meinen Vater.

»Übrigens mochte ich ihn nicht«, wiederholte sie, was sie mir schon einmal gestanden hatte. »Ich wollte es nicht vor Vsevé sagen, aber dein Vater kam Ende der 1970er oder Anfang der 1980er mal unerwartet bei uns vorbei. Vsevé war beruflich unterwegs, und ich wollte Van nicht ins Haus lassen, weil er so ungepflegt aussah, richtig schmutzig. Übel jedenfalls. Ich glaube, er wollte Geld, war aber zu stolz, mich zu fragen. Schließlich ließ ich ihn doch herein, und er fing wieder mal an zu prahlen, was er alles schon gemacht hatte. Dann schlug er vor, dass ich Vsevé verlasse und mit ihm komme. Dein Vater war ein kranker Mann.«

Harold Butler starb am 21. Juni 2012 und mit ihm jede noch so kleine Hoffnung, jemals zu erfahren, was er über meinen Vater wusste. Butler nahm seine Geheimnisse mit ins Grab, wie so viele. Bis heute habe ich nie meine richtige Geburtsurkunde gesehen. Nachdem ich vor Gericht gegangen war, wies Richterin Pamela Johnson das Standesamt an, mir eine Kopie auszuhändigen. Ich ging hin, um sie abzuholen, doch die Standesbeamtin sah auf das Urteil und schüttelte den Kopf. »So läuft das bei uns in Louisiana nicht«, sagte sie und weigerte sich, mir das Dokument zu geben. Ich kämpfe immer noch darum.

Am 19. Mai 2011 schickte ich einen Brief an alle Senatoren von Louisiana, in dem ich sie dringend bat, den Gesetzesentwurf 155 zu unterstützen, der erwachsenen Adoptivkindern in Louisiana Zugang zu ihren Geburtsurkunden gewähren sollte. Der Gesetzesentwurf kam nicht durch.

In einem letzten verzweifelten Versuch kopierte ich den Brief für Mercedes und fügte meiner E-Mail eine Notiz bei – »Ich versuche es immer noch«.

Am selben Tag erhielt ich eine E-Mail von ihr. »Hi. Sie haben da etwas missverstanden. Uns ist Ihre Geburtsurkunde vollkommen gleich, denn wir hatten ja bereits hinreichend deutlich gemacht, dass wir Sie weder kennenlernen noch Kontakt zu Ihnen wollen. Merce.«

Es ist schade. Aber ich bin glücklich mit der Familie, die ich habe. Einen Großteil meines Lebens steckte ich in einer Identitätskrise, wurde nicht damit fertig, nicht zu wissen, wer ich war. Inzwischen habe ich einen besonderen Menschen gefunden, der mich versteht und bedingungslos liebt: meine wunderschöne Frau Kristy, die ich 2007 geheiratet habe. Sie hat mir beigestanden, während ich nach meinem Vater und mir selbst suchte. Sie ist mein Fels, und gemeinsam mit dem Rest der Familie bemühen wir uns, Leona durch diese schwere Zeit zu helfen. Nach sechzig Jahren Ehe ist sie ohne Loyd vollkommen aufgeworfen und weiß nicht, wie sie ohne ihn leben soll. Ich weiß, dass sie darauf wartet, der Liebe ihres Lebens zu folgen.

Ungefähr um die Zeit herum, als Judy und ich uns kennenlernten, hatte ich angefangen, Tagebuch zu schreiben, weil ich hoffte, Zach könnte es eines Tages nutzen, um seinen Kindern die Geschichte seines Vaters zu erzählen. Zu der Zeit ahnte ich noch nicht, wohin sie führen sollte, aber ich dokumentierte jeden Schritt.

Im Laufe der Jahre habe ich die Eisdielenromanze und meine Entdeckungen zur Vergangenheit meines Vaters, einschließlich der Möglichkeit, dass er der Zodiac sein könnte, immer wieder mit guten Freunden besprochen. Sie waren fasziniert von der Geschichte und schlugen vor, dass ich ein Buch darüber schreibe. Aber ich bin kein Schriftsteller, und mein Tagebuch birst vor Emotionen, die in zehn Jahren Recherche auf mich einprasselten. Also fing ich an, mich nach jemandem umzusehen, der mir helfen könnte. Da ich nicht auf das SFPD zählen konnte, meine DNS zu testen, dachte ich mir, ein Buch mit all den Beweisen, die ich gesammelt hatte, könnte die blockierten Räder der Justiz eventuell ein bisschen ankurbeln.

Eines Morgens im März 2012 saß ich im Büro eines Freundes und Geschäftspartners, Earl Heard, dem Herausgeber der Wirtschaftszeitschrift »BIC Magazine«. Ich erzählte ihm von meiner Geschichte und erklärte, dass ich nach jemandem suche, der mir hilft, ein Buch zu schreiben. Ich wusste, dass Earl mehrere Bücher herausgegeben hatte, und dachte, er könne mich in die richtige Richtung weisen. In dem Moment meldete seine Sekretärin, dass die Autorin Susan Mustafa am Telefon war. Earl grinste von einem Ohr zum anderen und sagte: »Wow, das muss ein Zeichen sein! Ich habe genau die Richtige für dich.«

Als ich mit Susan telefonierte, war ihr anzuhören, dass sie meine Geschichte interessant fand. Allerdings schien sie skeptisch zu werden, sobald ich zu dem Zodiac-Teil kam. »Ich müsste mir die Beweise ansehen«, sagte sie streng. »Ich bin nicht willens, meinen Ruf aufs Spiel zu setzen, es sei denn, ich glaube, was ich schreibe.«

Am Wochenende reiste sie an den Strand von Biloxi, Mississippi, und las mein Tagebuch, das gespickt war mit allen Beweisen, die ich im Laufe der Jahre gesammelt hatte.

Nach ihrer Rückkehr trafen wir uns in Herbert's Coffeehouse in Baton Rouge, und sie erklärte sich bereit, mir mit meinem Buch zu helfen. Sie sagte außerdem, dass sie einen Weg finden werde, meine DNS mit der des Zodiac zu vergleichen.

Susan rief George Schiro an, einen forensischen Wissenschaftler am *Acadiana Crime Lab*, und erklärte ihm, was wir wollten.

»Kann man eine definitive Übereinstimmung anhand von nur vier Markern erkennen?«, fragte sie.

»Ja, aber es ist leichter, wenn wir die DNS vom Sohn und auch von der Mutter haben.«

»Kannst du die Profile erstellen?«

»Nein«, antwortete George. »Unsere Arbeit muss immer über die Polizei laufen.«

George empfahl, dass Susan sich an Dr. R. W. »Bo« Scales, den Direktor des *Scales Biological Laboratory* in Brandon, Mississippi, wandte. »Sag ihm, dass du eine Freundin von mir bist.«

Susan rief Dr. Scales am nächsten Tag an. Sie hinterließ eine Nachricht, dass sie auf Empfehlung von George mit ihm sprechen wolle. Der Arzt rief sie am selben Nachmittag zurück.

»Freunde von George sind auch meine Freunde«, verkündete Scales in seiner jovialen Art.

»Warten Sie's ab«, warnte Susan ihn. »Noch haben Sie meine verrückte Bitte nicht gehört.«

»Ich mache das hier seit zwanzig Jahren, also habe ich schon die bizarrsten Sachen gehört.«

»Na gut. Ich brauche einen Abgleich der DNS von Mutter und Sohn, um das Profil des Vaters zu extrahieren.«

»Wie alt ist das Kind?«, fragte Scales.

»Neunundvierzig«, antwortete Susan lachend.

»Und wo ist der Vater?«

»Der ist tot.«

Dr. Scales lachte auch und schlug vor, dass sie von vorn anfingen.

»Folgendes«, sagte Susan. »Ich brauche das Profil, um es mit dem eines Serienmörders zu vergleichen. Allerdings hat die Polizei nur vier Marker. Das *San Francisco Police Department* hat eine Probe vom Sohn genommen, das war vor acht Jahren, und wir haben noch keine Ergebnisse. Wir würden gerne die DNS des Vaters ermitteln lassen, sodass es die Behörden kein Geld kostet. Sie müssten dann nur noch die Ergebnisse vergleichen.«

»Wer ist der Serienmörder?«

»Ähm ... der Zodiac.«

»Im Ernst?«, fragte der Arzt ungläubig.

»Im Ernst«, bestätigte Susan.

Dr. Scales erklärte ihr, wie die DNS bestimmt wurde, und arrangierte alles, um die Proben zu nehmen. Innerhalb von wenigen Wochen waren Judys und meine Proben untersucht und das Profil meines Vaters erstellt.

Währenddessen begann Susan mit ihren eigenen Recherchen.

Sie forderte beim SFPD schriftlich Vans Polizeiakte mitsamt Daten, Vergehen und Fallnummern an. Zehn Tage später erhielt sie einen Brief, in dem ihr mitgeteilt wurde, dass Earl Van Best Jr.s Akten vernichtet worden seien.

Im selben Monat fing Susan an, dieses Buch mit ihrem New Yorker Literaturagenten zu besprechen, B. G. Dilworth. Dieser wusste nur wenig über den Zodiac-Fall und las erst einmal im Internet nach. Von Susan hatte er bereits erfahren, dass ich den Namen meines Vaters in der »408-Chiffre« gefunden hatte. Er machte sich neugierig an die anderen Zodiac-Codes, die bisher nicht entschlüsselt worden waren. Er zog sich einige der Bilder auf seinen Computer und suchte in der »340-Chiffre« nach dem Namen des Killers.

Zunächst suchte der Literaturagent nach »Best«. Er fand ein umgedrehtes *B* in der Mitte der Chiffrierung. Dann suchte er nach einem *E*. Es stand eines unter dem *B*, aber darunter war kein *S*. Eine Sackgasse. Dann entdeckte er noch ein *E* in der Spalte links, doch es war nicht neben einem *B*. In der nächsten Spalte erkannte der Literaturagent ein *S* und dann ein *T* in der daneben. Vans Nachname war hier rückwärts buchstabiert, und Dilworth fragte sich, ob er den vollen Namen in dem Code aufspüren könne. Er prüfte die Spalte ganz rechts und fand ein *E*. Indem er sich von ganz rechts vorarbeitete, konnte er den Namen Earl Van Best Junior nachweisen. Van hatte in jeder Spalte einen Buchstaben versteckt.

Um sich zu vergewissern, dass es kein Zufall war, wandte B. G. Dilworth dieselbe Methode an, um seinen eigenen Namen zu suchen. Der war nicht da. Dann machte er dasselbe mit Namen von Freunden und Verwandten und schließlich mit gängigeren wie Jane Brown und Mary Smith. Er fand keinen der Vor- oder Nachnamen in derselben Sequenz, erst recht keinen Namen, der aus vier Wörtern bestand.

Über vierzig Jahre lang hatte die »340-Chiffre« die besten Kryptologen der Welt genarrt. Im Nachhinein scheint es so simpel – ein Wortsuchspiel für Kinder. B. G. Dilworth hatte es vor allem deshalb gelöst, weil er den Namen des Zodiac kannte.

Susan rief mich sofort an, als sie es hörte. »Mein Literaturagent hat den Namen deines Vaters in der 340er Chiffre gefunden«, sagte sie aufgeregt und erklärte mir, wie er es angestellt hatte.

Ich lief zu meinem Computer und sah mir die Chiffrierung an. Vorher hatte ich sie nicht weiter beachtet, weil ich den Namen ja bereits in der »408-Chiffre« gefunden hatte, und das genügte mir. Nun folgte ich Susans Anweisung, um ihn auch in diesem Code zu finden.

»Oh mein Gott, da ist er!« Ich konnte kaum fassen, was ich sah. Das umgedrehte *B* starrte mir entgegen. Mein Vater hatte immer wieder gesagt, sein Name sei in den Codes. Es war ein Hinweis gewesen, seine arrogante Art, der Welt zu sagen, dass er seinen Namen in der 340-Chiffre rückwärts nannte.

»Warte kurz, ich drucke es mir aus«, sagte ich. Nachdem mein Drucker das Blatt ausgespuckt hatte, kreiste ich die Buchstaben mit einem Stift ein. »Das ist unglaublich!«

»Die Wahrscheinlichkeit, dass der Name deines Vaters rein zufällig in zwei verschiedenen Codes auftaucht, dürfte verschwindend gering sein«, sagte Susan.

»Ich weiß.« Ich sank auf meinem Stuhl nach hinten und starrte den Code an. Vans Name in der »408-Chiffre« war kein Zufall gewesen.

58

»Gary, hast du irgendeine Schriftprobe von deinem Vater?«, fragte Susan mich eines Tages. »Einen Brief an deinen Großvater oder so?« Mittlerweile arbeiteten wir seit über einem Jahr an dem Buch.

»Schön wär's«, antwortete ich.

Ihre Frage ließ mir keine Ruhe, als hätte ich etwas vergessen, an das ich mich erinnern müsste. Das nagende Gefühl

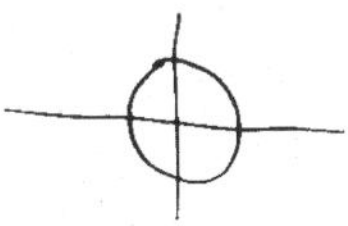

R O I N U J T S E B N A V L R A E

E A R L V A N B E S T J U N I O R

verfolgte mich den ganzen Tag. Schließlich ging ich in mein Arbeitszimmer und begann, Kartons mit Papieren, Briefen und anderen Erinnerungsstücken hervorzuholen, deren Inhalt ich auf meinem Schreibtisch und dem Boden ausbreitete.

Stunden später nahm ich ein Dokument aus einem der Kartons: Judys und Vans Heiratsurkunde.

»Van füllte alle Formulare aus und heuerte Trauzeugen an, damit er mich heiraten konnte, als ich vierzehn war«, hatte Judy mir erzählt. »Den Prediger belog er, was mein Alter betraf.«

Hier also hatte ich eine Schriftprobe meines Vaters aus dem Jahr 1962.

Mir blieb fast das Herz stehen, als ich auf das Dokument blickte. Ich hatte die Zodiac-Briefe so gründlich studiert, dass ich auf Anhieb sah, wie ähnlich die Handschrift meines Vaters der des Zodiac war.

Und da war noch mehr. Unter dem Dokument fand ich die amtlichen Heiratsgenehmigungen für Vans Vermählungen mit Astrid Popp und Mary Annette Player, und beide hatte er unterschrieben.

Ich berichtete Susan von meinem Fund. »Wir brauchen einen Schriftexperten«, sagte ich.

Nach einigen Wochen Suche kamen wir zu dem Schluss, dass Michael N. Wakshull von dem Unternehmen Q9 Consulting, Autor des Buches »Line By Line: Forensic Document Examination – A Strategy for Legal Professionals«, die nötige Erfahrung und Expertise besaß.

Susan rief ihn an. »Ich bin eine True-Crime-Autorin und recherchiere in einem alten Fall«, stellte sie sich vor. »Ich brauche einen Handschriftexperten, der eine fünfzig Jahre alte Heiratsurkunde mit der Handschrift eines Serienmörders abgleicht.«

»Welches Serienmörders?«, fragte Wakshull.

Er staunte, als Susan antwortete: »Der Zodiac.« Wakshull wohnte in der Nähe von Riverside, wo Cheri Jo Bates ermordet wurde, und erinnerte sich gut an den Zodiac-Fall.

Er war neugierig, aber auch misstrauisch.

»Wir haben nur eine Heiratsurkunde und drei Unterschriften auf Heiratsgenehmigungen. Reicht das?«, fragte Susan.

»Weiß ich nicht. Dieses Wochenende bin ich auf einem Seminar. Kann ich Sie am Montag zurückrufen, damit wir den Fall in Ruhe besprechen? Schicken Sie mir vorab die Proben per E-Mail, dann sehe ich sie mir an. Allerdings sage ich Ihnen gleich, dass ich diesen Fall höchstwahrscheinlich nicht übernehme. Ich setze meinen Ruf nicht aufs Spiel, es sei denn, ich bin mir absolut sicher.«

Nachdem er sich angesehen hatte, was Susan ihm schickte, rief Wakshull am Montag an und erklärte sich bereit, die Handschrift meines Vaters mit der des Zodiac zu vergleichen.

Beinahe zwei Monate warteten wir gespannt auf seine Resultate.

Am 9. Dezember 2012 bekamen wir unsere Antwort.

Wakshull hatte einen 65-seitigen Bericht verfasst, mitsamt Beispielen und Analysen, und war zu dem Ergebnis gekommen, dass die Schrift auf den Formularen und die in den Zodiac-Briefen ein und derselben Person zuzuordnen seien. Er schrieb, dass er »virtually certain« sei – »quasi sicher« –, weil es sein Berufsethos nicht zuließ, ohne das Vorliegen von Originaldokumenten von absoluter Gewissheit zu sprechen.

Mir wurde eiskalt, als ich mir Wakshulls Beispiele ansah. Er hatte die Handschrift meines Vaters über die des Zodiac gelegt, und das Resultat war verblüffend.

Einige Wochen später schickte Wakshull ein weiteres Beweisstück. Diesmal hatte er die beiden Phantomzeichnungen auf das Polizeifoto meines Vaters gelegt, um zu sehen, inwieweit sie übereinstimmten. Und die Übereinstimmung war nicht von der Hand zu weisen.

Als Susan ihm schließlich meine ganze Geschichte erzählte, ging er noch einen Schritt weiter. Ihm war aufgefallen, dass die Signatur unter den Cheri-Jo-Bates-Briefen – das *Z* mit der krakeligen Linie oben – wie ein *E* verschlungen mit einem *V* aussah. Er verglich die *E*'s aus Vans Unterschrift auf den Heiratslizenzen mit der Signatur und fand eine Übereinstimmung.

Inzwischen war er genauso aufgeregt wie wir.

»Ihnen ist hoffentlich klar, dass man Ihre Entdeckungen anfechten wird und Sie sie verteidigen werden müssen«, sagte Susan zu ihm.

»Ich würde sie sogar vor Gericht verteidigen«, antwortete Wakshull und gab es uns schriftlich.

Nun blieb nur noch eines, das mir Sorge bereitete. Wir hatten online Kopien von Zodiacs Fingerabdrücken gefunden, die man am Paul-Stine-Tatort sichergestellt hatte, und darauf war eine Narbe am rechten Zeigefinger zu sehen. Bei den Fingerabdrücken, die nach seiner Verhaftung wegen Kindesentführung genommen worden waren, verlief diese Narbe jedoch in die entgegengesetzte Richtung. Es dauerte eine Weile, bis mir klar wurde, dass die Kriminaltechniker am Tatort wahrscheinlich ein Blatt Papier auf den blutigen Abdruck gelegt hatten und das wiederum auf ein zweites Blatt gedrückt hatten, sodass das Muster umgedreht wurde.

Susan und ich machten uns auf die Suche nach einem Fachmann für Fingerabdrücke. Wir sprachen Lieutenant Bob Garrett an, einen ehemaligen Detective und Kriminaltechniker. Er galt als Experte für Fingerabdruckerkennung, Tatortrekonstruktion, Tatortermittlung und digitale Bildbearbeitung. Zwar erklärte er sich bereit, unsere Proben anzusehen, sagte jedoch gleich, dass er wahrscheinlich keine Übereinstimmung mit einem blutigen Fingerabdruck nachweisen könne.

Einige Tage später teilte er Susan mit, dass das Blut auf dem Ausdruck eine Identifizierung unmöglich machte.

»Aber was ist mit der Narbe?«, fragte Susan.

»Eine Narbe ist nur ein Ausgangspunkt. Von der kann man keine Identifikation ableiten«, antwortete Garrett.

Später am Nachmittag mailte er Susan ein Untersuchungsblatt mit fünf Fingerabdrücken: dem ursprünglichen blutigen Abdruck vom Zodiac, dem umgedrehten blutigen Abdruck, dem Abdruck mit Hervorhebung der Narbe, Vans Fingerabdruck und schließlich beide Abdrücke übereinander.

Susan rief mich sofort an. »Ruf mal deine E-Mail ab. Das musst du dir ansehen.«

Die Narben waren identisch – gleicher Winkel, gleiche Länge, gleiche Breite.

Susan rief Garrett zurück. »Erlauben Sie mir, dieses Blatt im Buch zu benutzen?«

»Ja, solange Sie klarstellen, dass ich keine Identifikation vornehmen konnte«, sagte er.

Das versprach Susan ihm.

Einundfünfzig Jahre.

Solange hat es gedauert, bis ich die Wahrheit über mein Leben erfuhr.

Und immer noch sind einige meiner Fragen unbeantwortet.

Beinahe zehn Jahre sind vergangen, seit meine DNS-Probe vom *San Francisco Police Department* genommen wurde. Bis heute hat sich niemand bei mir gemeldet, um mir Resultate mitzuteilen. Und von Lieutenant Hennessey habe ich seit 2006 nichts mehr gehört.

Ich weiß nicht genau, warum er plötzlich aufhörte, mit mir zu kommunizieren, und ich finde es bedauerlich, denn ich hatte den Eindruck, dass wir uns gut verstanden. Zudem hatte er versprochen, »der Sache auf den Grund« zu gehen. Er hatte gesagt, dass er mir den »Abschluss« geben werde, den er mir und meiner Familie wünschte – »auf die eine oder andere Weise«.

Und ich habe ihm geglaubt.

Das tue ich bis heute, auch wenn vieles dagegenspricht.

Im Laufe der Jahre denke ich immer mal wieder über ihn nach. Ich frage mich, ob ich Hennessey irgendwie verärgert habe oder jemand beim SFPD mitbekam, dass er den DNS-Vergleich anordnete, und es verhinderte.

Als wir bei den letzten Überarbeitungen für dieses Buch waren, wurde ich gefragt, ob Hennessey wisse, dass ich dies hier schrieb. Mir fiel ein, dass ich es ihm nie erzählt hatte. Als ich mit Hennessey Kontakt hatte, steckte dieses Buch-Projekt noch in den Kinderschuhen. Ich hatte vorgehabt, es von ihm absegnen zu lassen, sobald er sich wegen des DNS-Vergleichs bei mir meldete. Schließlich hatte ich mich verpflichtet, niemandem zu sagen, was er für mich tat, und deshalb wollte ich das Buch nicht ohne seine Genehmigung veröffentlichen. Daran hatte ich mich gehalten.

Doch zu der Zeit – 2006 – war mein Verhältnis zu Judy nach einer ganzen Weile wieder richtig harmonisch. Ich hatte endlich begriffen, dass sie sich selbst schützen musste und deshalb immer wieder mein Streben nach der ungeschminkten Wahrheit sabotierte. Das verstand ich nun, und ich erzählte ihr, dass ich ein Buch über meine Erlebnisse schreiben wolle, in dem auch die Eisdielenromanze und meine Suche nach meiner wahren Identität vorkommen würde. Sie schien begeistert und bot ihre Hilfe an. Ihr Vorschlag war, dass wir gemeinsam eine Geschichte über Adoption und Wiedervereinigung schrieben; und sie erklärte, dass sie Freunde in der Verlagswelt hatte, die uns helfen könnten.

Meine Mutter wusste nicht, dass in meinen Schilderungen noch viel mehr stehen sollte.

Da ich sicher war, dass sie den Inhalt vertraulich behandeln würde, schickte ich Judy mein Manuskript.

Zu der Zeit endete der Text mit meinem Besuch in Hennesseys Büro, wo meine DNS-Probe genommen wurde, um sie mit dem Teilprofil des Zodiac zu vergleichen. Auch das Formular fürs Labor wurde dabei erwähnt.

Nachdem sie das Manuskript gelesen hatte, war Judy auf einmal gegen die ganze »Buchgeschichte«, wie sie es nannte. Sie schickte mir ein Kapitel, das sie für das Buch über die Adoption und unsere Wiedervereinigung zu schreiben begonnen hatte.

In dem Kapitel beschrieb sie, wie stolz sie immer auf Rotea gewesen war, und wie sehr es sie enttäuscht hatte, dass Harold Butler und Earl Sanders ihr nicht mehr geholfen hatten, als ich anfing, nach meinem Vater zu suchen. »Ich habe sogar mit beiden gesprochen«, schrieb sie, »und ihnen erklärt, dass ich nichts weiter über Garys Vater wisse. Ich war nicht mal sicher, wie sein voller Name lautete, und den brauchten wir, zusammen mit seinem Geburtsdatum, Geburtsort und der Sozialversicherungsnummer.«

Danach schilderte sie, dass Harold sich geweigert hatte, uns zu erzählen, was in der Akte stand. »Gary und ich haben Harold mehrfach E-Mails geschickt und ihn angerufen, doch er blieb dabei, dass er uns nichts verraten werde. Ich war so traurig, dass meine guten Freunde sich so verhielten. Schließlich, nachdem ich lange darüber nachgedacht hatte, kam ich zu dem Schluss, dass sie nicht Gary und mich zu schützen versuchten – sie wollten wahrscheinlich Rotea Gilfords Ruf schützen.«

»Ich hatte keine Ahnung, dass Gary sich an den Lieutenant gewandt hatte, der nun das Morddezernat leitete, John Hennessey«, endete das Kapitel.

Zu dem Zeitpunkt musste meiner Mutter bewusst geworden sein, dass ich nicht aufgeben würde. Ich hatte Butler und Sanders übergangen, um die Wahrheit herauszufinden.

Kurz darauf erfuhr ich von Hennesseys Versetzung. Mir kam es gar nicht gleich verdächtig vor, denn er hatte mich ja um Geduld gebeten. Ich nahm an, dass ich trotzdem von ihm hören würde, sobald er die Ergebnisse der DNS-Untersuchung hatte.

Sieben Jahre später wundert mich immer noch, dass er sich nie wieder meldete, nur habe ich heute andere Fragen.

Hatte ich ihn unwillentlich verraten, indem ich meiner Mutter erzählte, dass er einen DNS-Vergleich angeordnet hatte?

Hatte meine Mutter ihren Freunden gesagt, was Hennessey tat?

Warum wurden die DNS-Beweise, die dem SFPD vorlagen, nicht richtig geprüft?

Tatsache bleibt: Judy heiratete Van, den Zodiac, und später Rotea, den Detective der Mordkommission. Hatte dieser merkwürdige Zufall etwas mit Butlers und Sanders' Weigerung zu tun, Vans Akte offenzulegen? Wurden Hennesseys Bemühungen, mir bei den Nachforschungen zu meinem Vater zu helfen, blockiert? Oder gingen sie einfach angesichts der erdrückenden Arbeitslast des SFPD und der unzähligen falschen Zodiac-Spuren unter?

Ich kann es nicht sagen. Was ich allerdings weiß, ist, dass ich nichts mehr von John Hennessey gehört habe, nachdem ich Judy das Manuskript geschickt hatte.

Ich habe jahrelang das Für und Wider einer Veröffentlichung abgewogen, und alles, was passieren könnte, aus allen erdenklichen Blickwinkeln betrachtet. Ein Gedanke stellte sich immer wieder ein: Die Familien der Zodiac-Opfer verdienen zu wissen, wer diese schrecklichen Taten beging.

Mit meinem Sohn Zach sprach ich offen darüber, was geschehen könnte, wenn man mir nicht glaubte. »Man könnte sich über dich lustig machen«, sagte ich ihm. »Einige deiner Freunde könnten sehr gemeine Dinge über deinen Dad und deine Großmutter Judy sagen. Auch diejenigen, die mir glauben, könnten dir das Leben schwer machen, weil du der Enkel eines Serienmörders bist.«

»Dad, ehrlich, du machst dir immer solche Sorgen! Ich komme schon klar, okay? Tu, was du tun musst«, sagte er und umarmte mich. »Was auch kommt, wir werden damit fertig.«

In jenem Moment war ich unglaublich stolz auf meinen Sohn.

Als ich mit Judy redete, war sie weniger sicher, aber sie sagte mir ihre Unterstützung zu, egal, wie ich mich entschied. Wir würden das Echo gemeinsam aushalten. Inzwischen hatten wir schon eine Menge hinter uns, und ich war zuversichtlich, dass unsere Beziehung es überleben würde.

Früher, wenn Loyd glaubte, dass wir Kinder schwindelten, sagte er immer: »Die Wahrheit wird euch befreien.« Ich hoffe, das trifft auch auf Judy und mich zu. Mit diesem Buch liefere ich dem SFPD den Mörder. Ich präsentiere der Polizei das Motiv, seine Mittel, die Gelegenheit, die forensische Handschriften-Übereinstimmung, die identischen Narben und den Namen meines Vaters in den Zodiac-Codes. Und ich habe ein DNS-Profil von meinem Vater, das auf einen Abgleich wartet.

Nun bin ich gespannt, was passiert.

Ich bin fest überzeugt, dass es mir bestimmt war, an diesen Punkt zu gelangen. Ich sollte diese Geschichte erzählen und nichts auslassen, was ich in ihrem Verlauf entdeckte. Ich habe diese Pflicht nach bestem Wissen und Gewissen erfüllt, und ich weiß, ganz gleich, was geschieht, Gott wird uns alle beschützen, so wie er einst das Baby in dem Treppenhaus beschützt hat.

Der Zodiac hat mich vor langer Zeit verlassen.

Vielleicht kann ich ihn jetzt verlassen.

IN MEMORIAM

Im Andenken an Sheryl Lynn Stewart
6. Dezember 1959 – 7. Januar 1961
und
Harry Loyd Stewart
21. Dezember 1931 – 16. Juni 2012

DANKSAGUNG

Es gibt so viele Menschen, die meinen Werdegang prägten und mir halfen, meine Vergangenheit und die meiner Eltern zu ergründen: die Detectives Fournier und Jonau, die nach den Eltern des ausgesetzten Säuglings forschten; Mary Bonnette, die mich fand; Lieutenant Hennessey, der mir glaubte; William Lohmus, der mir zum Freund wurde und dessen Wissen über meinen Vater schier grenzenlos schien; die Best-Familie, die Leerstellen ausfüllte und mich mit offenen Armen aufnahm; und der Mexikaner Sergio, ein Fremder, der in einem der schmerzlichsten Momente meines Lebens für mich da war. Ein besonderer Dank geht an Michael Wakshull, Dr. Bo Scales, Lisa Hobbs Birnie, Max Davis und Judy Riffel. Jedem von euch bin ich unendlich dankbar.

Ich möchte meiner Mom und meinem Dad danken, Loyd und Leona Stewart, die ihre Herzen und ihr Heim ihren adoptierten Kindern öffneten – erst Sheryl, dann Cindy und schließlich mir. Danke, dass ihr uns wie eigene Kinder behandelt habt. Wir konnten stets sicher sein, bedingungslos geliebt zu werden. Ich danke euch auch, dass ihr mich selbst dann in die *Istrouma Baptist Church* mitgenommen habt, wenn ich es nicht wollte. Euer Glaube war das beste Vorbild, das sich ein Sohn wünschen kann, und hat mir den Glauben, den Mut und die Kraft gegeben, mich allen Prüfungen zu stellen, die Gott mir im Leben auferlegte.

Ich möchte Judy Gilford danken, dass sie mir das Leben geschenkt hat. Unser gemeinsamer Weg war nicht leicht, aber ich würde ihn gegen nichts tauschen wollen.

Dank an Susan Mustafa, die sich die komplizierte, zusammengestückelte Geschichte meines Lebens vornahm und sie mit kreativem Genie zu diesem Buch formte. Du bist nun offiziell das vierte und letzte Adoptivkind der Stewart-Familie. Und ich danke meinem Agenten, B. G. Dilworth, für seine harte Arbeit und sein Engagement für dieses Buch.

An Michael Signorelli: Danke, dass du an uns geglaubt hast. An Jennifer Barth vom Verlag HarperCollins: Danke für die endlosen Stunden, die du mit uns gearbeitet hast, damit dieses Buch so gut wie irgend möglich wurde. Deine Unterstützung half uns, eine unglaubliche Reise in eine spannende Geschichte zu verwandeln.

Ich möchte auch noch den beiden Menschen danken, die ich auf dieser Welt am meisten liebe: meiner Frau und meinem Sohn. Ihr habt sogar an mich geglaubt, als ich es selbst nicht tat und mich fragte, warum Gott so lange brauchte, mir die Wahrheit zu enthüllen. Ihr habt mich aufgebaut und ermutigt, als ich enttäuscht und erschüttert war, und mit mir gefeiert, als ich glücklich war. Ohne euch wäre dieses Buch nie möglich gewesen. Meine wunderschöne und teure Kristy und mein Stolz und meine Freude, Zach, ich bin der, der ich heute bin, weil ihr an mich geglaubt habt, und ich liebe euch von Herzen.

Schließlich, und das ist das Wichtigste, möchte ich Gott für dieses Leben danken, das er mir gab. Er rettete mich, erlöste mich und befreite mich.

Ich werde dich immer vermissen, Daddy, bis ich dich wiedersehe!

GARY L. STEWART

Als ich Garys Tagebuch, auf dem dieses Buch basiert, zum ersten Mal las, konnte ich es nicht fassen. Ich wusste sofort, dass es ein gewaltiges Projekt werden würde – so viele Geschichten, so viele Jahre, eine Romanze und ein Serienmörderfall, alles in einer Geschichte, die mit einem ausgesetzten Baby beginnt. Während meiner Recherchen zu Garys Leben lernte ich ihn sehr gut kennen. Mich beeindruckte vor allem der Charakter dieses Mannes, der so einen herzzerreißenden Weg hinter sich hat, um seine Identität zu finden. Ich danke dir, Gary, dass du mich als deine Koautorin ausgesucht hast. Jeder Autor hofft auf die eine Geschichte, die darum bettelt, erzählt zu werden. Für mich ist es diese, und ich fühle mich geehrt, dass du an mich geglaubt hast.

Meinem Ehemann Scott danke ich, dass er all die Nächte erduldete, die ich an meinem Computer hockte. Dein Verständnis dafür, was es heißt, ein Buch zu schreiben, macht mir die Arbeit erst möglich, und deine Anmerkungen sind unschätzbar wertvoll. Dank deiner Liebe und deiner Freundschaft ist meine Welt so ein glücklicher Ort.

In meinem Leben bin ich mit vielen wunderbaren Menschen gesegnet – meiner Mom, »B-Bunny«, deren Stärke und Courage mich täglich inspirieren; meinen Schwestern, Bridget und Cathy, die verlässlich mehrsilbige Worte parat haben, wenn ich sie brauche; meinen Kindern, Angel, Brandon, Gasper und Jonathon, die jeden Tag lebenswert machen; und meiner Enkelin, Isabella Stella Maria, die mich seit dem Tag ihrer Geburt immer wieder aufs Neue verzückt.

Dr. Joseph Mirando danke ich, dass er mir Mentor und Freund und so brutal mit dem Rotstift war, bis ich endlich lernte, richtig zu schreiben.

Judy und Bob, danke, dass ihr mich in eure unglaubliche Familie aufgenommen habt. Euch beide zu kennen, empfinde ich als Privileg.

Dank auch an meine wunderbare Freundin Sue Israel; an meinen Manager, Mike Kinnamon von Music Central Management; und an meinen Agenten, B. G. Dilworth – danke für alles, was ihr tut, damit meine Träume wahr werden.

SUSAN MUSTAFA

DIE ZEITACHSE

14. Juli 1934
Geburt von Earl Van Best Jr. in Wilmore, Kentucky

7. September 1949
Vans Einschulung an der *Lowell High School* in San Francisco, wo er William Lohmus und Bill Bixby kennenlernt.

19. August 1957
Van heiratet Mary Annette Player.

4. Januar 1959
Mary Annette reicht die Scheidung ein und nennt extreme Grausamkeit und unmenschliche Behandlung als Grund.

Oktober 1961
Der siebenundzwanzigjährige Van lernt die dreizehnjährige Judy Chandler kennen.

5. Januar 1962
Van heiratet Judy in Reno, Nevada, ohne die Erlaubnis ihrer Mutter. Judys Mutter lässt die Ehe im darauffolgenden Monat annullieren.

22. Februar 1962
Van wird wegen Vergewaltigung einer Minderjährigen verhaftet. Er kommt auf Kaution frei. Die Anklage wird später fallen gelassen.

12. Februar 1963
Earl Van Dorne Best, Sohn von Earl Van Best Jr. und Judy Chandler, wird im *Southern Baptist Hospital* in New Orleans geboren.

15. März 1963
Van setzt seinen Sohn im Treppenhaus eines Wohnhauses in Baton Rouge aus.

19. April 1963
Judy und Van werden in New Orleans verhaftet. Judy wird als Ausreißerin festgehalten, Van als flüchtiger Straftäter aus Kalifornien.

17. Mai 1963
Der Staat Louisiana überträgt die Vormundschaft für Earl Van Dorne Best an Loyd und Leona Stewart.

23. Oktober 1963
Van wird wegen Betrugs verhaftet und zu drei Jahren Gefängnis verurteilt. Im November wird er in zwei weiteren Betrugsfällen angeklagt und zu neunzig Tagen im *Atascadero State Hospital* verurteilt. Nach seiner Entlassung wird er nach *San Quentin* überstellt.

21. Januar 1964
Loyd und Leona adoptieren Earl Van Dorne Best, und sein Name wird offiziell in Gary Loyd Stewart geändert.

12. Juli 1965
Van kommt auf Bewährung aus dem Gefängnis.

6. Juni 1966
Van heiratet Astrid Popp.

30. Oktober 1966
Der Zodiac ermordet Cheri Jo Bates in Riverside, Kalifornien.

20. Dezember 1968
Der Zodiac ermordet Betty Lou Jensen und David Faraday an der Lake Herman Road nahe dem Benicia-Pumpwerk in Benicia, Kalifornien.

4. Juli 1969
In der Nacht vom 4. auf den 5. Juli 1969 ermordet der Zodiac Darlene Ferrin und schießt auf Michael Mageau im *Blue Rock Springs Park* in Vallejo, Kalifornien.

27. Juli 1969
Bobby Beausoleil, Mitglied der Manson-Family, ermordet den Musiklehrer Gary Hinman, nachdem er ihn mithilfe von Susan Atkins und Mary Brunner als Geisel in seinem Haus festgehalten hat.

31. Juli 1969
Der Zodiac schickt die »408-Chiffre« in drei Teilen an den »Vallejo Times-Herald«, den »San Francisco Examiner« und den »San Francisco Chronicle«.

9. August 1969
Die Mitglieder der Manson-Family Charles »Tex« Watson, Patricia Krenwinkel und Susan Atkins ermorden Sharon Tate, Jay Sebring, Abigail Folger, Wojciech Frykowski und Steven Parent.

10. August 1969
Charles »Tex« Watson und Patricia Krenwinkel ermorden Leno und Rosemary LaBianca auf Charles Mansons Befehl hin.

27. September 1969
Der Zodiac verletzte Cecelia Shepard tödlich und verwundet Bryan Hartnell am Lake Berryessa in Napa County, Kalifornien.

11. Oktober 1969
Der Zodiac ermordet den Taxifahrer Paul Stine in San Francisco.

8. November 1969
Der Zodiac schickt die »340-Chiffre« an den »San Francisco Chronicle«.

22. März 1970
Der Zodiac nimmt Kathleen Johns und ihr Kind in seinem Wagen mit, was Johns als versuchte Entführung wahrnimmt. Sie entkommen aus seinem Wagen.

April 1970
Judy Chandler lernt den SFPD-Detective Rotea Gilford kennen.

20. Oktober 1973
Richard und Quita Hague werden in San Francisco zu den ersten Opfern der Zebra-Morde, einer Reihe rassistisch motivierter Morde, die im April 1974 enden.

Januar 1974 – September 1975
Der Black Doodler tötet vierzehn homosexuelle Männer in San Francisco. Er wird nie gefasst.

19. Juni 1974
Hochzeit von Rotea Gilford und Judy Chandler

18. November 1978
In Jonestown, Guyana, sterben 909 Menschen in einem Massenmord/Suizid unter Anleitung von Jim Jones vom *Peoples Temple*.

27. November 1978
George Moscone, Bürgermeister von San Francisco, und Stadtrat Harvey Milk werden von Don White im Rathaus erschossen.

28. März 1984
Earl Van Best Sr. stirbt und wird mit militärischen Ehren auf dem *Arlington National Cemetery* beigesetzt.

20. Mai 1984
Van stirbt in Mexico City.

13. März 1998
Rotea Gilford stirbt in San Francisco an den Folgen seines Diabetes.

1. Mai 2002
Judy Gilford nimmt auf der Suche nach ihrem Sohn Kontakt zu Leona Stewart auf.

1. Juni 2002
Gary trifft seine Mutter.

16. Juni 2012
Garys Adoptivvater, Loyd Stewart, stirbt.

9. Dezember 2012
Der forensische Handschriftenexperte Michael N. Wakshull bestätigt, dass die Handschrift auf Vans und Judys Heiratsurkunde mit der in den Zodiac-Briefen übereinstimmt.

LITERATUR- UND QUELLENVERZEICHNIS

BÜCHER UND STUDIEN

Amburn, Ellis: *Pearl. The Obsessions and Passions of Janis Joplin.* Grand Central Publishing, 1993.

American Bible Society: *Holy Bible. King James Version.* American Bible Society, 1980.

Aquino, Michael A.: *The Church of Satan.* Church of Satan, 2013.

Best, Earl Van, Sr.: »State and Religion in Japan: A Survey of the Attitude of the Japanese State Toward Religion with Emphasis upon the Missionary Movement in a Totalitarian Society.« Kennedy School of Missions, Hartford Seminary Foundation, April 1942.

Bugliosi, Vincent, and Curt Gentry: *Helter Skelter. The True Story of the Manson Murders.* W. W. Norton, 1994. *Auf Deutsch:* Vincent Bugliosi und Curt Gentry: *Helter Skelter – der Mordrausch des Charles Manson: Eine Chronik des Grauens.* Riva, 2010.

Carlsson, Chris, and Lisa Ruth Elliot: *Ten Years That Shook the City. San Francisco 1968 to 1978.* City Lights Foundation Books, 2011.

Connell, Richard: *The Most Dangerous Game. Richard Connell's Original Masterpiece.* CreateSpace Independent Publishing Platform, 2011.

Douglas, John, and Mark Olshaker: *Mind Hunter. Inside the FBI's Elite Serial Crime Unit.* Pocket Books, 1996. *The Cases That Haunt Us.* Pocket Books, 2001. *Auf Deutsch:* John Douglas und Mark Olshaker: *Die Seele des Mörders – 25 Jahre in der FBI-Spezial-Einheit für Serienverbrecher.* Weltbild, 1996.

Graysmith, Robert: *Zodiac.* Berkley, 2007. First published 1986 by St. Martin's Press.

Graysmith, Robert: *Zodiac Unmasked. The Identity of America's Most Elusive Serial Killer Revealed.* Berkley, 2007. *Auf Deutsch:* Robert Graysmith: *Zodiac. Auf der Spur eines Serienkillers.* Heyne Verlag, 2007.

Guinn, Jeff: *Manson. The Life and Times of Charles Manson.* Simon & Schuster, 2013.

Hodgson, Godfrey: *America in Our Time. From World War II to Nixon – What Happened and Why.* Vintage Books, 1976.

Howard, Clark: *Zebra. The True Account of the 179 Days of Terror in San Francisco.* Richard Marek Publishers, 1979.

Kelleher, Michael D., and David Van Nuys: *This Is the Zodiac Speaking. Into the Mind of a Serial Killer.* Praeger, 2001.

Kurlansky, Mark: *1968. The Year That Rocked the World.* Random House, 2005. *Auf Deutsch*: Mark Kurlansky, »1968: Biografie eines Jahres«, Kiepenheuer & Witsch, 2005.

LaVey, Anton: *The Satanic Bible.* Avon, 1976. First published 1969 by Avon Books. *Auf Deutsch:* Anton S. LaVey: *Die Satanische Bibel. Die Satanischen Rituale.* Index Verlag, 2007.

Murray, William: *Serial Killers. Notorious Killers Who Lived Among Us.* Canary Press, 2007.

Magee, David: *Infinite Riches, The Adventures of a Rare Book Dealer.* Paul S. Eriksson, Inc., 1973.

Newton, Michael: The *Encyclopedia of Serial Killers. A Study of the Chilling Criminal Phenomenon, from the »Angels of Death« to the »Zodiac« Killer.* Checkmark Books, 2000. *Auf Deutsch*: Michael Newton: *Die große Enzyklopädie der Serienmörder.* Verlag f. Sammler, 2009.

Our American Century and Editors of Time-Life Books: *Turbulent Years: The 60s.* Time Life Education, 1998.

Parker, RJ: *Serial Killer Case Files.* CreateSpace Independent Publishing Platform, 2013.

Perry, Charles: *The Haight-Ashbury. A History.* Wenner, 2005.

Roland, Paul: *In the Minds of Murderers: The Inside Story of Criminal Profiling.* Chartwell Books, 2009.

Sanders, Ed: *The Family.* Da Capo Press, 2002. First published 1971 by E.P. Dutton and Co. *Auf Deutsch:* Ed Sanders: *The Family. Die Ge-*

schichte von Charles Manson und seiner Strand-Buggy Streitmacht. Rowohlt, 1986.
Sanders, Prentiss Earl, and Bennett Cohen: *The Zebra Murders. A Season of Killing, Racial Madness, and Civil Rights.* Arcade Publishing, 2006.
Schechter, Harold: *The Serial Killer Files: The Who, What, Where, How, and Why of the World's Most Terrifying Murderers.* Ballantine Books, 2003.
Schiller, Lawrence: *The Killing of Sharon Tate.* Signet, 1970.
Selvin, Joel: *Summer of Love. The Inside Story of LSD, Rock & Roll, Free Love, and High Times in the Wild West.* Cooper Square, 1999.

ZEITUNGSARTIKEL

Daily World (Opelousas, Louisiana)
»TWO PERSONS WERE KILLED in the headon collision Saturday Morning.« 8. Januar, 1961.
Edwardsville (Illinois) Intelligencer
»Murderer Terrorizes Bay Area.« 16. Oktober 1969.
Indiana Combat Veteran (Indianapolis)
»State Chaplain Best Succumbs to Death.« Vol. XXXVII, Nr. 3. Mai/Juni 1984.
Los Angeles Times
»Zodiac Kills Fifth Victim.« 16. Oktober 1969.
»Zodiac's Trail, a Confusing Crime Pattern.« 8. Mai 1970.
»Zodiac Threatens to Kill Reporter for S. F. Newspaper.« 31. Oktober 1970.
»Evidence Links Zodiac Killer to '66 Death of Riverside Coed.« 16. November 1970.
Morning Advocate (Baton Rouge, Louisiana)
»Tot Abandoned Here Is Put in Hospital for Observation.« 18. März 1963.
Napa Register (Napa County, Kalifornien)
»School Bus Is Target.« 17. Oktober 1969.
»›Zodiac‹ Jangles Nerves of Napa County People.« 18. Oktober 1969.
Oakland (Kalifornien) Tribune
»TROUBLE, Jail Parts Child Bride, Husband, 28.« 1. August 1962.
»Ailing Child Bride, Spouse Disappear.« 31. August 1962.

»Car Gives Clue in Child Bride Hunt, Bulletin Out for Arrest of Pair in 2nd Elopement.« 1. September 1962.
Press Democrat (Santa Rosa, Kalifornien)
»Masked Man Stabs Couple; Links to Vallejo Killings?« 29. September 1969.
»Coed Stabbing Victim Dies.« 30. September 1969.
Press-Enterprise (Riverside, Kalifornien)
»RCC Coed, 18, Slain on Campus.« 31. Oktober 1966.
»›Zodiac‹ may have killed Riverside Co-Ed, paper says.« 16. November 1970.
»Detectives hope to find Zodiac's handwriting in City College records.« 24. November 1970.
Register-Guard (Eugene, Oregon)
»Murder Suspect Free Because Gays Silent.« 8. Juli 1977.
Reno (Nevada) Evening Gazette
»Pretty Coed Slain, Watch Single Clue.« 1. November 1966.
San Francisco Chronicle
»He Found Love in Ice Cream Parlor.« 1. August 1962.
»Ice Cream Romance: Child Bride Gone Again.« 1. September 1962.
»Statewide Hunt for S. F. Child Bride.« 2. September 1962.
»Love on the Run: Ice Cream Romance's Bitter End.« 20. April 1963.
»S. F. Couple Held: Ice Cream Romance Ends on Bourbon Street.« 20. April 1963.
»Ice Cream Parlor Lover: Senator's Letter to Judge Doesn't Help.« 14. August 1963.
»Friends Quizzed in Slaying of Teen Pair Near Vallejo.« 22. Dezember 1968.
»Police Seeking Teens' Slayer.« 23. Dezember 1968.
»Woman Slain, Friend Shot.« 6. Juli 1969.
»Coded Clue in Murders.« 2. August 1969.
»A ›Murder Code‹ Broken.« 9. August 1969.
»Cabbie Slain in Presidio Heights.« 12. Oktober 1969.
»The Boastful ›Slayer‹: Letter Claims Writer Killed Cabbie, 4 Others.« 15. Oktober 1969.
»Zodiac: Portrait of a Killer.« 18. Oktober 1969.
»Fear Rides the Yellow Bus.« 21. Oktober 1969.

»Dare by Brother of Slain Man.« 23. Oktober 1969.
»Zodiac Halloween Threat, Reporter Warned, Zodiac Threat on Halloween Card.« 31. Oktober 1969.
»›I've Killed Seven‹, the Zodiac Claims.« 12. November 1969.
»Zodiac ›Legally Sane‹, Cops Sure Clues Will Snag Him.« 13. November 1969.
»Urgent Appeal by Belli to Zodiac.« 29. Dezember 1969.
»Zodiac Sends New Letter: Claims Ten.« 22. April 1970.
»Gilbert and Sullivan Clue to Zodiac.« 12. Oktober 1970.
»Police Confer on Zodiac Killings.« 19. November 1970.
»Zodiac Writes Again, 17 Dead.« 16. März 1971.
»Zodiac Mystery Letter, the First Since 1971.« 31. Januar 1974.
»Zodiac Ends Silence: ›I Am Back With You.‹« 26. April 1978.
»Feinstein Says Toschi's Being ›Crucified‹.« 14. Juli 1978.
»Latest Zodiac Letter a Fake, 3 Experts Say.« 3. August 1978.
»Files Shut on Zodiac's Deadly Trail.« 7. April 2004.

San Francisco Examiner

»Man with ›Child Bride‹ Arrested.« 30. Juli 1962.
»Their Idyll at End – Jailed Mate Sobs for Bride, 14.« 1. August 1962.
»Indictment in Child Bride Case: Girl, 14, Tells Story to Jury.« 7. August 1962.
»Cops Halt Elopers' 3rd Flight.« 20. April 1963.
»Jail for Man Who Married Girl, 14.« 14. August 1963.
»Vallejo Mass Murder Threat Fails.« 3. August 1969.
»Salinas Teacher Breaks Code on Vallejo Murders.« 10. August 1969.
»Zodiac Manhunt Centered in S. F.« 23. Oktober 1969.
»Rotea Gilford, Former Deputy Mayor, Dies at 70.« 16. März 1998.

San Francisco News – Call Bulletin

»Bride of 14 – With a Sundae Kind of Love.« 1. August 1962.
»Sundae Bride Hunted.« 1. September 1962.

State Times (Baton Rouge, Louisiana)

»Seek Identity of Abandoned Child's Parents.« 16. März 1963.
»Teenager May Be Mother of Abandoned Tot.« 19. April 1963.

Tiger Times (Riverside Community College, Riverside, Kalifornien)

»Police Still Lack Clues in Murder.« 4. November 1966.

Times-Herald (Vallejo, Kalifornien)
»Investigators Lacking Clues in 2 Slayings.« 22. Dezember 1968.
»Teenagers Slayer Still at Large.« 30. März 1969.
»Police Still Hunt for Shooting Clues.« 8. Juli 1969.
Times-Picayune (New Orleans, Louisiana)
»Man Admits Abandoning Young Infant, Police Say.« 20. April 1963.
Tucson (Arizona) Daily Citizen
»Ice Cream Romance Ends in Jail.« 14. August 1962.
Vallejo (Kalifornien) News-Chronicle
»Jealousy Motive Checked.« 23. Dezember 1968.
»Appeal Is Made for Help.« 26. Dezember 1968.

ZODIAC-BRIEFE

30. April 1967: »Bates musste sterben.« Joseph Bates, Riverside Police Department, Riverside *Press-Enterprise*.
31. Juli 1969: 408-Chiffre-Brief. Vallejo *Times-Herald, San Francisco Examiner, San Francisco Chronicle*.
04. August 1969: »Hier spricht der Zodiac.« *San Francisco Examiner.*
13. Oktober 1969: Paul-Stine-Brief. *San Francisco Chronicle*.
08. November 1969: 340-Chiffre-Brief. *San Francisco Chronicle*.
09. November 1969: Zodiac droht, einen Bus in die Luft zu sprengen. *San Francisco Chronicle*.
20. Dezember 1969: Brief an Melvin Belli.
20. April 1970: »Mein Name ist«. *San Francisco Chronicle*.
28. April 1970: Drachenkarte. *San Francisco Chronicle*.
26. Juni 1970: 32-Chiffre-Brief. *San Francisco Chronicle*.
24. Juli 1970: Kathleen Johns. *San Francisco Chronicle*.
26. Juli 1970: Zodiacs Version von Gilbert und Sullivans »I've Got a Little List« aus *The Mikado. San Francisco Chronicle*.
27. Oktober 1970: Halloween-Karte an Paul Avery. *San Francisco Chronicle*.
13. März 1971: Blaue Idioten. *Los Angeles Times*.
29. Januar 1974: Der Exorzist. *San Francisco Chronicle*.
14. Februar 1974: Symbionese Liberation Army. *San Francisco Chronicle*.
08. Juli 1974: Das Rote Phantom. *San Francisco Chronicle*.

BEHÖRDEN

Baton Rouge Police Department Criminal Records Division
City and County Assessor-Recorder's Office, San Francisco
County Clerk's Office, Wilmore, Kentucky
East Baton Rouge Parish Clerk of Court
East Baton Rouge Welfare Department, Department of Public Works, Baton Rouge, Louisiana
Federal Bureau of Investigation
Indiana Department of Health, Hamilton County, Noblesville
New Orleans Police Department Records Office
Office of the Clerk-Recorder, San Jose, Kalifornien
Recorder-Clerk Division, San Bernardino, Kalifornien
San Francisco Police Department Criminal Court Records Office
U.S. Department of State, Washington, D.C.
U.S. Embassy, Mexico-City
Washoe County Clerk's Office, Reno, Nevada

POLIZEIBERICHTE

Baton Rouge Police Department
California Department of Justice, Bureau of Criminal Identification and Investigation
Federal Bureau of Investigation
Napa County Sheriffs Office
New Orleans Police Department
Riverside Police Department, Riverside, Kalifornien
San Francisco Police Department
Solano County Sheriff's Office, Fairfield, Kalifornien
Stanislaus County Sheriff's Office, Modesto, Kalifornien
Vallejo Police Department, Vallejo, Kalifornien

BIBLIOTHEKEN

East Baton Rouge Parish Library
Long Beach Public Library, Long Beach, Kalifornien
New Orleans Public Library
Norman F. Feldheym Central Library, San Bernardino, Kalifornien
San Francisco Public Library

WEBSEITEN

https://diva.sfsu.edu
www.ancestry.com
www.dogpile.com
www.familysearch.org
www.horrycounty.org
www.latimes.com
www.newspaperarchive.com
www.pbs.org
www.rootsweb.com
www.sfchronicle.com
www.sfexaminer.com
www.sfgate.com
www.theadvocate.com
www.ussearch.com
www.youtube.com
www.zodiackiller.com
www.zodiackillerfacts.com

STICHWORTREGISTER